国家社科基金项目

贵州民族地区中学生学习倦怠问题研究

——基于教育价值观、社会支持互动视角

卢晓灵◎著

吉林大学出版社

·长春·

图书在版编目（CIP）数据

贵州民族地区中学生学习倦怠问题研究：基于教育
价值观、社会支持互动视角 / 卢晓灵著. -- 长春：吉
林大学出版社，2020.6
ISBN 978-7-5692-6651-1

Ⅰ.①贵… Ⅱ.①卢… Ⅲ.①民族地区—中学生—学
习动机—研究—贵州 Ⅳ.①G442

中国版本图书馆CIP数据核字(2020)第113355号

书　　名：贵州民族地区中学生学习倦怠问题研究
　　　　　——基于教育价值观、社会支持互动视角
　　　　　GUIZHOU MINZU DIQU ZHONGXUESHENG XUEXI JUANDAI WENTI YANJIU
　　　　　——JIYU JIAOYU JIAZHIGUAN、SHEHUI ZHICHI HUDONG SHIJIAO

作　　者：卢晓灵　著
策划编辑：王宁宁
责任编辑：赵雪君
责任校对：刘　丹
装帧设计：雅硕图文
出版发行：吉林大学出版社
社　　址：长春市人民大街4059号
邮政编码：130021
发行电话：0431-89580028/29/21
网　　址：http://www.jlup.com.cn
电子邮箱：jdcbs@jlu.edu.cn
印　　刷：长春市华远印务有限公司
开　　本：787mm×1092mm　　1/16
印　　张：20
字　　数：390千字
版　　次：2020年6月　第1版
印　　次：2020年6月　第1次
书　　号：ISBN 978-7-5692-6651-1
定　　价：78.00元

目　录

第一章　绪　论

第一节　研究缘起与意义

一、研究背景

　　春秋时期,伟大的教育家孔子便在《论语·述而》中提出"学而不厌,诲人不倦"的教育思想,也即是说对自己要勤奋学习而不感到满足,对学生的教诲要从不倦怠。这是孔子的教育思想,也是孔子对学习者与对教育者的殷切期望。对学生来说,如果对学习永久不会有满足感,那就不存在厌学、倦怠的现状。中学时代是个体人生发展最为关键的时期,是个体一生黄金时代的开端。在整个中学阶段,学生主要活动就是学习,他们通过学习获取更多知识,增长智能。随着我国经济平稳快速发展,国家对教育重视程度与日俱增,使学生的学习条件得到很大的改善。但是近年来的研究却发现,学生的学习状况并不乐观,快节奏、高竞争、超负荷、持续的紧张学习,使学生产生了学习倦怠。

　　2008年,中科院心理研究所公布了《2007年我国国民心理健康状况研究报告》,报告指出,在青少年阶段(12~18岁),心理健康指数随年龄增长呈下降趋势:初一学生的心理健康水平最佳,初二、初三学生次之,高中生最低;影响青少年心理健康的主要因素有亲子关系质量、家庭结构和学校教育质量。[①] 吉林省教育科学学院对东辽县安石中学的调查发现,在辍学学生中70%是出于厌学、学习有压力、无兴趣。[②] 徐立峰等(2009)[③]对中学生心理健康状况调查发现,存在严重问题最多的是学习压力感和焦虑因子,中度问题以上的检出率分别为21.94%、15.72%,而在轻度问题及以上的检出率高达65.32%和56.4%。这些调查说明,中学生因学习造成的心理健康问题,主要涉及学习压力、厌学和焦虑等,而这些行为表现正是本

---

① 中科院心理研究所.中科院公布2007年我国国民心理健康状况研究报告[Z/OL].(2008-4-15)[2017-7-10].http://www.gov.cn/gzdt/2008-04/15/content_945123.htm.

② 中央教育科学研究所.2002/2003中国基础教育发展研究报告[M].北京:教育科学出版社,2003:361-365.

③ 徐立峰,卢卫斌.中学生心理健康状况调查与分析[J].贵州教育学院学报(社会科学),2009,25(11):76-79.

项目研究的重点内容学习倦怠。

2017年,国务院办公厅印发《关于进一步加强控辍保学提高义务教育巩固水平的通知》,对学生辍学问题非常重视。文中强调,义务教育是国家统一实施的所有适龄儿童少年必须接受的教育,是教育工作的重中之重,是国家必须予以保障的基础性、公益性事业。党中央、国务院高度重视义务教育工作,在促进教育公平、保障适龄儿童平等接受义务教育方面作出了重要部署,特别是近年来建立了城乡统一、重在农村的义务教育经费保障机制,实现了城乡免费义务教育,义务教育覆盖面、入学率、巩固率持续提高。但受到办学条件、地理环境和思想观念等多种因素的交互影响,在老少边穷地区,仍不同程度存在失学、辍学现象,初中学生辍学,流动和留守儿童失学、辍学问题仍然较为突出,将会对国家和民族的未来带来不良影响。[①] 这其中强调了国家在政治、经济方面有很大的支持,但受其地区基础薄弱、思想观念的影响,中学生辍学、失学问题仍然比较突出。

为切实解决义务教育学生失学辍学问题,确保实现到2020年全国九年义务教育巩固率达到95%的目标,在《关于进一步加强控辍保学提高义务教育巩固水平的通知》中提出了涉及五个方面的十三条明确要求:第一,坚持依法控辍,建立健全控辍保学工作机制:一要履行政府控辍保学法定职责,二要完善行政督促复学机制,三要建立义务教育入学联控联保工作机制。第二,提高质量控辍,避免因学习困难或厌学而辍学:一要提升农村学校教育质量,二要因地制宜促进农村初中普职教育融合,三要建立健全学习困难学生帮扶制度;第三,落实扶贫控辍,避免因贫失学辍学:一要精准确定教育扶贫对象;二要全面落实教育扶贫和资助政策;第四,强化保障控辍,避免因上学远上学难而辍学:一要统筹城乡义务教育学校规划布局,二要改善乡村学校办学条件,三要建立控辍保学动态监测机制;第五,加强组织领导,狠抓工作落实:一要强化组织实施,二要加大宣传力度。[②]

从文件强调内容,不难得出,当前中学生辍学问题仍然存在。对此,国家高度重视此问题,文件中也明确提出"提高质量控辍,避免因学习困难或厌学而辍学",说明国家注意到,除了外在因素,学习倦怠也是导致辍学的重要的内在因素。作为文件中强调的主要对象之一,贵州这个边远、落后、贫穷的少数民族聚居的省份,更应该重视辍学、失学、学业失败、学习倦怠等现象。上述现象不是个别中学生的表现,而是广泛存在于中学生中的普遍心理和社会现象。学习倦怠心理严重地影响了学生的心理健康和学习、生活。青年是国家未来之栋梁,青年强则国家强,青年

---

① 国务院办公厅.国务院办公厅关于进一步加强控辍保学提高义务教育巩固水平的通知[Z/OL].(2017-9-5)[2017-10-10].http://www.gov.cn/zhengce/content/2017-09/05/content_5222718.htm.

② 国务院办公厅.国务院办公厅关于进一步加强控辍保学提高义务教育巩固水平的通知[Z/OL].(2017-9-5)[2017-10-10].http://www.gov.cn/zhengce/content/2017-09/05/content_5222718.htm.

兴则国家兴。因此,做好青年的培养工作,尤其是正处于中学时代的青少年,更应该重视其学习和生活。

处于中学时期的青少年是较为特殊的社会群体,他们不仅要承受着来自身体、心理的种种变化,还要面对来自学校、家长、社会给予的种种压力。长期重压之下,很容易引起学生对学习的负面情绪,不想学习,对学习提不起兴趣,一学习就感到头痛、头晕,引起学习成绩下降,进而导致学习效能感降低、学习自信心丧失,这些都是学习倦怠的表现。

随着我国实行西部大开发以来,人们的生活发生了翻天覆地的变化,教育条件得到很大改善。因此,研究贵州民族地区中学生学业问题,尤其是少数民族聚居地的教育价值观对学业的影响,对于了解当地少数民族的教育观点和态度有重要作用。此外,关于对贵州民族地区教育的研究,已取得不少研究成果,具有坚实的理论根基和方法指引。如袁同凯(2004)[①]的研究著作,《走进竹篱教室——土瑶学校教育的民族志研究》探索了广西及贵州荔波一带,瑶族儿童的学校生活及其学业失败的深层根源;东昊、朱慧群(2006)[②]所著《贵州石门坎:开创中国近现代民族教育之先河》主要论述了英国传教士柏格里在石门,以传教为本,依托学校教育,获得当时当地苗胞的拥护,顺应了当时苗胞之需要,推动了石门学校的发展,最终使其苗民学校教育兴极一时,开创了民族教育史上多个第一的教育先例。张慧真(2007)[③]所著的《教育与族群认同——贵州石门坎苗族的个案研究》中,通过对石门社区"苗夷——苗胞——苗族"这一特殊历史下的族群建构,认为教育成功与否,与其民族及其族群认同有很强的联系,其关于石门社区的教育与其族群之间关系的建构与回溯,生动地阐释了"教育为什么"这个复杂而又经典的教育价值观问题,并最终从国家到个人、民族到族群的解构中,寻找到教育价值的多元答案。站在英国传教士角度,石门教育乃传教之化民方策;对石门社区的花苗族群来说,石门教育乃兴族之蓝图方略;站在国家的层面,石门教育乃栋梁之培育路径。总而言之,石门社区教育在族群建构历程中有着不可动摇的基础性的效用。沈红(2007)[④]所著的《结构与主体:激荡的文化社区石门坎》,从结构的变迁与主体的进退交互,深入而又深刻地阐述了百年石门坎苗胞教育的兴与衰。张霜(2007)[⑤]的教育人类学个案研究专著,《民族学校教育中的文化适应研究——贵州石门坎苗族百年学校教育人类学个案研究》中追溯了"石门教育百年之兴衰来龙去脉",研究中得出"国家不重视、苗民

① 袁同凯.走进竹篱教室——土瑶学校教育的民族志研究[M].天津:天津人民出版社,2004.
② 东昊,朱慧群.贵州石门坎:开创中国近现代民族教育之先河[M].北京:中国文史出版社,2006.
③ 张慧真.教育与族群认同——贵州石门坎苗族的个案研究(1900—1949)[M].北京:民族出版社,2007.
④ 沈红.结构与主体:激荡的文化社区石门坎[M].北京:社会科学文献出版社,2007.
⑤ 张霜.民族学校教育中的文化适应研究——贵州石门坎苗族百年学校教育人类学个案考察[M].北京:民族教育出版社,2007.

同胞对教育没有信心及不够热心、现在学校的收费昂贵、苗胞读书经济之困难"的结论;从学者解释中,得出"石门文化结构运行体制机制中主体与结构之分离、苗胞主体地位和能动性的上下沉浮"是石门坎教育文化现象起落的根本所在;在地方性解释中,得出"教师的敬业度、生师的结构性变化、师资的缺乏问题、学生与学校的语言问题、城乡二元结构体制下的教育结构"等是石门教育衰落之动因。最后文化适应的视阈,以石门坎杨荣新家族四代为个案,解说了石门苗族杨氏一家世代教育的起起落落,反映了石门百年学校教育成与败的缩影。张坦(2009)[①]的专著《"窄门"前的石门坎》,其记述了基督教传入滇黔川边乌蒙山区苗族社会的始末,再现了曾经被誉为"苗族救星"的传教士柏格里的事迹和被誉为"苗族文化复兴圣地"的石门坎当年的盛况,并探讨了儒教文化两千年未能插足,基督教文化二十年即改变了苗族社会,传教士并未带来经济上的投资,却奇迹般地变出一个"海外天国",随之在数十年后销声匿迹,而相邻不远的"葛布"苗族教会却十倍发展等令人困惑而又兴奋的文化问题。循道公会是一个强调"教育传教"的宗派,而传教士柏格里因其贫寒失学的亲身经历,特别热衷于兴学,他认为"教育是打开传教这把锁的有效钥匙",面对乌蒙山区苗族的文化状况,他提出了"哪里有教堂,哪里就有学校"的著名政策,以教会为依托创办学校,并大肆宣传"读书识字不会被别族欺侮"的价值取向。循道公会的教育手段,除了建设正规学校系统外,与之放在同等位置上的还有"平民教育"。苗族知识分子的涌现,得力于教会正规学校,但是苗族人脱离文盲境地,则更多地得力于"平民教育"。平民教育的特点主要集中在苗文教育、实业教育和西洋音乐教育,将"平民教育"作为与"学校教育"平行的教育手段,对苗族社会的影响也不次于学校教育。苑青松(2013)[②]的著作《语文:言语生命的赋形——贵州石门坎"波拉德"课程人类文化学探究》,其专著主要是强调个人能动性在学校教育中的影响因素,运用了法国社会学家布丢(Pierre Bourdieu)的场域理论,建构出石门社区中空间场域、信仰场域和文化场域等三大文化场域,进而从石门坎教育文化场域中提炼出语文教育的特质,其中隐藏在学科视角背景后面的是教育与语言、教育与生命的深层思考,并得出语文教育的真谛问题,其实也是一种文化(语言)的适应问题。黄胜(2015)[③]在博士论文基础上所著的《民族地区学校教育价值定位的反思与构建——以瑶山白裤瑶的学校教育价值取向变迁为例》,以荔波片区的白裤瑶为研究对象,以民族志的研究方法,在哲学的视阈中探索了白裤瑶从"逃学"到"向学"的过程,揭示了瑶山白裤瑶的学校教育价值取向变迁过程,分析了教育价值取

① 张坦."窄门"前的石门坎[M].贵阳:贵州大学出版社,2009.

② 苑青松.语文:言语生命的赋形——贵州石门坎"波拉德"课程人类学文化探究[M].北京:中国书籍出版社,2013.

③ 黄胜.民族地区学校教育价值定位的反思与构建——以瑶山白裤瑶的学校教育价值取向变迁为例[M].重庆:西南财经大学出版社,2015.

向是白裤瑶"逃学"到"向学"的深层次原因。

　　教育价值观既然可以影响人们的教育观点和教育态度,那么必然会影响学生(尤其是处于教育价值观逐渐形成和完善时期的中学生)对于接受教育的态度,进而影响学生的学习倦怠的产生。因此本研究选取贵州这一有历史韵味、民族文化浓厚的特殊地区,立足于探索少数民族中学生的教育价值观、社会支持与学习倦怠的关系,并站在教育价值观及其社会支持的角度提出措施来降低中学生学习倦怠水平,显得尤为必要,意义非凡。

二、研究目的

　　本项研究目的从教育价值观与社会支持的视阈,结合贵州民族地区的实际,探索中学生学习倦怠现象及其现状,通过对贵州的个案研究,分析造成民族地区中学生学习倦怠的根本原因,并提出,预防甚或缓解中学生学习倦怠的有效解决策略,这不但有助于贵州民族地区基础教育质量的提升、对办好人民满意的教育也大有帮助,而且对预防青少年过早离开学校这一社会问题具有现实意义。为达成这一具有现实意义的目标,本研究的目的主要有三个方面。

　　一是在收集文献、访谈调查的基础上,从教育价值观、社会支持及其学习倦怠可操作、可测定视角,对其进行概念界定并建构出教育价值观、社会支持及其学习倦怠的维度,编制调查问卷,考察贵州民族地区中学生学习倦怠的状况,探索其深层影响因素。在研究中,着重讨论贵州民族地区中学生在学校教育中,学习倦怠历史和现实根源,并以教育价值观及其社会支持作为切入点,突破学而厌的瓶颈,寻找破解贵州民族地区中学生学习的路径。在学习倦怠方面,主要围绕情绪耗竭、学习低效、生理耗竭、手机依赖这四个方面,深入考察学习倦怠的行为表现,并试着解答其影响因素。民族地区教育价值观方面,主要从经济利益、家族荣誉、个人发展、民族传承、素养提升等方面进行考察,在研究过程中,通过考察贵州教育的历史、教育内容等方方面面的内容,进一步佐证教育价值观对中学生学习倦怠的影响效价。在社会支持方面,主要从情感支持、物质支持、政策支持、信息支持和文化支持等方面进行考察,探索其与中学生学习倦怠的关系,在研究过程中,主要考虑支持的来源、支持的方式,及被支持对象的感知效应对其学习倦怠的影响,对现有支持的路径的有效性予以客观评价,即提出支持的合理性与合规性问题。

　　二是在对贵州民族地区中学生学习倦怠的现状、原因进行调查研究的基础上,考察民族地区教育价值观、社会支持对中学生学习倦怠的交互关系。一般来说,价值观有正向、负向之分,教育价值观亦是如此。研究假设其与学习倦怠有相关关系,抑或是正相关或许负相关,从而进行深入的回归分析。社会支持方面,研究假设其与学习倦怠有相关,并进一步假设其与学习倦怠的关系为负相关。通过以上两步假设,考察民族地区教育价值观、社会支持状况对民族地区学生学业成就的影响,不但可以检视和反思前人的研究成果,而且可以进一步阐明贵州民族地区中学生,在不同的历史时期学习倦怠的主要影响因素,从而进一步反思在社会主义核心价值观的指引下,如何培育科学的学校教育价值观,如何进行科学合理的教育支持等问题。

三是对教育价值观的内隐性进行实验分析,对学习倦怠做进一步投射测验,最后提出达到"学而不厌"的教育对策。本研究试图在前人研究的基础上,以翔实的田野调查资料和深入的问卷调查为佐证,探讨民族地区中学生在学校教育中文化适应、社会支持、教育价值观对民族学生学业成就的重要影响。本研究从民族学、心理学、教育学的多元视角出发,将贵州民族地区学校教育中的学习倦怠现象,置于整个民族生活与民族文化大背景之下,将贵州民族地区学校教育,看成多元文化交相呼应的特定领域,并进行深入解剖与分析,通过问卷调查、实验研究、田野考察的研究范式,多角度、多层次地分析民族地区学校教育中学生学习倦怠与民族文化、经济及其政治权利的关系,特别是教育价值观、社会支持与民族学生个人学习倦怠的内在联系,通过对学生生活和他们对学校教育的理解和体会,做出接近于客观事实的宏观和微观分析与描述,以期对民族地区中学生良好学习行为的养成产生促进作用,对国家"控辍保学"工作也是一种积极响应。

三、研究意义

对贵州民族地区中学生学习倦怠进行研究,并探索民族地区教育价值观、社会支持对中学生学习倦怠的影响,不仅具有较为重要的理论意义,亦有很强的现实性,以下将从三个"有利于"进行解读。

第一,有利于发展和充实民族心理学的相关研究基础及理论。本项目研究基于民族地区教育价值观及其社会支持视角,探索其对贵州民族地区中学生学习倦怠影响路径的构建,内容涉及民族价值观、民族学校教育、民族社会教育支持、民族文化支持、民族学生学业成就、民族学生学习倦怠及其影响因素,内容丰富而且充实,对这些问题的研究,虽然只针对贵州民族地区,但在建立和健全民族心理学的学科内容体系等方面,都会提供一些实在而又有创新的内容,既能为民族学、心理学、社会学等诸多学科体系提供有价值的数据和理论参考资料,也能为民族学、心理学的中国化研究奠定有益基础。

第二,有利于民族地区的团结繁荣与和谐稳定。在党的十九大报告中指出,在全面建成小康社会决胜阶段、中国特色社会主义进入新时代的关键时期,决胜全面建成小康社会,开启全面建设社会主义现代化国家新征程,群众在就业、教育、养老等方面面临不少难题,要在幼有所育、学有所教上不断取得新进展,必须把教育事业放在优先位置,要全面贯彻党的教育方针,落实立德树人根本任务。从纵向上来看,贵州民族地区在经济社会、文化教育及其家庭幸福等方面都有了长足的发展,可以说是一种翻天覆地的变化,但从横向上来说,贵州人民生活在乌蒙山腹地,仍然以农耕为生计(据 2010 年人口普查数据显示,贵州非农业户口人口占总人口比重为 18.81%,低于全国平均值 29.14%,在全国排位倒数第三,仅高于云南 16.45%,西藏 14.77%,换句话说,贵州农业户口人口占 81.19%,仍属于农耕生活)①。加上交通欠发达,基础设施建设不够完善,与发达沿海发达地区相比,处在社会发展转型的过渡阶段,经济、文化、教育等发展较为滞后,加之生态环境比较脆弱、城乡差距明显、经济基础薄弱,所面临的经济与社会问题,尤其是教育问题更多。特别是贵州正处在后发赶超、加快发展的社会转型期,各世居民族文化价值意识形态不断接触、互相影响,正处在相互冲突与融合的过程之中。因此,研究贵州民族地区中学生的教育价值观,不但有利于中学生学习的进步,而且有利于贵州民族地区中学生之间更有效的交流与沟通,促进贵州民族地区教育事业迈上新台阶,进一步增强民族的凝聚力,促进民族社区安定团结和各民族的共同发展与进步;同时,也能更有效地克服由于文化差异造成的民族心理冲突,防止学生学习失败,消除民族偏见、民族歧视和民族心理隔阂,以教育促发展,以教育促和谐,从而促进贵州民族地区各民族和睦相处和边陲稳定,为构建和谐社会做出贡献。

第三,有利于为相关决策提供科学依据,办好人民满意的教育。十九大报告指出,要动员全党全国全社会力量,坚持精准扶贫、精准脱贫,坚持大扶贫格局,注重扶贫同扶志、扶智相结合,深入实施东西部扶贫协作,重点攻克深度贫困地区脱贫任务,确保到 2020 年我国现行标准下农村贫困人口实现脱贫,贫困县全部摘帽,解决区域性整体贫困,做到脱真贫、真脱贫。贵州就是党脱贫攻坚的主战场,在党和国家一系列方针政策的指引下,贫困落后的贵州在实施西部大开发、脱贫攻坚、教育扶贫工作的道路上稳步前行。本课题对贵州民族地区中学生学习倦怠进行研究,研究结果可为党和国家制定贵州民族地区教育发展、教育脱贫工作的有关措施及其政策提供理论支撑和数据参考,为贵州民族地区的民族教育发展提供切实可行的有益建议,这不但是贯彻扶贫与扶志、扶智相结合精神的体现,对办好贵州人民满意的教育亦具有较好的借鉴意义。

---

① 国务院人口普查办公室,国家统计局人口和就业统计司编.中国 2010 年人口普查资料(上册)[M].北京:中国统计出版社,2012:25-27.

第二节　概念界定及理论基础

一、学习倦怠研究现状

对学习倦怠的关注始于对职业倦怠、工作倦怠研究的拓展。20 世纪 70 年代，美国心理学家 Freudenberger(1974)[①]对服务行业工作者的压力给予极大关注，并以此为研究对象，对其深入探讨，在《社会问题杂志(*Journal of Social Issues*)》上发表了一篇名为 *Staff Burnout* 的小论文，文中使用倦怠(burnout)一词来表述职业工作者在长期的劳作中所感受到的一系列非积极反映及其呈现出的症状，包括情绪情感的耗竭，身体的疲乏，工作中投入效能、成就感降低，对服务对象产生冷漠态度等。此后，美国社会研究者对倦怠的研究加以关注，并进行了相关研究。

美国的社会心理学家 Maslach 对倦怠的研究最为深入，成果颇丰。Maslach(1981)[②]以护士为研究对象，编制了 *Maslach Burnout Inventory* 问卷，其包括身心耗竭(exhaustion)、愤世嫉俗(cynicism)和无效能感(ineffective)三个维度。此后，burnout 一词成了描述倦怠现象的专业术语，深得研究者的采纳和沿用。*Maslach Burnout Inventory* 问卷也成为该领域必不可少的研究工具，只不过在引用的过程中，研究者根据各自不同的研究对象进行改编。

最初，问卷仅适用于测量评估教师、护士、医生等服务行业的群体，因为从事人的服务工作是最复杂、最枯燥，也是情感投入最多的行业，也就容易产生倦怠感。然而，当倦怠受到社会及研究者的高度重视和关注后，进一步发现倦怠具有一定的普遍性。

Gryskiewicz(1992)[③]以企业家为研究对象，构建了企业家倦怠感的发展阶段模型，其具有一定的稳定性，一定程度上揭示了倦怠伴随工作时间的增多而产生的一种趋势。Lee(1993)[④]研究提出，公共福利机构中的监督和管理者存在倦怠现象，研究分析显示压力是工作自主性、社会支持与情绪情感耗竭的中介因素。Leit-

---

① Freudenberger HJ. Staff Burnout[J]. Journal of Social Issues,1974(30):159-164.

② Maslach C,Jackson SE. The Measurement of Experienced Burnout[J]. Journal of Occupational Behavior, 1981(2):99-113.

③ Gryskiewicz N,Buttner EH. Testing the Robustness of the Progressive Phase Burnout Model for a Sample of Entrepreneurs[J]. Educational and Psychological Measurement,1992,52(3):747-751.

④ Lee RT,Ashforth BE. A Longitudinal Study of Burnout Among Supervis or Sand Managers:Comparisons Between the Leiterand Maslach(1988) and Golembiews Kietal(1986) Models[J]. Organizational Behaviour and Human Decision Processes,1993,54(3):369-398.

er(1994)①研究认为,军事人员存在职业倦怠现象,并对男性和女性进行了比较,结果表明,女性在面对组织上的问题时更容易表现出无能为力,也更容易出现倦怠感。

20 世纪末期,Maslach(1997)②出版专著 *The Truth about Burnout——How Organizations Cause Personal Stress and What to Do About It*,将倦怠的研究推向了一个制高点。该书从当前危机(the current crisis)、如何体验倦怠(how you experience burnout)、什么引发倦怠(what causes burnout)、为什么要关注倦怠(why do anything about burnout)、停止倦怠的危机干预(crisis intervention to stop burnout)、防止倦怠与工作投入(preventing burnout and building engagement)和提升个人价值(promoting human values)七个方面对倦怠进行了深入细致的剖析,并且指出了工作倦怠在北美工作者中已经成为一种普遍现象。

国内对"倦怠"的研究,始于 1990 年对"职业倦怠"的关注,但 1990 年至 2000 年十年间,研究成果并不丰硕,每年只有 1～5 篇相关论文。从 2001 开始,国内有关职业倦怠的研究迎来了井喷式的发展,文献逐年递增,2006 年以后,每年的文献都在 600 篇以上,最多的年份如 2013、2014 分别达到了 964 和 966 篇,现将关于"职业倦怠"的研究做一梳理,并简要论述其研究范式和共性规律。

对教师工作者的职业倦怠研究。郭耀邦(1990)③在《中小学教师的职业倦怠问题刍议》研究中,从对教师流失率这一视角,进行问卷调查,认为中小学教师厌教和流失是一种严重的潜在危机,是一个社会不可忽视的问题,并认为重要影响因素就是教师的职业倦怠。

于晶(1999)④研究认为,教师对自己所从事的教育工作的重要性的认识和判断,以及在观念和行为上做出的选择,即为教师价值取向。并指出教育价值取向作为教师自身的一个部分,对影响教师职业倦怠尤为主要。而这一理论观念的提出,对本研究中教育价值观与学习倦怠的关系有重要的指导意义。

范笑仙(2000)⑤在《当前教师素质存在的主要问题及其原因分析》分析中,将职业倦怠作为教师素质存在问题的一个部分,并在研究中认为,因工作负荷及家庭负担较重,导致中年教师中职业倦怠现象较为严重。赵玉芳(2003)⑥研究指出,教龄

①　Leiter MP,Clark D,Durup J. Distinct Models of Burnout and Commitment Among Men and Women in the Military[J]. Journal of Applied Behavioral Science,1994,30(1):63-82.

②　Maslach C,Leiter MP. The Truth about Burnout——How Organizations Cause Personal Stress and What to Do About It[M]. San Francisco:Josseyass,1997.

③　郭耀邦. 中小学教师的职业倦怠问题刍议[J]. 东疆学刊(哲学社会科学版),1990,(4):23-25.

④　于晶. 论素质教育与教师价值取向[J]. 内蒙古师范大学学报(哲学社会科学版),1999,28(4):124-126.

⑤　范笑仙. 当前教师素质存在的主要问题及其原因分析[J]. 山西高等学校社会科学学报,2000,12(10):55-58.

⑥　赵玉芳,毕重增. 中学教师职业倦怠状况及影响因素的研究[J]. 心理发展与教育,2003(1):80-84.

在6～10年的中学教师,是职业倦怠最严重的一个时期,而其中教师职称是重要的影响因素。连榕(2004)[①]在对新手、熟手和专家型教师的心理特征对比研究中,说明专家型教师出现职业倦怠的可能性较低,而熟手型教师与新手型教师不存在差异。甘怡群(2006)[②]采用访谈研究范式,对20名农村教师进行访谈,探索倦怠的结构并编制测量问卷,经分析,得出社会偏见、缺乏支持和公平感、人际消耗、忙碌感四个因子,首次揭示了社会偏见和人际消耗是农村中学教师倦怠的重要影响因素。

齐亚静等(2016)[③]从职业倦怠和工作投入的新视角,以799名中小学教师为研究对象,将教师的工作要求分为阻碍性、挑战性和发展性要求三类。研究还发现,情绪要求、学生升学考试压力和不良行为对职业倦怠有正向预测作用,将其称之为阻碍性要求;角色压力、工作负荷对情绪衰竭有正向预测作用,将其称之为挑战性要求;职业道德需求对去个性化有负向预测作用,将其称之为发展性要求,并提出对教师职业倦怠的预防中,应特别重视对阻碍性要求的控制。

此外,刘晓明(2004)[④]研究指出,教学效能感在职业压力与职业倦怠之间可能具有中介调节作用。王守恒(2005)[⑤]分析了体育教师职业倦怠成因及其消解策略。徐富明(2005)[⑥]研究指出,社会支持、职业压力应对策略、教学效能感对职业倦怠有显著预测作用。毕重增(2005)[⑦]研究指出,倦怠与追求成功动机呈负相关,与避免失败动机呈正相关,倦怠作为中介调节变量对成就动机与离职意向有影响。梁文永(2008)[⑧]研究认为,女性法学教师的职业倦怠与年龄、教龄、教育背景相关密切,并建议健全教师参与学校决策的制度支持系统。

对医护工作者的职业倦怠研究。廖皓磊(1991)[⑨]研究认为,青年医护人员医德医风滑坡与其职业倦怠密切相关。赵玉芳(2004)[⑩]研究指出,医务人员职业倦怠较严重的是中级职称和精神科的医生,主要表现在16～20年工龄阶段。

① 连榕.新手—熟手—专家型教师心理特征的比较[J].心理学报,2004,36(1):44-52.
② 甘怡群,王晓春,张轶文,等.工作特征对农村中学教师职业倦怠的影响[J].心理学报,2006,38(1):92-98.
③ 齐亚静,伍新春,胡博.教师工作要求的分类——基于对职业倦怠和工作投入的影响研究[J].教育研究,2016,(2):119-126.
④ 刘晓明.职业压力、教学效能感与中小学教师职业倦怠的关系[J].心理发展与教育,2004,(2):56-61.
⑤ 王守恒.体育教师职业倦怠的成因及其消解策略探析[J].北京体育大学学报,2005,28(10):1393-1394,1405.
⑥ 徐富明,朱从书,邵来成.中小学教师的工作倦怠与其相关因素的关系研究[J].心理科学,2005,28(5):1240-1242.
⑦ 毕重增,黄希庭.中学教师成就动机、离职意向与倦怠的关系[J].心理科学,2005,28(1):28-31.
⑧ 梁文永.女性法学教师职业倦怠现象调查与分析[J].教育研究,2008,(7):88-92.
⑨ 廖皓磊.谈青年医护人员职业倦怠的表现及成因[J].中国医院管理,1991,11(5):56-58.
⑩ 赵玉芳,张庆林.医生职业倦怠研究[J].心理科学,2004,27(5):1137-1138.

庞娇艳(2010)①对国外正念减压疗法(mindfulness-based stress reduction, MBSR)进行分析研究,根据 MBSR 中认知、情绪调节、注意等因素的共同作用,促使护士有能力积极应对面临的压力和突发状况,从而在缓解压力,改善抑郁、焦虑、个人成就感低下和情绪衰竭等方面带来正能量。因此,MBSR 对国内护士这一特殊群体的职业倦怠预防和干预有积极的意义。梁虹等(2016)②研究表明,住院医师职业倦怠的比率达到54.59%,身体健康状况是其发生倦怠的危险因素,而初级及以上职称是其发生倦怠的保护因素。

对图书馆工作者的职业倦怠研究。王东艳(1997)③在《图书情报工作者职业倦怠的成因及对策》论文中,从态度和行为两个方面对图书情报工作者的职业倦怠进行了界定,并提出了社会因素和个人因素是图书情报工作人员职业倦怠形成的主要推手。张馨(2006)④在《高校图书馆员工职业倦怠问题解析》论述中,指出困扰图书馆员工的心理情结主要是职业倦怠,并从社会层面、职业和组织层面、个人层面深入剖析了职业倦怠的根源,并提出了相应的防范和缓解对策。此外,吴涛(2004)⑤从文化层面,分析了图书馆员倦怠的原因;牟萍(2005)⑥探索了高校图书馆员的职业心理枯竭。

对警务工作者的职业倦怠研究。张振声(2004)⑦研究提出,中国警察职业倦怠具体表现为生理衰竭、人格解体、情绪耗竭以及低成就感,并提出构建社会支持网络,缓解中国警察的职业倦怠的建议。郑友军(2005)⑧对警察职业倦怠的表现及形成原因进行探究,提出了社会支持的缺乏是导致警察产生职业倦怠的因素。

对档案管理人员的职业倦怠研究。张九玲(2004)⑨分析了档案管理人员职业倦怠的表现形式和原因,为提升档案管理人员的整体素质,提供了建设性的依据。

对编辑工作者的职业倦怠研究。于涌(2004)⑩以科技期刊编辑人员为研究对象,探讨其职业倦怠及影响因素,得出倦怠与身心健康和工作满意度密切相关。李

① 庞娇艳,柏涌海,唐晓晨,等.正念减压疗法在护士职业倦怠干预中的应用[J].心理科学进展,2010,18(10):1529-1536.
② 梁虹,黄俏庭,庞钊等.三甲综合医院住院医师职业倦怠现状调查与影响因素分析[J].现代生物医学进展,2016,16(30):5904-5907.
③ 王东艳,宛福成.图书情报工作者职业倦怠的成因及对策[J].图书馆学研究,1997,(4):40-42.
④ 张馨.高校图书馆员工职业倦怠问题解析[J].图书情报知识,2006,(3):53-55.
⑤ 吴涛.图书馆员职业倦怠的归因及其对策[J].图书馆学研究,2004,(8):28-31.
⑥ 牟萍.高校图书馆员职业心理枯竭的成因及对策分析[J].图书馆学研究,2005,(5):75-77.
⑦ 张振声,徐永红.中国警察职业倦怠问题解析[J].中国人民公安大学学报,2004,(3):130-134.
⑧ 郑友军.警察职业倦怠产生的原因及对策研究[J].西南民族大学学报(人文社科版),2005,(8):97-101.
⑨ 张九玲.档案管理人员的职业倦怠及心理调适[J].内蒙古师范大学学报(哲学社会科学版),2004,33(6):272-273.
⑩ 于涌,张积宾.科技期刊编辑人员职业倦怠及其影响因素[J].编辑学报,2004,16(6):399-400.

玉恒(2005)[①]认为,职业、环境等是编辑职业倦怠的原因,并指出,加强其修养、营造和谐环境,可以预防职业倦怠。何承志(2005)[②]探讨了高校学报编辑职业倦怠的原因及对策。

企业工作人员职业倦怠的研究。蒋奖(2004)[③]对135名银行工作人员进行了调查分析,结果表明,情绪疲惫、消极怠慢均与身体健康、心理健康呈显著正相关,与工作满意度呈显著负相关,而职业效能与心理健康呈显著负相关,与工作满意度呈显著正相关,与身体健康之间相关未达到显著水平,研究说明职业倦怠影响职工的身心健康和工作满意度。

冯耕耘(2005)[④]认为,社会支持缺乏、人际关系、生理条件等方面是导游人员的主要压力源。王忠军等(2015)[⑤]认为基层公务员的职业生涯高原是一个值得关注的问题,并从仕途"天花板"的新视角,采用访谈、调查的研究范式,对基层公务员职业生涯高原现象进行研究,发现其对公务员的组织承诺、工作退缩行为和职业倦怠均有消极作用。李永鑫(2005)[⑥]研究提出,工作倦怠问卷由耗竭、人格解体、成就感低构成,其适用于中国的文化背景。

通过对倦怠研究的简单回顾,有两方面比较明显的规律,一方面是倦怠对身心健康有很大的影响,并对工作效率、生活满意度具有很强的负面作用,是不可忽视的重要影响因素。另一方面,倦怠在各行各业中都有可能存在,而早期认为只有服务行业的工作者存在倦怠感的观点,受到了极大挑战,研究倦怠感也就显得尤为重要了,倦怠感的研究也同时从服务领域拓展到各行各业。因此,作为特殊群体的学生,也得到研究者们的广泛关注。下面,将从学习倦怠、研究方法、影响因素等方面进行分解、探索。

(一)学习倦怠界定变迁

连蓉等人(2005)[⑦]研究认为,学习倦怠是学生在学习中焦虑、不满意、冷漠、无力、低自尊、迷惑等的消极心理表现,对学习感到厌倦的消极态度、行为,主要包括情绪低落、成就感低和行为不当三个维度。茅育青(2007)[⑧]从质性研究的视角,提

① 李玉恒.编辑职业倦怠产生的原因及应对策略[J].河南大学学报(社会科学版),2005,45(5):236-238.
② 何承志.高校学报编辑职业倦怠及对策[J].江苏大学学报(社会科学版),江苏大学学报(社会科学版),2005,7(5):86-89.
③ 蒋奖,张西超,许燕.银行职员的工作倦怠与身心健康、工作满意度的探讨[J].中国心理卫生杂志,2004,18(3):197-199.
④ 冯耕耘.导游员职业倦怠及其应对策略研究[J].桂林旅游高等专科学校学报,2005,16(2):82-85.
⑤ 王忠军,龙立荣,刘丽丹,等.仕途"天花板":公务员职业生涯高原结构、测量与效果[J].心理学报,2015,47(11):1379-1394.
⑥ 李永鑫,吴明证.工作倦怠的结构研究[J].心理科学,2005,28(2):454-457.
⑦ 连榕,杨丽娴,吴兰花.大学生的专业承诺、学习倦怠的关系与量表编制[J].心理学报,2005,37(5):632-636.
⑧ 茅育青.学习的倦怠之原因与对策研究[J].心理科学,2007,30(3):752-754.

出学习倦怠是一种萎靡不振、消极的身心状态,是焦虑、悲观、厌倦、郁闷等的综合反映。樊琪等人(2008)[1]对学习惰性进行探究,从概念上对学习倦怠和学习惰性进行了辨析,认为 learning procrastination(学习惰性)是学习者对想要或者应该完成的学习活动的主动拖延,且伴随有不良情绪体验的心理状态。但是,learning burnout(学习倦怠)则是学习者对学习活动缺乏动力或者兴趣,被动应付,并伴随极强消极情绪体验的心理状态,并指出 learning burnout 的研究界定引自于 Maslach 和 Jackson 的 staff burnout(工作倦怠)的研究定向。

顾倩等人(2017)[2]对高中生社会支持、归因方式与学习倦怠进行研究,将学习倦怠界定为,在学习过程中遇到问题时不能做出积极的归因,不能很好地利用周围资源去解决问题时产生的一种生理和心理上对学习的拒绝行为,以及自我效能感低下的状态。

倦怠的研究起初源于以人为服务对象的职业领域,例如医生、护士、社会工作者等。美国心理学家 Freudenberger 首先提出"倦怠"的概念,来描述助人行业的工作人员所体验到的一系列消极症状,主要表现为由长期的工作压力引发的情感和生理耗竭,对待服务对象不够细心,降低的工作成就感等[3]。随后,Maslach 与 Jackson 共同创建了三因素职业倦怠模型,即情绪耗竭、去个性化和低成就感[4]。情感耗竭即个体感到工作超负荷,进而导致的一种耗竭的感受;去个性化的特征是,对待服务对象不够敏感和细心,甚至视对方为无生命的物体;低成就感主要表现为个体不能成功地解决问题,工作缺乏成效[5]。实际上,倦怠并非仅仅来自压力或繁重的工作量,而是出于对工作本身缺乏积极兴趣,造成的一种损耗、抑郁和自我负向情感的综合现象[6]。后续研究指出,倦怠情况也发生在服务行业之外的领域[7]。例如,学生的主要活动包括听课、完成作业、通过考试、取得学位,这可以被视

---

[1] 樊琪,程佳莉.学习惰性研究综述[J].心理科学,2008,31(6):1458-1460.

[2] 顾倩,程乐森,张婧雅等.高中生社会支持、归因方式与学习倦怠的相关性[J].中国健康心理学杂志,2017,25(1):92-96.

[3] Ramazan Erturgut,Serhat Soyşekerci. An Empirical Analysis on Burnout Levels Among Second Year Vocational Schools Students[J]. Procedia-Social and Behavioral Sciences,2010,2(2):1399-1404.

[4] Sergii V. Tukaev,Tetiana V. Vasheka,Olena M. Dolgova. The Relationships Between Emotional Burnout and Motivational,Semantic and Communicative Features of Psychology Students[J]. Procedia-Social and Behavioral Sciences,2013(82):553-556.

[5] Ramazan Erturgut,Serhat Soyşekerci. An Empirical Analysis on Burnout Levels Among Second Year Vocational Schools Students[J]. Procedia-Social and Behavioral Sciences,2010,2(2):1399-1404.

[6] Aynur Pala. The Burnout Level Among Faculty of Education Students At Celal Bayar University[J]. Procedia-Social and Behavioral Sciences,2012,69(2):1766-1774.

[7] Burhan Capri,Osman Murat Ozkendir,Berdan Ozkurt,Fazilet Karakus. General Self-Efficacy Beliefs,Life Satisfaction and Burnout of University Students[J]. Procedia-Social and Behavioral Sciences,2012,47:968-973.

为一种"职业"[1];并且,日常的人际交往、学业的高要求也会引发学生的压力和苦恼[2]。因此,学生群体可能存在倦怠,并通过认知、情感和行为等方面表现出来,研究者将这种现象称为"学习倦怠"。

当前对"学习倦怠"的概念界定基本来源于 Freudenberger 和 Maslach 对"工作倦怠"的界定。Salmela-Aro,Tynkkynen(2012)[3]指出学习倦怠的定义基于三个成分:耗竭感,对学校疏离、愤怒的态度,不能胜任的感觉。Aypay Ayşe(2012)将学习倦怠界定为"学习过程中,学生因为课业压力、课业负担和其他心理因素,体验到的一种情绪耗竭、去个性化和低成就感的状况"[4]。这些界定基本延续了 Maslach 对工作倦怠维度的划分。国内研究中,毛天欣等人(2015)[5]认为,学习倦怠是一种消极的心理和行为状态,由于外界学习压力较大或学习兴趣匮乏所导致,包含情绪低落、低成就感和行为不当三个方面。胡俏等人(2007)[6]借鉴 Maslach 的工作倦怠三维度理论,提出中学生学习倦怠往往是由于高度负荷的学习压力造成心理失调,产生了情绪耗竭、学习的低效能感、师生间的疏离及生理耗竭。杨丽娴(2005)[7]在国内外相关研究的基础上,着重参考我国大学生和中学生的具体表现,把"学习倦怠"定义为"学生对学习没有兴趣或缺乏动力却又不得不为之时,开始感到厌倦,继而产生一种身心俱疲的心理状态,并消极对待学习活动"。目前这一定义在国内应用得较为广泛。

综上,该研究认为,学习倦怠是倦怠的一个子集,学习倦怠是一种外在行为与内在心理耗竭的综合反映。外在行为包括逃学、辍学、厌学、回避学习、学习中玩手机等现象,而内在心理耗竭包括对学习本身的失望、找不到学习快感、学习无期望、认为学习对自己的未来不会有任何作用、学习中充满压力等的负面评价与体验。

① Burhan Capri,Osman Murat Ozkendir,Berdan Ozkurt,Fazilet Karakus. General Self-Efficacy Beliefs,Life Satisfaction and Burnout of University Students[J]. Procedia-Social and Behavioral Sciences,2012,47:968-973.

② Ramazan Erturgut,Serhat Soyşekerci. An Empirical Analysis on Burnout Levels Among Second Year Vocational Schools Students[J]. Procedia-Social and Behavioral Sciences,2010,2(2):1399-1404.

③ Katariina Salmela-Aro,Lotta Tynkkynen. Gendered Pathways in School Burnout Among Adolescents[J]. Journal of Adolescence,2012,35(4):929-939.

④ Aypay Ayse. Elementary School Student Burnout Scale for Grades 6-8:A Study of Validity and Reliability [J]. Educational Sciences:Theory and Practice,2011,11(2):520-527.

⑤ 毛天欣,陈维,黄程琰,等.大学生学习倦怠量表的概化分析[J].中国临床心理学杂志,2015,23(01):29-31+119.

⑥ 胡俏,戴春林.中学生学习倦怠结构研究[J].心理科学,2007,30(1):162-164,195.

⑦ 杨丽娴,连榕.学习倦怠的研究现状及展望[J].集美大学学报(教育科学版),2005,6(2):54-58.

(二)学习倦怠的影响

学习倦怠是一种不良的心理状态,表现为持续的负性情绪和低水平的动机[1],其消极影响主要体现在学业表现、主观幸福感、生活满意度和自尊等方面。

学习倦怠对学业表现的影响。学习倦怠水平影响个体的学习投入水平、学业成就和不当行为表现。高学习倦怠水平的学生体验到较低的成就感,学习积极性和动机水平降低,并影响了后续的行为,不愿意投入到学习中去[2]。学习倦怠发展情况可以预测学生的学业成就,学习倦怠水平越高,越难以获得理想的学习成绩,反之,学习倦怠水平越低,更可能有良好的学业表现[3][4]。有研究者采用社会认知团体辅导的方式干预在校大学生的学习倦怠,发现随着学习倦怠水平的降低,学习成绩也随之提升[5]。学习倦怠程度还能够有效预测考试作弊行为的可能性,个体体验到的倦怠感越强烈,则越有作弊的可能[6],此外,学习方面的成就感匮乏也会提高个体的退学意向[7][8]。

学习倦怠对主观幸福感和生活满意度的影响。学习倦怠会影响个体的学习及其主观幸福感,而情绪耗竭、去个性化维度可以大致预测主观幸福感的水平[9][10]。对学习倦怠和主观幸福感的追踪研究发现,两者之间存在一种累积的关系,高学习倦怠水平可以有效预测主观幸福感水平的降低[11]。此外,对大学生而言,学业是影响其生活满意度的重要因子,如果存在学习倦怠的情况,就会导致学生的生活满意

① Li Ling,Shen Qin,Li-fang Shen. An Investigation about Learning Burnout in Medical College Students and Its Influencing Factors[J]. International Journal of Nursing Sciences,2014,1(1):117-120.

② Ana-Maria Cazan. Learning Motivation,Engagement and Burnout among University Students[J]. Procedia-Social and Behavioral Sciences,2015(187):413-417.

③ 高丙成. 大学生学习倦怠的类型及其对学习的影响[J]. 中国特殊教育,2013(12):84-89.

④ Ann Rudman,J. Petter Gustavsson. Burnout During Nursing Education Predicts Lower Occupational Preparedness and Future Clinical Performance:A longitudinal Study[J]. International Journal of Nursing Studies,2012,49(8):988-1001.

⑤ Edgar Bresó,Wilmar B. Schaufeli, Marisa Salanova. Can A Self-Efficacy-Based Intervention Decrease Burnout,Increase Engagement,and Enhance Performance? A Quasi-Experimental Study[J]. Higher Education,2011,61(4):339-355.

⑥ 徐云. 基于计划行为理论及学习倦怠感的考试作弊行为[J]. 中国健康心理学杂志,2012,20(11):1741-1743.

⑦ Dyrbye Liselotte N,Thomas Matthew R,Power David V,et al. Burnout and Serious Thoughts of Dropping Out of Medical School:a Multi-institutional Study. [J]. Academic Medicine,2010,85(1):94-102.

⑧ Giovanni B. Moneta. Need for Achievement,Burnout,and Intention to Leave:Testing an Occupational Model in Educational Settings[J]. Personality and Individual Differences,2010,50(2):274-278.

⑨ 高丙成. 大学生学习倦怠的类型及其对学习的影响[J]. 中国特殊教育,2013(12):84-89.

⑩ 刘在花. 学习倦怠对在职研究生学校幸福感和学业羞愧情绪的影响[J]. 中国特殊教育,2013(12):79-83.

⑪ Saule Raiziene,Rasa Pilkauskaite-Valickiene, Rita Zukauskiene. School Burnout and Subjective Well-being:Evidence from Cross-Lagged Relations in a 1-Year Longitudinal Sample[J]. Procedia-Social and Behavioral Sciences,2014,116(3):3254-3258.

度较差①②,其中,低成就感是最佳的预测变量,说明学生体验到更多的成就感,就会对自己的学习和生活越满意③。

学习倦怠对自尊的影响。学习倦怠对外显自尊和内隐自尊有着截然不同的影响机制。学习倦怠与外显自尊呈显著负相关,即倦怠程度越严重,外显自尊水平越低;学习倦怠中的低成就感维度与内隐自尊呈显著正相关,倦怠程度越严重,内隐自尊水平越高,这点与外显自尊的状况恰恰相反④。三个维度中,相较于情绪耗竭和去个性化,低成就感对内隐自尊、外显自尊的预测作用都比较显著,这可能是由于自尊涉及个体对自我的总体评价,与成就感关系较为密切⑤。

(三)学习倦怠的影响因素

人口学变量。影响学习倦怠的人口学变量主要包括了性别、年级、院校类型、专业、民族等方面。

Erturgut,Soyúekerci(2010)⑥研究了土耳其职业教育学校学生的学习倦怠水平,发现女生的情感耗竭水平更高,男生的去个性化水平更高。林崇德等人(2013)⑦在汶川地震30个月之后,对当地中小学生的心理状况进行了调查,发现女生的生理耗竭程度远远大于男生,抑郁情绪要显著高于男生。国内其他学者的研究也得出了类似的结论,例如,男生行为不当得分显著高于女生⑧,情感衰竭得分显著高于女生,低成就感得分显著低于女生⑨。与上述结论相反,Z. Sepehrmanesh等人(2010)⑩和 Fernando Galán 等人(2011)⑪的研究发现,医学院学生中,学生倦怠

① 李浩.大学生生活满意度、学习倦怠的状况及其关系[J].社会心理科学,2011,26(2):179-183,213.

② Ana-Maria Cazan,Laura Elena Năstasă. Emotional Intelligence,Satisfaction with Life and Burnout among University Students[J]. Procedia-Social and Behavioral Sciences,2015(180):1574-1578.

③ 李浩.大学生生活满意度、学习倦怠的状况及其关系[J].社会心理科学,2011,26(2):179-183+213.

④ 时金献,谭亚梅.大学生学习倦怠与外显自尊、内隐自尊的相关性研究[J].心理科学,2008,31(3):76-737 +710.

⑤ 时金献,谭亚梅.大学生学习倦怠与外显自尊、内隐自尊的相关性研究[J].心理科学,2008,31(3):736- 737+710.

⑥ Ramazan Erturgut,Serhat Soyúekerci. An Empirical Analysis on Burnout Levels Among Second Year Vo- cational Schools Students[J]. Procedia-Social and Behavioral Sciences,2010,2(2):1399-1404.

⑦ 林崇德,伍新春,张宇迪,等.汶川地震30个月后中小学生的身心状况研究[J].心理发展与教育,2013 (6):631-640.

⑧ 庞智辉,游志麒,周宗奎,等.大学生社会支持与学习倦怠的关系:应对方式的中介作用[J].中国临床心理 学杂志,2010,18(5):654-656+663.

⑨ 王小新,苗晶磊.大学生学业自我效能感、自尊与学习倦怠关系研究[J].东北师大学报(哲学社会科学 版),2012(01):192-196.

⑩ Z. Sepehrmanesh,A. Ahmadvand,G. Akasheh,R. Saei. Prevalence of Burnout in Senior Medical Students [J]. European Psychiatry,2010,25(1):723.

⑪ Fernando Galán,Arturo Sanmartín,Juan Polo,Lucas Giner. Burnout Risk in Medical Students in Spain U- sing the Maslach Burnout Inventory-Student Survey[J]. International Archives of Occupational and Envi- ronmental Health,2011,84(4):453-459.

水平较高,但并不存在性别差异。杨红君等人(2013)[1]、吕斯欣等人(2014)[2]的研究并未发现性别差异。目前,学习倦怠的性别差异情况并未得到一致的结论,但总体观点是男生更容易产生学习倦怠,尤其在行为不当、情感衰竭维度上,这可能是由于社会、家庭和学校会倾向于对男生提出更高的要求,对女生则有更多的包容和支持,女生承受的压力较小。

国外对医学、护理类专业大学生的研究证实了,学习倦怠程度存在显著的年级差异,年级越高,出现学习倦怠的风险越高[3][4]。林崇德等人(2013)[5]对中学生的调查得出了类似的结论,高年级的学习倦怠情况比低年级的更加严重,其中,高三在学习倦怠情况得分最高[6]。高丙成(2013)[7]比较了不同年级大学生的学习倦怠情况,发现学习倦怠的总体发展趋势是随着年级升高而逐渐下降,一年级、二年级的学习倦怠水平较高,但四年级的学习倦怠又有一个有略微的提升。庞智辉等(2010)[8]发现大一学生的成就感较低,大二、大三学生的情绪低落更为严重。国内研究中,大学生学习倦怠水平的年级差异尚未得到一致的结论。

学习倦怠状况存在院校类型和专业的差异。Salmela-Aro,Tynkkynen(2012)[9]对本科教育和职业教育学生的倦怠发展情况进行了追踪,发现职业教育学生的学习倦怠水平变化不大,但本科教育学习倦怠呈增长趋势,其中女生学习倦怠水平最高,男生学习倦怠的增长水平最大。连榕(2006)[10]发现,相对于理工院校和医学院校,师范院校大学生的学习倦怠的水平最高,学习心理较为消极。学习倦怠的专业对比上,发

[1]　杨红君,高明,李国强,等.大学生学习倦怠与成人依恋的关系:自我模型的作用[J].中国临床心理学杂志,2013,21(5):829-831.

[2]　吕斯欣,李丽霞,柯斌斌,等.广州某高校大学生学习倦怠及其影响因素 Logistic 回归分析[J].中国学校卫生,2014,35(1):120-123.

[3]　Ann Rudman,J. Petter Gustavsson. Burnout During Nursing Education Predicts Lower Occupational Preparedness and Future Clinical Performance:A Longitudinal Study[J]. International Journal of Nursing Studies,2012,49(8):988-1001.

[4]　Fernando Galán,Arturo Sanmartin,Juan Polo,Lucas Giner. Burnout Risk in Medical Students in Spain Using the Maslach Burnout Inventory-Student Survey[J]. International Archives of Occupational and Environmental Health,2011,84(4):453-459.

[5]　林崇德,伍新春,张宇迪,等.汶川地震 30 个月后中小学生的身心状况研究[J].心理发展与教育,2013(6):631-640.

[6]　Fernando Galán,Arturo Sanmartin,Juan Polo,Lucas Giner. Burnout Risk in Medical Students in Spain Using the Maslach Burnout Inventory-Student Survey[J]. International Archives of Occupational and Environmental Health,2011,84(4):453-459.

[7]　高丙成.大学生学习倦怠的类型及其对学习的影响[J].中国特殊教育,2013(12):84-89.

[8]　庞智辉,游志麒,周宗奎,等.大学生社会支持与学习倦怠的关系:应对方式的中介作用[J].中国临床心理学杂志,2010,18(5):654-656+663.

[9]　Katariina Salmela-Aro,Lotta Tynkkynen. Gendered Pathways in School Burnout Among Adolescents[J]. Journal of Adolescence,2012,35(4):929-939.

[10]　连榕,杨丽娴,吴兰花.大学生专业承诺、学习倦怠的状况及其关系[J].心理科学,2006,29(1):47-51.

现医学和护理专业的学生具有普遍的学习倦怠状况[1][2]，并且学习倦怠水平高于普通专业学生[3]，这一结论得到了其他研究的支持[4][5]。连榕(2006)[6]对不同学科类别的大学生学习倦怠程度进行了考察，发现相较于文科、理科专业，医科和工科专业大学生的倦怠水平更低，可能是由于医科、工科的学习更注重专业实践操作，学生解决实际问题的能力更强。国内的其他研究发现，理科类专业大学生的学习倦怠水平明显高于文科类专业[7][8]。

Dyrbye(2006)[9]以美国医学院学生为调查对象，考察了学习倦怠情况的民族差异，发现少数民族学生与非少数民族学生的总体倦怠水平相似，但前者体验到的个人成就感更低，生活质量也更低。田青等人(2015)[10]考察了藏族大学生学习倦怠的现状及特点，证实了藏族大学生的身心耗竭、学业疏离及学习倦怠总体状况均比汉族大学生更为严重，可能是相较于汉族大学生，少数民族大学生在文化适应上存在一定的困难。目前，国内外关于民族差异的研究较少。

内部因素。影响个体学习倦怠的内部因素有自我效能感、归因方式、应对方式、人格特质、专业承诺和成绩等。

Capri(2012)[11]，Zeinab Rahmati(2015)[12]等人的研究证实了，学习倦怠与自我

[1] Barret Michalec, Cynthia Diefenbeck, Margaret Mahoney. The Calm Before the Storm? Burnout and Compassion Fatigue Among Undergraduate Nursing Students[J]. Nurse Education Today, 2013, 33(4):314-320.

[2] Zuzana Skodova, Petra Lajciakova. The Effect of Personality Traits and Psychosocial Training on Burnout Syndrome Among Healthcare Students[J]. Nurse Education Today, 2013, 33(11):1311-1315.

[3] Li Ling, Shen Qin, Li-fang Shen. An investigation About Learning Burnout in Medical College Students and Its Influencing Factors[J]. International Journal of Nursing Sciences, 2014, 1(1):117-120.

[4] Ann Rudman, J. Petter Gustavsson. Burnout During Nursing Education Predicts Lower Occupational Preparedness and Future Clinical Performance:A longitudinal Study[J]. International Journal of Nursing Studies, 2012, 49(8):988-1001.

[5] Dyrbye Liselotte N, Massie FS, Eacker A, et al. Relationship Between Burnout and Professional Conduct and Attitudes Among US Medical Students. JAMA. 2010;304(11):1173-1180.

[6] 连榕,杨丽娴,吴兰花.大学生专业承诺、学习倦怠的状况及其关系[J].心理科学,2006,29(1):47-51.

[7] 高丙成.大学生学习倦怠的类型及其对学习的影响[J].中国特殊教育,2013(12):84-89.

[8] 杨红君,高明,李国强,等.大学生学习倦怠与成人依恋的关系:自我模型的作用[J].中国临床心理学杂志,2013,21(5):829-831.

[9] Liselotte N. Dyrbye, Matthew R. Thomas, Mashele M. Huschka, et al. A Multicenter Study of Burnout, Depression, and Quality of Life in Minority and Nonminority US Medical Students[J]. Mayo Clinic Proceedings, 2006, 81(11):1435-1442.

[10] 田青,闫清伟,靳晨鸣,等.内地某高校藏族大学生学习倦怠现状[J].中国学校卫生,2015,36(7):1091-1094.

[11] Burhan Capri, Osman Murat Ozkendir, Berdan Ozkurt, Fazilet Karakus. General Self-Efficacy Beliefs, Life Satisfaction and Burnout of University Students[J]. Procedia-Social and Behavioral Sciences, 2012, 47:968-973.

[12] Zeinab Rahmati. The Study of Academic Burnout in Students with High and Low Level of Self-efficacy[J]. Procedia-Social and Behavioral Sciences, 2015(171):49-55.

效能感存在显著的负相关。高自我效能感反映了学生对自我学习能力的信心,会影响个体在学习中的态度和行为表现,继而降低个体学习倦怠的总体水平,减少行为不当,增加成就感。王显志等(2014)[①]考察了英语专业大学生学习倦怠状况,证实自我效能感对学习倦怠水平有很好的预测作用。王小新等(2012)[②]调查了学习倦怠与学业自我效能感的关联,发现个体的学业自我效能感能够有效地预测学习倦怠程度。

归因方式是人格特质的一种重要表征,也会对学习倦怠产生影响。积极归因风格的学生更可能将成功归因为内部因素,如能力、努力,将失败归因于可控的内部因素,如缺乏努力,这种归因风格可以降低学习倦怠的发生率;然而,消极归因风格的学生可能将成功归因为不稳定的外部因素,如运气或任务难度,将失败归因于不可控的内部因素,如缺乏能力。这种消极归因方式会增加产生学习倦怠的风险[③]。Gan,Shang(2007)[④]对内外控因素进行了研究,内控者坚信,他们所获得的奖励是因为他们自己的行为,自己能够掌控自己的命运;外控者则截然相反,他们认为,奖励并不是取决于自身行为,只是外部因素的结果,内外控程度可以直接或间接地影响学习倦怠。

Skodova,Lajciakova(2013)[⑤]通过心理社会训练干预护理专业学生的学习倦怠水平,发现通过改善个体的应对方式,能够降低倦怠水平。相关的其他研究也证实,不当的应对方式和特点,会导致学习倦怠水平的提高[⑥][⑦]。通过对学生进行应对策略的训练,减少适应不良的应对方式,可以增加学习投入程度,降低学习倦怠水平[⑧]。

① 王显志,胡修齐.英语专业学生学习倦怠、自我效能感与主观幸福感的相关研究[J].中国教育学刊,2014(11):29-30.

② 王小新,苗晶磊.大学生学业自我效能感、自尊与学习倦怠关系研究[J].东北师大学报(哲学社会科学版),2012(01):192-196.

③ Li Ling,Shen Qin,Li-fang Shen. An Investigation about Learning Burnout in Medical College Students and Its Influencing Factors[J]. International Journal of Nursing Sciences,2014,1(1):117-120.

④ Gan Yiqun,Shang Jiayin,Zhang Yiling. Coping Flexibility and Locus of Control as Predictors of Burnout Among Chinese College Students[J]. Social Behavior and Personality,2007,35(8):1087-1098.

⑤ Zuzana Skodova,Petra Lajciakova. The Effect of Personality Traits and Psychosocial Training on Burnout Syndrome Among Healthcare Students[J]. Nurse Education Today,2013,33(11):1311-1315.

⑥ Corinna Reichl,F.-Sophie Wach,Frank M. Spinath,Roland Brünken,Julia Karbach. Burnout Risk among First-year Teacher Students:The roles of Personality and Motivation[J]. Journal of Vocational Behavior,2014,85(1):85-92.

⑦ 李晓军,周宗奎,范翠英,等.师范类大学生学习倦怠与应对方式关系研究[J].教育研究与实验,2011(03):93-96.

⑧ Gene M. Alarcon,Jean M. Edwards,Lauren E. Menke. Student Burnout and Engagement:A Test of the Conservation of Resources Theory[J]. The Journal of Psychology,2011,145(3):211-227.

Corinna Reichl 等人(2014)[①]对师范生学习倦怠和人格特质的关系进行了调查,发现神经质是学习倦怠的高风险因素;相反,外向性、责任心则与积极的学习状态有关。张翌鸣(2013)[②]和廖红(2013)[③]考察了学习倦怠的影响因素,证实神经质和情绪波动预测了高水平的学习倦怠,外向、开放、友善和责任心等人格特质预测了低水平的学习倦怠。国内的其他研究也证实了人格因素是学习倦怠有效的预测因素[④]。

专业承诺是指大学生认同自己所学习的专业,并自觉自愿付出相应努力的一种积极心态和行为[⑤]。连榕等人(2005)[⑥]的调查证实了,个体的专业承诺水平可以预测学习倦怠的程度,其中,情感倦怠维度是最重要的预测因素,学生对所学专业的认同感越高,情绪上就越积极,就会降低学习倦怠水平。国内其他对于大学生[⑦]和高职生[⑧]的研究也证实了这一结论。

学生的成绩也会对学习倦怠造成影响。Li Ling(2014)[⑨]的调查中发现,未获得奖学金学生的学习倦怠水平高于获得奖学金的学生,这可能是由于他们的学习兴趣不高,或者没有掌握相应的学习策略。周鹏生等(2014)[⑩]和高明(2014)[⑪]探讨了学习成绩困难和学习成绩优秀学生的状态差异,发现学习成绩困难学生的学习倦怠情况更为严重,主要体现在情绪情感低落、学习行为不当、成就感较低等几个方面。石雷山(2012)[⑫]考察了成就目标定向对学习倦怠的影响,报告了成绩回避定向与学习倦怠有正相关,个体越是极力回避对自身能力的不利评价,极力避免暴露自己的不足,那么就更容易表现出学习倦怠。

---

① Corinna Reichl, F.-Sophie Wach, Frank M. Spinath, Roland Brünken, Julia Karbach. Burnout risk among first-year teacher students: The roles of personality and motivation[J]. Journal of Vocational Behavior, 2014, 85(1):85-92.

② 张翌鸣,纪夏楠. 职校学生学习倦怠与大五人格的相关性探究[J]. 中国成人教育, 2013(23):121-125.

③ 廖红. 大学生人格特征、社会支持和学习倦怠的关系[J]. 中国成人教育, 2013(05):59-60.

④ 姜珊,张凯,赵文玉,等. 大学生学习倦怠现状与人格特征的关系研究[J]. 中国健康心理学杂志, 2012,20(9):1411-1413.

⑤ 连榕,杨丽娴,吴兰花. 大学生的专业承诺、学习倦怠的关系与量表编制[J]. 心理学报, 2005,37(5):632-636.

⑥ 连榕,杨丽娴,吴兰花. 大学生的专业承诺、学习倦怠的关系与量表编制[J]. 心理学报, 2005,37(5):632-636.

⑦ 赵隽. 大学生自我效能感与学习倦怠的关系——专业承诺的中介作用[J]. 内蒙古师范大学学报(教育科学版), 2013,26(7):85-87.

⑧ 高明. 高职学生厌学现状及相关因素分析[J]. 中国临床心理学杂志, 2013,21(06):1039-1040+991.

⑨ Li Ling, Shen Qin, Li-fang Shen. An investigation about learning burnout in medical college students and its influencing factors[J]. International Journal of Nursing Sciences, 2014,1(1):117-120.

⑩ 周鹏生,吕欢. 学习困难大学生学习适应、学习信念与学习倦怠的关系[J]. 心理研究, 2014,7(6):85-90.

⑪ 高明. 学业成绩不良高职生的大学适应、学业情绪及学习倦怠对照研究[J]. 中国临床心理学杂志, 2014,22(4):699-701.

⑫ 石雷山,高峰强,王鹏,等. 成就目标定向对学习倦怠的影响:学业自我效能的中介作用[J]. 心理科学, 2012,35(6):1393-1397.

　　除了上述影响因素,对未来就业的担忧[①]、学业情绪[②]和情绪智力[③④]、网络成瘾[⑤]、时间管理倾向[⑥⑦]、完美主义[⑧]对学习倦怠也有着显著的预测作用。

　　外部因素。对学习倦怠影响较大的外部因素包括社会支持、生活事件、学习压力、学习环境和班级氛围、价值观念等等。

　　Yusef Karimi(2014)[⑨]对伊朗大学生的学习倦怠状况进行了调查,发现低学习倦怠水平的个体往往拥有更高的社会支持水平,个体拥有的社会支持(尤其是朋友的支持)资源越多,学习倦怠程度越低。国内相关研究也证实社会支持能够有效预测学习倦怠的程度[⑩⑪],但社会支持对学习倦怠的影响机制还存在着一些争议,目前多数研究认为社会支持通过影响某种个人特质从而间接影响学习倦怠[⑫]。刘在花等(2013)[⑬]的研究认为,学习倦怠源于个体承受的压力,但社会支持对外界压力具有一定的缓冲作用。庞智辉(2010)[⑭]考察了学习倦怠、社会支持和应对方式的关系,发现个体获得的社会支持越多,就越有可能采用积极的应对方式,从而增加学习效能,降低学习倦怠水平。

---

①　Ramazan Erturgut,Serhat Soyúekerci. An Empirical Analysis on Burnout Levels Among Second Year Vocational Schools Students[J]. Procedia-Social and Behavioral Sciences,2010,2(2):1399-1404.

②　郝梅,徐海生.高职生一般学业情绪与学习倦怠的关系[J].内蒙古师范大学学报(教育科学版),2014,27(5):97-99.

③　Ana-Maria Cazan,Laura Elena Năstasă. Emotional Intelligence,Satisfaction with Life and Burnout among University Students[J]. Procedia-Social and Behavioral Sciences,2015(180):1574-1578.

④　肖静,汪菲,葛华,等.医学生学习倦怠与情绪智力关系[J].中国学校卫生,2013,34(12):1442-1444,1447.

⑤　汪明春,张丽霞.大学生学习倦怠的表现及干预对策[J].教育探索,2011(06):143-144.

⑥　马忆萌,孟勇.成人教育大学生时间管理倾向与学习倦怠的关系[J].中国成人教育,2013(22):111-114.

⑦　马忆萌,孟勇,徐金英.大学生时间管理倾向与学习倦怠的关系:自我效能感的中介作用[J].现代预防医学,2014(17):3161-3164.

⑧　Eunbi Chang,Ahram Lee,Eunji Byeon,Sang Min Lee. Role of Motivation in the Relation Between Perfectionism and Academic Burnout in Korean Students[J]. Personality and Individual Differences,2015(82):221-226.

⑨　Yusef Karimi,Mehrab Bashirpur,Mahmoud Khabbaz,Ali Asghar Hedayati. Comparison Between Perfectionism and Social Support Dimensions and Academic Burnout in Students[J]. Procedia-Social and Behavioral Sciences,2014(159):57-63.

⑩　廖红.大学生人格特征、社会支持和学习倦怠的关系[J].中国成人教育,2013(05):59-60.

⑪　李彩超,陈昕,刘慧晨,等.大学生学习倦怠特点及其与社会支持、自我价值感的关系[J].中国健康心理学杂志,2014,22(11):1730-1732.

⑫　庞智辉,游志麒,周宗奎,等.大学生社会支持与学习倦怠的关系:应对方式的中介作用[J].中国临床心理学杂志,2010,18(5):654-656＋663.

⑬　刘在花,毛向军.学习压力对在职研究生学习倦怠的影响:社会支持的调节作用[J].中国特殊教育,2013(01):79-84.

⑭　庞智辉,游志麒,周宗奎,等.大学生社会支持与学习倦怠的关系:应对方式的中介作用[J].中国临床心理学杂志,2010,18(5):654-656＋663.

繁重的学习压力也是影响学习倦怠的重要因素。学生的学业压力越大,越容易身心耗竭[1],产生低落的学业情绪,出现行为不当的比率也会提高[2]。学习压力对学习倦怠的影响机制体现在两方面,既可以直接影响学习倦怠,也可以通过影响个体特质从而间接地影响学习倦怠[3]。吕斯欣等人(2014)[4]的研究具体地指出,随着学习压力的增大,学习倦怠增高一个及以上等级的可能性增加了8倍多。

学习环境和班级氛围作为一种外部的环境因素,也会对学习倦怠产生影响。石雷山(2011)[5]考察了班级集体效能对学习倦怠的影响,班级集体效能指班级成员对达到一定水平的成就所需的联合能力的一种共同信念。结论表明,班级集体效能可以解释不同班级之间学习倦怠水平的大部分变异,一个班级的正向联合力越高,班级的整体氛围越好,越会提高对班内成员的积极要求,提高学习的效能感;一个班级的负向联合力越高,对班级的整体评价越为消极,成员越会更容易产生消极的情绪体验,发生学习倦怠[6]。高志华等(2014)[7]调查了农村小学生的学习倦怠水平和班级环境的关联,发现农村小学生的班级环境较差,表现为师生关系和同伴关系较差,缺乏良性的竞争环境,这可能是导致农村小学生的学习倦怠水平更高的原因之一。

Tan,Yao(2012)[8]调查了中国西双版纳地区勐遮镇中学生的学习倦怠问题,认为该地区作为一个多文化共存的区域,其教育包括了学校教育和佛教教育两种方式,产生学习倦怠的最根本原因在于,学校教育和佛教教育两者之间价值观念的分歧。学生受到长期的价值冲突的影响,会产生压力,引发学习倦怠的症状,如忧烦、抑郁、挫折感、缺乏学习动力等。目前,国内外关于价值观和学习倦怠的关系研究较少。

---

[1] 吴艳,戴晓阳,温忠麟,等.学校气氛对初中生学习倦怠的影响[J].中国临床心理学杂志,2012,20(3):404-406.

[2] 司徒巧敏.大学生学业压力对学业倦怠的影响:核心自我评价的调节作用[J].中国健康心理学杂志,2014(5):758-759,760.

[3] 朱晓斌,王静丽.中学生学习自我效能感、学习压力和学习倦怠关系的结构模型[J].中国临床心理学杂志,2009,17(5):626-628,543.

[4] 吕斯欣,李丽霞,柯斌斌,等.广州某高校大学生学习倦怠及其影响因素Logistic回归分析[J].中国学校卫生,2014,35(1):120-123.

[5] 石雷山,高峰强,沈永江,等.班级集体效能对初中生学业自我效能与学习倦怠的调节作用[J].心理发展与教育,2011,27(3):289-296.

[6] 石雷山,高峰强,沈永江,等.班级集体效能对初中生学业自我效能与学习倦怠的调节作用[J].心理发展与教育,2011,27(3):289-296.

[7] 高志华,马红霞,杨羚,等.唐山小学高年级学生班级环境与自尊对学习倦怠的影响[J].中国学校卫生,2014,35(7):1084-1086.

[8] Tan Qinyi, Yao Jiali. An Analysis of the Reasons on Learning Burnout of Junior High School Students from the Perspective of Cultural Capital Theory:A Case Study of Mengzhe Town in Xishuangbanna,China[J]. Procedia-Social and Behavioral Sciences,2012(46):3727-3731.

内外部因素的交互作用。近几年,有研究者开始从个体-情境交互作用的角度来预测学习倦怠,并发现这种预测效度要大于内部或外部的预测变量。

Gan(2007)[1]分别考察了控制点和应对灵活性对学习倦怠的影响,"控制点"主要指个体的内外控水平,而"应对灵活性"则包含了三方面,分别是认知灵活性、情境-策略匹配、应对有效性。应对灵活性高的个体,能够意识到外部问题是否属于自我可控范围,根据可控性的不同采取与情境相适宜的应对策略。应对灵活性代表了个体的可控性感知与情境特征的良好匹配,反映了个体因素和情境因素的交互作用[2]。研究结果显示,相对于控制点,应对灵活性能够更好地解释学习倦怠水平的变化[3]。

国内的相关研究也证实,学习倦怠受到了个体内部因素、外部因素交互作用的影响。例如,社会支持作为一种外在因素,可通过调节个体内部变量(如应对方式),来影响学生的学习倦怠水平[4];学习压力是常见的外部影响因素,但个体可通过核心自我评价[5]、自我效能感[6]、希望水平[7]对其进行调节,缓解对学习倦怠产生的影响。

(四)小结与展望

综上所述,目前国内外的研究主要集中于学习倦怠的概念、结构、测量、特点、影响因素,并取得了较好的研究成果。但学习倦怠的研究仍存在一些不足,今后的研究可以从以下方面入手:

第一,关注我国中学生的学习倦怠情况。国内外的相关研究多是以大学生为调查对象,但结合我国国情,中学生处于"暴风骤雨"的青春期,面临的升学压力较大,学习倦怠情况不容乐观。

第二,学习倦怠的影响因素多从外部或内部入手,而对于内外部因素交互作用的影响研究较少。个体的行为往往是由内部因素和外部因素交互作用、相互影响

---

[1] Gan Yiqun,Shang Jiayin,Zhang Yiling. Coping Flexibility and Locus of Control as Predictors of Burnout Among Chinese College Students[J]. Social Behavior and Personality,2007,35(8):1087-1098.

[2] Gan Yiqun,Shang Jiayin,Zhang Yiling. Coping Flexibility and Locus of Control as Predictors of Burnout Among Chinese College Students[J]. Social Behavior and Personality,2007,35(8):1087-1098.

[3] Gan Yiqun,Shang Jiayin,Zhang Yiling. Coping flexibility and Locus of Control as Predictors of Burnout Among Chinese College Students[J]. Social Behavior and Personality,2007,35(8):1087-1098.

[4] 庞智辉,游志麒,周宗奎,等. 大学生社会支持与学习倦怠的关系:应对方式的中介作用[J]. 中国临床心理学杂志,2010,18(5):654-656+663.

[5] 司徒巧敏. 大学生学业压力对学业倦怠的影响:核心自我评价的调节作用[J]. 中国健康心理学杂志,2014(5):758-759,760.

[6] 朱晓斌,王静萍. 中学生学习自我效能感、学习压力和学习倦怠关系的结构模型[J]. 中国临床心理学杂志,2009,17(5):626-628,543.

[7] 王亚丽,刘珍,谢祥龙,等. 希望在压力对大学生学习倦怠中的调节作用[J]. 中国学校卫生,2014,35(7):1068-1070.

而导致的[1]，因此后续的研究应该更多地关注内部因素和外部因素的交互作用。

第三，对个别变量的探讨不够深入。例如，国外研究中已发现，学习倦怠情况存在民族差异，我国是一个多民族国家，不同民族的风土人情、生活习惯和文化背景有着很大的差异，学习倦怠情况是否存在民族差异，这是一个值得探讨的问题。价值观差异也是导致学习倦怠的关键因素，但目前国内暂时没有这方面的研究。

第四，目前的研究重在理论探讨、原因分析，缺乏学习倦怠的干预措施。结合调查现状和学生身心发展特点，提出具体的、建设性的干预方案，改善学生的学习倦怠状态，这应该是未来研究的重点。

二、教育价值观与学习倦怠

(一)教育价值观的综述与概念

关于教育的价值问题一直是众多学者的研究对象，但是从目前的研究状况来看，教育价值的一些理论性问题并没有得到科学的解决，教育价值观对于现实社会的教育，乃至生活、社会的实践性影响，研究也不够深入。因此，对于教育价值观的研究具有一定的理论和实践意义。

国外关于教育价值观的论述。斯宾塞(1857)最早提出了关于教育价值的问题，并在其所著的《教育论》一书中提出并分析了"什么知识最有价值"，他认为凡是所学的知识都有一定的价值，但这些知识的价值是不一致的，而教育让我们明白了什么知识具有价值，他还指出在生活中科学的知识最有价值，因此在授课过程中应把智育作为重点，从此关于教育价值观念的研究进入了理论阶段。[2] 最早的教育价值论专著，巴格莱(1911)的《教育价值》，提出了"最有价值的判断是人类文化中那些共同的要素"的观点。[3] 杜威(1916)在《民主主义与教育》一书中，把教育价值划分为内在价值与工具价值，但是决定这一科目有多少外在价值的唯一标准是这一科目对于经验的内在价值贡献的多少。[4] 小原国芳(1921)主张全人教育，认为教育价值观念体系包含真、善、美、圣、健、富等，并将真、善、美、圣称为绝对价值，把健与富称为手段价值。[5]

国内有关于教育价值观的论述。从我国古代教育发展伊始，相关的教育价值观念就随之产生了，这些教育价值观念大致上以"学而优则仕""以教治国"为核心，

①　司徒巧敏.大学生学业压力对学业倦怠的影响:核心自我评价的调节作用[J].中国健康心理学杂志,2014(5):758-759,760.

②　罗炳之.外国教育史(上册)[M].南京:江苏教育出版社,1984:281.

③　赵琳琳.朝鲜族大学生的民族教育价值观研究[D].延吉:延边大学,2012.

④　王卫东.现代化进程中的教育价值观:西方之鉴与本土之路[M].北京:中国科学出版社,2002:2.

⑤　[日]小原国芳.全人教育论[M/OL].玉川:玉川大学出版社,1921. https://baike.so.com/doc/6645241-6859056.html#6645241-6859056-1

认为教育的价值就是帮助统治阶级维护统治而培养人才、传播阶级思想。

直至近代,中国社会进入了半殖民地半封建社会,西方的教育思想在中国得到了广泛传播,向西方学习成了中国人民推动社会变革的一种手段。因此,这一时期的教育价值观念则是"经世致用",认为教育的价值是学习西方的先进科学文化,以此推动社会的发展。新中国成立,社会主义制度初步确立,教育制度逐步改革,教育成为唤醒广大民众、维护工人阶级利益而进行革命斗争的工具。并认为教育的价值是为了唤起和培养广大农民知识分子,为了人民群众服务。

教育价值观是一定历史时期社会现实的产物,随着社会的演进教育价值观念也随之演变。纵观我国教育观念的演变历史,可以发现它们并没有形成一个完整的理论体系,甚至于没有开展对于教育价值观的相关研究。这是当时社会状态造成的。

改革开放以后,我国对于教育价值观念的研究才开始发展起来。通过引进了西方的大量先进的教育理论,以及教育体制不断变革,催生出了许多新的教育价值观。思想的解放、科学的教育理论的诞生,也为科学的、全方位的研究教育价值观提供了科学的土壤。严光元(1986)最早以教育价值观为题撰写了相关文章。[①] 随后,孙喜亭(1987)发表了《关于教育价值观的研讨》一文。[②] 到了 20 世纪 90 年代,随着基础教育的逐步推进,国家开始大力提倡素质教育,认为教育不仅要关注个体的发展,更要关注全社会、整个民族素质的提高。王坤庆(1990)在他所著的《现代教育价值论探寻》一书中不仅研究了教育价值观的概念、特征等一般理论问题,而且探讨了现代教育职能价值观、现代教育目的价值观、现代教育知识价值观。[③] 刘复兴(1991)研究指出,在教育价值观方面,有"本体论"和"工具论"之争,它们是人们对于不同教育价值的主观反映。[④] 王坤庆(2003)对西方的"价值教育"思潮进行了评述,剖析了价值、教育价值和价值教育等问题,为教育价值观的研究指明了方向。[⑤]

现今中国国内对于民族价值观的研究逐步增多,不同的民族,他们的生活方式、风俗、教育方式必定有所不同,教育价值观念也随之不同。这些研究对我国了解不同民族的教育观念,制定相应的教育政策、方针有一定的作用。王野(1991)在指出民族教育传统价值观局限性的基础上,提出了树立正确的民族教育价值观要根据时代发展的客观要求,结合民族地区的实际重新确定了价值取向。[⑥]

①　赵琳琳.朝鲜族大学生的民族教育价值观研究[D].延吉:延边大学,2012.

②　王卫东.现代化进程中的教育价值观:西方之鉴与本土之路[M].北京:中国科学出版社,2002:14.

③　王卫东.现代化进程中的教育价值观:西方之鉴与本土之路[M].北京:中国科学出版社,2002:14.

④　刘复兴.教育的本体价值与工具价值关系管窥[J].山东师范大学报(社会科学版),1991(5):51-55+78.

⑤　王坤庆.论价值、教育价值与价值教育[J].华中师范大学学报(人文社会科学版),2003(4):128-133.

⑥　王野.民族教育的新价值观[J].民族教育研究,1991(3):46-49.

胡玉萍(2004)[1]认为,多大程度上满足某一民族的教育需要,即为民族教育的价值。此后,胡玉萍(2004)又在《民族教育价值刍议》一文中提出了四层次需要理论,作为某一民族群体或个体,一是有获得身心全面发展的需要;二是有文化传承的需要;三是有促进地区经济、社会发展的需要;四是有维护民族地区稳定,增强民族凝聚力的需要。研究还指出,民族教育价值主体对教育的各种需求并不是各自独立的,民族教育价值如何实现,需处理好三类关系:即教育满足人的需要与社会的需要间的关系;教育价值与评价尺度间的关系;中华民族文化与少数民族文化之间的关系。

张诗亚(2005)[2]指出,民族教育应该注重民族特色文化的教育,使每个学生了解本民族的特色,展现自己特色民族文化,这是民族教育价值定位的问题。李卫英(2007)[3]指出,民族学校教育应通过重构学校课程体系、重组学校课堂教学、重设学校评价体系等措施重构民族学校教育价值取向。牛春娟(2010)[4]考察了西南民族地区少数民族群众的教育价值观,并分析了西南少数民族教育价值观的构成及其特点。

综合国内外对教育价值观的论述和研究,本研究认为,教育价值观是在一定的社会历史条件下,某一群体涉及自身需要而对教育做出的评价,是不同群体在所处客观环境中对教育价值的主观反映。而少数民族教育价值观也就是少数民族群体在自身所处的客观环境中,对教育价值的主观反映,其涉及对教育在不同层面所产生影响的评价,包括政治参与、经济发展、文化传播、家族发展、个体成长等方面的反映。

(二)教育价值观的内容

关于教育价值观的内容,国内外学者有其不一样的表述。杜威认为教育有社会价值、知识价值、道德价值[5],而日本的小原国芳认为教育追求真、善、美、圣、健、富这六个方面的价值[6]。国内的王卫东(2002)[7]在其著作中提出,教育价值观包括教育的本体价值观和工具价值观。教育的本体价值观就是对教育培养人问题的看法。教育的工具价值观就是教育要怎样适应和促进社会政治、经济、文化、科技等系统的发展的基本观点。

---

① 胡玉萍.民族教育价值刍议[J].青海民族学院学报,2004(3):93-96.
② 张诗亚.多元文化与民族教育价值取向问题[J].西北师范大学学报(社会科学版),2005(6):97.
③ 李卫英.对我国民族学校教育价值取向的思考[J].学术论坛,2007(10):177-180.
④ 牛春娟.西南少数民族教育价值观的调查研究[J].心理科学,2010,33(1):198-200.
⑤ 王卫东.现代化进程中的教育价值观:西方之鉴与本土之路[M].北京:中国科学出版社,2002:28-32.
⑥ 小原国芳.全人教育论[M/OL].玉川:玉川大学出版社,1921. https://baike. so. com/doc/6645241-6859056. html # 6645241-6859056-1
⑦ 王卫东.现代化进程中的教育价值观:西方之鉴与本土之路[M].北京:中国科学出版社,2002,19-26.

王野(1991)[①]结合时代发展的独特视觉,认为民族教育的作用不应故步自封,而需要与时俱进,重新审视,并在其《民族教育的新价值观》一文中提出,民族教育具有政治功能、经济功能、文化功能、社会改革功能、人格完善功能的五大价值观体系。政治功能即民族教育对完善民族社区政治制度的功能;经济功能即民族教育对加快民族社区经济发展的功能;文化功能即民族教育传播民族优秀文化的功能;社会改革功能即民族教育唤起了民族的现代化意识,提高了民族的社会素质和能力;人格完善的功能即民族教育不仅让民族学生获得知识和技能。这一研究表明,民族教育的价值取向绝不是在于满足少数人的私欲,也不是为了少数人摆脱社区户籍制度约束,更不是仅仅追求升学率。

此外,李纯(2006)[②]研究认为,教育价值观体系应涵盖三个层次,其涉及教育的社会价值、本体价值以及工具性价值。而高文兵(2007)[③]的研究提出,以人为本的教育价值观涉及教育的目的观、发展观和管理观。

(三)教育价值观的意义

王卫东(2002)[④]在其著作中指出,教育价值观的意义就是教育价值观对人和社会的积极的作用。同时指出教育价值观的意义包括三个方面:即教育价值观对人们的教育活动起了一个引导的作用,合理的、科学的教育价值观能够帮助人们更好地认识到教育对个人和社会的作用;教育价值观对人们的教育实践能起到一定的动力作用,在人们的教育实践中科学的教育价值观能够更好地推动人们的教育实践;教育价值观对个人的身心发展起到一定的调控作用,科学的、合理的教育价值观能够帮助人们更好地认识到教育的个体身心发展的重要作用,从而通过教育促进个体的身心健康发展。

此外,陶红(2012)在《教育价值观的研究——关于教育的哲学思考》一文中指出,教育价值观的理论意义在于能够对过去的教育价值观进行批判反思,也能对新的教育价值观进行探索和发现,从而提升教育科学的成熟度。[⑤]

(四)教育价值观与学习倦怠的关系研究

当前国内对学习倦怠的研究大多与自尊、社会支持、成就动机、应对方式等相关。将教育价值观与学习倦怠结合在一起的研究较少,对象主要是高职学生、大学生。其中宋晓丽(2009)指出个体价值、社会价值是反向预测高职生学习倦怠的有效变量。[⑥] 阴冬胜(2011)研究表明,学习倦怠与价值观之间呈负相关,价值观的得

① 王野.民族教育的新价值观[J].民族教育研究,1991(3):46-49.
② 李纯.教育价值观的历史演进与我国新教育价值观的完整体[D].贵阳:贵州师范大学,2006.
③ 高文兵.试论以人为本的教育价值观[J].中国人民大学学报,2007(4):142-147.
④ 王卫东.现代化进程中的教育价值观:西方之鉴与本土之路[M].北京:中国科学出版社,2002:28-32.
⑤ 陶红.教育价值观的研究——关于教育的哲学思考[D].长春:吉林大学,2005.
⑥ 宋晓丽.高职生知识价值观、自我调节学习与学习倦怠的关系[D].济南:山东师范大学,2012.

分越高,学习倦怠的得分就越低。[①] 王立娜(2012)研究提出,知识价值观与学习倦怠存在显著的负相关。[②]

此外,有研究者将"读书无用论"的研究与教育价值观一起进行探讨。林良夫(1989)[③]等人研究认为,商品经济的发展壮大,在给社会带来生机的同时,也导致了"读书无用论"思潮的蔓延。表现在数以百万计的中小学生弃学从商,大学生、研究生厌学、退学成风。"读书无用论"思潮是对传统知识价值观的彻底否定,在传统的知识价值观中,注重如何安心立命、治国平天下的道德信条与经世之学,而非关于客观世界的纯知识,并不能直接向人伦日用转化,这与商品经济要求的知识并不一一对应。滕健(1990)[④]等人研究认为,所谓"片追"既"升学唯一"观念,认为在城镇和农村,因知识贬值现象的出现,学生的知识价值观发生了变化,掀起"读书无用论"的浪潮,是产生厌学现象的一个内部因素。龙安邦(2009)[⑤]研究提出,关于"读书是有用与否",刨根问底,其实质是对教育价值观的现实拷问。其研究认为,从国家课程设置、学科门类的开设到新课程改革,总体上都是以社会需要为取向的,其教育内容难以耦合学生的兴趣,在学习中找不到教育的个人价值,而教育对社会价值的重视与对个人价值的忽视,是"读书无用论"生长的土壤。

综上所述,民族教育的价值取向绝不是在于满足少数人的利益,也不是为了少数人摆脱社区户籍制度约束,更不是仅仅表现为升学比率等。民族教育的价值在于增强民族整体的生存和发展能力。因此,民族教育的发展必须在社区发展的实践中汲取养分,在这一基础之上协调民族教育的内容和形式等内部结构,确定合理的社会目标,实现教育价值,建立民族教育与民族社区其他环节相互促进的良性循环。综述发现,学生的知识价值观能够影响学习倦怠,并且两者呈现出负相关。那教育价值观与学习倦怠有何关系?尤其是在贵州民族地区的少数民族中,学生的教育价值观与学习倦怠有什么关系?这值得我们深入研究。

① 阴冬胜.独立学院大学生学习倦怠与价值观现状及关系研究[D].保定:河北大学,2011.

② 王立娜.知识价值观、自我调节学习、就业心理预期对学习倦怠的影响[D].北京:中国地质大学,2012.

③ 林良夫,钟振斌.对"读书无用论"思潮的理性思考[J].教育理论与实践,1989,9(4):45-49.

④ 滕健,张秀华,金玉复等.对治理"片追"和"读书无用"论的思考[J].现代中小学教育,1990(2):74-75.

⑤ 龙安邦.教育价值选择的困境与对策——解读新"读书无用论"[J].河北师范大学学报(教育科学版),2009,11(8):24-28.

三、社会支持与学习倦怠

(一)社会支持及其相关概念

社会支持是与个人有所关联的社会各方面的组织,在精神上和物质上提供的帮助和支援[1]。自 20 世纪 70 年代以来,"社会支持"作为科学的研究对象和专业上的概念,逐渐成为社会学和心理学研究的热门主题,许多学者从不同的角度界定了"社会支持"。

1.根据社会支持的性质。社会支持是指个体在所处环境中接收或感知到的社会性和心理性的支持,例如尊重、关心和帮助。实际接收的社会支持被界定为存在支持接收的行为,而感知到的社会支持(领悟社会支持)被界定为对支持的感知和可利用度。已经有大量的文献表明,领悟社会支持要比实际接收的社会支持更具有预测力和功能性[2]。

2.根据接受支持者的感知程度。Shelley E. Taylor(2011)[3],Mustafa Eşkisu(2014)[4]将社会支持界定为,社会支持是一种个体感受到被爱、被关心、被尊重、被珍惜,归属于某一个社交网络的一部分。

3.根据互惠性和社会交换原理。例如,有研究者将"社会支持"界定为,至少两个个体之间的资源交换,提供者和接受者能够感知到这种交换,并旨在提高接受者的幸福感[5]。

4.根据社会关系网络的存在。社会支持,指的是人们在自己需要建议、帮助、协助、支持或保护时,所拥有的一种社会资源或者社会网络。[6]

关于社会支持的界定,不同的学者根据其自身研究需要提出了不同想法,并对其做了符合自身研究实际的界定,都有其合理性。以下将对社会支持的相关概念社会支持网、网络社会支持、领悟社会支持进行简要综述,有利于对社会支持有一

---

① 李敏,戈兆娇.蒙汉大学生人际关系、社会支持和人际信任关系探讨[J].民族教育研究,2017,28(2):38-44.

② Jie Li,Xue Han,Wangshuai Wang,Gong Sun,Zhiming Cheng. How Social Support Influences University Students' Academic Achievement and Emotional Exhaustion:The Mediating Role of Self-esteem[J]. Learning and Individual Differences,2018(61):120-126.

③ Shelley E Taylor. Social support:A review[J]. The handbook of health psychology,2011(189):192-217.

④ Mustafa Eşkisu. The Relationship Between Bullying,Family Functions,Perceived Social Support among High School Students[J]. Procedia-Social and Behavioral Sciences,2014(159):492-296.

⑤ Asma Sivandani,Shahin Ebrahimi Koohbanani,Taghi Vahidi. The Relation Between Social Support and Self-efficacy with Academic Achievement and School Satisfaction among Female Junior High School Students in Birjand[J]. Procedia-Social and Behavioral Sciences,2013(84):668-673.

⑥ Elvira Cicognani. Coping Strategies With Minor Stressors in Adolescence Relationships With Social Support,Self-Efficacy,and Psychological Well-Being[J]. Journal of Applied Social Psychology,2011,41(3):559-578.

个更加明晰理解。

社会支持网。"社会支持网"最早起源于"社会网络"的相关研究。社交网络分析自 20 世纪 20 年代兴起,逐渐成为一个新兴的社会学领域,其中,社会支持网是社会网络分析的重要组成部分,指的是个人能够借以获得各种金钱、情感、物质等资源支持的社会网络①。社会支持网是一个复杂动态的系统,社会支持是其中的人际流动。良好的社会支持网能帮助个体更好地应对压力,提升身心健康和幸福指数,反之,不良的社会支持网,则会加重个体的身心不适,导致人际互动和个人生活的危机②。

网络社会支持。网络社会支持是指个体在网络人际互动中被尊重、支持和理解的程度③。由于网络环境和现实生活情境存在差异,网络表达具有匿名性、高流传性和高暴露性,可以更为高效地传播和普及信息④⑤,网络社会支持和现实社会支持也存在一些共性和差异性。有研究证实,网络社会支持会对友谊质量产生显著的直接正向影响,会增加个体的领悟社会支持,提高生活满意度,降低抑郁,是一个心理健康护理和干预的有效工具⑥⑦。也有研究发现,社会支持可以缓冲创伤性生活事件对个体生活的影响,这种缓冲作用不仅取决于个体获得社会支持的数量,还受到接收社会支持的交流类型的影响,面对面交流的效果要优于以电脑为中介的网络交流⑧。此外,对于现实社会支持水平较高的个体,社交网络媒介的支持作用并不显著,但对于现实社会支持水平较低的个体,社交网络媒介的支持作用就较为显著,网络社会支持可以增强个体的社会支持系统⑨。当个体在现实生活中缺乏与亲人、朋友的紧密联系时,从网络获得的支持与关注能够起到较好的补偿作用,

---

① 贺寨平.国外社会支持网研究综述[J].国外社会科学,2001(1):76-82.

② 贺寨平.国外社会支持网研究综述[J].国外社会科学,2001(1):76-82.

③ 杨欣欣,刘勤学,周宗奎.大学生网络社会支持对网络利他行为的影响:感恩和社会认同的作用[J].心理发展与教育,2017,33(2):183-190.

④ 杨欣欣,刘勤学,周宗奎.大学生网络社会支持对网络利他行为的影响:感恩和社会认同的作用[J].心理发展与教育,2017,33(2):183-190.

⑤ Shelley E Taylor. Social support:A review. The handbook of health psychology[J].2011(189):192-217.

⑥ 王伟,王兴超,雷雳,等.移动社交媒介使用行为对青少年友谊质量的影响:网络自我表露和网络社会支持的中介作用[J].心理科学,2017,40(4):870-877.

⑦ Renwen Zhang. The Stress-Buffering Effect of Self-Disclosure on Facebook:An Examination of Stressful Life Events,Social Support,and Mental Health Among College Students[J]. Computers in Human Behavior,2017(75):527-537.

⑧ Joshua Lewandowski,Benjamin D. Rosenberg, M. Jordan Parks, Jason T. Siegel. The Effect of Informal Social Support:Face-to-Face Versus Computer-Mediated Communication[J]. Computers in Human Behavior,2011,27(5):1806-1814.

⑨ David A. Cole,Elizabeth A. Nick,Rachel L. Zelkowitz,Kathryn M. Roeder,Tawny Spinelli. Online Social Support for Young People:Does It Recapitulate in-Person Social Support:Can It Help? [J]. Computers in Human Behavior,2017(68):456-464.

达到缓解孤独、提升自我成长的作用[①]。

领悟社会支持。所谓领悟社会支持,指的是个体主观体验到的支持,对于自己感到在社会中被尊重、被支持、被理解的情绪体验或满意程度[②③],也指个体对自己从朋友、家人和其他人处获得支持的信念,一种对支持感知的主观感受和评价[④⑤]。社会支持侧重强调个体所接收的实际物质、情感、信息等资源,更强调存在支持接收的行为,领悟社会支持并不完全与现实的支持对等,更强调的是个体对资源支持的感知、解释和利用度[⑥]。已经有大量的研究表明,相较于实际上接受的社会支持,对于支持可利用度的信念实际上似乎有着更强的效果,具有更强的预测力和功能性,能够影响到个体的心理健康[⑦⑧]。

综上所述,研究认为,社会支持是某一群体对自身需求得到满足与回馈的综合反映。作为特定群体如中学生,其需求可能涉及物质(经济)、情感、文化、政策及其信息方面的支持,都应作为中学生体验社会支持的范畴。

(二)社会支持的分类

社会支持具体形式的分类。根据社会支持的具体形式,可以划分为信息支持、工具性支持和情感支持[⑨]。信息支持指的是个体从他人之处接收到的信息和建议,帮助个体更好地理解压力情境,采用适合的资源和应对策略,缓解压力事件带来的潜在痛苦或代价[⑩]。工具性支持指的是他人或社会组织实际提供的协助,包括社会服务、经济援助或具体的物资供给,例如,开车送受伤的朋友去急救室,或者为刚刚

---

① Stephen A. Rains, David M. Keating. The Social Dimension of Blogging about Health: Health Blogging, Social Support, and Well-Being[J]. Communication Monographs, 2011,78(4):108-122.

② 韩磊,任跃强,薛雯雯,等. 自尊与攻击:相对剥夺感和领悟社会支持的多重中介作用[J]. 中国特殊教育, 2017(2):84-89.

③ 余丽,梁洁. 领悟社会支持与青少年内化问题的关系:自尊的调节作用[J]. 中国健康心理学杂志,2017,25 (2):227-230.

④ Azimeh Salimi, Forough Bozorgpour. Perceived Social Support and Social-Emotional Loneliness[J]. Procedia-Social and Behavioral Sciences, 2012(69):2009-2013.

⑤ 金桂春,王有智. 童年期心理虐待对攻击行为的影响:领悟社会支持和人格特征的多重中介作用[J]. 中国临床心理学杂志,2017,25(04):691-696.

⑥ Jie Li, Xue Han, Wangshuai Wang, Gong Sun, Zhiming Cheng. How Social Support Influences University Students' Academic Achievement and Emotional Exhaustion: The Mediating Role of Self-Esteem[J]. Learning and Individual Differences, 2018(61):120-126.

⑦ Shelley E Taylor. Social support:A Review. The Handbook of Health Psychology[J]. 2011(189):192-217.

⑧ Jie Li, Xue Han, Wangshuai Wang, Gong Sun, Zhiming Cheng. How Social Support Influences University Students' Academic Achievement and Emotional Exhaustion: The Mediating Role of Self-Esteem[J]. Learning and Individual Differences, 2018(61):120-126.

⑨ Shelley E Taylor. Social support:A review[J]. The Handbook of Health Psychology, 2011(189):192-217.

⑩ Shelley E Taylor. Social support:A review[J]. The Handbook of Health Psychology, 2011(189):192-217.

失去亲人的家庭提供食物都属于这一类别[①]。情感支持指的是他人对个体提供温暖和滋养，表现出理解、鼓励和关怀，使其感受到一种联结感和价值感[②③]。三种社会支持可以从家人、朋友、老师等对象身上获取，但来源也存在一些差异。有研究发现，大学生从家人处获得更多的是工具支持，从朋友和老师处获得更多的是信息支持，从恋人处获得更多的是情感支持，并指出情感支持对幸福感、满意度、积极情感等方面有着较强的预测作用[④]。

社会支持性质的分类。根据社会支持的性质，分为客观支持、主观支持和支持利用度。客观支持指的是个体实际接收的物质援助；主观支持指的是个体体验到被尊重、被支持、被理解的体验；支持利用度是个体对自身所接收的客观支持、主观支持的利用情况和程度，例如，有的个体获得他人的支持后，却拒绝了对方的帮助[⑤⑥]。虽然客观支持和主观支持各有其重要性，但多数学者认为，主观支持比客观支持更有意义，发挥着更大的作用，能更有效地预测个体的身心状态、情绪或行为特点[⑦]。

社会支持测量的分类。社会支持测量的题目主要是通过社会支持性网络的结构或功能来衡量。结构性社会支持，指的是个体拥有的社会关系的数量，以及这些关系的内在联系。结构性社会支持评估个体所有的关系和社会角色的数量，与不同的社交网络成员联系的频率，社交网络成员内部的紧密程度和内在联系度；功能性支持经常通过某些具体功能（如信息、工具、情感）的项目来评估，主要是在应对特别的压力源背景下，某个成员是否可能提供相关的支持，例如，压力情境下，个体可以从自己的社交网络中得到多少种不同的支持[⑧]。

社会支持来源的分类。依据社会支持来源的角度，可以区分为从父母、教师、朋友、同学、学校等对象身上获得的社会支持。有研究发现，女生报告自己从同伴群体中获得的支持要多于从父母那里获得的支持，而男生报告自己从父母那里获得的支持要多于从同伴那里获得的支持[⑨]。以往研究显示，在不同的年龄阶段，从父母和朋友那里获得的领悟、社会支持水平是相当的；只有对16～18岁的青少年，

① Shelley E Taylor. Social Support：A Review[J]. The Handbook of Health Psychology，2011(189)：192-217.
② Shelley E Taylor. Social Support：A Review[J]. The Handbook of Health Psychology，2011(189)：192-217.
③ 张羽，邢占军. 社会支持与主观幸福感关系研究综述[J]. 心理科学，2007(6)：1436-1438.
④ 张羽，邢占军. 社会支持与主观幸福感关系研究综述[J]. 心理科学，2007(6)：1436-1438.
⑤ 张羽，邢占军. 社会支持与主观幸福感关系研究综述[J]. 心理科学，2007(6)：1436-1438.
⑥ 刘志芬. 社会支持的研究综述[J]. 文教资料，2011(30)：127-128.
⑦ 张羽，邢占军. 社会支持与主观幸福感关系研究综述[J]. 心理科学，2007(6)：1436-1438.
⑧ Shelley E Taylor. Social support：A review[J]. The Handbook of Health Psychology，2011(189)：192-217.
⑨ Sandra Yu Rueger，Christine Kerres Malecki，Michelle Kilpatrick Demaray. Relationship Between Multiple Sources of Perceived Social Support and Psychological and Academic Adjustment in Early Adolescence：Comparisons Across Gender[J]. Journal of Youth and Adolescence，2010，39(1)：47-61.

朋友支持超过了父母支持[①]。父母和同伴的支持是独立的系统,父母支持的缺乏不能通过同伴支持来弥补[②]。小学阶段,教师支持与适应性情感功能、较高的学业成就有关联[③],但在年龄更大的中学生群体,教师支持的水平降低了一些,朋友支持的重要性开始凸显,这可能与从小学到中学的转变是有关联的[④⑤]。此外,也有一些证据认为,总体的学校氛围是非常重要的,因为它是低抑郁、高学校适应和高自尊的重要预测因素[⑥]。有学者将亲密朋友和普通同伴群体区分开后,发现从普通同伴群体的支持与积极结果的关联程度要大于亲密朋友的支持。此外,普通同伴群体的支持(如普通同学的支持)与心理适应和幸福感都有着一致的关联,可以预测女生更低水平的抑郁情绪,更高水平的领导才能和社交技能,可以预测男孩的领导才能,预测效度超过了亲密朋友、父母和教师的支持[⑦]。

(三)社会支持的影响因素

1.性别。国外的相关研究已经得到了较为一致的结论,不论是实际社会支持,还是领悟社会支持,女生从家人、朋友、教师、同伴或同学及其他重要他人身上感受到的支持水平均显著高于男生[⑧⑨⑩];国内研究也证实,女生的社会支持(包括客观

① Caroline L. Bokhorst, Sindy R. Sumter, P. Michiel Westenberg. Social Support from Parents, Friends, Classmates, and Teachers in Children and Adolescents Aged 9 to 18 Years: Who Is Perceived as Most Supportive? [J]. Social Development, 2010, 19(2): 417-426.

② Sandra Yu Rueger, Christine Kerres Malecki, Michelle Kilpatrick Demaray. Relationship Between Multiple Sources of Perceived Social Support and Psychological and Academic Adjustment in Early Adolescence: Comparisons Across Gender[J]. Journal of Youth and Adolescence, 2010, 39(1): 47-61.

③ Sandra Yu Rueger, Christine Kerres Malecki, Michelle Kilpatrick Demaray. Relationship Between Multiple Sources of Perceived Social Support and Psychological and Academic Adjustment in Early Adolescence: Comparisons Across Gender[J]. Journal of Youth and Adolescence, 2010, 39(1): 47-61.

④ Caroline L. Bokhorst, Sindy R. Sumter, P. Michiel Westenberg. Social Support from Parents, Friends, Classmates, and Teachers in Children and Adolescents Aged 9 to 18 Years: Who Is Perceived as Most Supportive? [J]. Social Development, 2010, 19(2): 417-426.

⑤ 张春梅, 黄玲玉. 流动初中生社会支持与社会适应的关系研究[J]. 现代中小学教育, 2016, 32(12): 64-69.

⑥ Sandra Yu Rueger, Christine Kerres Malecki, Michelle Kilpatrick Demaray. Relationship Between Multiple Sources of Perceived Social Support and Psychological and Academic Adjustment in Early Adolescence: Comparisons Across Gender[J]. Journal of Youth and Adolescence, 2010, 39(1): 47-61.

⑦ Sandra Yu Rueger, Christine Kerres Malecki, Michelle Kilpatrick Demaray. Relationship Between Multiple Sources of Perceived Social Support and Psychological and Academic Adjustment in Early Adolescence: Comparisons Across Gender[J]. Journal of Youth and Adolescence, 2010, 39(1): 47-61.

⑧ Caroline L. Bokhorst, Sindy R. Sumter, P. Michiel Westenberg. Social Support from Parents, Friends, Classmates, and Teachers in Children and Adolescents Aged 9 to 18 Years: Who Is Perceived as Most Supportive? [J]. Social Development, 2010, 19(2): 417-426.

⑨ N. Tahmasbipour, A. Taheri. A Survey on the Relation Between Social Support and Mental Health in Students Shahid Rajaee University[J]. Procedia-Social and Behavioral Sciences, 2012(47): 5-9.

⑩ Azimeh Salimi, Forough Bozorgpour. Percieved Social Support and Social-Emotional Loneliness[J]. Procedia-Social and Behavioral Sciences, 2012(69): 2009-2013.

支持、主观支持和支持利用度）水平和领悟社会支持水平均显著高于男生[1][2][3]，并且这种差异会随着年龄增长而拉大[4]。女生群体中，得到充足同伴支持的人数比例也更大[5]。此外，男生和女生建立友情的方式也存在很大不同，男生倾向于在共同完成任务中发展友谊，向同伴寻求工具性支持，发展有共同兴趣和体育活动的朋友；而女生更注重建立情感上的亲密度，更倾向于向同伴寻求心理支持，重视秘密共享[6][7]。将社会支持作为应对策略也是存在性别差异的，女生更可能寻求社会支持作为一种应对策略，而男孩更可能使用逃避或体育娱乐等方式作为应对策略[8]。不论是青少年还是成年人，女性都拥有更多的同性密友，在压力情境下会调动起更多的社会支持，她们也会向其他人提供更频繁和更有效的社会支持[9]。现实生活中，虽然男性通常拥有更大的社交网络，但女性对社会关系的投入却更多，关系也更加亲密，社会支持对女生产生的影响也更明显[10]。不同来源的社会支持对男生和女生的影响也存在差别，女生群体中，朋友支持和低水平抑郁存在着显著相关，男生群体则不存在这种关联；女生的总体支持与社会适应有着显著相关，情感问题和总体支持的关联度在女生中也更加明显，但对男生而言，只有同伴支持与社会适应

① 杨慧芳，熊俊霞，董潮恩．大学生情绪调节方式在社会支持与抑郁间的中介作用[J].中国学校卫生，2017，38(8)：1195-1197＋1201．

② 潘运，刘宇，罗杰，赵守盈．苗族青少年韧性素质现状及其与社会支持的关系研究[J].中国特殊教育，2016(2)：86-91．

③ 管佩钰，王宏，郭靖，等．重庆市中学生心理亚健康状态与社会支持的相关性研究[J].现代预防医学，2016，43(2)：304-307，365．

④ 张书朋，张庆垚，李彩娜．领悟社会支持性别差异的元分析[J].心理发展与教育，2015，31(4)：393-401．

⑤ Éva Biró，Ilona Veres-Balajti，Karolina Kósa. Social Support Contributes to Resilience Among Physiotherapy Students：a Cross Sectional Survey and Focus Group Study[J]. Physiotherapy，2016，102(2)：189-195.

⑥ Sandra Yu Rueger，Christine Kerres Malecki，Michelle Kilpatrick Demaray. Relationship Between Multiple Sources of Perceived Social Support and Psychological and Academic Adjustment in Early Adolescence：Comparisons Across Gender[J]. Journal of Youth and Adolescence，2010，39(1)：47-61.

⑦ Ming-Te Wang，Jacquelynne S. Eccles. Social Support Matters：Longitudinal Effects of Social Support on Three Dimensions of School Engagement From Middle to High School[J]. Child Development，2012，83(3)：877-895.

⑧ Sandra Yu Rueger，Christine Kerres Malecki，Michelle Kilpatrick Demaray. Relationship Between Multiple Sources of Perceived Social Support and Psychological and Academic Adjustment in Early Adolescence：Comparisons Across Gender[J]. Journal of Youth and Adolescence，2010，39(1)：47-61.

⑨ Shelley E Taylor. Social support：A review. The Handbook of Health Psychology[J]，2011(189)：192-217.

⑩ Sandra Yu Rueger，Christine Kerres Malecki，Michelle Kilpatrick Demaray. Relationship Between Multiple Sources of Perceived Social Support and Psychological and Academic Adjustment in Early Adolescence：Comparisons Across Gender[J]. Journal of Youth and Adolescence，2010，39(1)：47-61.

存在显著关联[①]。并且,随着时间推移,各种社会支持对女生的抑郁、适应、自尊等方面的影响依然强烈,但对男生的影响则有所降低[②]。

2.来源地。社会支持生源地差异目前并未得到一致的结论,有的研究中,社会支持不存在显著的城乡差异[③][④][⑤],但也有研究提出,不同来源地的学生在社会支持水平上存在一定差别。例如,詹丽玉等(2016)[⑥]、仲亚琴等(2016)[⑦]的研究发现,来自城市的大学生的社会支持水平显著高于来自农村的大学生。刘莉新(2016)等调查了维吾尔族大学生的社会支持情况,却得出了相反的结论,乡村学生的主观支持得分显著高于城市学生[⑧]。李敏等(2017)的调查发现,城镇学生获得的客观支持水平更高,但农村学生对支持的利用度更高[⑨]。综上,可能由于城乡的差别,城市的生活环境有着更为丰富的信息、便捷的沟通渠道,来自城市的个体能够获得更为充裕的物质援助和社会网络、团体关系的支持,来自农村的个体虽然客观资源较少,但对支持的利用度更高,能够更为有效地接受和利用别人的支持和帮助[⑩]。

3.学段和年级。以往的研究发现,小学生的客观支持水平要低于中学生[⑪],主观感知获得的社会支持较少,且不能充分利用社会支持[⑫],而中学生获得的物质支持和社会网络及团体关系的支持较多,支持利用度也较好[⑬]。相较于高中生,大学

① Sandra Yu Rueger,Christine Kerres Malecki,Michelle Kilpatrick Demaray. Relationship Between Multiple Sources of Perceived Social Support and Psychological and Academic Adjustment in Early Adolescence: Comparisons Across Gender[J]. Journal of Youth and Adolescence,2010,39(1):47-61.

② Sandra Yu Rueger,Christine Kerres Malecki,Michelle Kilpatrick Demaray. Relationship Between Multiple Sources of Perceived Social Support and Psychological and Academic Adjustment in Early Adolescence: Comparisons Across Gender[J]. Journal of Youth and Adolescence,2010,39(1):47-61.

③ 张珊珊,张野.儿童期受忽视和社会支持与中职生自伤行为的研究[J].中国儿童保健杂志,2017,25(3):223-226.

④ 和红,杨洋.北京地区大学生社会支持现况及影响因素分析[J].中国学校卫生,2014,35(2):204-207.

⑤ 李巧巧.大学生社会支持与人际信任的关系研究[J].教育评论,2014(10):69-71.

⑥ 詹丽玉,练勤,王芳.留守经历大学新生自我效能感社会支持及心理健康的相关性[J].中国学校卫生,2016,37(4):614-617.

⑦ 仲亚琴,高月霞,陆青云.大学新生社会支持、学习适应与学习成绩的关系[J].中国健康心理学杂志,2016,24(8):1196-1200.

⑧ 刘莉新,徐疆勇,米热古丽.维吾尔族大学生社会支持心理韧性对自杀意念的影响[J].中国学校卫生,2016,37(1):136-138.

⑨ 李敏,戈兆娇.蒙汉大学生人际关系、社会支持和人际信任关系探讨[J].民族教育研究,2017,28(2):38-44.

⑩ 李敏,戈兆娇.蒙汉大学生人际关系、社会支持和人际信任关系探讨[J].民族教育研究,2017,28(2):38-44.

⑪ 叶一舵,沈成平,丘文福.留守儿童社会支持状况元分析[J].教育评论,2017(8):18-22,32.

⑫ 马存芳.青海藏区寄宿制学生心理健康状况及社会支持关系研究[J].民族教育研究,2017,28(1):41-48.

⑬ 马存芳.青海藏区寄宿制学生心理健康状况及社会支持关系研究[J].民族教育研究,2017,28(1):41-48.

生拥有更多的自信,也从家庭和朋友那里感知到了更多的社会支持[1]。可见,随着学段的增长,个体实际接收和感知的社会支持水平也在不断提高。但关于不同年级的社会支持水平差异,还存在着截然不同的观点。例如,有研究发现,大学群体中,大一学生的主观支持、客观支持、支持利用度及社会支持总分在四个年级中都是最高的[2][3],随着学习进程的推移,大学生群体的社会支持会逐步下降[4][5];也有研究结果恰恰相反,发现从大一到大四,个体的领悟社会支持和网络社会支持水平在逐步上升[6][7];还有研究提出,大学一年级和四年级学生获得的社会支持明显高于二年级和三年级的学生[8],但三年级的学生对社会支持情况最为满意,四年级的学生对社会支持情况最不满意[9]。中学生群体中,管佩钰等(2016)[10]、赵科等(2016)[11]的研究中,初中生的实际社会支持和领悟社会支持水平均显著高于高中生,何珍等(2017)[12]调查了初中生的社会支持水平,不同来源的社会支持存在显著的年级差异,初一学生获得的家庭支持和其他支持最多,而初二年级获得的朋友支持最多,顾倩等(2017)[13]的调查发现,高一学生的主观支持水平显著高于高二学生。

4.留守和流动经历。鉴于我国正处于经济发展和转型期,随着大批农村人口进入到城市务工,农村留守儿童和流动儿童的数量也在大幅度增长,两个群体的社

① Carmen Adler-Constantinescu, Elena-Cristina Beşu, Valeria Negovan. Perceived Social Support and Perceived Self-efficacy During Adolescence[J]. Procedia-Social and Behavioral Sciences,2013(78):275-279.

② 刘淑晓,刘绘兰.五年制高职生社会支持、应对方式与学习倦怠的关系[J].中国健康心理学杂志,2016,24(12):1856-1860.

③ 李巧巧.大学生社会支持与人际信任的关系研究[J].教育评论,2014(10):69-71.

④ Éva Bíró, Ilona Veres-Balajti, Karolina Kósa. Social Support Contributes to Resilience Among Physiotherapy Students:a Cross Sectional Survey and Focus Group Study[J]. Physiotherapy,2016,102(2):189-195.

⑤ 和红,杨洋.北京地区大学生社会支持现况及影响因素分析[J].中国学校卫生,2014,35(2):204-207.

⑥ 张高华,张展辉,赖嘉豪,等.某高校大学生志愿者领悟社会支持与生命意义状况及相关性研究[J].预防医学论坛,2017,23(1):20-23.

⑦ 罗青,孙晓军,田媛,等.大学生羞怯与孤独感的关系:网络社会支持的调节作用[J].教育研究与实验,2016(3):87-92.

⑧ 仲玉霞,王彦.医学院校大学生社会支持特点及其与人格特质的关系研究[J].内蒙古师范大学学报(教育科学版),2015,28(3):101-103+118.

⑨ Sónia Cunha Leal, José Carlos Santos. Suicidal Behaviors, Social Support and Reasons for Living Among Nursing Students[J]. Nurse Education Today,2016(36):434-438.

⑩ 管佩钰,王宏,郭靖,等.重庆市中学生心理亚健康状态与社会支持的相关性研究[J].现代预防医学,2016,43(2):304-307+365.

⑪ 赵科,杨丽宏,赖怡,等.中学生社会适应基本心理需要在领悟社会支持与幸福感间的中介作用[J].中国学校卫生,2016,37(7):1043-1045,1050.

⑫ 何珍,陈昱翀,黎月清.社会支持、认知情绪调节策略对初中生攻击性行为的影响[J].中国健康心理学杂志,2017,25(4):532-536.

⑬ 顾倩,程乐森,张婧雅,等.高中生社会支持、归因方式与学习倦怠的相关性[J].中国健康心理学杂志,2017,25(1):92-96.

会支持情况也成为近二十年来得到社会广泛关注的话题。宇翔等(2017)[①]、叶一舵等(2017)[②]的研究发现,留守儿童总体社会支持水平显著低于非留守儿童,尤其在客观支持、主观支持和对支持利用度上劣势明显。潘运等(2016)[③]、熊敏等(2017)[④]、朱建雷等(2017)[⑤]的研究也得到了一致的结论,留守儿童的领悟社会支持总体水平及家庭支持、同伴支持水平均远远低于非留守儿童。马向真等(2015)的研究发现,留守和流动儿童的社会支持水平低于普通儿童[⑥]。丁芳等(2014)对比了流动初中生和本地初中生的社会支持情况,证实流动初中生的父亲、教师以及同性朋友的社会支持均显著低于本地初中生,且社会支持可以有效预测流动初中生的社会适应情况[⑦]。王伟国等(2016)调查了维吾尔族流动中小学生的社会支持情况,发现流动时间在 3 年以上的中小学生在总体社会支持及主观支持、客观支持和支持利用度三个维度上的得分均显著高于流动时间少于 3 年的中小学生[⑧]。

并且,留守和流动经历对个体的影响可以持续到中学和大学时期。张娜(2016)研究发现,有留守经历学生的客观支持、总体社会支持均低于无留守经历高职学生,但在主观支持和支持利用度上没有显著差异性[⑨]。谢其利(2017)研究发现,既有留守又有流动经历的大学生社会支持得分最低,有留守经历的大学生社会支持得分次之;有流动经历的大学生在心理健康、自我评价和社会支持方面均显著优于留守经历大学生[⑩]。这一结果与谢其利等(2015)的研究一致,有留守经历的农村大学新生,所接受的家庭支持、其他支持均显著低于没有留守经历的新生[⑪]。这

① 宇翔,胡洋,廖珠根.中国农村地区留守儿童社会支持状况的 Meta 分析[J].现代预防医学,2017,44(1):89-93.

② 叶一舵,沈成平,丘文福.留守儿童社会支持状况元分析[J].教育评论,2017(08):18-22＋32.

③ 潘运,刘宇,罗杰,等.苗族青少年韧性素质现状及其与社会支持的关系研究[J].中国特殊教育,2016(2):86-91.

④ 熊敏,金雪,何小波,等.留守初中生成就目标定向与社会支持的关系[J].中国健康心理学杂志,2017,25(4):603-606.

⑤ 朱建雷,刘金同,王旸,等.枣庄农村留守儿童主观生活质量与领悟社会支持的关系[J].中国学校卫生,2017,38(3):463-465.

⑥ 马向真,刘瑞京,王漫漫,等.留守儿童、流动儿童自我发展与社会支持的比较研究[J].教育研究与实验,2015(3):49-53.

⑦ 丁芳,吴伟,周鋆,等.初中流动儿童的内隐群体偏爱、社会支持及其对学校适应的影响[J].心理学探新,2014,34(3):249-254.

⑧ 王伟国,王树荫.维吾尔族流动中小学生社会支持核心自我评价与抑郁的关系[J].中国学校卫生,2016,37(6):918-920.

⑨ 张娜.有留守经历高职学生的社会支持、心理资本与主观幸福感的关系研究[J].教育评论,2016(4):93-97.

⑩ 谢其利.留守流动经历大学生核心自我评价在领悟社会支持和心理健康状况间的中介作用[J].中国学校卫生,2017,38(3):381-384.

⑪ 谢其利,宛蓉,张睿.农村留守经历大学新生自尊社会支持和应对方式与孤独感的关系[J].中国学校卫生,2015,36(2):236-238＋241.

些研究表明,相对于留守在家,跟随父母流动的经历带来了更多的家庭支持,也对心理健康等方面带来了积极的影响,但独自留守和留守、流动不定的成长环境,降低了个体的社会支持水平,对心理发展也带来了一些消极影响①。

5.文化和民族。文化也是影响社会支持感知和接受的关键变量之一。一方面,在多种文化中,都存在着社会支持对心理和身体健康的益处。例如,在中国台湾不同民族群体中,提供社会支持的干预或政策产生了同等程度的积极影响②,但欧美青少年在教师支持、学生支持与学业适应的关系上,不存在种族或民族差别③。另一方面,不同文化中,对社会支持的体验和使用上也存在着差异。东亚文化背景下的人们将社会群体的和谐关系视作首要目标,因个人问题引起他人注意、以求获得帮助,会被视为对社交群体做出的不恰当要求,因而更愿意独自解决问题;相反,欧美文化背景下的人们倾向于将人际关系视作是一种资源,从家人和朋友之处寻求外在的支持,更多地运用社会关系处理问题,帮助自己更好地应对压力性事件④。意大利的文化背景之下,家庭关系和纽带占据着重要的作用,意大利青少年更多地依赖父母获得社会支持⑤,亚洲人更倾向于使用内隐形式的社会支持,利用对社会支持的感知从中受益,但欧裔美国人更多地使用外显支持,通过建议的获得、工具帮助和情感支持收益⑥。相关研究也证实,相较于欧美学生,非裔美国学生体验到了更强烈的积极师生关系对学业投入所产生的影响⑦;中国大学生的社会支持主要来源于朋友,更偏向物质支持,而韩国大学生的社会支持主要来源于家庭,更偏向情感支持⑧。国内社会支持文化和民族差异的研究较少,将红等(2015)曾调查了少数民族大学生社会支持状况,发现不同民族大学生的社会支持水平存在显著差别,

---

① 谢其利.留守流动经历大学生核心自我评价在领悟社会支持和心理健康状况间的中介作用[J].中国学校卫生,2017,38(03):381-384.

② Ji-Kang Chen,Hsi-Sheng Wei. School Violence,Social Support and Psychological Health Among Taiwanese Junior High School Students[J]. Child Abuse & Neglect,2013,37(4):252-262.

③ Ming-Te Wang,Jacquelynne S. Eccles. Social Support Matters:Longitudinal Effects of Social Support on Three Dimensions of School Engagement From Middle to High School[J]. Child Development,2012,83(3):877-895.

④ Shelley E Taylor. Social Support:A Review[J]. The Handbook of Health Psychology,2011(189):192-217.

⑤ Elvira Cicognani. Coping Strategies with Minor Stressors in Adolescence:Relationships with Social Support,Self-Efficacy,and Psychological Well-Being[J]. Journal of Applied Social Psychology,2011,41(3):559-578.

⑥ Shelley E Taylor. Social Support:A Review[J]. The Handbook of Health Psychology,2011(189):192-217.

⑦ Ming-Te Wang,Jacquelynne S. Eccles. Social Support Matters:Longitudinal Effects of Social Support on Three Dimensions of School Engagement from Middle to High School[J]. Child Development,2012,83(3):877-895.

⑧ 周莹.中韩大学生生活压力与抑郁情绪的关系:社会支持中介作用比较研究[J].山东社会科学,2017(6):115-122.

维吾尔族大学生的家庭、朋友和其他支持水平最高,其次是回族大学生、哈萨克族和其他少数民族大学生[①]。

6.学历、年龄和工作年限。申艳娥等(2017)调查了新生代员工的社会支持状况,发现本科及以上学历员工的信息支持水平显著高于大专及以下学历员工,而情感支持、工具性支持和网络社会支持等则不存在显著差别;年龄大(30岁及以上)且工作年限长(10年以上)的员工在社会成员支持上均高于中等年龄(26～30岁)和中等工作年限(5～10年)的员工[②]。王虎(2017)调查了高校辅导员的社会支持在工作年限上的差异,工作时间超过4年的辅导员在客观支持和社会支持总分上都高于工作时间较短的辅导员[③]。王桂萍等(2017)的研究证实,残疾人大学生群体中,中年人的主观支持及社会支持总体水平显著高于青年人[④]。仇悦等(2016)对企业员工的调查中发现,41～50岁员工感受到的社会支持程度普遍高于其他年龄层次的员工[⑤]。陈小普等(2017)发现,有工作经历的教育硕士的客观支持水平显著高于没有工作经历的教育硕士[⑥]。综上,高学历个体可能拥有更为便捷、高效的信息渠道,并且随着年龄和工作年限的增加,个体往往会获得更多的社会成员支持。

7.婚姻。以往研究已经证实,已婚人士会比未婚人士报告出更高的感知到的支持[⑦]。Tahmasbipour等(2012)对比了单身学生和已婚学生的社会支持水平,发现已婚学生的社会支持平均值大于单身学生的社会支持平均值,但差异在统计上并未达到显著水平[⑧]。王虎(2017)的调查中发现,已婚的高校辅导员的客观支持、主观支持和社会支持总体水平均明显高于未婚的高校辅导员[⑨]。王桂萍等(2017)调查了开放教育残疾大学生的社会支持状况,结果显示已婚学生的主观支持及社会支持总分显著高于未婚学生[⑩]。陈小普等(2017)调查了教育硕士的社会支持水

① 蒋红,李杨春,夏慧玲.少数民族大学生社会支持与一般自我效能感及其关系[J].中国健康心理学杂志,2015,23(1):86-89.
② 申艳娥,叶一舵,王深,等.新生代企业员工网络社会支持与积极工作压力的关系研究[J].福建师范大学学报(哲学社会科学版),2017(4):153-161,172.
③ 王虎.高校辅导员社会支持现状分析[J].学校党建与思想教育,2017(6):65-67.
④ 王桂萍,王延培,贾德梅.开放教育形势下残疾大学生的心理健康与社会支持[J].中国健康心理学杂志,2017,25(3):441-446.
⑤ 仇悦,金戈,张国礼.企业员工社会支持和主观幸福感的关系——情绪调节的中介作用[J].中国健康心理学杂志,2016,24(11):1645-1650.
⑥ 陈小普,李倩倩.教育硕士社会支持的特征及其与一般自我效能感和主观幸福感的关系[J].中国健康心理学杂志,2017,25(8):1190-1194.
⑦ Shelley E Taylor.Social Support:A Review[J].The Handbook of Health Psychology,2011(189):192-217.
⑧ N.Tahmasbipour,A.Taheri.A Survey on the Relation Between Social Support and Mental Health in Students Shahid Rajaee University[J].Procedia-Social and Behavioral Sciences,2012(47):5-9.
⑨ 王虎.高校辅导员社会支持现状分析[J].学校党建与思想教育,2017(6):65-67.
⑩ 王桂萍,王延培,贾德梅.开放教育形势下残疾大学生的心理健康与社会支持[J].中国健康心理学杂志,2017,25(3):441-446.

平,发现已婚学生的客观支持显著高于未婚学生[①]。

8. 家庭环境。早期家庭环境为社交能力和社会支持的发展提供了基础,如果家庭环境是温暖的、滋养的,孩子就能够通过接触积极榜样,发展自我的社交技巧,构建功能良好的社会支持系统;如果孩子在冷漠的、非滋养性的、冲突性的家庭中长大,会体验到更多的威胁性事件,习得较少的社交能力,并导致其难以有效发展或使用社会支持网络[②]。张珊珊等(2017)调查了中职生的社会支持状况,发现父母抚养学生的主观支持、客观支持和社会支持总分显著高于非父母抚养的学生,复杂的家庭关系(如离异或单亲家庭)导致许多学生没有得到足够的关注和照顾,父母支持的缺失影响了他们的学业和心理发展水平[③]。也有研究证实,依恋类型和社会支持也存在关联,安全型依恋的个体能够体验和感受到外界给予的更多的社会支持,实际得到的社会支持也更多,而恐惧型依恋的个体社会支持水平最低,对他人表现出更多的不信任和疏远[④]。Mustafa Eşkisu(2014)的研究发现,家庭失调水平更高的个体,有着较低的家庭支持、教师支持和较高的欺负行为[⑤]。和红等(2014)调查了北京地区大学生的社会支持状况,发现家庭和睦的学生在社会支持总分、主观支持得分及社会支持利用度上均显著高于其他学生[⑥]。

9. 人格方面的影响。许多研究检验了人格特征和社会支持感知利用度的关系,发现外向、神经质、开放性预测了总体的社会支持和领悟社会支持[⑦],自立人格与社会支持有显著的正相关,可以预测个体对社会支持的感知[⑧],人格特质中的"内外向"因素是影响社会支持的重要原因,外向性格的个体也会通过网络扩展社交网

① 陈小普,李倩倩. 教育硕士社会支持的特征及其与一般自我效能感和主观幸福感的关系[J]. 中国健康心理学杂志,2017,25(8):1190-1194.
② Shelley E Taylor. Social Support:A Review[J]. The Handbook of Health Psychology,2011(189):192-217.
③ 张珊珊,张野. 儿童期受忽视和社会支持与中职生自伤行为的研究[J]. 中国儿童保健杂志,2017,25(3):223-226.
④ 梁丽,郭成,段俊霞,等. 高校青年女教师的依恋与社会支持:自尊的中介作用[J]. 现代预防医学,2017,44(4):679-683.
⑤ Mustafa Eşkisu. The Relationship Between Bullying,Family Functions,Perceived Social Support Among High School Students[J]. Procedia-Social and Behavioral Sciences,2014(159):492-496.
⑥ 和红,杨洋. 北京地区大学生社会支持现况及影响因素分析[J]. 中国学校卫生,2014,35(2):204-207.
⑦ Rhonda J. Swickert,James B. Hittner,Aasha Foster. Big Five Traits Interact to Predict Perceived Social Support[J]. Personality and Individual Differences,2010,48(6):736-741.
⑧ Ling-Xiang Xia,Jie Liu,Cody Ding,Steven D. Hollon,Bo-Tao Shao,Qi Zhang. The Relation of Self-Supporting Personality,Enacted Social Support,and Perceived Social Support[J]. Personality and Individual Differences,2011,52(2):156-160.

络,获得更多的社会支持[1][2]。其中,神经质和性别对社会支持的影响还存在一定程度的交互作用,在低水平的神经质水平上,女性比男性报告了更多的总体社会支持,当神经质水平提高时,男性和女性社会支持的差距逐渐缩小,在最高水平的神经质水平上,社会支持的感知已经没有任何性别差异[3]。连灵等(2017)发现,宜人性个体具有信任他人、坦诚交往、慷慨助人、有求必应、谦逊、富有同情心等特点,宜人性水平高低能够显著预测个体的领悟社会支持[4]。杜高琴等(2014)的研究结果表明,人格坚韧性可正向预测大学生感知到的社会支持,说明人格坚韧性高的学生,能够更好地利用社会资源[5]。

(四)社会支持的影响研究

1.幸福感。心理学家认为,具有良好社会支持的个体会有比较高的幸福感,并且相较于实际获得的支持,个体对社会支持的感知能够更好地预测幸福感[6][7]。在不同的文化模式之下,与家庭成员和朋友的社会支持网络都与幸福感有关联,家庭亲密度更高的个体,幸福的程度要高于其他人[8]。国内研究也发现,亲密朋友的数量、对家庭成员和朋友关系的满意度可以预测主观幸福感,对老年人、大学生、军队护士和服刑人员等群体的研究也均得出了相近的结论[9][10]。社会支持既可以直接

① 涂小莲,苏玉洁,张国华.人格与网络友谊的关系:社会支持和互联网社交的中介作用[J].中国健康心理学杂志,2017,25(3):375-379.

② 仲玉霞,王彦.医学院校大学生社会支持特点及其与人格特质的关系研究[J].内蒙古师范大学学报(教育科学版),2015,28(3):101-103+118.

③ Rhonda Swickert,Taylor Owens. The Interaction Between Neuroticism and Gender Influences the Perceived Availability of Social Support[J]. Personality and Individual Differences,2009,48(4):385-390.

④ 连灵,郭胜忠.大学生宜人性和心理幸福感的关系:领悟社会支持和感恩的链式中介作用[J].中国临床心理学杂志,2017,25(1):163-166.

⑤ 杜高琴,柴晓运.湖北大学生人格坚韧性及社会支持与学校适应的关系[J].中国学校卫生,2014,35(5):763-764+767.

⑥ Elvira Cicognani. Coping Strategies With Minor Stressors in Adolescence:Relationships With Social Support,Self-Efficacy,and Psychological Well-Being[J]. Journal of Applied Social Psychology,2011,41(3):559-578.

⑦ 连灵,郭胜忠.大学生宜人性和心理幸福感的关系:领悟社会支持和感恩的链式中介作用[J].中国临床心理学杂志,2017,25(1):163-166.

⑧ N. Tahmasbipour,A. Taheri. A Survey on the Relation Between Social Support and Mental Health in Students Shahid Rajaee University[J]. Procedia-Social and Behavioral Sciences,2012(47):5-9.

⑨ 张羽,邢占军.社会支持与主观幸福感关系研究综述[J].心理科学,2007(6):1436-1438.

⑩ 张梦柔.服刑人员的社会支持与主观幸福感关系[J].中国健康心理学杂志,2016,24(3):375-379.

影响主观幸福感,也可以通过核心自我评价[①]、社会适应[②]、公正世界信念[③]、感恩[④]等变量间接影响其主观幸福感。此外,网络社会支持也有助于提升个体的主观幸福感[⑤]。社会支持对幸福感的影响主要通过累加效应模型和缓冲器模型两种机制发挥作用。前者认为,积极交往产生正向有益的影响,而消极交往产生负向有害的影响,那么个体获得较高的社会支持就意味着其社会交往方式更加积极,易于从良好人际关系中获益,增加幸福感;后者则认为,积极的社会交往起到了缓冲器的作用,能够弥补消极因素对幸福感造成的影响,减轻压力对幸福感的负面消极作用[⑥]。

2.生理健康和心理健康。社会支持可以显著地影响个体的生理健康和心理健康。生理方面,以往研究较为一致地揭示了,社会支持可以减少压力情境下的心理痛苦(如抑郁、焦虑),还可以提高对慢性压力情境的心理适应,帮助人们延缓和预防疾病;控制了健康条件的基准线之后,拥有高质量和高数量社会关系的个体普遍表现出了更低的早逝风险[⑦]。Brian Lovell 等(2012)调查了自闭症和多动症儿童的父母、照料者的领悟社会支持状况和其他指标的关联,发现领悟社会支持水平更高的个体,有着更健康的生理反应,对身体健康的抱怨也更少[⑧]。

此外,充足的社会支持对于个体的心理健康有着显著的、直接的影响,高社会支持总是伴随着低水平的心理问题和心理疾病[⑨⑩⑪]。有学者分别调查了西班牙和美国学生,发现两种文化模式之下,家庭成员、朋友提供的社会支持与心理健康有着显著

① 宁盛卫,张茜.卫校生的社会支持与主观幸福感:核心自我评价的中介作用[J].中国健康心理学杂志,2017,25(6):861-864.

② 赵科,杨丽宏,赖怡,等.中学生社会适应基本心理需要在领悟社会支持与幸福感间的中介作用[J].中国学校卫生,2016,37(7):1043-1045,1050.

③ 刘莉,毕晓慧,王美芳.社会支持与大学生主观幸福感的关系:公正世界信念的中介作用[J].中国临床心理学杂志,2015,23(4):715-717+721.

④ 王玉.听障高中生感戴与主观幸福感:社会支持的中介作用[J].中国特殊教育,2015(1):35-38,86.

⑤ 张凤娟,刘珍,范翠英.网络社会支持与网络安全感对大学生主观幸福感的影响[J].教育评论,2014(2):52-54.

⑥ 徐岩.家庭社会经济地位、社会支持与大学生幸福感[J].青年研究,2017(1):47-56,95.

⑦ Shelley E Taylor. Social Support:A Review[J]. The Handbook of Health Psychology,2011(189):192-217.

⑧ Brian Lovell,Mark Moss,Mark A. Wetherell. With A Little Help From My Friends:Psychological,Endocrine and Health Corollaries of Social Support in Parental Caregivers of Children with Autism or ADHD[J]. Research in Developmental Disabilities,2012,33(2):682-687.

⑨ Peng Li,Zhang Jiajia,Li Min,Li Peipei,Zhang Yu,Zuo Xin,Miao Yi,Xu Ying. Negative Life Events and Mental Health of Chinese Medical Students:the Effect of Resilience,Personality and Social Support. [J]. Psychiatry Research,2012,196(1):138-141.

⑩ N. Tahmasbipour,A. Taheri. A Survey on the Relation Between Social Support and Mental Health in Students Shahid Rajaee University[J]. Procedia-Social and Behavioral Sciences,2012(47):5-9.

⑪ 李相南,李志勇,张丽.青少年社会支持与攻击的关系:自尊、自我控制的链式中介作用[J].心理发展与教育,2017,33(2):240-248.

的关联,心理健康程度更高的个体,家庭亲密度的程度也更高[1]。张宇等(2017)调查了汶川地震灾区青少年的心理健康水平,发现同伴关系越好,社会支持水平越高,青少年心理越健康[2]。王桂萍等(2017)的研究发现,残疾大学生接收的社会支持越充分,个体对支持的利用度越高,心理健康状况就会越好[3]。社会支持除了可以直接影响心理健康水平,还可以通过其他中介变量间接提升心理健康水平。例如,男生获得的朋友支持,女生获得的家人和其他重要的人的支持,均可以增强大学生的心理一致感,从而增强心理健康的程度[4];社会支持还可以缓冲童年期不良经历和学校暴力给学生心理健康带来的影响[5][6]。其他研究也证实了,社会支持能够显著提高大学生[7]、中学生[8]、留守儿童[9]、教师[10][11]等群体的心理健康程度。

　　3.情绪。大量实证研究表明,社会支持或领悟社会支持和抑郁、焦虑情绪有着显著的负相关,是个体情绪状态的重要保护因子[12][13][14],社会支持水平的提高还可以

① N. Tahmasbipour,A. Taheri. A Survey on the Relation Between Social Support and Mental Health in Students Shahid Rajaee University[J]. Procedia Social and Behavioral Sciences,2012(47):5-9.

② 张宇,吉园依,卢文学,等.汶川地震灾区青少年心理健康与同伴关系、社会支持相关性[J].卫生研究,2017,46(1):21-26,31.

③ 王桂萍,王延培,贾德梅.开放教育形势下残疾大学生的心理健康与社会支持[J].中国健康心理学杂志,2017,25(3):441-446.

④ Takayoshi Kase,Shintaro Endo,Kazuo Oishi. Process Linking Social Support to Mental Health Through a Sense of Coherence in Japanese University Students[J]. Mental Health & Prevention,2016,4(3-4):124-129.

⑤ 刘婉,万宇辉,陶芳标,等.社会支持在童年期虐待与青少年非自杀性自伤行为关联中的中介作用[J].中国心理卫生杂志,2017,31(3):230-234.

⑥ Ji-Kang Chen,Hsi-Sheng Wei. School Violence,Social Support and Psychological Health Among Taiwanese Junior High School Students[J]. Child Abuse & Neglect,2013,37(4):252-262.

⑦ 谢其利.留守流动经历大学生核心自我评价在领悟社会支持和心理健康状况间的中介作用[J].中国学校卫生,2017,38(3):381-384.

⑧ 马存芳.青海藏区寄宿制学生心理健康状况及社会支持关系研究[J].民族教育研究,2017,28(1):41-48.

⑨ 杨通华,魏杰,刘平,等.留守儿童心理健康:人格特质与社会支持的影响[J].中国健康心理学杂志,2016,24(2):285-292.

⑩ 郭成,杨玉洁,李振兴,等.教师自主对教师心理健康的影响:领悟社会支持的调节作用[J].西南大学学报(自然科学版),2017,39(6):141-147.

⑪ 赵丽婷,王雁.特教教师核心自我评价与心理健康:领悟社会支持的中介作用[J].中国特殊教育,2016(6):78-83.

⑫ 余丽,梁洁.领悟社会支持与青少年内化问题的关系:自尊的调节作用[J].中国健康心理学杂志,2017,25(2):227-230.

⑬ N. Tahmasbipour,A. Taheri. A Survey on the Relation Between Social Support and Mental Health in Students Shahid Rajaee University[J]. Procedia-Social and Behavioral Sciences,2012(47):5-9.

⑭ Jaclyn E. Tennant,Michelle K. Demaray,Samantha Coyle,Christine K. Malecki. The Dangers of the Web:Cybervictimization,Depression,and Social Support in College Students[J]. Computers in Human Behavior,2015(50):348-357.

影响情绪调节策略,间接降低个体的焦虑水平[1]。社会支持水平较低的个体会表现出更多的情绪问题[2],对针对大学生[3]和流动儿童[4]等对象的研究也已经证实,社会支持是预防抑郁情绪的重要途径。并且,不同来源社会支持的影响还存在性别差异,Sandra 等(2010)发现,对女生而言,父母支持、朋友支持可以显著预测抑郁水平的变化,对男生而言,只有父母支持是有效的预测变量;此外,教师提供的支持也与适应性情感功能有关联[5]。此外,亲密关系的数量与孤独有着强烈的联结[6],从家人、朋友和其他重要他人处获得或感知的社会支持是孤独的负向预测因素[7][8][9],网络社会支持也是孤独感的有效预测变量[10],张如敏等(2017)[11]、唐姝等(2016)[12]的研究也得到了一致的结论,证实了社会支持是孤独感的有效影响因素。其中,重要他人的社会支持是一个强烈的预测变量,预测效度显著高于家人支持和朋友支持,当个体能够从重要他人处感知到对方的忠诚和支持的时候,可以极大程度地防止孤独体验的发生[13]。

4. 攻击。社会支持是影响个体攻击行为的一个重要的环境因素。一方面,社会支持可以减少个体对压力事件的感知,提供应对压力的策略,增加积极情感,降

---

① 邢怡伦,王建平,尉玮,等.社会支持对青少年焦虑的影响:情绪调节策略的中介作用[J].中国临床心理学杂志,2016,24(6):1079-1082.

② 宇翔,胡洋,廖珠根.中国农村地区留守儿童社会支持状况的 Meta 分析[J].现代预防医学,2017,44(1):89-93.

③ 崔丽霞,刘娟,罗小婧.社会支持对抑郁影响的中介模型探讨[J].心理科学,2014,37(4):980-984.

④ 赵燕.流动儿童核心自我评价社会支持与抑郁的相关性[J].中国学校卫生,2014,35(12):1844-1846.

⑤ Sandra Yu Rueger,Christine Kerres Malecki,Michelle Kilpatrick Demaray. Relationship Between Multiple Sources of Perceived Social Support and Psychological and Academic Adjustment in Early Adolescence:Comparisons Across Gender[J]. Journal of Youth and Adolescence,2010,39(1):47-61.

⑥ Chris Segrin,Stacey A. Passalacqua. Functions of Loneliness,Social Support,Health Behaviors,and Stress in Association With Poor Health[J]. Health Communication,2010,25(4):312-322.

⑦ Azimeh Salimi,Forough Bozorgpour. Percieved Social Support and Social-Emotional Loneliness[J]. Procedia-Social and Behavioral Sciences,2012(69):2009-2013.

⑧ 何安明,惠秋平,刘华山.大学生社会支持与孤独感的关系:感恩的中介作用[J].中国临床心理学杂志,2015,23(1):150-153.

⑨ 何安明,惠秋平,刘华山.大学生的感恩、孤独感与社会支持[J].中国心理卫生杂志,2014,28(10):782-785.

⑩ 池思晓,严晋,钟天送,等.基于微信平台的大学生网络社会支持与孤独感[J].中国健康心理学杂志,2016,24(8):1188-1191.

⑪ 张如敏,张斌,章雷钢.亲子社会支持对老年人宽恕与孤独感中介作用[J].中国公共卫生,2017,33(01):129-131.

⑫ 唐姝,陈新.某市小学三～六年级孤儿亚孤儿孤独感与社会支持的相关性[J].中国学校卫生,2016,37(6):933-935.

⑬ Azimeh Salimi,Forough Bozorgpour. Percieved Social Support and Social-Emotional Loneliness[J]. Procedia-Social and Behavioral Sciences,2012(69):2009-2013.

低其攻击发生的可能性,另一方面,社会支持还可以缓冲负性生活事件和应激情境对个体的影响,通过自尊、自我控制的链式中介作用间接影响其攻击水平[1]。领悟社会支持也与攻击存在显著的负相关,攻击性情境之下,对家庭、朋友或其他人的支持的感知会降低身体攻击和言语攻击的出现[2],提高个体对社会支持的感知水平,可以帮助大学生降低攻击行为的出现概率[3]。哈丽娜等(2016)调查了大学生群体攻击行为的影响因素,发现支持利用度、主观支持是攻击行为的有效预测变量[4]。刘珍等(2017)的调查证实,在初中生群体中,朋友支持对攻击性的预测作用最大,远胜于家庭和其他来源的支持,这可能是由于步入青春期后,同伴关系对中学生的影响逐渐增强,不良的朋友支持会引发和加剧个体的攻击性[5]。Mustafa Eşkisu(2014)的研究发现,有欺负行为的学生,有着更高水平的家庭失调和低水平的家庭支持、教师支持,被欺负的学生,获得的家庭支持、教师支持和同伴支持显著低于平均水平,这证实了拥有社会支持的个体,较为自信,往往不会欺负他人,也能更好地避免欺负行为[6]。

5.自尊。青少年时期,社会支持能够积极地影响自尊的发展,在个体主义和集体主义两种文化环境之下,社会支持都可以增加个体对自我价值的感知,持有更高水平的自尊;反之,缺少社会关系的支持,会使个体感受到无价值感和被拒绝感,导致消极的自我评估,产生低自尊[7]。Sandra(2010)的研究中,在父母、朋友、教师等多种来源的社会支持中,父母支持可以持续预测高水平的自尊,其他社会支持的预测效度并不显著[8]。韩磊等(2017)也证实社会支持对自尊具有正向的预测作用,还

① 李相南,李志勇,张丽.青少年社会支持与攻击的关系:自尊、自我控制的链式中介作用[J].心理发展与教育,2017,33(2):240-248.

② 韩磊,任跃强,薛雯雯,等.自尊与攻击:相对剥夺感和领悟社会支持的多重中介作用[J].中国特殊教育,2017(2):84-89.

③ 金桂春,王有智.童年期心理虐待对攻击行为的影响:领悟社会支持和人格特征的多重中介作用[J].中国临床心理学杂志,2017,25(4):691-696.

④ 哈丽娜,王灵灵,戴秀英,李秋丽,哈力君.宁夏大学生攻击行为与心理健康及社会支持的相关性[J].中国学校卫生,2016,37(2):233-235+238.

⑤ 何珍,陈昱翀,黎月清.社会支持、认知情绪调节策略对初中生攻击性行为的影响[J].中国健康心理学杂志,2017,25(4):532-536.

⑥ Mustafa Eşkisu. The Relationship Between Bullying, Family Functions, Perceived Social Support among High School Students[J]. Procedia-Social and Behavioral Sciences,2014(159):492-426.

⑦ Jie Li, Xue Han, Wangshuai Wang, Gong Sun, Zhiming Cheng. How Social Support Influences University Students' Academic Achievement and Emotional Exhaustion: The Mediating Role of Self-Esteem[J]. Learning and Individual Differences,2018(61):120-126.

⑧ Sandra Yu Rueger, Christine Kerres Malecki, Michelle Kilpatrick Demaray. Relationship Between Multiple Sources of Perceived Social Support and Psychological and Academic Adjustment in Early Adolescence: Comparisons Across Gender[J]. Journal of Youth and Adolescence,2010,39(1):47-61.

可以通过自尊对主观幸福感、生活满意度和攻击反应产生影响[1]。乔月平等(2016)对聋生进行问卷调查,发现社会支持与自尊显著正相关,能够显著地正向预测自尊[2]。

6.自杀/自伤行为。社会支持网络与自杀意向和风险有着显著的关联,积极的社会支持(尤其是实际支持)可以缓冲个体的自杀风险,但消极的社会交互、冲突性的人际关系可能会增加自杀风险[3]。Yusef Karimi(2014)通过调查发现,离家较远或独居的学生的自杀意向严重性要更高一些,社会/家庭支持较弱的学生的自杀意向也要更严重一些[4]。国内的相关研究也证实,自杀意念与领悟社会支持关系密切[5],良好的社会支持能够缓冲童年期受忽视或虐待所带来的伤害,能够降低发生自伤等心理健康问题的风险[6][7]。社会支持还在生活事件、欺负与自杀意念之间起中介作用,即可以通过社会支持来减少因外在生活事件所产生的自杀意念[8][9],社会支持还可以增强个体的心理韧性,从而减轻自杀意念的形成[10]。缺乏社会支持是自杀意念的危险因素之一,完善和提高社会支持系统,能有效降低个体的自杀意念[11]。

7.学习投入和学业成就。有学者调查了社会支持对学生的学习投入和学业成

① 韩磊,任跃强,薛雯雯,等.自尊与攻击:相对剥夺感和领悟社会支持的多重中介作用[J].中国特殊教育,2017(2):84-89.

② 乔月平,石学云.聋生个体歧视知觉与自尊的关系:社会支持的中介作用[J].中国特殊教育,2016(3):30-35.

③ Hirsch Jameson K,Barton Alison L. Positive Social Support,Negative Social Exchanges,and Suicidal Behavior in College Students. [J]. Journal of American College Health,2011,59(5):393-398.

④ Yusef Karimi,Mehrab Bashirpur,Mahmoud Khabbaz,Ali Asghar Hedayati. Comparison Between Perfectionism and Social Support Dimensions and Academic Burnout in Students[J]. Procedia-Social and Behavioral Sciences,2014(159):57-63.

⑤ 冯缦,刘燕,孔庆文.甘肃省大学生自杀意念与羞耻感、述情障碍、领悟社会支持的关系[J].中国心理卫生杂志,2016,30(1):53-57.

⑥ 刘婉,万宇辉,陶芳标,等.社会支持在童年期虐待与青少年非自杀性自伤行为关联中的中介作用[J].中国心理卫生杂志,2017,31(3):230-234.

⑦ 张珊珊,张野.儿童期受忽视和社会支持与中职生自伤行为的研究[J].中国儿童保健杂志,2017,25(3):223-226.

⑧ 杨新国,黄霞妮,孙盈,等.大学生生活事件、社会支持与自杀意念关系研究[J].现代预防医学,2015,42(6):1052-1054,1088.

⑨ 刘小群,陈贵,杨新华,等.社会支持在初中生受欺负与自杀意念间的调节作用[J].中国学校卫生,2015,36(9):1410-1412.

⑩ 韩黎,张妍.大学生社会支持心理韧性对自杀意念的影响[J].中国学校卫生,2014,35(1):51-53.

⑪ 王灵灵,戴秀英,李秋丽,等.宁夏高校学生自杀意念与社会支持、攻击行为相关性分析[J].中国卫生统计,2014,31(4):651-653.

就的影响,发现社会支持可以有效预测个体的学习适应[①②]、专业承诺和学习责任心[③],社会支持水平越高的学生,拥有越好的出勤率、越充足的学习时间,有着越高水平的学习投入,并最终会取得越好的成绩[④⑤]。张信勇(2015)研究发现,大学生主观支持和支持利用度能够直接影响学习投入[⑥]。叶宝娟等(2014)研究发现,领悟社会支持能够促进青少年的学业成就,是一种有效的调节中介变量[⑦]。针对大学新生群体实施的非结构性同伴支持群体的干预措施,也取得了较好的成效,提升了学习困难新生的学业成绩。[⑧] 但不同来源的社会支持的影响效度上,还没有得到一致的结论,例如,David Ansong(2017)的研究中,学校的教师支持对学业满意度有着最大的影响[⑨];Ming-Te Wang(2012)则发现同学支持与学习投入有着最紧密的关联,更为强烈地预测了青少年的学习承诺[⑩];教师支持预测了自主学习的两个方面,延迟满足和元认知策略[⑪];庄鸿娟等(2016)研究指出,教师支持和同伴支持能够显

① 桑利杰,陈光旭,朱建军.大学生社会支持与学习适应的关系:心理韧性的中介作用[J].中国健康心理学杂志,2016,24(2):248-252.

② 仲亚琴,高月霞,陆青云.大学新生社会支持、学习适应与学习成绩的关系[J].中国健康心理学杂志,2016,24(8):1196-1200.

③ 冯维,贺文均.社会支持与特殊教育专业大学生专业承诺、学习责任心的关系研究[J].中国特殊教育,2014(4):21-26.

④ Asma Sivandani,Shahin Ebrahimi Koohbanani,Taghi Vahidi. The Relation Between Social Support and Self-Efficacy with Academic Achievement and School Satisfaction among Female Junior High School Students in Birjand[J]. Procedia-Social and Behavioral Sciences,2013(84):668-673.

⑤ Jie Li,Xue Han,Wangshuai Wang,Gong Sun,Zhiming Cheng. How Social Support Influences University Students' Academic Achievement and Emotional Exhaustion:The Mediating Role of Self-Esteem[J]. Learning and Individual Differences,2018(61):120-126.

⑥ 张信勇.社会支持对大学生学习投入的影响研究——基于专业承诺的中介作用[J].教育发展研究,2015,35(9):59-64.

⑦ 叶宝娟,胡笑羽,杨强,等.领悟社会支持、应对效能和压力性生活事件对青少年学业成就的影响机制[J].心理科学,2014,37(2):342-348.

⑧ Jyothi Thalluri. Who Benefits Most from Peer Support Group? -First Year Student Success for Pathology Students[J]. Procedia-Social and Behavioral Sciences,2016(228):39-44.

⑨ David Ansong,Moses Okumu,Gary L. Bowen,Anne M. Walker,Sarah R. Eisensmith. The Role of Parent,Classmate,and Teacher Support in Student Engagement:Evidence from Ghana[J]. International Journal of Educational Development,2017(54):51-58.

⑩ Ming Te Wang,Jacquelynne S. Eccles. Social Support Matters:Longitudinal Effects of Social Support on Three Dimensions of School Engagement From Middle to High School[J]. Child Development,2012,83(3):877-895.

⑪ Jaap Schuitema,Thea Peetsma,Ineke van der Veen. Longitudinal Relations Between Perceived Autonomy and Social Support from Teachers and Students' Self-Regulated Learning and Achievement[J]. Learning and Individual Differences,2016(49):32-45.

著正向预测中学生的数学学习坚持性水平[①],但 Sandra 等(2010)的研究证实父母支持能够更好地预测学生学年结束时的 GPA 成绩[②]。

8.学习倦怠。社会支持对学习倦怠具有显著的预测作用,社会支持中的主观支持、客观支持和支持利用度均与学习倦怠有着显著的关联,社会支持水平越高,学习倦怠水平越低[③④],其中主观支持的预测作用最为显著[⑤]。一方面,社会支持对学习倦怠有直接预测作用,另一方面,社会支持可以通过生活满意度的中介作用间接影响学习倦怠[⑥]。与高学习倦怠学生相比,低学习倦怠水平的学生有着更高的社会支持,支持资源会使学生感到自己是被关心、被接纳,降低压力感受,提升自尊感和控制感,防止消极情绪或行为反应的发生[⑦]。此外,社会支持是减轻大学生情感耗竭的重要变量,社会支持提供了一种安全感和胜任感,能够提供与他人的积极社会联结,缓冲压力事件,有利于情感平衡,降低倦怠。[⑧] 刘淑晓等(2016)的研究也表明,社会支持不仅能够直接降低个体的学习倦怠,而且能够通过积极应对方式调节学习倦怠水平[⑨]。沈红(2007)[⑩]对石门社区 F 村调查结果表明,村里有辍学经历的人比较多,初中毕业生在劳动力中的占比是 7.9%,文化程度为高中的占村人口的比例是 2.2%,高中生毕业的比例是 1.7%,顺利完成中学教育的人少之又少,在对村民访谈中,有些人遭受辍学多次。分析认为,如此持久而普遍的辍学现象,其中体现有经济、时间、情感支持不足等方面的原因,如经济贫困、学习时间与乡村生产

① 庄鸿娟,刘儒德,刘颖,王佳,甄瑞,徐乐.中学生社会支持对数学学习坚持性的影响:数学自我效能感的中介作用[J].心理发展与教育,2016,32(03):317-323.

② Sandra Yu Rueger,Christine Kerres Malecki,Michelle Kilpatrick Demaray. Relationship Between Multiple Sources of Perceived Social Support and Psychological and Academic Adjustment in Early Adolescence: Comparisons Across Gender[J]. Journal of Youth and Adolescence,2010,39(1):47-61.

③ 顾倩,程乐森,张婧雅,等.高中生社会支持、归因方式与学习倦怠的相关性[J].中国健康心理学杂志,2017,25(1):92-96.

④ 张少波,孔艳玲.师范大学生领悟社会支持与自我效能和学习倦怠的关系[J].中国健康心理学杂志,2016,24(11):1666-1670.

⑤ 谢姗姗,林荣茂,凌育兵,等.高职生学习倦怠与社会支持的关系[J].中国健康心理学杂志,2016,24(9):1311-1313.

⑥ 叶钰侨,陆爱桃,张心怡,等.大学生社会支持对学习倦怠的影响:经济状况和生活满意度的有调节中介模型[J].心理研究,2017,10(4):79-85.

⑦ Yusef Karimi,Mehrab Bashirpur,Mahmoud Khabbaz,Ali Asghar Hedayati. Comparison Between Perfectionism and Social Support Dimensions and Academic Burnout in Students[J]. Procedia-Social and Behavioral Sciences,2014(159):57-63.

⑧ Jie Li,Xue Han,Wangshuai Wang,Gong Sun,Zhiming Cheng. How Social Support Influences University Students' Academic Achievement and Emotional Exhaustion:The Mediating Role of Self-Esteem[J]. Learning and Individual Differences,2018(61):120-126.

⑨ 刘淑晓,刘经兰.五年制高职生社会支持、应对方式与学习倦怠的关系[J].中国健康心理学杂志,2016,24(12):1856-1860.

⑩ 沈红.结构与主体:激荡的文化社区石门坎[M].北京:社会科学文献出版社,2007:70.

生活节律有冲突、父母不愿送孩子入学等。这其中既是社会支持不足的问题,也是教育价值观选择存在的问题,这些问题中很多会导致学生产生压抑、力不从心之感,久而久之也会产生学习倦怠,辍学也就更容易发生。

9.职业发展与职业倦怠/职业心理。方怡妮等(2017)调查了幼儿园教师的职业心理特征,发现社会支持与专业自我呈正相关,其中尊重性支持是幼儿园教师专业自我发展的关键因素,物质性支持对幼儿园教师工作满意度具有直接影响[①]。申艳娥等(2017)调查了新生代企业员工的积极工作压力现状,高网络社会支持的员工的积极工作压力管理水平显著高于低网络社会支持的员工,即网络社会支持水平越高,个体越能积极地感知外界环境的要求和自身的资源,有利于积极工作压力的形成[②]。作为一种工作资源,社会支持还能够减轻心理应激反应、缓解压力和紧张,个体感知或获得的社会支持水平越高,职业倦怠水平就越低[③][④]。例如,马慧(2015)调查发现,社会支持是职业倦怠的负向预测变量,支持利用度对情绪衰竭有显著的预测作用[⑤]。此外,职业承诺与社会支持存在显著相关,社会支持对职业承诺有一定的预测作用。[⑥]

10.社会适应。许多研究已经发现,社会支持水平较高的大学生会报告更好的大学生活适应情况,社会支持是一种保护性资源,可以帮助人们应对压力、痛苦和抑郁情绪,如果社会支持缺失,个体可能会遭受压力带来的更多消极影响[⑦]。社会支持对社会适应的影响还存在性别差异,Sandra 等(2010)发现,女生群体中,总体支持与社会适应有着显著相关,在男生群体中,同伴群体的支持与社会适应的关联较为显著。此外,父母支持对于青少年的学业适应有着较为一贯的作用,教师支持

---

① 方怡妮,牟映雪.社会支持对幼儿园教师专业自我的影响研究[J].教师教育研究,2017,29(3):56-62.

② 申艳娥,叶一舵,王深,等.新生代企业员工网络社会支持与积极工作压力的关系研究[J].福建师范大学学报(哲学社会科学版),2017(4):153-161,172.

③ 林赞歌,连榕,邓远平,等.制造业员工社会支持、职业倦怠与生活满意度的关系[J].心理与行为研究,2017,15(1):108-112.

④ Yusef Karimi, Mehrab Bashirpur, Mahmoud Khabbaz, Ali Asghar Hedayati. Comparison Between Perfectionism and Social Support Dimensions and Academic Burnout in Students[J]. Procedia-Social and Behavioral Sciences,2014(159):57-63.

⑤ 马慧.社会支持对法官职业倦怠的影响:应对方式的中介效应[J].中国临床心理学杂志,2015,23(3):552-554,551.

⑥ 陈秀敏.特殊教育学校教师职业承诺与社会支持的相关性[J].中国健康心理学杂志,2016,24(10):1451-1454.

⑦ Jie Li, Xue Han, Wangshuai Wang, Gong Sun, Zhiming Cheng. How Social Support Influences University Students' Academic Achievement and Emotional Exhaustion: The Mediating Role of Self-Esteem[J]. Learning and Individual Differences,2018(61):120-126.

和学校总体氛围支持也与适应性情感功能有关联,是重要的预测因素之一[①]。曾昱(2017)研究证实,社会支持被视为是促进个体社会适应的重要因素,与积极适应呈显著正相关,与消极适应呈显著负相关[②]。张春梅等(2016)调查发现,家庭支持和教师支持对社会适应的预测作用达到显著性水平[③]。

11.生活满意度。社会支持对生活满意度具有显著的正向预测作用,不仅可直接影响生活满意度[④][⑤],还可通过公正世界信念和感恩[⑥]、自我认知[⑦]等中介变量间接地影响生活满意度。Fife John等(2011)分别调查了美国的非裔大学生和白人大学生,发现两个群体中,社会支持是生活满意度的重要预测变量,预测效度在种族和性别之上[⑧]。Feng Kong等(2012)发现,社会支持和生活满意度的关联在男性身上要比女性更加强烈[⑨]。朱建雷等(2017)调查了留守儿童的生活质量和生活满意度情况,发现同伴支持、家庭支持等因子对生活满意度有着正向的预测作用[⑩]。江波等(2016)调查发现,社会支持对生活满意度具有显著的正向预测作用[⑪]。李白璐等(2016)对初中生生活满意度及其影响因素进行了为期三年的追踪调查,证实社会支持对生活满意度的发展均起积极的促进作用[⑫]。田宝伟等(2016)的调查证

① Sandra Yu Rueger,Christine Kerres Malecki,Michelle Kilpatrick Demaray. Relationship Between Multiple Sources of Perceived Social Support and Psychological and Academic Adjustment in Early Adolescence:Comparisons Across Gender[J]. Journal of Youth and Adolescence,2010,39(1):47-61.

② 曾昱.初中生人际自立特质与社会适应的关系:社会支持的中介作用[J].西南师范大学学报(自然科学版),2017,42(2):97-102.

③ 张春梅,黄玲玉.流动初中生社会支持与社会适应的关系研究[J].现代中小学教育,2016,32(12):64-69.

④ 林赞歌,连榕,邓远平,等.制造业员工社会支持、职业倦怠与生活满意度的关系[J].心理与行为研究,2017,15(1):108-112.

⑤ Malinauskas,Romualdas. The Associations Among Social Support,Stress,and Life Satisfaction as Perceived by Injured College Atheletes[J]. Social Behavior and Personality,2010,38(6):741-752.

⑥ 田媛,洪蕴哲,牛更枫,等.网络社会支持对中职生生活满意度的影响:公正世界信念和感恩的中介作用[J].心理与行为研究,2017,15(2):175-180.

⑦ 江波,刘景芝.社会支持与农民工随迁子女生活满意度:自我认知的中介作用[J].南京农业大学学报(社会科学版),2016,16(04):71-80+157.

⑧ Fife John,Adegoke Adekunle,Mccoy Jamal,Brewer Tashia. Religious Commitment,Social Support and Life Satisfaction among College Students[J]. College Student Journal. 2011;45(2):393-400.

⑨ Feng Kong,Jingjing Zhao,Xuqun You. Emotional Intelligence and Life Satisfaction in Chinese University Students:The Mediating Role of Self-Esteem and Social Support[J]. Personality and Individual Differences,2012,53(8):1039-1043.

⑩ 朱建雷,刘金同,王旸,等.枣庄农村留守儿童主观生活质量与领悟社会支持的关系[J].中国学校卫生,2017,38(3):463-465.

⑪ 江波,刘景芝.社会支持与农民工随迁子女生活满意度:自我认知的中介作用[J].南京农业大学学报(社会科学版),2016,16(4):71-80,157.

⑫ 李白璐,边玉芳.初中生生活满意度的发展趋势及社会支持、自尊的影响:一项3年追踪研究[J].中国临床心理学杂志,2016,24(5):900-904,877.

实,社会支持利用度对生活满意度有显著的正向预测作用[①]。李旭珊等(2014)调查也发现,社会支持与生活满意度呈正相关,增强个体的社会支持感有助于提高其生活满意度[②]。

12.压力应对。有学者提出了社会支持的压力缓冲模型,提出社会支持可以对压力起到缓冲作用,个体也可以将社会支持视作一种压力应对的策略,以促进积极的心理反应和行为反应[③],这一点在女性身上尤为明显[④]。社会支持被界定为一种保护性的资源,可以帮助人们应对压力、痛苦和抑郁情绪,社会支持缺失时,个体可能会遭受压力带来的更多消极影响[⑤]。对青少年[⑥]、大学生[⑦]、海军官兵[⑧]、自闭症和多动症儿童抚养人[⑨]等多个群体的研究也证实,社会支持与压力感知存在着显著的负相关,压力可以缓冲个体的应激水平,增加应对压力的能力。网络社会支持也存在着同样的效果,可以在压力感和抑郁间起调节作用,随着网络社会支持水平的提高,压力感对青少年抑郁情绪的影响会逐渐降低。[⑩]

① 田宝伟,胡心怡.压力知觉、歧视知觉及社会支持对同性恋男大学生心理健康的影响[J].中国特殊教育,2016(12):91-96.
② 李旭珊,王琦,卢富荣,等.少数民族预科生的民族认同、社会支持与生活满意度[J].中国心理卫生杂志,2014,28(1):75-79.
③ Jie Li,Xue Han,Wangshuai Wang,Gong Sun,Zhiming Cheng. How Social Support Influences University Students' Academic Achievement and Emotional Exhaustion:The Mediating Role of Self-Esteem[J]. Learning and Individual Differences,2018(61):120-126.
④ Shelley E Taylor. Social Support:A Review[J]. The Handbook of Health Psychology,2011(189):192-217.
⑤ Yusef Karimi,Mehrab Bashirpur,Mahmoud Khabbaz,Ali Asghar Hedayati. Comparison Between Perfectionism and Social Support Dimensions and Academic Burnout in Students[J]. Procedia-Social and Behavioral Sciences,2014(159):57-63.
⑥ Elvira Cicognani. Coping Strategies With Minor Stressors in Adolescence:Relationships with Social Support,Self-Efficacy,and Psychological Well-Being[J]. Journal of Applied Social Psychology,2011,41(3):559-578.
⑦ Jie Li,Xue Han,Wangshuai Wang,Gong Sun,Zhiming Cheng. How Social Support Influences University Students' Academic Achievement and Emotional Exhaustion:The Mediating Role of Self-Esteem[J]. Learning and Individual Differences,2018(61):120-126.
⑧ 张水森,李新利,崔轶,等.领悟社会支持和海军官兵急性应激反应的关系:心理弹性的中介效应[J].第二军医大学学报,2017,38(2):234-238.
⑨ Brian Lovell,Mark Moss,Mark A. Wetherell. With a Little Help from My Friends:Psychological,Endocrine and Health Corollaries of Social Support in Parental Caregivers of Children with Autism or ADHD[J]. Research in Developmental Disabilities,2012,33(2):682-687.
⑩ 胡阳,范翠英,张凤娟,等.青少年网络受欺负与抑郁:压力感与网络社会支持的作用[J].心理发展与教育,2014,30(2):177-184.

　　此外,社会支持还与人际交往[1][2]、心理弹性[3][4]、体育活动参与[5][6]、网络成瘾[7][8][9]、希望[10][11]、自我效能感[12]、利他行为[13][14]、生命意义感[15][16]、创伤后成长[17][18][19]等变

---

[1]　葛缨,李玉杰,曹成刚.中国新生代农民工人格特征与人际信任:社会支持的中介效应(英文)[J].中国临床心理学杂志,2016,24(5):881-889.

[2]　张彩婵.医学院新生人际关系困扰与人际归因、社会支持的关系[J].中国健康心理学杂志,2015,23(10):1520-1523.

[3]　张水淼,李新利,崔轶,等.领悟社会支持和海军官兵急性应激反应的关系:心理弹性的中介效应[J].第二军医大学学报,2017,38(2):234-238.

[4]　朱美侠,蔡丹,武云露,等.大学生社会支持对乐观倾向的影响:心理弹性与心理一致感的中介作用[J].心理科学,2016,39(02):371-376.

[5]　Eather Narelle,Morgan Philip J,Lubans David R. Social Support from Teachers Mediates Physical Activity Behavior Change in Children Participating in the Fit-4-Fun Intervention. [J]. The International Journal of Behavioral Nutrition and Physical Activity,2013(10):4-18.

[6]　Tanya M. F. Scarapicchia,Catherine M. Sabiston,Eva Pila,Kelly P. Arbour-Nicitopoulos,Guy Faulkner. A Longitudinal Investigation of a Multidimensional Model of Social Support and Physical Activity Over the First Year of University[J]. Psychology of Sport & Exercise,2017(31):11-20.

[7]　Phoenix K. H. Mo,Virginia W. Y. Chan,Samuel W. Chan,Joseph T. F. Lau. The Role of Social Support on Emotion Dysregulation and Internet Addiction Among Chinese Adolescents:A Structural Equation Model[J]. Addictive Behaviors,2018(82):86-93.

[8]　曹立智,迟立忠.群体凝聚力对运动员网络成瘾的影响:社会支持的中介作用[J].中国临床心理学杂志,2016,24(2):302-306.

[9]　张靖宇,董艳娇,刘惠兰.在校生社会支持与网络成瘾的 Meta 分析[J].中国健康心理学杂志,2016,24(9):1324-1329.

[10]　Zhang Jing,Gao Wei,Wang Ping,Wu Zhong-hui. Relationships among Hope,Coping Style and Social Support for Breast Cancer Patients. [J]. Chinese Medical Journal,2010,123(17):2331-2335.

[11]　黎志华,尹霞云.社会支持对大学生希望的影响机制:自尊和自我效能感的中介作用[J].心理发展与教育,2015,31(5):610-617.

[12]　Carmen Adler-Constantinescu,Elena-Cristina Beşu,Valeria Negovan. Perceived Social Support and Perceived Self-efficacy During Adolescence[J]. Procedia -Social and Behavioral Sciences,2013(78):275-279.

[13]　杨欣欣,刘勤学,周宗奎.大学生网络社会支持对网络利他行为的影响:感恩和社会认同的作用[J].心理发展与教育,2017,33(2):183-190.

[14]　刘勤为,徐庆春,刘华山,等.大学生网络社会支持与网络利他行为的关系:一个有调节的中介模型[J].心理发展与教育,2016,32(4):426-434.

[15]　张高华,张展辉,赖嘉豪,等.某高校大学生志愿者领悟社会支持与生命意义状况及相关性研究[J].预防医学论坛,2017,23(1):20-23.

[16]　刘亚楠,张舒,刘璐怡,等.感恩与生命意义:领悟到的社会支持与归属感的多重中介模型[J].中国特殊教育,2016(4):79-83+96.

[17]　周宵,伍新春,王文超,等.社会支持对青少年创伤后成长的影响:状态希望和积极重评的中介作用[J].心理发展与教育,2017,33(5):587-594.

[18]　伍新春,周宵,陈杰灵,等.社会支持、主动反刍与创伤后成长的关系:基于汶川地震后青少年的追踪研究[J].心理科学,2016,39(3):735-740.

[19]　周宵,伍新春,安媛媛,等.青少年核心信念挑战对创伤后成长的影响:反刍与社会支持的作用[J].心理学报,2014,46(10):1509-1520.

量存在关联。

第三节 研究方法与技术路线

本项目基于教育价值观、社会支持视角,对贵州民族地区中学生学习倦怠现状及影响因素进行研究,其研究内容既是民族学的内容,亦是心理学、教育学甚至社会学的内容,为了得出符合实际又客观公正的结果,在研究方法上,不但做到了理论与实证相结合,并且还兼顾了实地调查与访谈。

一、文献研究法

本研究兼具民族地区学生学习倦怠的变迁及其当下的现实状况,因此,对于民族地区中学生学习倦怠研究,要在历史维度上进行一个简单梳理,呈现出其产生的大概根源,需要采用文献法,在 CNKI、万方数据库、贵州数字图书馆等数字资源中,以"倦怠""学习倦怠""教育价值观""社会支持"以及"教育支持"为关键词和主题进行检索,并通过大量复印资料整理了国内外有关学习倦怠、教育价值观、社会支持方面的论文及书籍资料。在此基础上,对贵州民族地区中学生学习倦怠、教育价值观、社会支持进行梳理,求证并回复影响学习倦怠方方面面的原因,力图保证研究的真实性、客观性、多角度性、多层面性。本研究虽针对贵州民族地区,但是在大量调查基础上,进行访谈之后提炼出来的具有代表性的个案,对于田野访谈调查中涉及的历史回顾问题,如民族地区女童教育、师资、文化支持等方面的教育价值观及其社会支持,均需要查阅一定的已有研究资料,进行充分考证及分析,以此来奠定研究客观性的坚实基础。

二、参与观察法

本项目主要采用人类学的"参与观察法",即以学校民族志为主的一种研究方法,辅助对地方文献资料的收集。近年来,教育人类学者在探讨教育问题尤其是民族教育问题时,越来越青睐和重视民族志这一特殊而又有效的方法。该研究试图通过参与观察法,亦即民族志的研究方法,深入贵州民族地区,对乌蒙山腹地、喀斯特民族地区的乡村教育尤其是中学生教育进行考察,以此进一步了解学生个体在接受教育的历程,尤其是少数民族中学生在学校教育中的学习倦怠、教育价值观、文化适应以及教育中的社会支持问题。

严格的参与观察法是要求与被研究对象共同生活,通过在习以为常的生活中,与其密切交往,身临其境地了解研究对象及其语言和生活方式。这也就是说,民族志研究者要与被研究者交流沟通,与之一起生活劳作,参与其社会活动以及习俗仪式,走进其家庭。概言之,要深入了解研究对象,就要在不同场所频繁与其接触,有时为了获取某一方面的材料,如中学生在学校的学习状态如何?父母如何对待?教师如何与之沟通?都需要进行深入访谈。总之,采用参与观察法获取相关研究资料的方法,是极其灵活的,因此,往往也是难以界定清晰的,所获得第一手资料,在分析、分类中也很依赖于研究者的主观倾向,但所收集资料皆来源于亲眼所见,相对也比较真实。

三、问卷及访谈调查法

为了研究能够具有较强的代表性和客观真实性,需要在大量访谈、调查基础上,提炼出具有代表性的个案,对于访谈中涉及的与学习问题相关的话题,必然涉及社会、经济、历史、文化、教育、民俗和宗教信仰等,均要进行多角度的考证和分析,以此来确定研究的客观性。只有对其中一些问题做了一定的问卷调查和深度访谈研究,这样才能使研究更具客观性、更有说服力。特别是对于人们的语言、文字态度、对历史的追述都需要从宽泛的人群中去做细致的研究,这样的研究才会更全面。

在大量访谈与参阅相关文献资料的基础上,按照统计学原理设计问卷,编制问卷包括《贵州民族地区中学生学习倦怠调查问卷》《贵州民族地区中学生教育价值观调查问卷》《贵州民族地区中学生社会支持调查问卷》三个调查问卷。为确保问卷的内容和结构效度,邀请一线的教师及学生对项目进行充分研读,提出修改意见,最后采用探索性因子分析、验证性因子分析对问卷的内容和结构效度进行了检验,问卷的信度和效度都有数据支撑。

四、数理统计法

采用 EXCEL 软件数据系统、SPSS16.0 软件、AMOS21.0 软件,对所调查、实验、访谈等所收集的数据进行管理,并进行统计分析。研究所采用的统计方法主要有 t 检验、相关分析、因子分析、多元回归分析、路径分析等分析方法。

五、实验法

本研究所采用的实验法主要是两种,一是关于"学习倦怠"的投射测验。投射测验(Projective Tests)主要通过被试对结构不明确、中立刺激的反应,来推断和分析被试的人格特点及心理活动。以树木为主题投射测验变式主要有树木测试、树木—人测试及房子—树木—人测试,房树人绘画测验(The House-Tree-People Test,简称 H-T-P),最早于 1948 年由巴克(J. Buck)提出。作为一种预测内隐心理活动技法,被广泛应用于心理咨询、人才选拔、学生学习等领域。本研究将通过投射测验探索学习倦怠的影响因素。

　　二是关于"教育价值观"的内隐测验。Greenwald,AG.(1998)[1]将测量两个目标概念与一个属性之间的差异关联称为内隐联想测验(An implicit association test ＜IAT＞ measures differential association of 2 target concepts with an attribute.)。国内研究者蔡华俭(2003)[2]是最早全面介绍这一研究方法的先行者,并认为这种新的内隐社会认知研究方法,采用的是一种计算机化的辨别分类任务,以反应时为指标,通过对概念词和属性词之间的自动化联系的评估,来对个体的内隐态度等进行间接测量。目前,内隐测验这一新的研究方法,在国内得到广泛应用。如蔡华俭等(2002)[3]对大学生性别自我概念的结构研究,蔡华俭(2003)[4]对内隐自尊效应及内隐自尊与外显自尊的关系研究,关慕桢等(2010)[5]对激情犯和累惯犯的内隐暴力态度研究,钱淼等(2015)[6]对幼儿友好型内隐联想测验的建构研究,何宁等(2016)[7]对自恋、共情与内隐利他的关系研究,这些研究成果都是采用这一新方法所得。并且,这些研究者都持有这一共同观点,即内隐联想测验能对内隐态度进行十分敏感而有效的测量。教育价值观作为一种对教育的评价态度,采用内隐联想测验对其进行探索,有着坚实的理论基础,同时也是一种新的尝试。具体研究过程,见"民族地区中学生内隐教育价值观的内隐测验探索"部分。

　　关于研究方法的问题,就民族教育研究方面,做一点补充解释,也是本研究过程中考虑的实际问题。多年来,国内关于民族教育方面的研究有三条主线:一条是民族学界的研究,一条是心理学及其教育学界的研究,一条是社会学界的研究。在民族学视阈下,内容上趋向于宏观设计方面的探讨,方法上较多侧重思辨性的质性研究。学者们对少数民族教育的概念、结构和表现,特别是民族共同心理素质进行了探讨。

　　在教育学及其心理学视阈下,则侧重于微观探讨,方法论上注重实证性的调查量化研究。近五十余年来,在贵州这片热土上,不少心理学者及其教育学者就贵州民族教育课题做了大量调查实证研究,如《贵州民族教育研究资料集》[8]共四集、《贵

[1]　Greenwald AG,McGhee DE,Schwartz JLK. Measuring Individual Differences in Implicit Cognition:The Implicit Association Test[J]. Journal of Personality and Social Psychology,1998,74(6):1464-1480.

[2]　蔡华俭.Greenwald 提出的内隐联想测验介绍[J].心理科学进展 2003,11(3):339-344.

[3]　蔡华俭,杨治良.大学生性别自我概念的结构[J].心理学报,2002,34(2):168-174.

[4]　蔡华俭.内隐自尊效应及内隐自尊与外显自尊的关系[J].心理学报,2003,35(6):796-801.

[5]　关慕桢,刘旭峰,苗丹民,等.激情犯和累惯犯暴力态度的比较[J].心理学报,2010,42(5):599-606.

[6]　钱淼,周立霞,鲁甜甜,等.幼儿友好型内隐联想测验的建构及有效性[J].心理学报,2015,47(7):903-913.

[7]　何宁,朱云莉.自爱与他爱:自恋、共情与内隐利他的关系[J].心理学报,2016,48(2):199-210.

[8]　贵州省教育科学研究所,贵州省少数民族教育研究会.贵州少数民族教育研究资料集(一)[G].贵州:贵州省教育科学研究所(内部发行),1985.

州"六山六水"民族调查资料选编》[①]分彝族、布依族、苗族、民族语言等共 10 卷,内容涉及各民族教育发展、各民族女童教育、民族双语、民族学生学业成就、民族文化与民族教育关系等方面的调查研究。

而在社会学者研究方面,趋向于教育民族志研究的分析,以及对微观民族志和宏观民族志理论架构研究。这在某种程度上说明,教育民族志对于理解学校教育的可行性以及对问题的可解释性,其研究方法也趋于民族志方法。

张积家(2012)[②]研究提出,如果学界间研究交流与对话不及时,差异会逐渐扩大,微观研究和宏观研究得不到有机地融合,相关研究及其发展将受到极大的限制,而正确的方向应该是微观研究与宏观研究有机结合,量的研究与质的研究相互补充。此观念虽然是在心理学界研究中提出,但其中往往涉及教育学、社会学及其民族学的内容,因此对相关研究也具有布告之意。

基于实证性和系统化的研究构想,在着手《贵州民族地区教育价值观、社会支持与中学生学习倦怠的关系》这一课题时,将遵循三个相结合的原则,即纵向与横向相结合,现实与传统相结合,定量与定性相结合,采用文献综述、实地访谈与调查、田野考察研究、问卷调查、实验法(内隐实验、投射测验)等方法进行全方位研究。其中,需要特别强调的是,采用民族学界擅长的实地调查与心理学界擅长的问卷调查相结合,再加入内隐实验与投射测验为一体的新型调查研究方法,很大程度上不但可以回答"是什么"的问题,而且还可以回答"为什么"的问题,进一步为有针对性、操作性及其科学性地提出"怎么办"奠定坚实基础。

六、技术路线

本研究拟以贵州民族地区中学生为研究对象,并选取了民族地区汉族学生作为对比研究,运用理论研究、定向与定量研究和实证分析等方法,试图对民族地区中学生学习倦怠的影响因素进行剖析,找出现存问题的主要症结,并试图设计出一套适合预防和消除贵州民族地区中学生学习倦怠的机制体系,使其民族地区中学生在学业上有很强的自我效能感、达到一种从"学而厌"到"学而不厌"的理想学习状态。

其研究主要分为六个步骤,研究思路以技术路线图(如图 1-1)的形式体现如下:

① 贵州省民族事务委员会,贵州省民族研究所.贵州"六山六水"民族调查资料选编[G].贵阳:贵州民族出版社,2008.
② 张积家.加强民族心理学研究,促进中国心理科学繁荣——民族心理学专栏前言[J].心理科学进展,2012,20(8):1139-1144.

第一步：提出问题，并进行文献综述

第二步：在已有研究基础上，自编研究内容中的量表

第三步：通过问卷、访谈、实验等方法收集数据

第四步：分析民族地区中学生学习倦怠的现状及影响因素

第五步：构建贵州民族地区中学生学习倦怠、教育价值观和社会支持之间的关系模型，探讨影响学习倦怠的深层次原因

第六步：基于贵州民族地区科学教育价值观、社会支持视阈下，建立健全有效预防贵州民族地区中学生学习倦怠的机制与方法策略，最终达到从"学而厌"到"学而不厌"的理想学习状态。根据研究结果，结合实际，提出相应对策，其研究成果能够为学习倦怠问题研究的深入和民族地区教育政策的制定起到一定的借鉴作用，为民族地区教育事业的发展和民族地区中学生的健康成长具有重要意义。

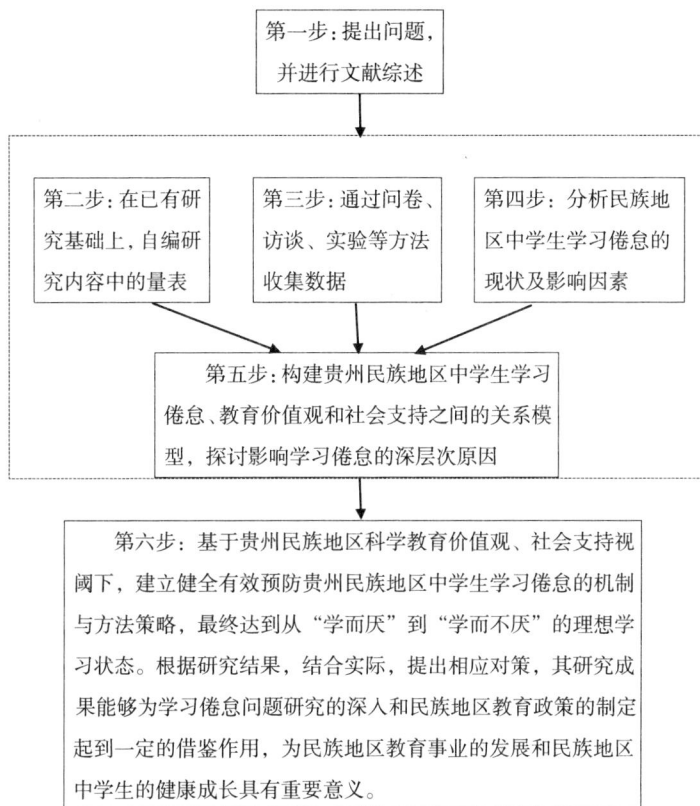

图 1-1 研究路线图

第二章　贵州民族地区教育研究回顾及启示

本章将从地区概况、民族教育界定、教育政策变迁、民族教育内容和双语教育等五个方面进行回溯与反思,定性与定量方法相结合,力争呈现贵州民族地区教育的全面真实现状,探索民族地区中学生学习生活的场景,为后面考察民族地区中学生学习倦怠的成因研究提供基础及其现实支撑。

第一节　贵州民族地区概述

在《国务院关于进一步促进贵州经济社会又好又快发展的若干意见》文件中指出,改革开放特别是实施西部大开发战略以来,贵州经济社会发展取得显著成就,但由于自然地理等原因,贵州发展仍存在特殊困难。贵州是西部多民族聚居的省份,也是贫困问题最突出的欠发达省份。贵州是《国家八七扶贫攻坚计划》实施的重点,不仅贫困人口数量大(占全国的1/10),而且贫困程度深,是贵州省各级党委、政府工作的重点,时至今日,贵州依旧是脱贫攻坚的主要战场、主要对象,脱贫工作仍在贵州的山路上行走。贫困和落后是贵州的主要矛盾,加快发展是贵州的主要任务。贵州尽快实现富裕,是西部和欠发达地区与全国缩小差距的一个重要象征,是国家兴旺发达的一个重要标志。

表 2-1　全国及 8 个省(区)分民族的人口统计(单位:人)

	合计	汉族	少数民族	少数民族人口占比
全国	1 332 810 869	1 220 844 520	111 966 349	8.40%
内蒙古	24 706 291	19 650 665	5 055 626	20.46%
广西	46 023 761	28 916 096	17 107 665	37.17%
贵州	34 748 556	22 344 156	12 404 400	35.70%
云南	45 966 766	30 617 580	15 349 186	33.39%
西藏	3 002 165	245 263	2 756 902	91.83%
青海	5 626 723	2 983 521	2 643 202	46.98%
宁夏	6 301 350	4 086 367	2 214 983	35.15%
新疆	21 815 815	8 829 994	12 985 821	59.52%

注:数据来源于中国 2010 年人口普查资料。

据中国 2010 年人口普查数据统计,在中国人口中,汉族为 1 220 844 520 人,占人口总数比例为 91.60%;各少数民族人口为 111 966 349 人,占比 8.40%。而贵州总人口为 34 748 556 人,汉族 22 344 156 人,占比 64.30%;各少数民族为12 404 400 人,占比 35.70%,占全国各少数民族人口的比例为 11.08%。[①] 其少数民族人口占全省总人口的比例仅低于广西 37.17%、青海 46.98%、新疆 59.52% 及其西藏 91.83%,在全国八大少数民族省(区)中进行排序,高居第五位。贵州少数民族人口数量为 12 404 400 人,仅少于广西 17 107 665 人、云南 15 349 186 人、新疆 12 985 821 人,高居全国第四位,是全国名副其实的八大少数民族省(区)之一,因此将贵州省统称为贵州民族地区。以上具体数据见表 2-1。

贵州境内群山环绕,绵延不绝,主要有乌蒙山、雷公山、武陵山、大小麻山、云雾山、月亮山,贵州人称为"六山";主要河流有乌江、都柳江、清水江、潕阳河、南盘江、北盘江,当地人称为"六水",贵州总体上生态环境较好,绿水与青山交相呼应,是贵州发展的最大实际,亦是最大福利。对该区域的民族研究,省内民族研究者和全国民族研究者都络绎不绝,争先恐后地对贵州这块土地上有关民族的一枝一叶、一草一木进行深入的调查分析,研究成果可谓丰富多彩、五彩缤纷,在内容上涉及方方面面,形成百花齐放百家争鸣之态势,但最系统而又深入的民族研究始于 1983 年。是年,经贵州省民族研究所与贵州省民族研究学会策划,成立了贵州"六山六水"民族调查组,其研究成果主要体现在《贵州"六山六水"民族调查资料选编》,分为水族、苗族、彝族、布依族、民族语言等 10 卷;成立了"月亮山地区民族综合考察队",其主要研究成果汇编于《月亮山地区民族调查》,后来称为《贵州民族调查》,其调查研究的宗旨是为民族地区经济社会和少数民族发展服务,内容涉及面极其广泛,如"麻山民族地区贫困调查""贵州民族地区脱贫之路调查""贵州少数民族妇女调查""屯堡人调查""贵州少数民族文化变迁调查""贵州城镇化进程中的民族与宗教问题调查""贵州民族地区人力资源开发调查""都柳江流域民族乡土知识调查"和"六盘水市民族物质文化遗产调查"等,其具体涉及到民族经济、历史、教育、文化的各个层面,遍及各个学科,研究对象主要为汉族及其 17 个世居少数民族,研究成果颇丰。据不完全统计,完成调查报告 1 000 余篇,形成 1 600 多万字的《贵州"六山六水"民族调查资料选编》,是贵州民族调查研究的第一手资料。后续出版了专著《明代彝族女杰奢香》《苗族简史》《布依族简史》《侗族简史》《水族简史》《仡佬族简史》《贵州少数民族》等研究成果。调查研究还为编写《贵州省志·民族志》收集大量资料,其宝贵的调查研究成果,对贵州各民族地区文化的发掘、整理及现代化建设,对贵州民族教育的改革与发展,都具有不可低估的重要作用。

---

① 国务院人口普查办公室,国家统计局人口和就业统计司.中国 2010 年人口普查资料(上册)[M].北京:中国统计出版社,2012:35-54.

表 2-2　贵州世居民族分性别人口及人口占比情况（单位：人）

	合计	男	女	占全省人口百分比	占少数民族人口百分比
总计	34 748 556	17 905 471	16 843 085	100%	
汉族	22 344 156	11 517 873	10 826 283	64.30%	
满族	23 086	11 932	11 154	0.07%	0.19%
仫佬族	24 956	13 293	11 663	0.07%	0.20%
毛南族	27 332	14 243	13 089	0.08%	0.22%
畲族	36 558	19 096	17 462	0.11%	0.29%
瑶族	40 879	21 428	19 451	0.12%	0.33%
蒙古族	41 561	23 203	18 358	0.12%	0.34%
壮族	52 577	26 500	26 077	0.15%	0.42%
黎族	135 173	69 980	65 193	0.39%	1.09%
白族	179 510	95 923	83 587	0.52%	1.45%
回族	184 788	89 779	95 009	0.53%	1.49%
水族	348 746	180 317	168 429	1.00%	2.81%
仡佬族	495 182	258 935	236 247	1.43%	3.99%
彝族	834 461	429 553	404 908	2.40%	6.73%
侗族	1 431 928	750 208	681 720	4.12%	11.54%
土家族	1 436 977	736 526	700 451	4.14%	11.58%
布依族	2 510 565	1 271 051	1 239 514	7.22%	20.24%
苗族	3 968 400	2 040 932	1 927 468	11.42%	31.99%

注：数据来源于贵州省 2010 年人口普查资料。

从人口学分布情况来看，贵州总人口为 34 748 556 人，汉族人口为 22 344 156 人，占比 64.30%；各少数民族人口为 12 404 400 人，占比 35.70%。在少数民族人口占比中，排在前五位的分别是苗族 11.42%、布依族 7.22%、土家族 4.14%、侗族 4.12%、彝族 2.40%（相关数据见表 2-2）。而根据贵州省统计局（2012—2018）[①]所统计的相关数据显示（具体见表 2-3），在贵州省 2008 至 2017 年普通中学中，少数民族中学生在学生总数中所占比例呈逐年稳步增加的趋势，2008 年至 2017 年这十年间，从 39.12% 上升到 43.30%，这说明民族教育发展态势较好，学生数量不断增加。作为本研究主要调查对象，具有一定的群众基础。而考察其学习倦怠及其与教育价值观、社会支持的关系，对民族地区中学生健康成长，让其分享社会经济发展所带来的学校教育之红利，在增加民族自豪感与幸福感方面无疑是有促进作用的。

---

① 贵州省统计局，国家统计局贵州调查总队.贵州统计年鉴 2012-2018［M/OL］.（2018-07-25）［2018-9-5］.
　　http：//stjj. guizhou. gov. cn/tjsj_35719/sjcx_35720/gztjnj_40112/tjnj2018/.

表 2-3　贵州 2008－2017 普通中学少数民族学生所占比例情况统计(单位:人)

	学生总数	少数民族学生	占学生总数的%
2008 年	2 632 569	1 029 863	39.12
2009 年	2 706 379	1 067 179	39.43
2010 年	2 767 503	1 092 467	39.47
2011 年	2 827 096	1 127 199	39.87
2012 年	2 873 822	1 148 755	39.97
2013 年	2 960 110	1 195 659	40.39
2014 年	3 010 982	1 233 687	40.97
2015 年	2 958 569	1 233 488	41.69
2016 年	2 885 106	1 228 209	42.57
2017 年	2 840 913	1 230 147	43.30

注:数据来源于贵州统计年鉴。

本研究拟对贵州民族地区中学生学习倦怠进行研究,内容涉及经济、文化、教育政策、教育价值观、社会支持及其教育支持等不同层面的内容。因此,须呈现一些必要而又客观的调查数据,将贵州民族地区尤其是教育方面的总体轮廓呈现出来。

一、世居民族人口及所占比例

民族的才是世界的,而不同民族具有不同文化。居住在贵州的世居民族有 18 个,其中世居少数民族达 17 个,而贵州民族多样性主要在于囊括了 54 个民族(2010 年人口普查资料显示,贵州未居住有塔吉克族和乌孜别克族[①])之外,还有一部分未识别的民族,民族种类可谓多姿多彩,民族文化包罗万象,繁花似锦。

根据对贵州省 2010 年人口普查资料数据整理(表 2-2),在 17 个世居少数民族中,民族人口最多的前五位分别是:苗族 3 968 400 人,占全省总人口的 11.42%,占全省少数民族人口的 31.99%;布依族 2 510 565 人,占全省总人口的 7.22%,占全省少数民族人口的 20.24%;土家族 1 436 977 人,占全省总人口的 4.14%,占全省少数民族人口的 11.58%;侗族 14 319 28 人,占全省总人口的 4.12%,占全省少数民族人口的 11.54%;彝族 834 461 人,占全省总人口的 2.40%,占全省少数民族人口的 6.73%。而民族人口最少的三位分别是:满族 23 086 人,占全省总人口的 0.07%,占全省少数民族人口的 0.19%;仫佬族 24 956 人,占全省总人口的0.07%,占全省少数民族人口的 0.20%;毛南族 27 332 人,占全省总人口的 0.08%,占全省少数民族人口的 0.22%。此外,在贵州生活繁衍的民族中,土族5 154人,哈萨克族 2 093 人,羌族 1 605人,藏族 1 281 人,傣族 1 217 人,京族1 143人,哈尼族 1 092 人,东乡族 958 人,

① 贵州省第六次人口普查领导小组办公室.贵州省 2010 年人口普查资料(上册)[M].北京:中国统计出版社,2012:395-454.

佤族 837 人,朝鲜族 664 人,景颇族 572 人,维吾尔族 548 人,纳西族 353 人,傈僳族 337 人,高山族 191 人,锡伯族 185 人,拉祜族 182 人,撒拉族 99 人,独龙族 87 人,珞巴族 85 人,布朗族 49 人,达斡尔族 32 人,怒族 28 人,阿昌族 26 人,俄罗斯族 25 人,鄂伦春族 24 人,普米族 16 人,德昂族 16 人,基诺族 10 人,门巴族 9 人,赫哲族 8 人,保安族 8 人,塔塔尔族 3 人,柯尔克孜族 2 人,鄂温克族 1 人,裕固族 1 人,其他未识别的民族 612 780 人。[①] 根据上述统计数据,已识别的 56 个民族中,其中 54 个民族在贵州都有,没有的族别仅有塔吉克族和乌孜别克族。

从以上统计数据可以看出,贵州民族众多,是一个兼具包容性与开放性的民族聚居地,各民族和谐共居,体现了多彩贵州共同体,而美丽贵州的多姿多彩正在于民族文化的多样性。在目前贵州民族地区教育过程中,也越来越重视文化与教育的关系,鉴于此,本研究同样会考虑民族文化对在校中学生学习倦怠的影响。

二、贵州省文盲人口情况

1986 年,《中华人民共和国义务教育法》在第六届全国人民代表大会第四次会议上通过,组织实施 20 余载,2006 年经第十届全国人民代表大会常务委员会第二十二次会议修订,到 2010 年人口普查时,该部法令已有 24 个年头。其中,第二条规定,义务教育是国家统一实施的所有适龄儿童、少年必须接受的教育,是国家必须予以保障的公益性事业。实施义务教育,不收学费、杂费。《中华人民共和国义务教育法》的颁布实施,对中国教育产生了极其深远的影响,成绩斐然,成效明显。但是,在文盲人口的统计上,贵州 15 岁及以上人口 25 970 314 人,文盲人口 2 959 444,文盲人口占 15 岁及以上人口比重的 11.40%。从来源上看,文盲人口占 15 岁及以上人口比重最高的是乡村,高达 14.95%,其次是镇的 6.86%,城市的 3.19%,而男女的比重有明显的差别,无论是乡村还是城镇,女性文盲人口都是男性的 3 倍以上。[②] 具体数据见表 2-4。

表 2-4　贵州分来源、性别的 15 岁及以上文盲人口统计(单位:人、%)

	15 岁及以上人口			文盲人口			文盲人口占 15 岁及以上人口比重		
	合计	男	女	合计	男	女	合计	男	女
总计	25 970 314	13 184 516	12 785 798	2 959 444	752 519	2 206 925	11.40	5.71	17.26
城市	4 589 710	2 321 944	226 766	146 538	35 031	111 507	3.19	1.51	4.92
镇	4 749 718	2 393 782	2 355 936	325 874	75 297	250 577	6.86	3.15	10.64
乡村	16 630 886	8 468 790	8 162 096	2 487 032	642 191	1 844 841	14.95	7.58	22.60

注:数据来源于贵州省 2010 年人口普查资料。

---

① 贵州省第六次人口普查领导小组办公室.贵州省 2010 年人口普查资料(上册)[M].北京:中国统计出版社,2012:395-454.

② 贵州省第六次人口普查领导小组办公室.贵州省 2010 年人口普查资料(上册)[M].北京:中国统计出版社,2012:316-323.

贵州贵阳市(所属 10 个区县市)、六盘水市(4 个区县市)、遵义市(14 区县市)、安顺市(6 个区县)、铜仁地区(10 个区县市)、毕节地区(8 个县市)、黔东南苗族侗族自治州(16 个县市)、黔南布依族苗族自治州(12 个县市),共所属 88 个县。其中乡村文盲人口占 15 岁及以上人口比重高于 14.95% 的县区市有 38 个,比例最高的前三位为:黔西南布依族苗族自治州所属的望谟县 28.43%,其中男性占比 15.47%,女性占比 41.00%;毕节地区所属的纳雍县 25.72%,其中男性占比 14.70%,女性占比 37.01%;黔东南苗族侗族自治州所属的雷山县 24.48%,其中男性占比 10.32%,女性占比 40.49%。数据说明贵州民族地区文盲人口分布广泛,并且不同性别所占比例差异比较大,女性文盲占比相当高,最高的达到 41.00%,说明贵州民族地区文盲程度比例较高,并主要聚集在贫困较深的乡村。数据具体见表 2-5。

上述可知,贵州乡村文盲人口比例较高,男女性别间文盲人口比重具有一定的差别。下文将从年龄方面进行统计,以窥探《中华人民共和国义务教育法》实施以来,对教育产生的巨大推动作用。

表 2-5 贵州分地区、性别的乡村 15 岁及以上文盲人口比重统计(单位:人、%)

	15 岁及以上人口			文盲人口			文盲人口占 15 岁及以上人口比重		
	合计	男	女	合计	男	女	合计	男	女
钟山区	87 121	44 831	42 290	16 615	4 664	11 951	19.07	10.40	28.26
六枝特区	253 141	127 928	125 213	53 980	13 854	40 126	21.32	10.83	32.05
水城县	504 679	263 751	240 928	89 005	28 619	60 386	17.64	10.85	25.06
道真县	135 204	65 985	69 219	23 368	5 003	18 365	17.28	7.58	26.53
务川县	167 831	83 620	84 211	31 189	7 277	23 912	18.58	8.70	28.40
西秀区	296 333	149 296	147 037	52 189	12 007	40 182	17.61	8.04	27.33
普定县	224 437	117 032	107 405	35 777	9 572	26 205	15.94	8.18	24.40
镇宁县	154 780	78 772	76 008	35 797	9 272	26 525	23.13	11.77	34.90
关岭县	178 863	92 384	86 479	28 966	6 433	22 533	16.19	6.96	26.06
紫云县	159 495	80 409	79 086	38 538	9 395	29 143	24.16	11.68	36.85
思南县	268 234	130 548	137 686	43 581	11 557	32 024	16.25	8.85	23.26
印江县	154 556	76 257	78 299	26 422	7 589	18 833	17.10	9.95	24.05
德江县	196 965	96 627	100 338	35 582	7 701	27 881	18.07	7.97	27.79
沿河县	238 080	116 982	121 098	39 388	9 159	30 229	16.54	7.83	24.96
江口县	98 575	50 931	47 644	15 253	4 739	10 514	15.47	9.30	22.07
普安县	137 736	70 248	67 488	25 139	6 868	18 271	18.25	9.78	27.07
晴隆县	133 931	67 573	66 358	26 180	5 674	20 506	19.55	8.40	30.90
贞丰县	155 597	77 501	78 096	36 073	8 445	27 628	23.18	10.90	35.38
望谟县	138 459	67 612	70 847	39 508	10 462	29 046	28.53	15.47	41.00
册亨县	112 271	56 082	56 189	24 935	6 233	18 702	22.21	11.11	33.28
毕节市	459 001	229 888	229 113	74 440	20 577	53 863	16.22	8.95	23.51

续表

	15 岁及以上人口			文盲人口			文盲人口占 15 岁及以上人口比重		
	合计	男	女	合计	男	女	合计	男	女
大方县	416 385	213 588	202 797	63 694	19 688	44 006	15.30	9.22	21.70
织金县	401 092	206 485	194 607	80 464	24 983	55 481	20.06	12.10	28.51
纳雍县	324 171	164 073	160 098	833 76	24 118	59 258	25.72	14.70	37.01
威宁县	671 135	350 602	320 533	145 115	50 337	94 778	21.62	14.36	29.57
赫章县	345 782	175 240	170 542	70 150	20 460	49 690	20.29	11.68	29.14
施秉县	67 506	33 955	33 551	11 128	2 643	8 485	16.48	7.78	25.29
剑河县	104 100	53 205	50 895	24 416	5 337	19 079	23.45	10.03	37.49
台江县	60 943	30 926	30 017	14 777	3 165	11 612	24.25	10.23	38.68
榕江县	174 686	90 481	84 205	29 159	7 060	22 099	16.69	7.80	26.24
从江县	189 208	97 066	92 142	43 681	12 259	31 422	23.09	12.63	34.10
雷山县	65 686	34 859	30 827	16 080	3 598	12 482	24.48	10.32	40.49
荔波县	84 434	42 878	41 556	14 477	3 341	11 136	17.15	7.79	26.80
平塘县	127 677	64 419	63 258	22 062	5 086	16 976	17.28	7.90	26.84
罗甸县	154 454	76 469	77 985	28 683	6 306	22 377	18.57	8.25	28.69
长顺县	109 351	55 536	53 815	23 293	5 688	17 605	21.30	10.24	32.71
惠水县	197 314	100 103	97 211	39 675	8 519	31 156	20.11	8.51	32.05
三都县	173 757	87 318	86 439	32 309	7 562	24 747	18.59	8.66	28.63

注:1.数据来源于贵州省 2010 年人口普查资料;2.该表只统计文盲人口占 15 岁及以上人口比重达到 14.95%的县区(市)。

表 2-6　贵州分年龄、性别的 15 岁及以上的上文盲人口统计(单位:人、%)

	15 岁及以上人口			文盲人口			文盲人口占 15 岁及以上人口比重		
	合计	男	女	合计	男	女	合计	男	女
15～19 岁	1 791 344	938 700	852 644	11 512	4 554	6 958	0.64	0.49	0.82
20～24 岁	1 409 044	692 220	716 824	23 503	6 503	17 000	1.67	0.94	2.37
25～29 岁	1 208 761	617 784	590 977	37 578	9 193	28 385	3.11	1.49	4.80
30～34 岁	1 430 054	739 932	690 122	76 122	17 731	58 391	5.32	2.40	8.46
35～39 岁	1 867 078	978 927	888 151	132 980	31 480	101 500	7.12	3.22	11.43
40～44 岁	1 875 060	973 425	901 635	177 098	39 738	137 360	9.44	4.08	15.23
45～49 岁	1 467 545	752 517	715 028	167 850	32 464	135 386	11.44	4.31	18.93
50～54 岁	1 055 871	536 944	518 927	199 874	39 925	159 949	18.93	7.44	30.82
55～59 岁	1 307 303	662 112	645 191	306 340	65 049	241 291	23.43	9.82	37.40
60～64 岁	1 034 400	524 235	510 165	306 891	76 165	230 726	29.67	14.53	45.23
65～69 岁	826 926	412 864	414 062	310 213	84 633	225 580	37.51	20.50	54.48
70～74 岁	653 519	322 069	331 450	318 517	101 993	216 524	48.74	31.67	65.33
75～79 岁	403 540	190 094	213 446	223 435	71 837	151 598	55.37	37.79	71.02
80～84 岁	206 500	91 533	114 967	129 966	42 171	87 795	62.94	46.07	76.37
85 岁～	93 941	35 434	58 507	65 153	18 755	46 398	69.36	52.93	79.30

注:数据来源于贵州省 2010 年人口普查资料。

从表 2-5 可以看出,贵州省乡村 15～29 岁文盲比例相对比较低,说明了国家政策具有高瞻远瞩、高屋建瓴的作用,效果非常明显。

通过对文盲人口占 15 岁及以上人口的性别比例及其比重统计发现,伴随国家政策指引,经济社会的发展,文盲比例呈逐渐下降的趋势。但是贵州乡村文盲比例占比总体上仍然比较高,这可能会对乡村学校教育、家庭教育产生影响,如老一辈思想观念仍会对年轻人有影响,尤其目前贵州留守儿童较多(本次调查研究中,对 1324 名中学生进行调查,其中就有 429 名留守学生,留守比例高达 32.40%),教育的成功与否,其最大影响因素在于学校与家庭间的互动与沟通,而留守儿童多半与爷爷奶奶、外公外婆居住,这对他们平时教育中的帮助存在很大的局限性。而这一现实问题的存在,体现了贵州乡村基础教育的教育文化底蕴不足、基础较差,这是研究需要进一步深入反思的重点,下文将会进行相关阐述。

三、贵州民族地区 15～19 岁青少年婚姻状况

长期以来,早恋现象一直被视为中学生的天敌,预防学生早恋也是当下学校尤为关注的话题。鉴于此,本研究对 15～19 岁年龄段未达到国家法定婚龄的青少年进行统计,呈现出贵州省青少年早恋早婚的一个大概趋势。贵州省 2010 年人口普查数据资料长表显示,有 15 至 19 岁青少年 263 309 人,未婚 255 867 人,有配偶 7415 人,离婚 19 人。[①] 进一步统计显示,有配偶人口占 15～19 岁青少年人口的 2.82%,15 至 19 岁各个年龄有配偶人口所占比重上升趋势比较明显(具体数据见表 2-7)。

表 2-7　贵州省分年龄(15～19 岁)婚姻状况的人口统计(单位:人、%)

	合计	未婚	有配偶	离婚	所占比重	
					未婚	有配偶
15～19 岁	263 309	255 867	7 415	19	97.17	2.82
15	67 317	67 245	72	0	99.89	0.11
16	57 770	57 367	403	0	99.30	0.70
17	53 478	52 407	1 068	1	98.00	2.00
18	45 818	43 517	2 296	3	94.98	5.01
19	38 926	35 331	3 576	15	90.75	9.19

注:数据来源于贵州省 2010 年人口普查资料(长表)。

---

① 贵州省第六次人口普查领导小组办公室编.贵州省 2010 年人口普查资料(下册)[M].北京:中国统计出版社,2012:1687-1695.

表 2-8　贵州省分年龄(15～19 岁)、性别的有配偶人口统计(单位:人、%)

	有配偶	性别		所占比重	
		男	女	男	女
15～19 岁	7 415	1 430	5 985	19.29	80.71
15 岁	72	8	64	11.11	88.89
16 岁	403	56	347	13.90	86.10
17 岁	1 068	164	904	15.36	84.64
18 岁	2 296	424	1 872	18.47	81.53
19 岁	3 576	778	2 798	21.76	78.24

注:数据来源于贵州省 2010 年人口普查资料(长表)。

此外,在 15 岁至 19 岁有配偶人口中,男性人口为 1430 人,女性人口 5985 人,[1] 其中,男性在有配偶人口中所占比重 19.29%,女性占比高达 80.71%,具体数据见表 2-8。这些数据,进一步表明,贵州民族地区未达到国家法定婚龄而有配偶的人口具有一定的比例,并且在有配偶的人口中,女性比重远远高于男性比重,高出约 60 个百分点。

从接受教育程度的视角,对 15 岁至 19 岁人口的婚姻状况进行统计,长表数据(只抽取了 10% 的户填报)显示,在有配偶的人口中,总计为 7 415 人,其中未上过学的 209 人,小学的 2 383 人,初中 4 583 人,高中 220 人,大学专科 17 人,大学本科 3 人,研究生 0 人。[2] 进一步统计显示,15 岁至 19 岁有配偶人口中,未上过学有配偶人口占比 17.92%,小学有配偶人口占比 14.16%,初中有配偶人口占比 2.88%,高中有配偶人口占比 0.28%,大学专科有配偶人口占比 0.35%,大学本科有配偶人口占比 0.08%。具体数据见表 2-9。

表 2-9　贵州省 15～19 岁分受教育程度、婚姻状况的人口统计(单位:人、%)

	合计	未婚	有配偶	离婚	丧偶	有配偶占比
总计	263 309	255 867	7 415	19	8	2.82
未上过学	1 166	956	209	0	1	17.92
小学	16 835	14 442	2 383	6	4	14.16
初中	159 196	154 597	4 583	13	3	2.88
高中	77 443	77 223	220	0	0	0.28
大学专科	4 867	4 850	17	0	0	0.35
大学本科	3 785	3 782	3	0	0	0.08
研究生	17	17	0	0	0	0.00

注:数据来源于贵州省 2010 年人口普查资料(长表)。

---

①　贵州省第六次人口普查领导小组办公室.贵州省 2010 年人口普查资料(下册)[M].北京:中国统计出版社,2012:1695.

②　贵州省第六次人口普查领导小组办公室.贵州省 2010 年人口普查资料(下册)[M].北京:中国统计出版社,2012:1687-1702.

在此基础上,本研究对其进行了性别比例的统计,发现在 15 至 19 岁的人群中,除了大学本科有配偶的男性占比 66.67% 高于有配偶的女性占比 33.33%、大学专科有配偶男性占比 47.06% 接近有配偶女性占比 52.94% 外,其余有配偶的女性占比,从未上过学、小学、初中、高中等受教育程度人群,都是女性有配偶占比远高于男性有配偶占比。具体数据见表 2-10。

表 2-10　贵州省 15～19 岁分受教育程度、有配偶的人口统计(单位:人、%)

	小计	男	女	不同性别在有配偶中的比重	
				男	女
总计	7 415	1 430	5 985	19.29	80.71
未上过学	209	11	198	5.26	94.74
小学	2 383	330	2 053	13.85	86.15
初中	4 583	1 031	3 552	22.50	77.50
高中	220	48	172	21.82	78.18
大学专科	17	8	9	47.06	52.94
大学本科	3	2	1	66.67	33.33
研究生	0	0	0	0.00	0.00

注:数据来源于贵州省 2010 年人口普查资料(长表)。

本研究,从年龄视角和接受教育程度的视角,对贵州民族地区 15 岁至 19 岁人口进行统计分析,主要是考虑这一群体未达到国家法定婚龄,又是正处于求学求知、提升自我、发展自我的重要阶段。但统计发现,这一阶段有一部分孩子已经步入婚姻殿堂,早早地开起了家庭生活之旅,实属遗憾。从受教育程度来看,从未上过学和只上了小学就结婚的比例较高,上过初中和高中有配偶的比例分别为 2.88% 和 0.28%,说明中小学阶段早恋现象不容忽视,这在本研究的访谈中也有一定的体现,下文会再做进一步深入分析。从性别上看,在 15 岁至 19 岁这个群体中,无论从年龄视角或受教育程度视角,都是女性远高于男性,这个问题值得各级教育管理部门的反思,也会作为一个重要问题在下文进行分析。

四、关于贵州民族地区学生学业完成情况、受教育程度的分析

据统计,大陆 31 个省、自治区、直辖市和现役军人中,具有大学(指大专以上)文化程度的人口为 119 636 790 人;具有高中(含中专)文化程度的人口为 187 985 979 人;具有初中文化程度的人口为 519 656 445 人;具有小学文化程度的人口为 358 764 003 人。[①] 贵州人口占全国人口比重为 2.54%,而具有大学(指大专以上)文化程度的人口为 174 112(占全国比重为 0.15%)人;具有高中(含中专)文化程度的人口为 239 786 人(占全国比重为 0.13%);具有初中文化程度的人口为

① 贵州省第六次人口普查领导小组办公室.贵州省 2010 年人口普查资料(下册)[M].北京:中国统计出版社,2012:2338.

983 112人(占全国比重为0.19％);具有小学文化程度的人口为1 280 143人(占全国比重为0.36％)。[①] 以上贵州各种受教育程度的人口包括各类学校的毕业生、肄业生、在校生、辍学及其他人口(见表2-11)。

在以上数据中,肄业和辍学学生人数与本研究有很大的密切程度。本研究进一步对小学、初中和高中的学生情况做了统计。其中,总体小学学生肄业学生人数51 672人,占肄业学生人数的73.57％;辍学学生人数76 694人,占辍学学生人数的78.42％。初中学生:肄业学生人数16 319人,占肄业学生人数的23.23％;辍学学生人数19 228人,占辍学学生人数的19.66％。高中学生:肄业学生人数1 815人,占肄业学生人数的2.58％;辍学学生人数1 755人,占辍学学生人数的1.79％。在此基础上,研究对贵州省城市、镇和农村的情况进行分析研究。

表2-11　贵州省分学业完成情况、受教育程度的6岁及以上人口(单位:人)

学业完成情况	合计	小学	初中	高中	专科	本科	研究生
总计	2 677 153	1 280 143	983 112	239 786	103 669	67 365	3 078
在校	7 610 64	426 679	217 009	82 981	14 300	19 095	1 000
毕业	1 720 766	704 249	725 337	152 493	88 621	48 010	2 056
肄业	70 238	516 72	16 319	1 815	308	111	13
辍学	97 796	76 694	19 228	1 755	84	33	2
其他	27 289	20 849	5 219	742	356	116	7

注:1.数据来源于贵州省2010年人口普查资料。2.学业完成情况(在校:正在接受各级各类学校教育并有学籍的人;毕业:已修完全部课程,并经过考试鉴定合格者;肄业:修完全部课程,但考试不及格或因种种原因未取得毕业资格的人;辍学:指未能修完所规定的全部课程,中途退学的人;其他:指私塾、自学等其他方式获得某种文化程度的人。以下同)

从表2-12中数据显示,在城市初中学生中:肄业学生人数1 861人,占肄业学生人数的34.75％;辍学学生人数1 964人,占辍学学生人数的26.59％。在城市高中学生中:肄业学生人数423人,占肄业学生人数的7.90％;辍学学生人数346人,占辍学学生人数的4.68％。

表2-12　贵州省(城市)分学业完成情况、受教育程度的6岁及以上人口(单位:人、％)

学业完成情况	合计	小学	初中	高中	学业完成情况比重		
					小学	初中	高中
总计	460 054	108 880	159 888	92 252	23.67	34.75	20.05
在校	108 647	40 284	21 754	22 230	37.08	20.02	20.46
毕业	335 948	59 208	133 540	68 988	17.62	39.75	20.54
肄业	5 356	2 892	1 861	423	54.00	34.75	7.90
辍学	7 386	5 037	1 964	346	68.20	26.59	4.68
其他	2 717	1 459	769	265	53.70	28.30	9.75

注:数据来源于贵州省2010年人口普查资料。

① 贵州省第六次人口普查领导小组办公室.贵州省2010年人口普查资料(中册)[M].北京:中国统计出版社,2012:805.

表 2-13　贵州省(镇)分学业完成情况、受教育程度的 6 岁及以上人口(单位:人、%)

学业完成情况	合计	小学	初中	高中	学业完成情况比重		
					小学	初中	高中
总计	488 892	175 255	191 643	72 288	35.85	39.20	14.79
在校	134 686	66 042	36 473	28 248	49.03	27.08	20.97
毕业	330 518	93 113	148 938	43 011	28.17	45.06	13.01
肄业	8 797	5 624	2 565	466	63.93	29.16	5.30
辍学	11 070	8 171	2 509	365	73.81	22.66	3.30
其他	3 821	2 305	1 158	198	60.32	30.31	5.18

注:数据来源于贵州省 2010 年人口普查资料。

表 2-13 数据显示,在镇初中学生中:肄业学生人数 2 565 人,占肄业学生人数的 29.16%;辍学学生人数 2 509 人,占辍学学生人数的 22.66%。在镇高中学生中:肄业学生人数 466 人,占肄业学生人数的 5.30%;辍学学生人数 365 人,占辍学学生人数的 3.30%。

表 2-14 数据显示,在乡村初中学生中:肄业学生人数 11 893 人,占肄业学生人数的 21.21%;辍学学生人数 14 755 人,占辍学学生人数的 18.60%。在乡村高中学生中:肄业学生人数 926 人,占肄业学生人数的 1.65%;辍学学生人数 1 044 人,占辍学学生人数的 1.32%。

表 2-14　贵州省(乡村)分学业完成情况、性别、受教育程度的 6 岁及以上人口(单位:人、%)

学业完成情况	合计	小学	初中	高中	学业完成情况比重		
					小学	初中	高中
总计	1 728 207	996 008	631 581	75 246	57.63	36.55	4.35
在校	517 731	320 353	158 782	32 503	61.88	30.67	6.28
毕业	1 054 300	551 928	442 859	40 494	52.35	42.01	3.84
肄业	56 085	43 156	11 893	926	76.95	21.21	1.65
辍学	79 340	63 486	14 755	1 044	80.02	18.60	1.32
其他	20 751	17 085	3 292	279	82.33	15.86	1.34

注:数据来源于贵州省 2010 年人口普查资料。

从整体再到城市、镇和乡村的情况可以看出,2010 年以前,贵州省中学生的学业完成情况并不理想,尤其是乡村初中学生。当然,这一现象是引起了相关管理部门的高度重视,并得到有效的控制。2014 年,贵州省教育厅与各市(州)签订了《贵州省教育系统实施教育"9+3"计划 2014 年度目标责任书》,明确了各市(州)2014 年度"控辍保学"目标任务,并在全省范围内开展了"4+2"教育突破工程和教育"9+3"计划工作督查,重点督促各地落实"控辍保学"七长负责制、"小升初"整班移交及三项工作制度落实情况。2014 年全省义务教育阶段辍学率大幅下降,小学辍学率由 1.36% 降至 0.79%,初中辍学率由 2.89% 降至 1.92%,九年义务教育巩固率提升到 85%。[①] 2015 年，贵州省小学、初中辍学率分别降低到 0.16% 和 1.17%。[②] 2017 年，为切实解决义务教育学生失学辍学问题，国务院办公厅又下发了《国务院办公厅关于进一步加强控辍保学，提高义务教育巩固水平的通知（国办发〔2017〕72 号）》文件，确保实现到 2020 年全国九年义务教育巩固率达到 95% 的目标，这足以看出国家要实现"一个都不能少"的教育理想及其良苦用心。不过，这些数据只能说明过去的情况和现状的差距，能够说明当下的控辍保学工作取得突破性成就，但以往那些辍学的学生未来一定时期仍然会对当地的教育尤其是家庭教育产生一定的影响。

此外，从"控辍保学"工作成效可以看出，在《义务教育法》《国家中长期教育改革和发展规划纲要（2010—2020 年）》《国务院关于统筹推进县域内城乡义务教育一体化改革发展的若干意见》（国发〔2016〕40 号）、《国家教育事业发展"十三五"规划》（国发〔2017〕4 号）等纲领性政策的引领下，为切实解决义务教育学生失学辍学问题、确保实现全国九年义务教育巩固率达到 95% 的目标，贵州省各市（州）签订了《贵州省教育系统实施教育"9＋3"计划 2014 年度目标责任书》，明确了"控辍保学"目标任务，进一步加强了"控辍保学"工作，加之义务教育扶贫助学工作机制完善、义务教育"两免一补"的落实、农村义务教育学生营养改善计划等惠民政策，贵州省基础教育"控辍保学"工作取得极大成效。此外，在《国务院办公厅关于进一步加强控辍保学，提高义务教育巩固水平的通知（国办发〔2017〕72 号）》文件中，提出了"一个都不能少"的目标，控辍保学自此有了行动纲领，这些工作非常值得肯定，但教育管理者及其每个家庭更应该对"辍学"引起重视。这首先应该从对"辍学"的界定说起，因管理者、教育者，甚或是研究者，其根据不同需要对"辍学"进行界定，本身有其一定局限。如某省教育厅在"控辍保学"工作中，将"辍学"界定为：指已进入学校就读中途退学，而疑似辍学认定"无正当原因未到校上课超过 1 个星期"，辍学认定"疑似辍学超出 1 个月未返校复学"。从这一界定可以看出，辍学主要针对的是到不到学校的现象，属于显性辍学范畴，教育管理部门力所能及、能有所作为的也只能是这一范畴内的工作。

然而对"辍学"的界定，学界有不同的观点，有研究者提出了隐性辍学的观点。魏莉莉（2005）[③] 将辍学划分为"隐性辍学"和"显性辍学"两种类型，并认为目前"辍学"的界定遗漏了"隐性辍学"这一层含义，并认为"在校、在籍，不听课、经常逃课"

① 贵州省教育厅办公室.贵州年鉴（教育部分）：2014[M/OL].贵阳：贵州年鉴编辑部出版发行，2015[2018-10-20].http://jyt.guizhou.gov.cn/zwgk/xxgkml/tjxx/201805/t20180525_3041750.html.

② 贵州省教育厅办公室.贵州年鉴（教育部分）：2015[M/OL].贵阳：贵州年鉴编辑部出版发行，2016[2018-10-20].http://jyt.guizhou.gov.cn/zwgk/xxgkml/tjxx/201805/t20180525_3041723.html.

③ 魏莉莉."贫困文化"视野下的城市青少年辍学问题———以上海市个案分析为例[D].华东师范大学，2005.

都算辍学。邬志辉(2008)[①]研究提出,所谓隐性辍学是指学生虽然"人"在学校,但"心"却在校外、不安心于学习的状态,其特点是学生在主观上没有学习的意愿和动力。调查还发现,农村初中生的隐性辍学和潜在辍学人数平均占40%左右,教育教学质量越低的学校,隐性辍学和潜在辍学的比例就越大。王渊博(2012)[②]对"隐性辍学"的定义是指,学生在籍,却没有参与课堂,在学业上没有得到教师帮助的现象,其根本原因在于"唯升学教育"、课程文化与学生的需求不相容、双语教育未达到好的效果、学生学习动力不足等。高建伟(2017)[③]隐性辍学指学生虽身处课堂,但内心游离于课堂教学之外,以及学生时常不在校而学籍却在校的学习状态,研究还指出,农村大量学校存在严重的隐性辍学问题,严重阻碍了农村教育质量的提高。

研究者们不但关注其"辍学"概念的界定,而且一系列调查数据说明了"隐性辍学"的严重性,更应该值得关注与关切。吉林省教育科学学院对东辽县安石中学的调查结果表明,在辍学学生中70%是出于厌学、学习有压力、无兴趣,不同于以往农村孩子辍学主要源于贫困,而厌学性辍学占据很高比例。[④]徐琳(2013)[⑤]对西双版纳勐罕镇傣族初中学生考察后,提出在西双版纳傣族地区隐性辍学渐成一种常态,其原因主要是村落文化、家庭文化、寺庙教育、学校教育等不同场域文化因素的相互作用,导致勐罕镇傣族中学生出现"隐性辍学"的现象。马壮(2014)[⑥]调查指出,已通过"普九"验收的很多地区的农村初中隐性辍学率达到5%以上,部分学校的年隐性辍学率达到10%以上。王渊博(2014)[⑦]研究指出,在"两免一补"政策的贯彻实施下,在农村地区辍学率有所降低,但是"隐性辍学"这一现象却在不断增多。朱新卓(2015)[⑧]采用观察、访谈和内容分析等方法,深入湖北省某市Y镇初中七年级Q班课堂,考察该班学生隐性辍学现象,研究发现该班学生游离于课堂的现象比较普遍,60人中没有一个人属于显性辍学,但有一半的人处于隐性辍学状态。并且还特别注明了,此类初中在中国农村有很多,说明隐性辍学应引起重视。

①　邬志辉.农村义务教育质量至关重要[J].教育研究,2008(3):31-33.

②　王渊博.少数民族初中生隐性辍学现象的课堂事实探究——以K镇傣族中学为个案[D].北京:中央民族大学,2012:5.

③　高建伟.农村初中生隐性辍学问题及应对策略[J].现代中小学教育,2017,33(2):6-8.

④　中央教育科学研究所.2002/2003中国基础教育发展研究报告[M].北京:教育科学出版社,2003:361-365.

⑤　徐琳.西双版纳勐罕镇傣族初中学生隐性辍学的村落文化分析[D].昆明:云南民族大学,2013.

⑥　马壮.农村初中隐性辍学状况与对策研究[J].教学与管理,2014(19):7-10.

⑦　王渊博.义务教育均衡发展背景下农村地区"隐性辍学"现象研究[J].江苏教育研究,2014(25):8-11.

⑧　朱新卓,刘焕然.农村初中生隐性辍学的文化分析[J].教育科学,2015,35(8):58-63.

杨树仁(2016)[1]对甘肃省 DX 族自治县进行的田野调查得出,学生隐形辍学问题突出,究其原因主要是生产方式落后致学生隐形辍学严重、某些民族文化传统致当地民众轻视文化知识、语言差异致学生接受汉语言文化知识困难、上学路途遥远致学校教学时间难以保障、课程内容实用性弱致学生学习积极性差。教育部基础教育司原副司长杜柯伟根据调研统计指出,厌学或者学习困难辍学的学生可能占辍学学生的 60% 以上,而且主要是初二、初三的学生,这跟过去主要是因贫辍学不一样。[2] 因此,不但要高度重视"显性辍学"现象,在新时期,同样还要关注、关切存在的"隐性辍学",这是涉及教育质量的根本性问题,也是本研究重要性所在。

综上,从贵州地理、教育研究历史现状、民族人口、文盲人口、15～19 岁青少年婚姻状况、6 岁及以上人口学业完成情况及其受教育程度等方面进行了全面而客观的分析,呈现了贵州省教育发展的现状,这些元素与中学生学习倦怠有千丝万缕的内外在的密切联系,对本研究接下来的分析讨论会有一个更客观更真实的基础背景。

第二节　民族教育界定

在我国的教育事业中,民族教育是教育的一个子集,或说是教育的一个重要部分。随着我国经济社会的发展,民族教育事业蒸蒸日上,对其进行研究的学者有增无减,但关于民族教育的界定问题,至今并没有一个高度认同的概念,研究者都以自身研究实际或者需要,从不同视角对其进行解释说明或研究界定。尽管如此,并不影响学界对民族教育这一领域的研究,而且还为这一研究领域学术争鸣提供了基础。现将有关界定做一梳理,为本研究做好坚实的理论铺垫。

民族教育的界定在英文中亦有多重表达方式,如 Ethnic Education(少数民族教育、民族教育),Education for Nationalities(民族教育),Ethnic Minority Education(少数民族教育)、National Minority Education(少数民族教育、民族教育)、Native Education(母语教育)和 Immigrants Education(移民教育)。民族教育界定如同在英文中对民族教育的表达方式有多种,"民族教育"在国内研究中也有多种界定,刘勇(2011)[3]在其研究中,总结出了十类民族教育学说。一是学校学说:将学校名称中以"民族"冠名的学校教育称之为民族教育;二是对象学说:将教育对象为

① 杨树仁,马兰花.西部民族地区义务教育的困境与突围——基于甘肃省某民族自治县义务教育普及现状的调查与分析[J].中小学管理,2017(2):34-36.
② 刘博智.控辍保学 一个都不能少——教育系统巩固提高义务教育入学率述评[N/OL].中国教育报,2018-03-08(6).http://paper.jyb.cn/zgjyb/html/2018-03/08/content_495349.htm? div=-1.
③ 刘勇.历史嬗变与现代蝶变——贵州民族教育六十年发展研究[M].成都:电子科技大学出版社,2011:3-4.

少数民族的教育称之为民族教育;三是服务学说:将民族地区政治、经济和文化服务的教育称之为民族教育;四是大民族学说:认为民族教育就是指中华民族教育,即相对于国与国之间的全民教育,少数民族教育才是专指对汉族外的55个民族实行的教育,它们之间是属与种的关系,前者外延大于后者,民族教育是属概念,而少数民族教育是种概念;五是语言学说:认为用民族语文授课或使用"双语教学"的授课形式才能称之民族教育;六是地区学说:将民族地区的教育称之为民族教育;七是文化学说:将能够传承民族文化或授课内容以民族文化为主的教育称之为民族教育;八是民族+地区组合学说:将民族地区的少数民族教育称为民族教育;九是民族+地区+文化组合学说:将在民族地区对少数民族进行的以民族文化传承为主的教育称之为民族教育;[①]十是多因素综合学说:对民族教育的界定较为模糊广泛,没特别统一的界定,而是多因素的加成折中。

《教育大辞典(民族卷)》和《中国大百科全书(教育卷)》都属于工具书,并且有很高的地位,其两者对民族教育的界定出发点完全相同,也都是从教育的对象(汉族以外的少数民族群体进行的教育)进行界定。由于两本书具有很强的权威性,因此这一界定被很多研究者所认可,采用这一定义的也比较多。但是,《教育大辞典(民族卷)》和《中国大百科全书(教育卷)》把民族教育都仅定义为少数民族教育,也受到了一些学者的质疑,如哈经雄(2001)[②]认为,这种界定在理论与实践上,其缺陷在于将民族教育的内涵缩小了。朱俊杰(2006)[③]认为,民族教育是指对一个有共同语言、共同地域、共同经济活动,以及表现于共同的民族文化特点上的共同心理素质这四个基本特征的稳定的共同体,实施文化传播和培养该共同体成员适应社会变迁的社会活动,其有广义和狭义之分,并认为少数民族教育是多民族国家实施的国民教育的重要组成部分。

以上这些观点,均能从某一视角触及民族教育的重要特征,具有局部的合理性和可操作性。但毕竟作为一个概念性的界定,应该要尽可能兼顾其内涵和外延的双重性,尤其要对其内涵范畴有一个明确的界定,不能以"盲人摸象"的合理性来掩盖认识事物的偏差。其中有部分人的观点走折中主义路线,看起来能够兼顾各种界定,但却在众说纷纭中失去了定义的简明特点,也不能很好地反映出民族教育的基本内涵。而且,这些观点将其拿来对照各个不同的民族和民族地区,每一个关于民族教育的界定都不能同时满足各个民族和各个地方的要求。这些观点之所以各异,主要由于界定民族教育的依据不同而产生。正如对教育的分类,按照不同的标准可得出多种划分的结果。如按学校教育类型分,可分幼儿园教育、中小学教育、

---

① 王铁志.论民族教育的概念[J].民族教育研究,1996(2):3-4.

② 哈经雄,滕星.民族教育学通论[M].北京:教育科学出版社,2001:45.

③ 朱俊杰,杨昌江.民族教育与民族文化发展研究新探[M].长沙:湖南教育出版社,2006:15-18.

职业教育、高中教育、大学教育等；如按教育对象分，还可分为儿童教育、青少年教育、成人教育、老年教育等。所以，所依据的标准或者参照不同，就会得出不一样的理解。那么按什么样的标准来界定民族教育的概念才能最大化地把握其内涵和本质特征呢？其实，民族教育原本不是民族与教育的简单叠加，但却与这个基本概念密切关联。这种密切关联性已经指明了民族教育的对象限定在"民族"（少数民族）这一范畴上，这是民族教育与其他教育所不同的根本地方。这就是《中国大百科全书（教育卷）》等工具类书的定义的准确性之所在。工具类书中没有明确指出教育对象是民族个体还是民族整体或群体，但题内应有之义是对少数民族群体所进行的教育，而这种教育必然会在教育的内容或者教育的形式、方法等方面具有一定的民族性特征。在全球化、现代化的语境中，这种民族性的特征可以理解的范畴相对较为宽泛，可包括民族之间文化、经济、政治等因素上的特殊性。

基于上述理解，我们对民族教育的概念比较容易得出合理的定义，即民族教育主要以教育对象来划分，无论这种教育发生在民族地区还是在非民族地区，是否采用了民族语言学，只要是以少数民族成员为主要教育对象，在教育内容或教育方式方法等方面具有一定民族特征的教育，就可称之为民族教育。从教育的发生地来看，还可以将少数民族聚居区，尤其是民族自治地方的教育视为民族教育。

第三节　贵州民族教育政策变迁

中国共产党从成立之初就致力于民族团结进步事业，开始重视少数民族文化教育事业的发展，在其指导实践的理论中就有民族教育的思想理念，通过加强民族进步人士的相互联系相互学习的方式，培养和熏陶了大批的少数民族知识分子，为中国革命的伟大胜利奠定了基础。之后，在发展改革的各个阶段都采取了相应的政策措施。以下将从改革开放前与改革开放后为切入点，从国家民族教育政策变迁的视角，对贵州民族教育政策的变迁进行一个简单回顾。

一、改革开放前，民族教育政策之变迁

从可查阅的文献看，中国共产党一直重视民族教育，并有相应政策和目标。在1922年7月的中共《第二次全国代表大会宣言（摘录）》中，针对工人、农人和妇女群体，提出了"教育上一律享受平等权利""改良教育制度，实行教育普及"的目标。[①]在1923年6月通过的《中国共产党党纲草案（摘录）》中提出"实行义务教育，教育与宗教绝对分离。全国教育经费应严重保证。教员应受年功加俸；到相当年龄应

---

① 中共中央统战部.民族问题文献汇编[G].北京:中共中央党校出版社,1991:18-19.

享受年老金。"①在 1931 年 11 月通过的《关于中国境内少数民族问题的决议案》中，针对西藏、新疆、云南、贵州等一定区域内的各民族劳苦群众提出：必须为国内少数民族设立完全应用民族语言文字的学校、编辑馆与印刷局，允许在一切政府的机关使用本民族的语言文字，尽量引进当地民族的工农干部担任国家的管理工作，并且坚决地反对一切大汉族主义的倾向。② 在 1934 年 7 月通过的《黔东特区第一次工农兵代表会议决议案（摘录）》中，针对居住在贵州、湖南、四川境内之苗族提出：用苗族自己的语言文字，发展苗族的文化。③ 在 1934 年通过的《中国工农红军政治部关于苗瑶民族中工作原则的指示》中指出，瑶民是散布在广西、贵州、云南等省的弱小民族，在瑶民中发展共产党的组织，并且在一切实际斗争中，以共产主义的教育，教育所有的瑶民群众。④ 在 1935 年 5 月发布的《中华苏维埃西北联邦临时政府回番夷少数民族委员会布告》中提出对于解放回番夷民的主张："提高回番夷民族的文化教育，创立回番夷民众的学校，用回番夷自己的语言文字教书，回番夷青年男女读书不出钱。"⑤在 1935 年 5 月发布的《中国工农红军西北军区政治部：少数民族工作须知》中，针对四川的少数民族提出，要帮助他们的文化工作，建立本民族的学校，用本民族的语言文字教授。⑥ 在 1935 年 6 月通过的《中国共产党中央委员会告康藏西番民众书——进行西藏民族革命运动的斗争纲领》中提出，康藏民众使用自己的语言文字提高文化，设立学校，人人皆有入校读书的权利。⑦

抗日战争时期，在 1937 年 8 月通过的《中国共产党抗日救国十大纲领——为动员一切力量，争取抗战胜利而斗争》中，提出了抗日的教育政策："改变教育的旧制度、旧课程，实行以抗日救国为目标的新制度新课程。实施普及的义务的免费的教育方案，提高人民民族觉悟的程度。"⑧在 1939 年 1 月通过的《陕甘宁边区政府对边区第一届参议会的工作报告（摘录）》中指出，"尊重并帮助少数民族文化。为了发展民族文化教育，培养蒙、回民族干部，政府曾在定边县开办过一所抗日回蒙学校，课程均采用他们自己的文字。"⑨

1945 年 10 月，在《察哈尔各盟旗近况及察锡两盟的工作经过（摘录）》中提出，发展人民的文化教育事业，促进回蒙人民的新文化，恢复创办蒙汉回各种学校，救

---

① 中共中央统战部.民族问题文献汇编[G].北京:中共中央党校出版社,1991:22.
② 中共中央统战部.民族问题文献汇编[G].北京:中共中央党校出版社,1991:170-171.
③ 中共中央统战部.民族问题文献汇编[G].北京:中共中央党校出版社,1991:243.
④ 中共中央统战部.民族问题文献汇编[G].北京:中共中央党校出版社,1991:245-246.
⑤ 中共中央统战部.民族问题文献汇编[G].北京:中共中央党校出版社,1991:263-264.
⑥ 中共中央统战部.民族问题文献汇编[G].北京:中共中央党校出版社,1991:278-282.
⑦ 中共中央统战部.民族问题文献汇编[G].北京:中共中央党校出版社,1991:290.
⑧ 中共中央统战部.民族问题文献汇编[G].北京:中共中央党校出版社,1991:554.
⑨ 中共中央统战部.民族问题文献汇编[G].北京:中共中央党校出版社,1991:619.

济贫困学生,各族人民有权使用自己民族的言语文字。[①] 1946 年 6 月,在《中共中央华东局关于回民工作的指示》中指出,教育帮助回民建立学校,除采用一般课程,应加上回民历史、文字,提高其民族自尊心。[②]

可以看出,无论是革命战争时期,还是解放战争时期,中国共产党始终结合实际情况,坚定教育事业的发展,制定了许多民族文化教育的纲领性、指导性的一揽子政策措施,体现了我党真正帮助少数民族发展教育事业。

新中国成立后,中国共产党更是采取了一系列有针对性的政策措施,重视少数民族教育的决心有增无减。在 1949 年 9 月通过的《中国人民政治协商会议共同纲领(摘录)》中,第五十三条明确规定:各少数民族均有发展其语言文字、保持或改革其风俗习惯及宗教信仰的自由,人民政府应帮助各少数民族的人民大众发展其政治、经济、文化、教育的建设事业。[③] 在 1950 年政务院批准的《培养少数民族干部试行方案》中,制定了第一个民族教育法规性的文件。1951 年,第一次全国民族教育会议召开,明确指出民族教育的总方针“少数民族教育内容必须是新民主主义的,即是民族的、科学的、大众的教育”。这一时期颁布的民族教育政策颇多,主要体现在五个方面:一是确立了以马克思主义民族观为指导的民族教育方针政策;二是设立了民族教育相关管理机构;三是贯彻了民族语言文字相关政策,尊重少数民族的办学特点及其形式;四是加强了少数民族师资队伍的建设;五是教育经费上给予倾斜,对民族学生给予优待。[④] 可以看出,在这一时期所形成的新中国民族教育政策体系,对民族教育发展起了历史性作用。尤其这一时期正处于社会主义改造阶段,各级各类事业百废待兴,国家一穷二白,教育事业仍能继续前行,实属不易。

从 1956 年起,在“左倾”思想的影响下,少数民族教育曲折而又艰难地发展。在“文化大革命”时期,许多民族学校被迫停办或撤销,从事民族教育一线的工作人员,也都不同程度地遭到打击和迫害,民族教育事业受到严重破坏和干扰。1978年,改革开放以来,民族教育进入恢复和发展时期。这一时期,根据民族教育工作特点,党中央国务院制定了新的政策,推动了民族教育的发展。其政策主要涉及师资队伍建设、招生、教材建设、团结教育和民族教育经费增加等方面。

二、改革开放 40 多年来,国家民族教育政策之变迁

改革开放 40 多年来,在党中央国务院的高度重视、大力关心和支持下,民族教育改革进入快车道,民族教育发生了深刻变化,发展成果惠及各族群众。其间,民

---

① 中共中央统战部.民族问题文献汇编[G].北京:中共中央党校出版社,1991:970-971.
② 中共中央统战部.民族问题文献汇编[G].北京:中共中央党校出版社,1991:1056.
③ 中共中央统战部.民族问题文献汇编[G].北京:中共中央党校出版社,1991:1290.
④ 刘勇.历史嬗变与现代蝶变:贵州民族教育六十年发展研究[M].成都:电子科技大学出版社,2011:9-10.

族教育政策的体系化和法制化得以加强,民族教育得到法律保障,时代特点尤为鲜明,体现了改革开放的精神。

民族教育法制体系基本形成。从建立健全法制体系的高度,大力保障了民族教育的顺利实施。《中华人民共和国宪法》第四条规定,中华人民共和国各民族一律平等,国家根据各少数民族的特点和需要,帮助各民族地区加速经济和文化的发展,各民族都有使用和发展自己的语言文字的自由。[①]《中华人民共和国民族区域自治法》第十条规定,民族自治地方的自治机关保障本地方各民族都有使用和发展自己的语言文字的自由;第三十六条规定,民族自治地方的自治机关根据国家的教育方针,依照法律规定,决定本地方的教育规划,各级各类学校的设置、学制、办学形式、教学内容、教学用语和招生办法;第三十七条规定,民族自治地方的自治机关自主地发展民族教育,为少数民族牧区和经济困难、居住分散的少数民族山区,设立以寄宿为主和助学金为主的公办民族小学和民族中学,保障就读学生完成义务教育阶段的学业,招收少数民族学生为主的学校(班级)和其他教育机构,有条件的应当采用少数民族文字的课本,并用少数民族语言讲课。[②]《中华人民共和国教育法》第九条规定,公民不分民族依法享有平等的受教育机会;第十条规定,国家根据各少数民族的特点和需要,帮助各民族地区发展教育事业;第十二条规定,民族自治地方以少数民族学生为主的学校及其他教育机构,从实际出发,使用国家通用语言文字和本民族或者当地民族通用的语言文字实施双语教育;国家采取措施,为以少数民族学生为主的学校及其他教育机构实施双语教育提供条件和支持。[③]

民族教育"一揽子计划"得以落实。在相关法律法规的坚强保障下,在积极贯彻党的民族政策、制度的基础上,国家和地方政府出台了相关的行政法规、文件等"一揽子计划",进一步规定了民族教育的目标任务,具体指明了民族教育的发展方向,为各级各类民族教育的顺利推进奠定了坚实基础。

1992 年,在国家教委、国家民委联合印发的《关于加强民族教育工作若干问题的意见》中,对民族教育发展做了重要指示,是民族教育发展的奠基性文件,可以说是民族教育发展步入快车道的根本保证,进一步促进了少数民族和民族地区教育程度的提高,为民族地区乃至全国的经济发展与社会进步、增强民族团结、巩固边防和维护祖国统一做出了重要贡献,其从民族教育立法、增加经费、人才培养、教学内容等方面,提出了七项具体要求,在新时代仍有很强的指导意义。一是要充分认

---

① 全国人民代表大会. 中华人民共和国宪法[Z/OL]. (2018-3-22)[2018-5-2]. http://www. npc. gov. cn/npc/c505/ 201803/e87e5cd7c1ce46ef866f4ec8e2d709ea. shtml.

② 中华人民共和国国家民族事务委员会. 中华人民共和国民族区域自治法[Z/OL]. (2011-6-29)[2018-5-2]. http://www. seac. gov. cn/seac/zcfg/201106/1011498. shtml.

③ 全国人民代表大会常务委员会. 中华人民共和国教育法[Z/OL]. (2015-12-28)[2018-5-2]. http://m. moe. gov. cn /s78/A02/zfs__left/s5911/moe_619/201512/t20151228_226193. html.

识发展民族教育的重要战略意义,加速民族教育事业的发展;二是民族教育必须坚持社会主义办学方向,并充分调动社会各方面的力量,动员适龄儿童入学;三是发展民族教育必须坚持从实际出发,充分考虑民族特点和地区特点,要大力加强基础教育,实施九年制义务教育;四是发扬优秀传统,扩大开放交流,鼓励相互学习,促进共同繁荣;五是坚持国家扶持与自力更生相结合的原则,多渠道增加民族教育的投入,各级党委和政府要把民族教育摆在优先发展的战略位置;六要大力培养少数民族的教育行政管理干部;七是加强党和政府对民族教育工作的领导,做好民族教育的立法工作。[1]

根据党的十七大关于"优先发展教育,建设人力资源强国"的战略部署,在《国家中长期教育改革与发展规划(2010—2020)》中,用了1 356字论述了这一时期民族教育事业的重点工作,指明了民族教育工作的方向。其表述中主要的内容有:"重视和支持民族教育事业。要加强对民族教育工作的领导,全面贯彻党的民族政策。广泛开展民族团结教育。推动党的民族理论和民族政策、国家法律法规进教材、进课堂、进头脑,增强中华民族自豪感和凝聚力。全面提高少数民族和民族地区教育发展水平。公共教育资源要向民族地区倾斜。中央和地方政府要进一步加大对民族教育的支持力度。促进民族地区各级各类教育协调发展。支持教育基础薄弱地区改扩建、新建一批高中阶段学校。加大对人口较少民族教育事业的扶持力度。大力推进双语教学。尊重和保障少数民族使用本民族语言文字接受教育的权利。国家对双语教学的师资培养培训、教学研究、教材开发和出版给予支持。加强教育对口支援。认真组织落实内地省市对民族地区教育支援工作。国家制定优惠政策,鼓励支持高等学校毕业生到民族地区基层任教。支持民族地区发展现代远程教育,扩大优质教育资源覆盖面。"[2]

中国共产党高度重视教育,在为教育发展指明方向的同时,对农村教育、民族教育的发展有相应的关切。胡锦涛在十七大报告中指出,优先发展教育,建设人力资源强国,教育公平是社会公平的重要基础,办好人民满意的教育,坚持教育公益性质,加大财政对教育投入,规范教育收费,扶持贫困地区、民族地区教育。[3] 胡锦涛在十八大报告中指出,努力办好人民满意的教育,把立德树人作为教育的根本任

---

① 中华人民共和国国家民族事务委员会.关于加强民族教育工作若干问题的意见[Z/OL].(2004-6-30)[2018-5-2].http://www.seac.gov.cn/seac/xxgk/200406/1075604.shtml.

② 中国政府网.国家中长期教育改革和发展规划纲要(2010—2020年)[Z/OL].(2010-7-29)[2016-3-10].http://www.gov.cn/jrzg/2010-07/29/content_1667143.htm.

③ 胡锦涛.高举中国特色社会主义伟大旗帜 为夺取全面建设小康社会新胜利而奋斗——在中国共产党第十七次全国代表大会上的报告[R/OL].(2007-10-24)[2017-11-10].http://www.gov.cn/ldhd/2007-10/24/content_785431.htm.

务,大力促进教育公平,重点向农村、贫困、民族地区倾斜。[①] 习近平在十九大报告中指出,优先发展教育事业,建设教育强国是中华民族伟大复兴的基础工程,办好人民满意的教育,落实立德树人根本任务,推进教育公平,高度重视农村义务教育,普及高中阶段教育,努力让每个孩子都能享有公平而有质量的教育。[②]

综上,可以看出,党和国家历来高度重视教育,民族教育事业作为党和国家教育事业的重要组成部分,有很好的法制及其"一揽子计划"为后盾,发展环境空前良好,民族教育事业发展机遇正当其时。肩任民族教育工作的任何一个成员,应做好民族教育的每一项工作。

三、改革开放 40 多年来,贵州民族教育政策之变迁

以国家的法律法规和行政规章为依据,紧密结合党的民族政策,贵州省大力推行民族教育,制定了一系列的地方性政策法规,确保了民族教育的顺利开展,为民族教育的进一步发展提供了有力的政策保障。

新中国成立 71 年、改革开放 40 多年以来,在民族教育政策的制定和法制建设方面,党和国家做了大量工作,取得了前所未有的成就。改革开放前,我国的民族教育尤其是边远地区、民族地区师资奇缺,教育质量低,设备极为简陋,基础很差,教育十分落后,只有为数不多的民族开办了近代学校教育。不过贵州民族教育亦有一些可以津津乐道的地方,如遵义沙滩文化[③]、威宁石门文化[④]的繁荣景象,都很值得学习与反思。如今,得益于党的民族教育政策的贯彻实施,民族教育逐步走向了规范化和现代化,多民族聚居、杂居的贫困贵州也享受到国家一系列政策福利,民族教育事业蒸蒸日上。

在党和国家各项法律及规章制度的指导下,结合贵州的民族实情,贵州省在制定全省统一的普通教育方针政策和制度的同时,把民族教育作为重要组成部分,对民族教育做出了具有独特性的政策支持。

贵州省根据民族地区经济落后,很多少数民族学生家庭经济困难的情况,就民族地区贫困学生的生活补助方面做了大量细致的工作,如 2004 年在《省教育厅,省财政厅,省扶贫办关于对 100 个一类扶贫重点乡镇义务教育阶段学生实行"两免一

---

① 胡锦涛.坚定不移沿着中国特色社会主义道路前进　为全面建成小康社会而奋斗——在中国共产党第十八次全国代表大会上的报告[R/OL].(2012-11-17)[2017-11-10].http://www.xinhuanet.com//18cpcnc/2012-11/17/c_113711665.htm.

② 习近平.决胜全面建成小康社会　夺取新时代中国特色社会主义伟大胜利——在中国共产党第十九次全国代表大会上的报告[R/OL].(2017-10-27)[2017-11-10].http://www.xinhuanet.com/politics/19cpcnc/2017-10/27/c_1121867529.htm.

③ 黄万机.沙滩文化志[M].北京:中国文史出版社,2006.

④ 东旻,朱群慧.贵州石门坎:开创中国近现代民族教育之先河[M].北京:中国文史出版社,2006.

补"的通知》《省教育厅、省民宗委关于下达三个自治州民族寄宿制初中 2004 —2005 年度国家义务教育助学金的通知》各年下达的《贵州省教育厅关于"深圳——贵州助学基金"的通知》《省教育厅关于委托有关市（州、地）教育局对教育部、李嘉诚基金会"西部教育医疗计划"西部中小学基建项目进行评估验收的紧急通知》《省财政厅、省教育厅关于转发〈少数民族教育和特殊教育中央补助专项资金管理办法〉的通知》《省委宣传部、省文明办、省教育厅关于做好"西部开发助学工程"有关工作的通知》等文件中都针对民族贫困地区的教育资助计划做了相关的政策规定和资助倾斜，有力地促进了民族地区民族教育的发展。

同时，对少数民族学生还给予考试加分，设立高校民族预科班等特殊照顾。2004 年下发的《省教育厅、省民宗委对 253 个民族乡所在的县（区、市）高中招生工作中对民族乡少数民族考生实行降分录取办法的通知》《关于做好 2005 年中央民族大学附属中学招生工作的通知》等文件，明确了对我省少数民族学生给予考试加分照顾和招收倾斜；省教育厅、省民宗委《关于印发〈全省民族预科教育工作会议纪要〉的通知》，省教育厅办公室转发《教育部关于印发〈普通高等学校少数民族预科班民族班招生工作管理办法（试行）〉的通知》《省教育厅关于凯里学院申办本科民族预科教育的批复》及《省教育厅关于贵州民族学院申办"贵州普通高等学校民族预科教育基地"的批复》等文件，充分体现了贵州省相关部门对少数民族高校预科教育的重视。

民族教育成功的一个重要因素，就是拥有高素质教育工作者的队伍。为了更好地发展贵州的民族教育工作，省有关部门从政策层面给予在民族贫困地区服务的教育工作者更多的照顾，以此鼓励更多的高素质人才，积极投身到民族贫困地区的教育事业中来。如《关于印发贵州省选派支援基层教育工作人员工作办法》和《贵州省支援基层教育工作人员管理考核、评选推优工作办法的通知》《省委组织部、省教育厅、省人事厅、省扶贫办关于选派支援基层教育工作人员的通知》《省教育厅办公室关于报送民族教育工作专职联系人的通知》等文件，对民族教育工作者的选派和奖励政策做了相关规定，为民族教育工作的开展提供了大批优秀的教职人员，从而推动了民族教育工作的进一步发展。

为了更好地开展民族教育，维护民族团结，同时也为了更充分地尊重各民族的语言和风俗习惯，保护和传承优秀的民族文化，对在民族地区实施双语教学、做好少数民族语言文字等方面，贵州省对民族教育工作极其重视，做了很多相关规定，并取得了很多民众看得见的成绩，效果明显。

在"双语"教育方面，《贵州省教育厅、贵州省民族宗教事务委员会关于印发〈贵州省双语文教学研讨会〉会议纪要的通知》《省教育厅办公室关于报送开展民汉"双语"教学、民族民间文化教育及民族团结教育情况的通知》《省教育厅办公室关于报送苗（中部方言）侗两种文字"双语"教材需求情况的通知》《贵州省民宗委、贵州省教育厅关于进一步做好我省少数民族语言文字工作的意见》等文件对贵州民族地区教育的"双语"教学情况和少数民族语言文字工作做了明确的指示,为少数民族语言和文字的传承发展起到了积极的保护作用。据调查,为促进"双语"工作的落实,贵州省教育厅做了大量工作。2006年,省教育厅首次获得教育部的专项经费支持,着手编写苗、侗两种文字"双语"教材,供学前和小学1～3年级使用,其内容涉及苗、侗两民族的地方歌谣、民间故事和生活习俗等,对小学生克服语言障碍、传承民族民间文化有较大意义。[1] 2007年,苗(中部方言)、侗两语种民汉双语教材,由贵州民族出版社正式出版发行,免费发放41 554册供民族地区小学生使用,该地方教材不仅是少数民族学生学习民汉双语的教学用书,也是获取民族民间文化知识的良好读物,两语种双语教材的出版印发,结束了我省双语教学无正式出版教材的历史,使民汉双语教学步入规范化轨道。[2] 2008年,为少数民族"双语"教育的更好开展,省教育厅组织专家编译了布依汉、彝汉两种"双语"文字材料,通过各种途径了解和建立了全省"双语"教材编译专家库。[3] 2009年,编译出版了布依、彝两语种民汉双语教材,并举办布依、彝两语种民汉"双语"骨干教师培训班。[4] 2011年,编译了苗(湘西方言)、苗(川黔滇方言)、苗(黔东方言)小学语文一年级下册,印刷出版了苗(湘西方言)、苗(川黔滇方言)、苗(黔东方言)小学语文一年级上册民汉双语教材。[5] 这些双语教材收集了苗族、侗族、布依族、彝族等民族的地方歌谣、民间故事和生活习俗等内容,教材立足将民族民间文化内容与现代教育理念和知识相结合,增强了知识性、趣味性。教材有较强的可读性,有利于小学生尽早克服语言障碍、更好地传承民族民间文化。更加难能可贵的是,这些教材都是免费发放给有需要的孩子们使用。

　　为使少数民族儿童准确掌握民汉语语音、尽快掌握普通话,同时传承本民族语言,2013年,省教育厅民族教育处委托组织相关专家编译制作了苗(黔东、黔中、黔西)、布依、侗、彝四语种6种方言的学前双语有声读物。读物精选了国内外图文并茂的儿童读本,并聘请了民族地区发音较准确的师生参与制作有声读物,免费发送给民族地区儿童使用。2016年,在中央少数民族双语教材编译经费的支持下,省

① 贵州省教育厅办公室.贵州年鉴(教育部分):2006[M/OL].贵阳:贵州年鉴编辑部出版发行,2007[2017-10-20]. http://jyt. guizhou. gov. cn/zwgk/xxgkml/tjxx/201805/t20180525_3041638. html.

② 贵州省教育厅办公室.贵州年鉴(教育部分):2007[M/OL].贵阳:贵州年鉴编辑部出版发行,2008[2017-10-20]. http://jyt. guizhou. gov. cn/zwgk/xxgkml/tjxx/201805/t20180525_3041646. html.

③ 贵州省教育厅办公室.贵州年鉴(教育部分):2008[M/OL].贵阳:贵州年鉴编辑部出版发行,2009[2017-10-20]. http://jyt. guizhou. gov. cn/zwgk/xxgkml/tjxx/201805/t20180525_3041658. html.

④ 贵州省教育厅办公室.贵州年鉴(教育部分):2009[M/OL].贵阳:贵州年鉴编辑部出版发行,2010[2017-10-20]. http://jyt. guizhou. gov. cn/zwgk/xxgkml/tjxx/201805/t20180525_3041670. html.

⑤ 贵州省教育厅办公室.贵州年鉴(教育部分):2011[M/OL].贵阳:贵州年鉴编辑部出版发行,2012[2017-10-20]. http://jyt. guizhou. gov. cn/zwgk/xxgkml/tjxx/201805/t20180525_3041718. html.

教育厅委托贵州民族大学与贵州人民出版社合作,组织编译制作了苗(东、中、西部方言)、布依、侗、彝、水五语种7种方言基础语音读物,为规范双语教学、方便学前和小学低年级教学提供了有声读本。

此外,积极举办培训班,培训了大量的双语教师。贵州省教育厅从2007举办"双语"教师培训班开始,又于2008年举办了苗(西部方言)、彝两语种民汉"双语"教学骨干教师培训班,2009年举办了布依、彝两语种民汉"双语"骨干教师培训班,2011年举办了苗(湘西方言)、布依两语种民汉双语教学骨干师资培训班,2012年培训力度进一步加大,举办了苗(湘西方言)、苗(川黔滇方言)、苗(黔东方言)、布依、彝汉、侗汉六语种省级民汉双语教学骨干师资培训班,委托市州县举办双语教师培训班,共培训1 350名双语教师。截至2012年,据不完全统计,全省约有2 074个校点不同程度地开设了少数民族双语教育,涉及9个市州,53个县,387个乡镇,其中有双语教师19 597名,学生186 887人。[①]

在民族团结教育方面,出台了《省教育厅、省新华书店关于在全省中小学开展民族团结教育活动的通知》,在开展民族民间文化教育方面,出台了《省教育厅、省民宗委关于我省在各级各类学校开展民族民间文化教育的实施意见》。对民族教育中民族团结和民族传统文化传承教育等方面的具体工作做了细致的规定,从而给贵州民族教育事业的开展提供了更加有利的政策环境。

综合起来看,贵州作为一个多民族省份,多年来紧抓民族教育工作,完善了一系列规章制度,认真贯彻党的民族政策,较有效地推进了民族教育的发展。贵州的民族教育政策环境从如下七个方面体现:一是国家重视少数民族教育事业,积极开展民族地区教育的对口支援工作;二是赋予民族地区发展民族教育的权利,设立民族教育行政管理机构和召开民族教育工作会议,加强对民族教育事业的领导和支持;三是重视民族语文教学、双语教学,发扬少数民族优良历史文化传统;四是加强少数民族"双语"教材建设,举办"双语教师"培训班,着力加强师资队伍建设;五是创办寄宿制民族学校和民族学院,举办双语班、民族班及其预科班;六是在招生中对少数民族学生给予特殊照顾,并实行定向招生;七是在经费上给予适当倾斜,对少数民族学生的生活给予适当照顾。

---

① 贵州省教育厅办公室.贵州年鉴(教育部分):2012[M/OL].贵阳:贵州年鉴编辑部出版发行,2013[2017-10-20]. http://jyt.guizhou.gov.cn/zwgk/xxgkml/tjxx/201805/t20180525_3041719. html.

第四节　贵州民族教育内容

实地调查及其资料收集的结果表明,贵州民族地区的教育内容呈现多样性。就目前而言,学校教育中的教学内容基本与全省、全国统一,近年来,因对民族民间文化的重视,如民族歌曲、芦笙、刺绣、剪纸等民间文化进入了课堂。至于家庭教育方面,在不同的民族社区,也有其差异性。

一、学校教育内容

结合贵州实际,为推进基础教育课程改革顺利实施,2001 年贵州省教育厅下发了《贵州省教育厅推进基础教育课程改革的实施意见(试行)》。2009 年,又按照国家有关课程计划要求相关主管部门在征求教育行政部门、教研部门及中小学校意见的基础上,结合实际,下发了《贵州省教育厅关于下达义务教育课程计划(修订)的通知》,对贵州省义务教育阶段的课程设置及课时安排做出了统一规定。在修订说明中明确提出,其义务教育课程计划,是贵州省各地、各学校安排课程课时的依据,必须严格遵照执行。各地各学校要严格执行该课程计划,开齐课程、开足课时。

在初中阶段,其教学具体内容为:语文、数学、外语、思想品德、历史与社会(历史、地理)、物理、化学、生物、体育与健康、艺术(音乐、美术)、综合实践活动、地方课程与学校课程。这些课程中,最不易理解和需要具体说明的课程,一是综合实践活动,二是地方课程与学校课程。

地方课程由省级教育行政部门进行立项、审批和管理。学校课程应结合本校办学特色和优势、学生的兴趣和需要进行开发或选择。在调研过程中,通过走访学校及其当地图书馆,发现 10 余部地方教材。其分别为,威宁彝族回族苗族自治县教育局编著的《五心教育(上、中、下)》,荔波县水家学会、黔南州非物质文化遗产保护中心、黔南州教育局共同编著的《水书水哥水族习俗文化进校园》,贵州民族出版社出版的《苗汉语比较》《语文(试用)》《六年制小学苗汉课本》《小学苗语文(中部方言)》《初中古文苗译》《民汉双语民歌选(苗语、布依语、侗语、彝语)》《苗语俗语小词典(黔东方言)》,贵州人民出版社出版的《苗语同义词反义词词典》。调查还发现,这些教材进入课堂的比较少,《五心教育》是唯一一本进入课堂并且需要考试的一本地方教材,其他教材主要是发放给学生自学。

综上,民族地区的学校教育中,其教育内容主要以统一规定的课程为主,其他课程为辅,课程结合地方性仍不明显。

二、家庭教育内容

所谓家庭教育,是通过家庭行为传承民俗文化及其生活常识的一种特殊教育形态,而其教育内容产生于日常生活、用之于日常生活。本研究对现有研究文献进行梳理回顾,以彝族社区、水族社区及其苗族社区的家庭教育为主线,分析其传统家庭教育,基本能代表贵州民族地区家庭教育的基本内容。

(一)彝族社区家庭教育

在资料收集整理中发现,彝族历史文献《教育经典》中家庭教育思想比较有特点,其所反映的教育内容及其教育思想,主要是伦常关系和伦理道德方面的教育,而教育方法主要以口授为主。而其家庭教育思想论述见之于丁椿寿(1985)[①]所著的《彝族＜教育经典＞评介》一文中,作为研究考察所发现的重要内容,对今日之家庭教育之观念有其一定的重要指导意义,现将其主要思想分享于下。

在古代社会,彝族在维系人与人之间的关系方面,教育人们,不仅要知道人与人之间的伦常关系,还要懂得如何去建立和维持人与人之间的伦常关系。如《教育经典》里说:"天与地两方,云星两面合;日月两面交,天与地心顺""彝与蜀两方,布帛两相合;金银两面交,彝与汉心顺""亲与戚两方,五谷是所需;牛羊两面交,亲与戚心顺"。

在建立伦常关系中,物质和言辞固然需要,但也强调规范人们的道德准则。只有当人人有了道德观念,并能自觉地以其作为制约个人一切言行的时候,人与人之间的各种伦需关系才能得到维持而趋于正常,否则,任何伦常关系都将无法保持。在《教育经典》中,古代彝族人向全体族人进行伦理道德教育的内容是多方面的。这些教育内容都记录在其《教育经典》中,首先是教育民众要敬爱父母。如"我壮莫嫌老,我活亦要老""说由老年说""好的儿子呢,安葬好父母,子好报答父,稳如磐石立"。话虽不多,但语意恳切具体,已将为人子者一生对待父母所应持的态度做了明确的概括。其次是教育人们要互相尊重,与亲属、亲戚处好关系。在维系亲属关系方面,既不要相互咎错,更不能相互进谗。如书中以"亲戚莫咎错"来教育人们,为了处好亲戚关系,对于彼此之间出现的误会、错误或过失都不要介意,应当相互谅解;又以"对待家族坏,见亲戚就谗,跟君难到终"告诫人们对待族亲切莫进谗言,以免让对方受到伤害。再次,是教育人们要爱大众,多交友,少结仇。如《教育经典》中以"朋友好的交","爱呢爱群众"教育人们要热爱大众,要多交好朋友,懂得还是"不结仇的好"。

此外,还教育民众多求知识。古代彝族人,很重视教育,要求世人多求知识。

---

① 丁椿寿.彝族《教育经典》评介[G]//贵州省教育科学研究所,贵州省少数民族教育研究会.贵州少数民族教育研究资料集 2.贵州:贵州省教育科学研究所(内部发行),1985:654-663.

在《教育经典》中记载有："子孙知识广""不是凭真知,对上说不成"的教育内容。并且,因社会地位(或职位)的高低不同,对一个人掌握知识的多寡也有要求,如"知识情况是:君长识上千,臣子识上百,呗识达五种,常人一种知"。关于勤劳和爱美的教育内容也有所涉及。古代彝族人不仅重视勤劳的教育,还重视对世人进行爱美的教育。如:"美啊说的呢,美要戴赤金,美要金饰多,美要选衣物,美要修饰头……。

教育以口授为主。而其语言特点主要采用比喻句式、排比句式、反问句式等,这也说明其语言的能力有相当高的水平。在比喻句式中,如"人生年已暮,只在厩边坐,任鸡吃稻谷,说稻是我食,鸡也是我食",用来说明凡事之得失并不是绝对的,不必为此而斤斤计较。其中也有直接说出自己所要说的话,但是仍然离不开以其他事物做比喻来帮助表达说话者的意思。如:"猎犬好的放,朋友好的交",是以打猎要用良犬做比喻,说明交友必须找好的朋友。在排比句式中,如:"心善不贪财,手木不斗仇""君长贪婪败,人坏不识好"等。在反句式中,如"君民未商妥,对外要出错,商量妥对外,仇转为友好,打杀不需要。"

(二)水族社区家庭教育

彭凯(2014)[①]研究表明,水族传统家庭教育内容丰富,有历史故事、生产技能、风俗习惯、价值信仰等,使其了解和重构有关水族及村寨的历史,让孩子们认知幸福生活之不易,是祖先在呕心沥血、历尽千辛换来的,从而将民族习俗、宗族观念及情感根深于后代头脑。

风俗习惯也是水族传统家庭教育的一个重要内容,其教育方式主要是让孩子参与其中和记住相关谚语。水族长辈们还常借助谚语格言将本民族特有的风俗习惯教给孩子。潘朝霖(2004)[②]在《中国水族文化研究》一书中有部分记载,其谚语格言比较多,如"卖田不卖田角""卖马不卖马鞍""钱财贪多,心要变黑""勤是摇钱树,懒是钻心虫""再穷不能卖房梁,卖了房梁家就名存实亡",等等。

水族传统家庭教育十分强调子女要孝敬父母,尊敬长辈,讲究礼节。这方面有很多具体规定,如走路先让长辈,进屋让长辈先坐,吃饭先盛饭给老人等。这些规定使水族孩子从小就养成了谦和、礼貌的良好品行。

周崇启(2009)[③]认为,水族是一个重视教育的民族,其教育手段和方法灵活多样,尤其在家庭教育中,通过活泼轻快、易于传唱的儿歌,对孩子思想以启发,达到启迪智慧之效果。如广为传唱的水族儿歌《训儿歌》:洗耳静,你听我讲。人世间,

① 彭凯,韦仕娟.论水族传统家庭教育——以水族村寨苗草村为例[J].黔南民族师范学院学报,2014,34(2):8-12.

② 潘朝霖,韦宗林.中国水族文化研究[M].贵阳:贵州人民出版社,2004:540.

③ 周崇启,韦族安,石国义.水族教育史[M].贵阳:贵州教育出版社,2009:17-19.

不分贵贱。傻笨呆,同怀九月。九月怀,胎中抚育。十月满,临盆出世。三年哺,抱子如腹。子乖乖,母心甜蜜。背出工,腰酸背疼。父母心,你该明白。富生子,比较容易。穷生子,样样都缺。少尿片,背上尽湿。整三年,学会匍匐。手牵手,身边练习。未成年,便找师训。望儿乖,会待友戚。到成年,关心嫁娶。父母心,谁都一样。今天说,请你记住。父母恩,德配天地。儿歌传达了伟大母亲孕育孩子之艰辛,孩子成长之不易,母爱之深切,慢慢读来,细细品味,有心理学家埃里克森儿童成长阶段之思想,有“谁言寸草心、报得三春晖”之情怀,体现家庭及学校、生产生活及教育的家庭教育思路。文字虽简单,但内容之深刻,教育价值观之精辟令人咋舌,值得每一个为父为母者玩味。从教育目的看,水族教育也崇尚“学而优则仕”“光宗耀祖”的理念,与其他民族存在一定的相似性。水族教育内容,以爱洞、爱寨、爱家为主要内容。从水族的家教家规及家法等民俗中,体现了水族勇敢、诚实、正直、善良、刚强、团结友爱等良好品质。

水族家庭教育亦有其自身特点。一是教育内容广。水族传统家庭教育的内容涉及日常生活的方方面面,不仅有精神上的内容,更有大量物质生产生活方面的内容。二是教育形式多样化。说教方式为主,辅之以讲故事、谚语、游戏及其唱歌等教育途径。三是注重技能教育,在水族家庭教育中,孩子从小就接受长辈们生产生活技能的培训,其技能教育占相当大的比重。水族虽有水书文字,但仅有少数水书先生掌握,水族家庭教育中,书本知识的教育并不多见。四是注重言传身教。将言传身教作为传承民族文化、传授生产生活的技能的一种重要手段。尤其在教育早期,长辈言传身教式的指点,通过这种耳提面命的教导和模仿,学习生产生活经验,掌握种植技术,表现得尤为突出,体现出生产生活教育的原始性。五是重视道德伦理。水族传统家庭教育具有重视道德伦理的特点,且对道德伦理的宣扬和中华民族的主流文化——儒家文化有共同之处。水族传统家庭教育强调集体内部的互帮互助,能够做到互助和谐。

(三)苗族社区家庭教育

苗族社区家庭教育,以言传和身教为主,其教育内容主要有民间习俗教育、生活生产技能教育与伦理道德教育。

在民间习俗教育方面,王德清(2005)研究认为,其对于民族信仰构成、民族性格铸造等具有重要作用。其教育主要通过婚庆习俗、节庆习俗和仪礼(如称呼就是仪礼之一类)。如嫁娶程序过程中,姑娘从娘家的正房出来时,必须撑开雨伞,要从门槛里面摆着的筛子上跨过去,代表把一切不吉利的东西全部筛除,以期到男方家后万事如意。而在称呼中,如称呼与祖父同辈的老年人为“阿抷”“阿婆”,与父亲同辈的中年称为“阿杰”“阿米”等,孩子从小就习得了这些为人处世的准则,并在家庭教育中代代相传。

在伦理道德教育方面,罗连祥(2015)[1]研究指出,在苗族家庭教育中,伦理道德教育主要是教育苗族后代养成孝敬父母长辈、待人诚实礼貌、勇敢勤劳、扬善惩恶的优良品质。这种教育同样是通过言传身教的方式来进行。例如在婚礼中,通过吟唱喜闻乐见的《嫁女谣》,让人们懂得如何孝敬长辈;在丧礼中,通过为死者举行"打绕棺"仪式,在《血盆绕》中唱道:"为人需当孝为先,父母恩情难尽叹",在"打绕棺"过程中,按照民俗习惯,丧家老老小小都需要到场,在这种悲伤的场景中,接受"孝"道教育,可以达到耳濡目染的效果,教化族人牢记养育之恩。而李永皇(2016)[2]对苗族家庭美德教育进行了全面考察,认为苗族传统家庭美德的传承内容为尊老爱幼的长幼关系、婚姻稳定的夫妻关系、团结互助的邻里关系、家规管束的家庭成员关系;传承特点为文化濡染、口耳相传、躬亲身教;其传承方法为古歌传唱法、故事讲述法和习俗传承法。另外,王德清(2005)研究认为,苗族家庭教育中伦理道德内容,主要集中在孝(孝敬父母长辈)、勤(热爱劳动、勤劳勇敢)、和(祥和、团结)、善(善良、热情)等四个方面。

在生产生活技能教育方面,如罗连祥(2015)研究认为,在苗族家庭生活中,父母在生活中以身教的形式,向孩子传输为人处世及生产生活技能方面的知识。如孩子模仿大人烧火煮菜、洗菜刷碗而习得各种家务常识;孩子模仿耕田插秧、收割播种等生产技术。在苗族家庭教育中,父亲主要教导儿子生产技能和做人道理;而母亲主要负责女孩的教育,除了传授给女孩必要的家务劳动及生产知识外,还要教会一定的手工技能,如蜡染刺绣、织布纺纱等,而这些民间工艺的传授主要是模仿和观察,在学习编制的基本技术中,遇到疑难之处时再进行指点学习。

此外,王德清(2005)[3]研究指出,生产生活等知识技能不仅通过实践、口传心记及其观察等方式获得,苗寨人还通过歌谣、俗语、谚语等方式传授相关知识给下一代。如自创《节气歌》,"芒种不种棉,芒种栽秧线线短,夏至栽秧光杆杆""春分春分,分条鸟(即生儿育女)""白露三天打谷子,秋分五谷转完了(即打完了)""立春一天热三分,立秋一天冷三分",其内容丰富,容易理解,孩子在朗朗吟唱过程中,能体悟到生产生活及季节知识。

在对家庭教育内容的梳理中,并没有将语言教育作为重点内容进行分类讨论,因为语言教育是其最具共性的教育内容,每一个民族都有对应的语言,自然是最基础最重要的家庭教育内容,不需过多赘述。语言的发展是个体全面发展的基础和前提,其在认知世界、人际交往过程中都需要借助语言。滕星(1997)[4]在其研究中

① 罗连祥.家庭教育在苗族传统文化传承和发展中的作用[J].文山学院学报,2015,28(1):16-19.
② 李永皇.苗族传统家庭美德传承研究[D].北京:中国石油大学,2016.
③ 王德清.论苗族家庭教育的内容——贵州省松桃苗族自治县干塘寨个案研究[J].西南民族大学学报(人文社科版),2005,26(5):23-25.
④ 滕星.民族教育学的学科性质与学科体系[J].民族教育研究,1997(4):6-14.

指出,少数民族母语能力的习得,对民族语言文化的认同,价值观的形成,主要源于家庭教育。因此,语言教育是家庭教育内容中的重要成分,作为最具共性的教育内容,也就不难理解了。当然,除了语言这一基础教育内容具有普遍性外,其他教育内容也是各民族共同具有的,如生活技能、伦常教育、民俗文化教育等方面,都有其共性的一面。

三、民族教育内容论争

关于贵州民族地区教育内容的争论,最早始于邱纪凤(1945)[①]的研究,其以滇黔边境苗胞教育作为研究对象,以其自身的教育实践过程为蓝本,对当时当地的教育进行了全面的分析。石门坎作为苗族文化最高区,在贵州乃至全国,只要对苗族社区教育有所涉猎之人,无人不知,无人不晓。邱纪凤对滇黔边境苗胞教育做过详细调查和测验,通过对比教会经营时期、中央经营时期、地方经营时期的滇黔边境苗胞教育实际情形,深入分析了滇黔边境,尤其昭通威宁区和彝良大关区的苗胞教育现状和苗胞教育课程问题。在课程的空间性和时间性、苗胞学校课程、课程编制、苗胞应有的课程、教材选择标准、苗胞语文教学等方面提出了自己的见解。

第一,课程的空间性与时间性的区别。课程要应现实社会之需,故课程有无价值,当随社会的需要与否而定,社会的需要一变,课程也应为之变动,甚或完全改变,在已经汉化了的苗胞中,他们所需要的课程,就有不同,这是课程有时间性最好的实例。又因为各地环境的不同,人们生活方式不同,所以各地的社会需要也因之各异。苗民生活方式,一切习惯,及其需要,皆与汉人不同,认为今日以一般的课程来授教苗胞儿童,是极不符合心理生理需求的。

第二,苗胞学校课程应与一般不同。课程既然是要有空间性,那么,苗胞学校里面的课程,当然是不可以与普通学校完全一致,因为苗胞社会与一般社会环境有所不同,苗胞很多都以农业为生,普通社会里多趋于工商业,现在苗胞所需要的人才,是能大量生产、能爱国,讲求卫生健康的新中国国民,要怎样才能造就这些新国民呢?这是苗胞教育的重要问题,同时也是教育的任务,管理部门虽有课程标准颁订,但亦有伸缩余地,而一般从事教学者,多拘泥不变,致使生活与课程脱节,这些问题值得重视。

第三,课程编制的原则。课程教材必须适合特殊需要,是教育领域的根本原则。一般新规定之课程标准,在内地各省普通学校尚感凿枘乖误,难求尽善尽美之能决。在苗胞社会中,因其环境特殊,则更成问题。课程分配问题,较内地更多,为适应社会习俗,对于社交、礼节、本地方言等,应以专门科目进行教学。教材内容也存在不少问题,边地所用一切书籍多以汉人生活为题材,如苗胞以青稞、酥油、麦饼

---

① 邱纪凤.滇黔边境苗胞教育之研究[J].边政公论,1945,4(9-12):72-90.

为食,而教以水稻菜蔬;苗胞以牛马牲畜以代步,而教以电车飞机为交通,"牛头不对马嘴"与生活毫无关系。

所以,编辑普通教材是刻不容缓之事。教育最高当局,应征集各地实际材料,分请专家拟定。课程既有如是重要,而其编制究应如何呢? 认为要实现苗胞教育之目的,按其原则有:提高国家观念及中华民族意识,倡导国族同源中心论;增加农村经济生产之知能;防御疾病之常识;改良陋习发扬优俗;发挥其固有优点勤劳俭朴忠勇诸性格;摒除其劣点如苟安现实诸心理。并提出,边民学校课程之目标,在满足今日乡村的三大需要,苗民生计的艰难,卫生情形的腐败,国家观念,民族意识之缺乏,换言之,即在养成能生产能爱国能卫生的新国民。其次则当使教材适合苗胞社会的需要,过去从事苗胞教育者之失败,其主因即在学校课程不适合这特殊环境,不能供给其社会之需要。再其次则当使教材适合苗胞儿童的经验,儿童的理解,必须"由近而远","从已知而进于未知"。这是夸美纽斯、赫尔巴特已认为一定而不移的学习原则。

第四,苗胞小学应有的课程。参照修正小学规程之规定,但劳作卫生及音乐教学时间,得酌予增加,各科教材内容,应依下列标准编订之。其课程应该有:公民训练及公民知识、国语、自然社会、算术、劳作美术、体育音乐等。而其选择标准:应多采足以启发本身生活之改进的;应多采关于自然界的;应多采关于苗胞生活的;应多采与农村社会生活的改进有重大关系;应酌情增加能引起了解人生与自然社会有关的;应酌加能引起弱小民族及被压迫者解放的观念的;应酌采足以增进美术思想的;应酌加能适合本地环境的。

第五,苗胞语文教育。汉苗间数百年来之隔阂,至今尚未打通的原因,极重要的问题,就是语言的不通。当此抗建大业未成之际,要谈到筹边西南,要谈开发西南边疆,苗胞的语言问题,实是一个先决问题,因为语言不通,是汉苗两族互相间感情不能融洽的大障碍,这也是我们和他们相互间互相歧视的最大原因。因此,语文教育之重要性不言而喻。语文教育既如此重要,那么我们要怎样才能打通苗汉间的语言呢? 普及教育当然是最有效的办法,但普通的汉字,至少有几千个,如果把这几千个汉字教给他们那是如何困难的事,这种办法既花费时间不少,而收效又不大,反而弄巧成拙。认为最易见效的方法,还是采用一种拼音性文字或字母,作汉苗间语言之媒介,这种用拼音字来教学,至少有两个很好的意思:一是把汉译用拼音性的文字或字母来拼缀,以便在短期内教给他们,使他们学习汉语更容易。二是把苗语用拼音性的文字或字母来拼缀,但是这种拼音性的文字或字母,一定要与汉语拼成者同一系统化,以便研究苗胞语文者得一捷径。如此,沟通汉苗间语文是一件易事。

关于教学内容的争论。1936 年起贵州省教育厅相继创办多所边疆小学,这些学校的教学内容除按国家规定之外,边疆小学还需要进行以下八个方面的教育内容①。一是提高国家观念及中华民族意识,提倡国族同源中心理论;二是认识与崇敬领袖;三是增加农村经济生产知识;四是预防疾病常识;五是改良陋习、发扬善良习俗;六是发扬其固有优点——勤劳、简朴、忠勇诸性格;七是去除劣点——保守苟安诸心理;八是增设《中华民族发展史》课程,进行"同族同源"教育。

从增补内容可以看出,边疆教育思路与我国教育家陶行知老先生的"教育与劳动结合""生活即教育"的教育思想是一致的。主张教育要深入民间,为民众生活服务,体现了面对工农大众的教育方针。教育目的要达到学生"手脑并用,劳心与劳力并重,增进学生身体健康,使之能适应边疆社会的需要"之目的。②

袁同凯(2004)研究认为,就土瑶的状况而言,以脱离山区实际生活的城市化教材为中心、以追求升学考试为目标的传统式教学,已经证明无益于土瑶社区的发展,半个多世纪的学校教育"成果"便是例证。因此,在决定课程内容和教材时,应当考虑农村和城市环境的特殊性。主流学校传授的是主流群体的文化,所学的内容与土瑶社区的生产生活相差太大,而土瑶学生又没有机会和能力挤过"独木桥",因而即便是能够读到初中或高中毕业,他们还是要回到大山里。更何况在土瑶社区,初中的入学率不足 10％,这就意味着 90％以上的小学毕业生会辍学回家务农。韩嘉玲(1999)③在分析女童辍学的因素时认为,教育内容与农村生活脱节是其一个重要原因,并指出,绝大多数学生耗时耗力所学到的课本知识不适于生产劳动之需,以城镇学生为主要对象的教材内容,对农村学生来说,不但内容太难,而且不适用,要引起学生的兴趣很难,不但对其生活无益,反而阻碍了学生学习农业生产技术的机会及兴趣。王铁志(1998)④研究指出,在第一次全国民族教育会议的报告中强调,少数民族教育的内容、课程教材等问题,既要照顾民族特点,又不能忽视整个国家教育的统一性。滕星(1997)⑤在分析少数民族教育落后于各地平均水平的原因时指出,教学内容缺乏地方特色,与民族地区的经济建设、社会需要不相适应,具有特色的民族教学论还属空白,并提出民族教育与民族地区的经济发展相适应的多维构想。

综上,关于民族教育内容的论争中,并不是个别研究者的呐喊,而是在深入研究分析的基础上客观传递其思想,这对于民族教育的发展极具意义,直到如今,对于民族地区教育管理者及其相关部门,亦有参考价值。

---

① 周崇启,韦族安,石国义.水族教育史[M].昆明:贵州教育出版社,2009:135.
② 贵州省地方志编撰委员会.贵州省志·教育志[M].贵阳:贵州省人民出版社,1990:468.
③ 韩嘉玲.中国贫困地区的女童教育研究——贵州省雷山县案例调查[J].民族教育研究,1999(2),56-63.
④ 王铁志.新中国民族教育政策的形成与发展(上)[J].民族教育研究,1998(2):3-9.
⑤ 滕星,苏红.多元文化社会与多元一体化教育[J].民族教育研究,1997(1):18-31.

第五节　贵州民族双语教育

上一节中提到的民族语文教育内容对民族地区学生沟通思想、社区和谐发展、促进学习交流等方面都有其重要作用。其重要性也得到了教育管理部门的高度重视。一是加强培训贵州省民汉双语及民族民间文化教育骨干教师。教育管理部门要认真做好少数民族语言双语教学骨干教师培训的工作,2014年,下达了240万双语教师培训经费,委托市县进行培训,省级培训人员多达300名。二是加强双语翻译及其师资培训工作。2014年,贵州教育厅精选优秀幼儿读本20本,翻译成6种少数民族语言,配音录制完成双语有声读物,免费发放3 000套给边远地区有需求的幼儿园使用,采购义务教育阶段学生民族团结教育教材,免费发放给义务教育阶段相应的年级学生使用,培训民族团结教育师资600人。[1] 三是加强教材编译工作。2016年,在中央少数民族双语教材编译经费的支持下,贵州省教育厅委托贵州民族大学与贵州人民出版社合作,组织编译制作苗(东、中、西部方言)、布依、侗、彝、水五语种7种方言基础语音读物,为规范双语教学、方便学前和小学低年级教学提供有声读本。[2] 2017年,举办全省双语骨干教师、民族民间文化教育教师培训苗、布依、侗、彝、水等双语骨干教师共400人,培训民族民间文化教育教师150人。[3]

一、双语形成的主要原因

双语是个外来的意译词,国内外对"双语"一词含义的解释也不尽相同。曾有过以下几种解释:一是少数民族既熟悉本民族的语言又兼通汉语;二是汉族既熟悉本民族的语言又兼通一种少数民族语言;三是少数民族既熟悉本民族语言又兼通另一种少数民族语言。[4] 双语教学也只指少数民族用本民族语文和汉语文教学而言。

语言是人类最重要的交际工具,斯大林说:"语言是手段、工具、人们利用它来彼此交际、交流思想,达到互相了解。"[5]所以,语言是适应人类需要,作为交际工具

① 贵州省教育厅办公室.贵州年鉴(教育部分):2014[M/OL].贵阳:贵州年鉴编辑部出版发行,2015.[2017-10-20].http://jyt.guizhou.gov.cn/zwgk/xxgkml/tjxx/201805/t20180525_3041750.html.

② 贵州省教育厅办公室.贵州年鉴(教育部分):2016[M/OL].贵阳:贵州年鉴编辑部出版发行,2017[2018-10-20].http://jyt.guizhou.gov.cn/zwgk/xxgkml/tjxx/201805/t20180525_3041724.html.

③ 贵州省教育厅办公室.贵州年鉴(教育部分):2017[M/OL].贵阳:贵州年鉴编辑部出版发行,2018[2019-5-20].http://jyt.guizhou.gov.cn/zwgk/xxgkml/tjxx/201901/t20190129_3392636.html

④ 贵州省教育科学研究所,贵州省少数民族教育研究会.贵州少数民族教育研究资料集(一)[G].贵阳:贵州省教育科学研究所(内部发行),1985.

⑤ 斯大林.马克思主义和语言学问题[M].北京:人民出版社,1971.

而为人类服务的。谷亚华(2014)[①]在分析民族地区实施双语教育的依据时提出五个方面,"中华民族多元一体格局"思想的民族理论是其理论依据,现有的语言法律、法规是其法学依据,汉族与少数民族天然的关系是其历史依据,政治、经济、文化等多种社会因素是其国情依据,世界经济全球化、国内改革开放和个人发展的需要是其现实依据。在《国家中长期教育改革和发展规划纲要(2010—2020年)》中明确规定,民族地区要搞好民汉双语教育。

综上,可以看出,双语教学形成的原因,一是民族地区有民族语言需要的现实基础,二是有国家一直以来大正方针政策的支持。

二、双语教学的实践价值

在贵州发展民族教育初期,在各级民委和教育部门的领导下,民族语文试点工作稳步推行,并且已经证明了一些实践之可行,在以本民族语言为主要交际工具的民族地区,开展双语教学是卓有成效的。[②] 现列举实践例子如下,以供分享。

凯里市养蒿扫盲班双语教学之实践经验。凯里市挂丁村养蒿苗寨扫盲班共收学员18人,其中文盲11人,半文盲7人,吸取用汉语文扫盲慢、复盲率大的教训,改用双语扫盲。经过三个多月的学习,18人全部脱盲。全班总成绩为1 621分,平均分达到90分;总识字量为27 865个,平均每人识汉字1 584个。创造了该地区时间最短,成绩最高的扫盲记录,其主要经验是采取了双语教学的方法。事实证明用民族语言作媒介,是提高第二语言(汉语)水平的有效措施之一。

凯里市挂丁民办小学双语教学之经验。凯里市挂丁小学所处的挂丁公社,当时苗族占公社总人口的95.6%。1981年省民委在挂丁小学建立了苗文试点班,进行双语教学,并进行简单对比研究。将四年级73名学生编为两个班,实验班46人,进行了双语教学;普通班27人用汉语文教学。在实验班每周开苗语文课两节,普通班不开设该课程。经过一学年的双语教学,学生的汉语文成绩有明显的上升。在统一出题、评卷的前提下,第一学期实验班学生汉语文及格率为13%,普通班为7%。第二学期考试,实验班学生汉语文及格率为58.7%,普通班为22.2%。根据学年成绩,实验班升级人数28人,占全班总人数的61%;普通班升级人数9人占全班总人数的33%。初中考试时,共录取12人,其中实验班8人,普通班4人。这12名学生升入挂丁小学初中班后,第一学期,原实验班学生的平均成绩(236.4分)还是比原普通班学生的平均成绩(191分)高。实践证明,学生学习苗文后,能利用苗文这一工具,为汉语文注音、释译,避免了学生死记硬背汉语文的现象。

---

① 谷亚华.民族地区为何要实施民汉双语教育[N].中国民族报,2014-7-4(7).

② 贵州省教育科学研究所,贵州省少数民族教育研究会.贵州少数民族教育研究资料集(一)[G].贵阳:贵州省教育科学研究所(内部发行),1985.

因此,在文化比较落后的民族地区,对于用民族语言为主要交流工具的民族群体,要从实际出发,采取双语教学,对发展民族教育具有很强的实际价值及意义。

三、双语教学的理论争鸣

关于"民族"概念,斯大林(1929)[①]在《民族问题与列宁主义》一书中如是表述,民族是历史上形成的、以四个共同基本特征为基础而产生的稳固的人民共同体,这四个基本特征就是:共同的语言、共同的地域、共同的经济生活和表现在民族文化共同特点中的共同心理状态。"语言"作为民族四大特征之一,是体现民族区别的最根本的、最主要的特征。

潘年鼎(1985)[②]通过大量调查材料,综合分析黔西南州主体少数民族布依族、苗族掌握汉语文的基本情况,将其分为两大类。一类是居住在城镇、集市周围,交通要道旁边,邻近都是汉族村寨或与汉族人民杂居。长期以来,日常交际多用汉语。除了老年人还常使用母语以外,中青年以下极少用或不再用母语交谈,甚至青少年儿童已不懂母语,这一类型所占的比例是较小的。另一类离县城区所在地较远,有的是处在偏僻的山区,无公路可通;有的虽有乡村公路,但极少有车辆往来,有的即使在主要公路近旁,但不是站口,车辆过往也极少停留,周围没有较大集市,即使有小的市集,但往来交易的也多是少数民族,少数民族聚居的范围大,人口多,周围无汉人或较少有汉人居住,本民族交往全用母语。这种类型的地区掌握汉语的情况又可分为两种:一种是中青年男子一般都懂汉语,一部分老年男子和上学的儿童也懂得汉语,妇女和未上学的儿童一般不懂汉语。另一种情况是中青年男子,能懂汉语,但老年男子和所有妇女以及绝大多数儿童,都不懂汉语,也较少有儿童上学,特别是女孩。这一类型的两种情况,占着绝大的比例。可以看出,少数民族居住情况错综复杂,离城镇市集交通干线的远近,聚居范围的大小,人口的多少,周围汉人居住的远近,汉人杂居比例的大小等等,都影响着少数民族掌握汉语情况的不同。研究还表明,在学校教育方面,广大少数民族同志赞成采用双语教学。

潘年鼎(1985)调查还表明,很多边远山区的少数民族儿童都不会讲汉语,让他们一上学就学汉语文,他们无法接受,因此造成大幅度留级现象。即使勉强降格升级,学到三、四年级,仍然认识不了几个汉字。这种情况一多,整个区县教育质量必然要受影响。因此先用母语教学,到一定时候,再学习汉语文,采取前后双语教学的做法,这样做应该说是从实际出发的,合乎广大少数民族的要求愿望的。但是,

①　斯大林.民族问题与列宁主义[M].曹葆华,毛岸青译.北京:人民出版社,1951:2.

②　潘年鼎.结合黔西南民族自治州具体情况谈双语教学问题[G]//贵州省教育科学研究所 贵州省少数民族教育研究会.贵州少数民族教育研究资料集 1.贵州:贵州省教育科学研究所(内部发行),1985:523-529.

搞双语教学是否合理？从理论上是否说得通？并不是所有人都持同样的观点，现分析如下。

（一）融合论之观点

对双语教学持否定态度的研究者认为，按照马列主义观点来看，随时代和社会的发展，构成民族的各要素将日趋接近，各民族的差异将逐渐消弭，最终将融合为一体，民族将不复存在。搞民族语文教学，有违马列主义、历史发展的总趋势。根据马列主义的科学预言，民族的界线总有一天是要消灭的，但是我们还得实事求是地承认，这一理想的实现，还是在比较遥远的将来。而且，"融合"是在社会经济、科学、文化、教育高度发展以后自然形成的，谁也不能主观超脱客观现实的发展，把千百年来形成的各民族政治经济、文化、教育等方面发展的不平衡，强力一下拉平。必须根据他们不同的特点和不同的起点，分别采取不同的措施，通过不同的渠道，来达到提高的目的，收到殊途同归，共同繁荣进步的效果。因此各族人民只有通过学习自己的文字提高了文化水平，在此基础上再学习汉语，进一步扩大他们的知识领域，从而促进本民族政治、经济、科学、文化、教育的发展，使历史上形成的差距逐渐缩小，最终趋于融合，这才是正确的途径。所以，今天的不同，正是为了将来的同，今天的"分"，正是为了将来的"合"，这就是处理民族差别的辨正法。

（二）分裂论之观点

该观点认为，承认民族特点和搞民族语言文字，就是有意加深民族差别，拉开民族距离，是在搞民族分裂而不是搞民族团结。这一观点经不起推敲与检验。帮助少数民族创造文字，创造有利条件，使他们能使用自己的文字，这种对兄弟民族的支持，只会使各民族更加感激，更加感到民族大家庭的温暖，兄弟民族掌握了自己的文字这个工具，有利于民族科学文化发展，并进一步促进他们各项事业的发展，使各兄弟民族在不同的基础上，不同的角度上，充分发挥各自的优势，这只会对整个社会主义事业有利，只会使各民族共同繁荣，共同进步，各民族只会更加亲密团结，如何会导致分裂呢？反之，不愿意让兄弟民族有使用自己语言文字的自由，甚至有意无意地不让他们知道党和政府曾经为他们创制了文字。这样做可能会淡化民族文化教育和语言文字的特点，容易损伤兄弟民族的自尊心，这是全国各族人民所应反对的。

（三）无用论之观点

有研究认为，搞民族语言文字教学，只不过是为了表示尊重少数民族，显示民族平等而已，实际上没有什么实用价值。一来只有一两本简单的课本，没有课外书籍报刊可读，二来只能读个小学，没有少数民族的中学大学，要深造还得学汉语文，再则整个社会都用汉语文做交际手段，你用布依文、苗文写的东西没人看得懂，所以，少数民族文字发挥不了交际作用，失去了文字存在的意义。在贵州有几百万布依族、苗族、侗族，具有开展双语教育的人口规模。而且交际作用不显著，不能说这是少数民族不需要、没用处，无用论观点并不合理。如果普遍开展民族文字的教育，有大量的书籍报刊和各级各类的民族学校、民族文字怎么会没有用处？我国的藏、维吾尔、蒙古、朝鲜、哈萨克等五种少数民族就是很好的例子，《习近平谈治国理政（第二卷）》少数民族文字出版发行，其中主要就是以上5种少数民族文字。这能帮助民族地区广大干部群众全面准确学习理解习近平新时代中国特色社会主义思想，切实用习近平新时代中国特色社会主义思想武装头脑、指导实践、推动工作，增强"四个意识"，坚定"四个自信"，坚决做到"两个维护"，不断增进各民族对伟大祖国的认同、对中华民族的认同、对中华文化的认同、对中国共产党的认同、对中国特色社会主义的认同，凝聚起各族人民在新的历史起点上进行伟大斗争、建设伟大工程、推进伟大事业、实现伟大梦想的强大力量。

其实，学习本民族文字，其用处是多方面的，把它说成是学习汉语文的一种手段，一个拐棍，这当然是很片面的，退一步说，即使它只能起到这么一个作用，那也是很值得学习的。譬如学汉语拼音，一个很主要的作用不就是为了帮助学习汉字吗？何况学习少数民族语文的意义还远不止于此。如用汉语文可能无法把民族民间的民歌、民谣、故事如实地记录下来，甚至翻译也很困难。

此外，众所周知，儿童时期是智力发展最旺盛的时期，如果用其完全所不懂的汉语文教学，成绩必然低下，其学习积极性必然受到挫伤，智力发展，必然受到压抑。反之，如果儿童经过短期学习民族文字，就能用来表达自己的思想情感，记录本民族的民歌民谣民间故事，甚至生产生活情况，这必然能大大调动其学习积极性，发展他们的智力，其重要意义不能单一从识字的角度来简单比拟与说明。这正如学了汉语文，有了一定的文化基础，就可以更好地学习外语。但却不能说，学习汉语文，目的就是为了外语的习得而打基础，每一个民族，不管大小，学习其本民族的语音文字，都有其独立意义。并且，民族语言文字不是单纯的工具，他与民族的精神、思想、感情、紧紧地联系在一起。学习本民族的语言文字，是激发、调动其学习积极性的重要途径，是繁荣少数民族科学、文化和教育的重要措施。

（四）负担重且费时之观点

有的同志认为，学习了本民族文字之后，还得学习汉语文，如果上中学，还得学外语，就得学三种语言，少数民族学生学习语言的负担就太重了。如果不学少数民族语文，直接学汉语文，就可毕其功于一役，少浪费一些时间。这听起来有一定的道理，但其实不然，这是对于语言学习缺乏科学的认识所导致。认为学少数民族语文是浪费时间，这是由于他们认为学习少数民族语文无用，认为学习少数民族语文的目的，只是单纯地为学汉语文打基础，这是前面已经指出的错误的或者不全面的说法。同时，他们根据简单的推理，认为学习一种总比学两种节省时间。这忽略了儿童学习母语的积极性提高这一客观事实，也没有计算儿童有了文化基础，学习汉语文就会加快速度这笔账。实际上，这是"似慢实快"，而让不懂汉语的儿童一开始就学汉语文,这是"似快实慢"。

从上面的论述说明,积极开展双语教学,不仅是必要的,而且从理论上来说也是合理的,相关教育管理部门已经在积极行动,开展相应的工作,上文已有所述。

第六节　对项目研究的启示

本章对贵州民族地区总体现状、民族教育界定、教育政策变迁、民族教育内容及其双语教育进行全面回顾,是为摸清贵州民族教育之家底,理清贵州民族教育之实际,展示贵州民族教育内容之丰富。

从本章所述内容,可以清晰地看出,贵州民族地区民族教育基础比较薄弱,但已引起国家高度重视,就贵州民族教育而论,无论是政策环境、直接的经济支持、民族教育内容等方面,国家的支持是全方位的,力度也比较大。只是受限于贵州民族地区基础设施、经济状况、教育发展欠账多的最大实情,民族教育的发展仍需经历一个缓慢过程。

通过对已有相关研究的回顾反思,对探究贵州民族地区中学生学习倦怠的表层原因和建构出教育价值观及其社会支持的理论模型,进一步探索学习倦怠的深层次原因提供理论和现实基础,对下文的研究有其重要意义,具有承上启下之用。

第三章　贵州民族地区学生学业成就的刻板印象

左斌(2011)在其所著的《社会心理学》一书中对刻板印象进行了界定,刻板印象是指人们关于某个社会群体的一种概括而固定的看法。[①] 刻板印象是人类社会交往过程中一种十分普遍的认知现象,常见的刻板印象有性别、年龄、国民和职业刻板印象等。其中,包含两个层面,即是正向刻板印象和负向刻板印象,那些对某一群体积极正向的认知评价,称为正向刻板印象;而那些对某一群体带有消极负面的认知偏向,称为负面刻板印象。高兵(2012)[②]研究表明,刻板印象威胁表现在少数民族群体中,就是民族刻板印象威胁。民族刻板印象威胁对少数民族群体产生了不良的后果,使少数民族个体在学业成绩、认同感和人际交往等方面面临着诸多困扰。因此,对贵州民族地区学生,尤其是中学生这一特殊群体学业成败刻板印象进行探索,能够对中学生学习倦怠的研究更有针对性,为后期提出学习倦怠的预防措施奠定坚实的理论基础。

第一节　教育观念中的刻板印象

大多数研究认为教育观念是学业成就、学业成败的主要影响因素之一,但因研究者各自不同的视角和所处环境的差异,在其解释评述中难免会有偏差。为了对此呈现一个比较清晰而又客观的印象,将从"重男轻女现象""读书无用论""是谁支持不够"及其"教学内容"等方面进行分析解读。

一、僵化思维——重男轻女

在中国传统的观念中一直存在着重男轻女的思想,女孩是"泼出去的水""嫁出去的女""送女孩上学,不如留在家带弟妹"的说法,即使在现代社会的某些地方也还不同程度地存在。这与重视女童教育的现代观念完全背道而驰,女童教育是人

---

① 佐斌.社会心理学[M].北京:高等教育出版社,2011(2):155-156.
② 高兵.民族刻板印象威胁效应[J].心理科学进展,2012(8):1201-1206.

权问题、妇女问题、民族问题、贫困问题等社会问题在教育上的综合反映。马金玲（2000）①研究指出，女童教育是普及西部贫困地区初等教育的关键和难点，女童教育的困境，危及妇女素质的提高和生存，进而影响整个人口素质的提高和当地经济的发展与社会进步。

彭述纲（1985）②对黔西南教育概况研究表明，边远山区少数民族中重男轻女，不送女孩上学的旧传统观念尚未彻底消除。册亨县女童入学率只占30％，而坚持读完高小的只有14.9％。全县878个村民组，其中有29个组没有女生上学。袁同凯（2004）③研究认为，受传统观念的影响，在土瑶群体中，"重男轻女"的观念依然禁锢着绝大多数人的思想，如果老大是女孩，她读书的可能性很小，一般都让其在家里看管弟弟或妹妹。由于"男尊女卑"思想的影响以及家务一般由女孩操持，女童学业受干扰的可能性要比男童大。土瑶妇女受教育的机会很少，文盲率之高令人吃惊。在土瑶社区，60岁以上的妇女，文盲率为100％，50岁以上的文盲率为97.6％，40岁以上的文盲率为81.7％。其对大冲寨访谈发现，79名40岁以上的中年妇女，其中曾读过一年级的有4人，二年级1人，三年级2人，四年级2人，五年级1人，也就是说，在79名妇女中只有10人进过校门，文盲率为87％，半文盲（小学没有毕业）率为100％。钟年（1985）④对瑶族地区女孩不上学原因的调查表明，"父母认为女孩长大总是要嫁人的，终归不是自家的人，送女孩读书等于白花钱"是造成该地区女孩失学的重要原因。还有瑶族民众认为，女孩子读了书也没大用，找不了工作，都要回家种田。此外，瑶族民众在遗产继承、婚丧嫁娶、家务劳动等方面的特有风俗习惯，让重男轻女的思想总有市场。

唐合亮（1994）⑤对江口县羌族社会经济状况和妇女生活情况进行了深入调查，妇女以前接受文化教育的机会不多，通常接受的是家庭行为规范，劳动技能等方面的教育，由长辈传授，耳濡目染而习成。由于经济普遍困难，客观环境的制约、思想意识的影响，女孩读书者寥寥无几。在民族地区的农村女孩子，是洗衣做饭、放牛喂猪、带弟妹等家务劳动和辅助劳动的承担者。因此，有的家长不送女孩子上学，有的送女孩子上学，但读书一两年、三四年，年岁稍大，可以从事较多的家务劳动和生产劳动后，即被留在家里做农活，搞家务，以减轻家长繁重的劳动，增加家庭的收

①　马金玲.西部贫困少数民族地区女童教育的发展[J].民族教育研究,2000(4):64-68.

②　彭述纲.建国以来黔西南教育概况[G]//贵州省教育科学研究所,贵州省少数民族教育研究会.贵州少数民族教育研究资料集(二).贵阳:贵州省教育科学研究所(内部资料),1985:392-394.

③　袁同凯.走进竹篱教室——土瑶学校教育的民族志研究[M].天津:天津人民出版社,2004:153-154.

④　钟年.广西融水白云乡瑶族女不读书问题的研究[J].民族研究,1985(5):7-12.

⑤　唐合亮.江口县羌族社会经济状况和妇女生活调查[G]//贵州省民族事务委员会,贵州省民族研究所.贵州"六山六水"民族调查资料选编(回族 白族 瑶族 壮族 畲族 毛南族 仫佬族 满族 羌族卷).贵阳:贵州民族出版社,2008:418-425.

入。此外,受到旧习俗旧观念的影响,女孩读书者寥寥无几,羌族群众在意识上认为女儿早晚要出嫁,只有儿子才能续香火、延后嗣,只要男孩有能力,家庭即使再困难,也要千方百计供他上学;但对女孩则没有这样大的决心。思想意识保守,是限制女子教育发展的重要因素。一些家长看不到学习科学文化的社会价值和长远的好处,也错误地认为,花了几百元、上千元供女孩子上学,学了十来年,十几年,还是回家务农,在经济收益和生活待遇上得不到任何好处,对女孩子上学也不够热心和支持。

二、惯性思维——读书无用

"读书无用论"这一命题,其出现有一定历史根源,可以追溯到"文化大革命"时期。田林(1999)[①]对"文化大革命"期间的贵州教育事业进行研究指出,当时的教师挨斗、挨批,遭受严重摧残,学生不但大批"师道尊严",而且大肆宣扬"读书无用论"。当时这一现象影响比较深远,错误地告知了那一时期的民众,从事和接受教育不但没有任何用,可能还会被批斗,大家对教育失去了信心。杨卫安(2018)[②]研究提出,清末民国因废除科举制度,文化因素造成了最早的读书无用论。由于"以阶级斗争为纲",在政治统帅一切的生态环境下,政治正确排位第一,不但不重视知识,其还可能招来祸端,流行着"知识越多越反动"的话语,"读书无用论"成为一种当时的社会思潮。

随着研究者对"读书无用论"的深入探索,有学者对其产生的原因进行了深入解剖。韩志新(2010)[③]研究认为,因高校招生规模扩大,日益凸显的就业问题,有人开始怀疑教育的价值,再次出现"读书无用论"的思维,为社会发展蒙上阴影,蚕食着民众的精神脊梁,民众失去教育投入的积极性。付婷(2011)[④]以重庆"万名学生放弃高考"为研究切入点,指出农村产生了新的"读书无用论"现象,有逐渐蔓延扩大趋势。分析其原因,涉及农村教育存在高投入、低产出现象;高校扩招导致文凭贬值;"大学生就业难"日益凸显;农村的教育价值观念落后等,其结果导致许多农村孩子辍学与厌学并存。杨卫安(2018)研究提出,20世纪90年代中后期,伴随市场经济的确立,金钱作为交换的等价物,被作为衡量人们价值的主要尺度之一,社会中形成"读书贵、就业难、起薪低"的潜意识,在教育和知识达不到民众所期望的目标时,又一次泛起"读书无用论"的想法。而蒋承(2018)[⑤]从农村教育的收益率相

① 田林."文化大革命"期间的贵州教育事业(1966-1976)[J].贵州教育,1999(5):11-13.
② 杨卫安."读书无用论"何以会产生?——晚清以来出现的四次"读书无用论"评述[J].河北师范大学学报(教育科学版),2018,20(4):45-49.
③ 韩志新."新读书无用论"的经济学分析及对策[J].教育探索,2010(2):13-14.
④ 付婷,李化树.对农村"新读书无用论"的深层反思[J].现代中小学教育,2010(1):4-6.
⑤ 蒋承,刘霄,戴君华.当前农村高中教育的发展瓶颈与应对策略[J].中国教育学刊,2018(1):56-60.

对较低上进行了分析,其实隐含的就是一个教育效用问题。虽然对"读书无用论"的原因分析并不完全一致,但在个人教育成本的高低、经济收入的影响、个体接受完教育后就业的难易程度等方面,很多研究者有相同的观点,如田倩倩(2008)①、韩志新(2010)和杨卫安(2018)等人的研究都提出了相同的观点。

此外,还有研究者提出了"新读书无用论"与读书无用论的区别。田倩倩(2008)认为,"新读书无用论"与"文革"期间"读书无用论"有着本质上的不同,"新读书无用论"主要表现为高辍学率以及民众对教育投入态度持续下降等。庞明礼(2013)②认为,随着市场经济的发展和社会转型,社会中呈现教育效用下降的想法,社会各界将称之为"新读书无用论"。

从上述对相关研究的综述可见,"读书无用论"这一话题不仅仅是话题而已,而是一个有沉重感的话题,因为其在农村还具有一定的普遍认同性,而李涛(2015)③等人的研究具有一定的说服力,其对四川省芥县云乡雍村进行调查,在全村262户有效农户家庭样本中,有106户农户家庭认为读书无用,占总体的40.46%。"读书无用论"惯性思维存在也不是个案,在贵州这个多民族聚居的地方,同样存在。

有学者在《黔东南民族教育探索》一文中指出,在一些边远闭塞的农村,即使祖祖辈辈、世世代代都是文盲,也可以照样生产、生活着,读书没有什么必要,不读书也无何妨碍。④ 有的农村干部就是文盲或半文盲,他们对办教育不感兴趣,有的还说:"读书干什么?我不读书照样当书记!"还有一些党政领导干部,长期习惯于"抓阶级斗争"、单纯地"抓生产",习惯了传统的工作指导思想。轻视知识、人才和教育,在工作议程上没有教育,在经费安排上忽视教育,他们至今尚未改变"教育次要"的陈旧观念,甚至认为教育仅属"赶时髦"。有学者对黎平、从江、榕江部分区、乡民族教育调查中指出,学生之所以中途退学的原因,是广大农民对文化缺乏正确的观点,家长们常说:祖祖坐在山旮旯,上山下田勤当家,读书只图认钱粮,发财还靠把锄拿。⑤

袁同凯(2004)⑥在对土瑶学校教育的研究中分析提出,土瑶社区父母之所以对孩子的学习不关注、对学校教育持冷漠态度,不能完全归罪于他们。本着务实的态度来评价,他们没有错,他们要面对吃、穿、住、用、行等问题,而这些实实在在的问

① 田倩倩,李亚平."新读书无用论"的政策分析[J].上海教育科研,2008(9):16-17.

② 庞明礼."新读书无用论"与大学生就业压力相关性研究[J].高校教育管理,2013,7(2):110-115.

③ 李涛,邬志辉.别让新"读书无用论"撕裂乡土中国——对中国西部一个偏远村落的实证调查[N].中国青年报,2015-8-3(10).

④ 卢仕忠.黔东南民族教育探索[G]//贵州省教育科学研究所,贵州省少数民族教育研究会.贵州少数民族教育研究资料集.(二).贵阳:贵州省教育科学研究所(内部发行),1985:432-433.

⑤ 贵州省教育科学研究所,贵州省少数民族教育研究会.贵州少数民族教育研究资料集(一)[G].贵州:贵州省教育科学研究所(内部发行),1985:212-220.

⑥ 袁同凯.走进竹篱教室——土瑶学校教育的民族志研究[M].天津:天津人民出版社,2004:275-285.

题,任何人也无法回避。人们送孩子读书,只是一种"惯性"和"面子"上的事情。尽管书本里学的东西在山区派不上用场,但如果有经济能力而不让孩子读一两年书,虽说不会遭到邻里的耻笑,在社区内却也有些舆论上的压力。那些迫于社区压力而送孩子入学的家长们很清楚,孩子只要读上一两年,他们便会自行辍学,因为学校对他们来说已没有什么新鲜感,更没有什么吸引力。对于没有机会踏进学校大门的孩子来说,学校可能是他们憧憬的地方,但一旦进入学校,美好的憧憬便会悄然失去,面对的只是乏味单一的"学校"生活。因此在土瑶民间,"读书无用""读书没米下锅"的群体观念根深蒂固。在他们看来,学校教育这项投资是很不合算的,读书与没读书几乎没有什么区别,因为土瑶社区从来也没有哪个孩子因为多读了几年书而走出这深山荒林的。就从事农活儿而言,在部分情况下,读了书的反而不如没读书的能干,致使"读书无用论"日渐深入他们的意识之中。

三、天问思维——谁该负责

沈红(2007)[①]调查得知,学校与社区各执一词,对话中体现出两者间的诸多隔阂与矛盾。石门社区与学校联络不畅,甚有对立情绪,更深层次反映了乡村教育中辍学的根本原因。三个对话情境,发人深省。对话情境1:家长认为,在学校孩子受到教师的打骂训斥,导致学生厌学,不愿读书;教师则说,因家长不配合学校的工作,加之交不了书本费,导致了学生的辍学。对话情境2:家长说,一到赶乡场天,老师们忙着自己的小生意,教书不安,不认真负责,学生在校自然不能安心读书;教师则说,家长只重视做礼拜,素质差,观念落后,对家长会不重视,督促学生也不够。对话情境3:家长认为,家里活路忙,所挣得的钱得给孩子交学杂费,认为钱是被学校拿走;教师沉默了,因为不是教师所为。从这一调查对话中,反映了支持不够的事实。从三个对话情境可以窥探到一些事实真相,家庭经济支持不足,家庭困难是石门普及乡村教育的最大瓶颈,学校经济支持同样不足,导致学校高收费,基本上剥夺了乡村贫困孩子的教育机会;情感态度支持不够,家长认为是教师打骂孩子,教师做生意,不认真教学,教师则认为家长不配合学校,不参与家长会,观念落后,素质差,只晓得参加礼拜;心理上的政策支持无力,一方面是家长认为学费太高,能挣到的几个钱被学校拿走,投入与产出感觉不对应,良知上产生了"读书为何"的天问,总觉得就业无预期,身份地位转换不明,导致家长对教育参与度不够,积极性不高,另一方面,教师忙自己的小生意,不认真教书,缺少应有的奖惩机制和劳动纪律约束机制。错综复杂中的支持不够的现状,是家长、教师、学校相互缺乏支持的具体体现,是教育中的矛盾根源,为学生的辍学埋下了伏笔,辍学也就是早晚的事了。

---

① 沈红.结构与主体:激荡的文化社区石门坎[M].北京:社会科学文献出版社,2007:184-187.

四、偏见思维——教学内容

在最早对边疆教育的研究中,邱纪凤(1945)[①]提到了教学内容问题,其认为在教学内容方面,首先是从教材内容体现,在教材内容问题上,边地现用一切书籍多以汉人生活为题材,如苗胞以青稞、酥油、麦饼为食,而教以水稻菜蔬,苗胞以牛马牲畜以代步,而教以电车飞机为交通,"牛头不对马嘴"与生活毫无关系徒使之无味。石门社区文化成就,与其有相应的教材分不开。如编制了《苗族原始读本》《苗族古歌》《苗族巫文化与祭祀》。这些教材,其内容要么与苗胞日常生活知识相吻合,要么是记录苗族喜闻乐唱的古歌,要么是民间故事、诗歌谚语,都与其苗族历史文化传统紧密关联,学生在读书识字过程中,不但容易接受,而且还能从内心深处增添民族认同感、自豪感,进一步增加读书的信心。

钟年(1985)[②]对广西融水苗族自治县白云乡瑶族教育情况调查指出,在瑶族地区教育中存在一个严重问题,即是实际生产与书本知识相脱离,认为现行的全日制教育与瑶族山区的实际情况关联不大,学无用武之地。韩嘉玲(1999)[③]对雷山县女童教育研究指出,教育内容与农村生活内容脱节是导致女童学业失败的重要原因之一,并强调以城市学生为对象的教学内容,对农村学生不但不适用,且内容难,不易引起学生兴趣;不但对学生的生活没帮助,还阻碍了学生学习农技知识的兴趣和机会。袁同凯(2004)研究指出,由于主流学校教育的内容与土瑶山区的社会生活严重脱节,在学校所学的"知识"与社区的农事生产相差太远。因此,送女童入学,除学会识几个字和简单的加减法外,似乎再也没有什么别的收益。

当然,目前的小学统编教材缺乏民族特点和地方特色,这无须赘言。为发展民族地区的文化教育,建议民族地区中小学在使用国家统编教材时,增加民族因素教育,有计划有步骤地把民族语文、民族历史、民族歌舞、民族工艺美术(如刺绣、蜡染、挑花、剪纸等)、民族体育及其有民族特点的娱乐活动纳入民族地区中小学的教学计划,使少数民族学生在校既学到全国统编教材必不可少的知识,又受到民族文化的熏陶,以适应少数民族妇女特殊的社会生产和社会生活的需要,吸引更多的少数民族同胞努力学习,创造美好生活。

① 邱纪凤.滇黔边境苗胞教育之研究[J].边政公论,1945,4(9-12):72-90.
② 钟年.广西融水苗族自治县白云乡瑶族教育情况调查[J].广西民族研究,1985(1):123-129.
③ 韩嘉玲.中国贫困地区的女童教育研究——以贵州省雷山县案例调查[J].民族教育研究,1999(2):56-63.

第二节　社会支持中的刻板印象

一、贫困标签

2012 年 4 月,根据贵州发展实际,时任贵州省委书记栗战书强调:贫困,不是贵州永久的标签;无奈,更不是贵州人的本质常态;贵州是一片充满希望、前景广阔的热土。[①] 在有关学者的调查研究中,持有因贫困原因导致不让上学、不想上学、厌学,甚至辍学观念的研究者、民众及学生本人并不少。

政协、贵州省委员会民族组(1983)对台江县调查提出:造成学生入学率、巩固率和升学率差的一个主要原因是经济贫困。台江县生产技术,比较落后,商品经济很不发达。对于生产技术低下的自然经济来说,没有文化也不会影响生产的进行。加之,目前实行农业生产责任到户,每户生产的内容门数繁多,除耕田种地等大的农活以外,牧牛养猪,砍柴割草,一日三餐喂鸡养鸭,带小孩,打猪草等等,无一不需要劳动力,而且不论大小劳力都可以安排使用得上,加上学习汉文非三年五载所能学得"成器",本身的经济力量又薄弱,难以长期负担。所以,有的家长就干脆不让子女入学。据调查,一个学生上中学,在校住宿,每月要交伙食费七元二角,大米二十斤,再加零星用钱,每月约需十元开支。这对商品经济不发达的一般农户来说,长期负担就不是件容易的事。

袁同凯(2004)研究提出,有很多研究者从家庭经济、教育经费、教师素质、教学点布局、教学内容、办学条件等方面,讨论少数民族儿童辍学的因素,其结果是毋庸置疑的,这些因素也是造成土瑶女童学业失败的重要原因,尤其是经济方面的因素。在探讨土瑶学校教育的发展时,山区学校办学资金短缺,也是我们必须面对的现实问题之一。每一个到过土瑶教学点的人,面对那四壁裂缝、没有窗纸、昏暗阴湿的教室和那些破旧不堪的桌椅以及早已发白的黑板,无人不为此感到心酸:我们民族的花朵、祖国的未来,怎么能在如此简陋的环境中成长和学习? 每每看到眼前土瑶儿童的学习环境,想必每个有良知的人都会有所感触。而有些土瑶学生即使在寒风刺骨的冬季仍在四面透风的竹棚里上课;有些学生三四个人挤坐在一张东摇西晃的课桌前写作业;还有些学生因学校没有板凳,坐在油渣饼上听课。综观土瑶学校教育的发展历程,生产方式单一导制约着土瑶社区的经济发展,而经济基础

---

① 栗战书. 以党的十八大精神为指引 坚持科学发展 奋力后发赶超 为与全国同步实现全面建设小康社会宏伟目标而奋斗(在中国共产党贵州省第十一次代表大会上的报告)[R/OL]. (2012-4-25)[2017-6-13]. http://leaders.people.com.cn/GB/17748439.html.

决定上层建筑,经济基础同样会决定乡村教育的发展。地方经济缺乏,难以吸引人才,难以稳定师资队伍。

沈红(2007)[1]对石门乡F村的访谈中了解到,当地村民将学生辍学的原因归结为"经济落后,盘不起学费",并在回答中透露出无赖和不满。这个不满也很值得推敲,是对调查组的不满不愿意回答,抑或是对石门社区教育的现状等不满,还是文化矛盾的冲突,都有可能,当然这些都只能是推敲,在此不深入讨论该问题。当研究者,换一种思维,将访谈问题改为"自己为什么辍学,孩子为什么辍学"时,感觉不是一句话就能完全解释,问题中是否存在一种关系,也更值得访谈对象深入思考,玩味其中的原因。最终揭开了"盘不起学费"后面,学生辍学的多方面原因,首先经济肯定是其一,这是学校和社区公认的,王成光老师的访谈中很好地证实了这一点,"不是不喜欢读书,而是经济太差,也无法找钱;不是苗族智力弱,而是经济弱",这进一步说明经济对教育的影响之大,其实贵州的整体现状都如此。

但在沈红(2007)看来,贫困导致辍学的观点并不绝对,"如果教育落后是经济贫困导致,但是石门社区早期的经济也非常贫困,穷人办学,穷人求学,石门社区的文化也是在贫困落后的经济基础上所取得的。"石门社区被誉为"西南苗族最高文化区""苗族文化圣地",直到如今也被人们津津乐道,石门社区也成为研究者趋之若鹜的教育圣地,民族地区教育的摇篮。

当然,在现有的一些调查研究中,有人指出,学校布局也会影响学生的学业成就。唐合亮(1994)[2]研究指出,漆树坪儿童入学需走几里的山路,遇雨难行,加之孩子年龄都不大,缺乏安全。众所周知,乌蒙山区山高路险,居住分散、学校离家远导致的安全问题得不到保障的现实突出,尤其下雨天,孩子读书翻山越岭,淌水过坎,又不具备住校条件,有些孩子在求学艰辛的路途中,根本就无法坚持下来,辍学便随之发生。

二、地方政府重视不足

在本文第二章第三节部分已经对民族教育政策变迁的问题进行探讨,发现国家层面在努力探索,积极采取措施,并且在不同阶段也有相应的政策,总体上对民族教育是极其重视的,但相关研究表明,地方政府的情况并非完全如此。

政协、贵州省委员会民族组(1983)对贵州台江革东地区调查指出:学校教育整顿以后,强调了教育行政部门对学校的垂直领导。由于学校和区社行政脱节,而教

① 沈红.结构与主体:激荡的文化社区石门坎[M].北京:社会科学文献出版社,2007:14.

② 唐合亮.江口县羌族社会经济状况和妇女生活调查[G]//贵州省民族事务委员会,贵州省民族研究所.贵州"六山六水"民族调查资料选编(回族 白族 瑶族 壮族 畲族 毛南族 仫佬族 满族 羌族卷).贵阳:贵州民族出版社,2008:418-425.

育局又鞭长莫及，就使有些本来能够避免的问题，不能避免地发生了；有些能够解决的事，长期得不到解决。由于区社领导不管学校，有的教师在农业实行包干到户以后，把自己的家务劳动放在首位，放松教学业务，不编教案，也不备课，应付了事，成为领工资的社员；有的教师家里缺乏劳力，老婆孩子要吃饭，不能丢开不管。因此，"上午一身汗，下午一身泥"生活十分艰苦。外地教师，虽然没有家务劳动负担，但有的对民族地区条件差、生活差感到不满意；有的为想给子女找个条件好的地方读书，将来能够升学，也不会安心从事教育工作。而且这些教师的思想工作也无人关心。因为这些原因，学校的教学质量较差，也影响家长送子女入学的积极性。

袁同凯（2004）认为，土瑶人的学校教育，基层地方政府没有足够重视，其生活极度的贫困，教育状况令人担忧。在基层地方政府不断取得的辉煌政绩之下，掩盖着的是土瑶人穷困的生活及其落后的学校教育。在基层地方政府的年度报告中，小学入学率高达90％以上，然而土瑶社区的实际情况却是小学入学率不到55％，而且由于教学点布局不合理、规模小等因素的影响，每年还有大批进过学校的土瑶人因辍学而重新涌入文盲大军，最终形成"文盲—半文盲—文盲"的恶性循环轨迹。研究者认为，造成"贫困的死角"与至今仍摘不掉"文盲的帽子"的重要原因在于社会，在于基层地方政府对于土瑶人的冷漠态度。当然并不否认，在地方政府中，仍有部分热衷于地方少数民族学校教育发展的领导干部，为改变土瑶人的教育现实做出了很大的努力。但如果土瑶人的问题，没有引起基层地方政府的高度重视，依靠少数人的热心和努力，是无法从根本上解决问题的。

教育发展的关键因素是政府，政府的重视与否决定教育的发展现状。领导重视，民族社区教育发展就会顺利，领导重视不够，教育就会停滞甚至滑坡。因此，解决教育困境的关键还应依赖于政府，政府需加大投入力度，采取必要的行政措施，民族地区的教育才能发展。吴善宇在与沈红（2007）的访谈中说到，"50年代在石门读书，学校面貌焕然一新，石门坎社区的总体现状焕然一新，如同解放前柏格里来石门时一样，与吴性纯、朱焕章来时一样，都是焕然一新的。"对乡政府官员张国辉、朱明辉在访谈中说到，"石门学校纪律严明，教育有序，教师精良，学生努力勤奋，教育质量可谓全面发展"。石门学校此时的盛况，沈红教授做出如下的推断与解释。一是学校具有很强的组织能力，有精良的教师队伍，团结一致，努力做好教育；二是石门学校得到了充分的体制支持。所谓体制，关键之处在于地委、县委的重视，也就是说当时政府对石门社区学校的大力支持，包括物质方面的支持，也有精神方面的支持。由此不难看出，体制支持，亦即如今的政策支持，是左右学校发展的重要因素。

从上述研究多少可以看到一些关于当地政府对学校教育支持不够的现象，不过本研究认为，现状并非完全如此，从国家"控辍保学"工作中可知，在目前的大环境中，政府对学校教育的重视和支持力度不断加大，以上论述是不能够解释当下的现象,具有时空限制性。关于控辍保学工作的政策很多,如《义务教育法》《国家中长期教育改革和发展规划纲要(2010—2020年)》《国务院关于统筹推进县域内城乡义务教育一体化改革发展的若干意见》(国发〔2016〕40号)、《国家教育事业发展"十三五"规划》(国发〔2017〕4号)等纲领性政策中,都有为切实解决义务教育学生失学辍学问题、确保实现全国九年义务教育巩固率达到95%的目标要求,贵州省各市(州)还签订了《贵州省教育系统实施教育"9+3"计划2014年度目标责任书》,明确了"控辍保学"目标任务,进一步加强了"控辍保学"工作。此外,义务教育扶贫助学工作机制不断完善、义务教育"两免一补"、农村义务教育学生营养改善计划等惠民政策相继实施,更重要的是,在《国务院办公厅关于进一步加强控辍保学,提高义务教育巩固水平的通知(国办发〔2017〕72号)》文件中,提出了"一个都不能少"的控辍保学目标。贵州省教育厅为抓好"控辍保学"工作,提出了"不愁吃、不愁穿的两不愁,义务教育、基本医疗、住房安全的三保障"工作要求;完善了控辍保学长效工作机制,严格执行控辍保学"双线"(政府、教育)责任制、"七长"(县<市、区、特区>长、局长、乡镇长<社区主任>、村主任<村委会主任>、校长、师长、家长)负责制及整班移交、排查报告、劝返复学的"三项工作制度";并按照"一家一案、一生一案"精准制定帮扶、资助方案,统筹各类政策,确保没有一名孩子因家庭经济困难而失学辍学。

综上,不难得出,政府及相关教育管理部门对民族地区农村教育是高度重视的,并且是有实际行动的,成效也是明显的,关于地方政府对教育支持不足、不够重视的说法具有一定的时效性。对于一定的历史时期是客观存在的,但不能用以概括现在的实际。

三、师资问题

21世纪初,石门教育一落千丈,从苗族教育圣地的社坛跌落,目前石门教育步履蹒跚,举步维艰。沈红(2007)[1]研究指出,石门教育呈现师资力量薄弱、教师流失量极大,学生成绩差,居高不下的辍学率,大学生少之又少,凤毛麟角,石门人说"20年出1个大学生"。

人们常说"振兴民族的希望在教育,振兴教育的希望在教师"。在探讨中国少数民族学校教育所存在的问题时,有研究指出,缺少合格教师是影响学校教育的重要因素之一。袁同凯(2004)对贺州地区调查发现,在边远民族地区,这一因素表现得尤为突出,土瑶学校教育目前的状况便有力地证明了这一观点。贺州地区主管教育的领导也深切地体会到,如不尽快采取有效措施提高土瑶各教学点的师资水平,发展土瑶学校教育只能是一句空话。贺州教育主管部门也出台了一些措施,但

---

① 沈红.结构与主体:激荡的文化社区石门坎[M].北京:社会科学文献出版社,2007:12.

因基层执行不力,实施效果不佳。上级政府的确是在努力改善山区的教学环境,包括提高教师队伍的素质,但为什么几十年以来,土瑶山区的师资水平一直得不到提高?为此,袁同凯团队进行了访谈研究,其结论是并不存在上级政府不关心地方少数民族学校教育的发展的情况,问题的关键在于现行的制度,以及作为弱势群体的少数民族还没有真正引起整个社会尤其是基层行政主管部门的重视。尽管上级政府出台了一些改善措施,但基层行政主管部门在具体执行过程中,往往人浮于事,只走过场,不重实效。

师资问题一直是困扰教育的大问题,对民族地区师资问题来说,关键在于不稳定,调动较大。但随着经济社会的发展,政府在教育中的大力作为,如"三支一扶"计划、青年志愿者计划、西部计划、特岗教师计划等的落实,使目前贵州民族地区师资得到了很好的解决。当然,离人民满意的教育还有一段路程需要走。而目前,可能需要考虑的工作还有很多,如教育均衡问题、信息教育问题、大数据教育问题和教育扶贫问题,这一系列问题都离不开师资。

第三节 文化现象中的刻板印象

一、主流文化

关于"文化",学术界有着众多的定义,梁漱溟将之界定为"就是吾人生活所依靠之一切"[①],这一观点足以说明文化所涉及内容之多,外延之广。文化对学生学业成就的影响是一个得到广泛认可的共识,但是对于文化对学业成绩影响的作用到底有多大,则是一个未能统一的问题,由于研究视角及其评价标准的不同,不同的学者给出了不同的结论。

有研究认为,在任何多民族的社会里,少数民族对主流学校的教育目标持有抵制态度。[②] 而袁同凯(2004)研究指出,瑶族群体的社会生产、生活方式,虽与主流学校的教育制度存在一定的冲突,但没有发现其刻意去抵制主流学校教育。[③] 只是因主流学校传授的主流群体的文化和教学内容与土瑶社区的生产生活相差太大,导致了90%以上土瑶孩子小学毕业就会辍学。[④] 张霜(2008)[⑤]认为,文化因素是造成

① 梁漱溟.中国文化要义[M].上海:上海人民出版社,2018:2.
② 袁同凯.走进竹篱教室:土瑶学校教育的民族志研究[M].天津:天津人民出版社,2004:372.
③ 袁同凯.走进竹篱教室:土瑶学校教育的民族志研究[M].天津:天津人民出版社,2004:373.
④ 袁同凯.走进竹篱教室:土瑶学校教育的民族志研究[M].天津:天津人民出版社,2004:345.
⑤ 张霜.民族学校教育中的文化适应研究——贵州石门坎苗族百年学校教育人类学个案考察[D].北京:中央民族大学,2008.

石门坎苗族学生学业成就高低的关键，其学业成就与文化适应有直接关系，即苗族文化与学校文化距离大，学生会出现严重的文化适应问题，导致学业失败，反之，则能取得较高的学业成就。

但是，就石门社区的情况也有学者认为，决定苗族学生学业成就高低的主因未必是文化适应问题。陈国钧（1941）[1]在《贵州省的苗夷教育》一文中指出，英国教士柏格里以传教为目的，在威宁石门创建苗民学校，教育过程中极度渲染宗教，很少授以国家的民族的意识，在其所教学科中，柏格里采用罗马字母创造了一套拼花苗语音的文字符号，并将《圣经》用此符号系统译出，教苗民识读，而教科书全采用这种符号系统。众所周知，语言与文字，都是民族独特文化，亦是民族同化的要素，柏格里特创文字符号系统教育苗民，其目的带有明显的文化侵略色彩。在《石门坎的苗民教育》一文中，陈国钧（1942）[2]进一步指出，柏格里到石门坎，其办学之目的，并非"为教育而教育"，乃为"宗教而宗育"，一来便于大批地向当地苗民注射宗教麻醉剂，二来又可借学生将宗教传播到家庭，其中，对于那些宗教色彩极浓厚的学生，可被送到高一级学校甚至上大学，教会与学校互动紧密，培育十足的宗教信徒。颜勇（1994）[3]则直言不讳地指出，教会在石门坎创校兴学，主观上明显带有文化侵略与同化之动机。而大家所关注的石门文化现象，即"西南苗族最高文化区"[4]、英文教会报上之"海外天国"[5]、石门坎"教育神话"[6]，正是通过文化侵略来完成的。

教育人类学家在探讨弱势族群的学校教育时，往往会从族群的文化生态的视角出发，认为弱势族群儿童的学业成就普遍低下，是对主流学校教育的抵抗，是他们适应主流社会、保持传统文化和族群凝聚力与认同的一种生存策略，这本无可厚非。本研究通过分析则认为，某一特定族群对主流学校教育某种程度的抵抗，可能只在特定历史条件下的特定族群中存在，并不具有共性和普遍性。因此，族群文化对教育、对学生的学业成就会产生影响，这是无法反驳的共识，但如若把某一文化作为直接决定学校教育和学生学业成败因素，则缺乏具有普适性的现实依据。

二、语言偏见

沈红（2007）[7]通过调查研究发现，当地群众在解读教育发展落后的原因中，老

① 吴泽霖，陈国钧等.贵州苗夷社会研究[M].北京：民族出版社，2004：35-47.
② 吴泽霖，陈国钧等.贵州苗夷社会研究[M].北京：民族出版社，2004：294-297.
③ 颜勇.历史上石门坎苗族教育反思[J].贵州民族研究，1994（3）：124-130.
④ 王建明.现在西南苗族最高文化区——石门坎介绍[G]//贵州省教育科学研究所 贵州少数民族教育研究会.贵州少数民族教育研究资料集（二）.贵阳：贵州省教育科学研究所（内部发行），1985：682-683.
⑤ 吴泽霖，陈国钧等.贵州苗夷社会研究[M].北京：民族出版社，2004：294-297.
⑥ 何嵩昱.石门坎"教育神话"对当代西部民族地区农村基础教育的启示[J].教育文化论坛，2012（3）：122-127.
⑦ 沈红.结构与主体：激荡的文化社区石门坎[M].北京：社会科学文献出版社，2007：16.

苗文的消解是一个主要原因。老苗文在苗民同胞的心理地位非常重要,是苗族同胞维系民族文化传统和民族认同的纽带。可以从两个视角做必要的分析,一是当石门苗文被创制后,苗族同胞普遍流传这样的说法,苗文失而复得,是重新找回了祖先丢失的苗文,这套苗文从苗族服饰图案中重新恢复出来,是最早丢失的苗文。找回失落的文字,这是一种找回读写能力,找回认同感,找回自信和话语权的过程;二是《溯源碑》记载,"十年灌溉,偕良友创字译经;两度梯航,与细君分班授课。故叫万花齐放,遂使良苗一新。""时闻山鸣谷应,牧樵赓赞美之歌;伫见户诵家弦,孺妇解颂扬之谱。文章机杼,持操实业经纶;道德森林,饶有民生主义。"《溯源碑》中的这一记载很好地说明了"老苗文"及其双语教育在当地苗民心中的地位,影响之深远,从"山鸣谷应"到"万马齐暗",从"主体"到"客体"的转变历程中,所带来的伤害非常沉重,造成了整个苗族群体民族价值观的冲突。从苗文的兴衰足以见证石门社区教育的沉浮,正体现出教育价值观对教育发展的巨大影响。

语言对学习的重要性毋庸置疑,在民族地区进行双语教育很有必要。语言支持是文化支持中最基础的支持。语言障碍是学生有效吸收课堂教学知识的最大苦难,由于受到经济文化落后的影响,民族地区孩子大多使用民族语言或许当地方言,在日常生活中很少接触普通话语境,学校采用普通话教学,使学生接受课程也就比较困难。沈红(2007)研究指出,有些孩子在小学一年级就开始留级了,人生第一次打击自然到来,后期这样的挫折就有增无减,久而久之,当意志被磨平时,辍学就成了自然,在贵州贫困山区这样的现象很普遍。借助石门坎苗文,学习科学知识和汉字汉语,就比直接学习容易得多,在三十年代中期,云贵川边疆苗区的苗族同胞都能诵读《平民夜读课本》,据有关文献记载,乌蒙山区三分之二苗胞由此扫盲。

语言是在生产劳动过程中,人与人之间相互交往中,而产生的工具,其具有表达情感、交流思想之功能。石门张斐然(1986)看来,如果这种语言(苗族文字),还存活于民族的生产、生活中,还作为相互联系的工具,发挥交流思想之功用,就强迫放弃使用,势必导致该民族社区的混乱。[①] 因此,语言保护尤其是少数民族语言的保护势在必行。普通话的推广使用应在为全国各族人民提供一个方便的交流工具的前提下,保持民族语言的多样性和丰富性。因此,在少数民族中推广双语教育是符合少数民族文化需求和实际情况的,也是传承和保护民族文化,提高少数民族文化素质的科学方法。

国内相关研究也证明了语言重要性这一点。钟年(1985)[②]研究表明,语言障碍是导致瑶族学生成绩差的重要原因,瑶族民众懂得汉语的比较少,瑶族孩子在学校用的是国统编的教材,教师授课用汉语,孩子入校即遇语言障碍,因此,瑶族学生群

---

① 沈红.结构与主体:激荡的文化社区石门坎[M].北京:社会科学文献出版社,2007:143-144.

② 钟年.广西融水白云乡瑶族女不读书问题的研究[J].民族研究,1985(5):7-12.

体的成绩,在学校一直也是最差的。

政协、贵州省委员会民族组(1983)[①]调查指出:台江是苗族聚居县,群众日常交际使用的全是苗语,而儿童入学学的是汉文,一个说苗语的儿童,脱离母语学习汉语言文字,困难很大。在老师的教学中,首先要教学生读字音,一个汉字或一个简单的汉语词汇,要经过许多次反复教读,才能大体上突破读音的困难,然后才能用苗语讲解字意。如果不用苗语讲解,即使读得滚瓜烂熟,也不懂是什么意思。有时一个字的意思学生当时理解了,过几分钟再问,又忘记了,学习汉文,记字形的困难更大。音同义不同和同义不同音的字,学生分辨非常费力。即使会读和理解了许多单字的意思,由于不会汉话,那些被认识了的字,学生也不能把他连成句子使用。在其调查中,调查组用汉语问一个五年级学生"你几岁了",因听不懂汉语,该学生回答不出来。当地从事语文教学的教师也反映在教学中感到表达困难,有些问题思想上明白了,但讲不清楚。因为学生不通汉话,老师不精汉语,表达不清楚,学生一知半解,甚至听不懂,提不起学习兴趣,知识增长缓慢,是造成入学率和巩固率低的根本原因。

三、民族印象

袁同凯(2004)研究指出,由于历史的原因,地方政府和邻族包括过山瑶在内,对土瑶人形成了刻板印象,土瑶人自己也很清楚地方政府和邻族始终将他们与"原始""愚昧""落后"联系在一起。这一令人窒息的阴影,使土瑶族群在外人面前总感觉低人一等,这阴影波及土瑶学生。出于自卑,土瑶学生自己也很少主动去接触老师,加上成绩又比过山瑶的学生差,自然引不起老师的关注。由于教学条件、师资配备、学校管理甚至课程设置等均远远落后于峒外学校,土瑶山区的教学质量无法与峒外相比。因教学条件的限制,土瑶学生读完五年级就必须到峒外学校去就读。他们已习惯了传统社区的生活,突然进入一个与自己传统社区完全不同的陌生环境去学习,无论在语言上还是生活习惯上都难以适应,加之过早地离开父母和亲友,他们在情感和心理上也遭受着与亲人分离的痛苦。

袁同凯(2014)[②]在对蓝靛瑶人及其学校教育的研究中指出,社会各界人士包括当地的政府工作者,对待弱势族群之蓝靛瑶人,刻板印象已根深蒂固,认为山地族群蓝靛瑶人不但落后而且无知愚昧,整个社会都形成如此固定的印象,笼罩着蓝靛瑶人的日常生活,其生活不但融入不到周围族群的生活中去,而且变本加厉还被歧

---

① 贵州省教育科学研究所 贵州省少数民族教育研究会.贵州少数民族教育研究资料集(一)[G].贵阳:贵州省教育科学研究所(内部发行),1985:170-173.

② 袁同凯.蓝靛瑶人及其学校教育:一个老挝北部山地族群的民族志研究[M].北京:中国社会科学出版社,2014:303-304.

视与欺辱,导致蓝靛瑶人不愿送孩子到学校,失学辍学率达到80％以上,严重影响了蓝靛瑶人孩子的学业成就。

此外,有关存在民族印象的研究还有很多,主要体现在消极民族刻板印象方面,并对民族地区学生学业产生了影响。如何莹(2011)[①]认为,因民族文化存在差异,总会出现对应的民族刻板印象,世界范围内都如此,并指出,这种印象会产生社会不公,如个体有某一民族身份认同,又知晓他人认为这一民族学生成绩较差,其可能在考试时受到相应的负面影响,而在刻板印象威胁下,对学习能力丢失信心,进而可能会放弃学业。高兵(2012)[②]指出,美国相关研究表明,其民族刻板印象威胁效应主要表现在黑人的学业方面,其他方面表现在道德品质、语言、生活习惯等,而国内主要体现在对使用母语的少数民族的汉语水平方面,对其学习和使用汉语可能会有影响。高承海等(2013)[③]对大学生的研究揭示,在数量上民族间持有的积极刻板印象未发现差异,但消极刻板印象中汉族显著大于少数民族,而访谈发现,支持设立民族班的理由是少数民族学生的学习差。高承海(2013)[④]等人研究发现,本质论信念越是强烈的汉族个体,其感知到的群体差异愈大,并对外群体持有更强烈的刻板印象,而民族消极刻板印象主要在冲动、粗鲁、粗心、保守和懒惰方面最为典型。党宝宝(2016)[⑤]在族群互动时,不同族群成员彼此仍然持有一定程度的消极民族刻板印象。李寿欣(2017)[⑥]对回族大学生的研究揭示,对本民族认同持积极态度的,其自身价值观与主流文化价值观会有冲突,在文化适应中,拒绝主流而接受本民族的文化,则强化刻板印象"内群体偏好"的程度,反之则会呈现弱化。张积家(2017)[⑦]认为,一些美国人心里存在着非裔美国人智力落后的这类刻板印象,其对非裔学生产生印象威胁,在智力、学业成绩、人际交往等方面存在影响及困扰。

当然,也有研究显示,民族刻板印象也存在积极的一面,但对学生学习影响的相关探索不多。苏昊(2014)[⑧]研究揭示,在外显及其内隐层面,维、汉大学生都存在民族刻板印象,其外显民族刻板印象主要以积极和中性为主。

综上研究说明,民族刻板印象的确存在于民族交流互动过程中,且主要以民族

① 何莹,赵永乐,郑涌.民族刻板印象的研究与反思[J].贵州民族研究,2011,32(6):21-26.

② 高兵.民族刻板印象威胁效应[J].心理科学进展,2012,20(8):1201-1206.

③ 高承海,党宝宝,万明钢.汉族与少数民族的民族刻板印象之比较[J].西北师大学报(社会科学版),2013,5(4):106-110.

④ 高承海,万明钢.民族本质论对民族认同和刻板印象的影响[J].心理学报,2013,45(2):231-242.

⑤ 党宝宝,高承海,万明钢.民族刻板印象:形成途径与影响因素[J].西南民族大学学报(人文社会科学版),2016(5):2012-206.

⑥ 李寿欣,车现楠.回族大学生民族认同与民族刻板印象:文化适应策略的中介作用[J].苏州大学学报(教育科学版),2017(3):91-98.

⑦ 张积家.消除民族刻板印象威胁效应[J].中国民族教育,2017(11):11.

⑧ 苏昊.维、汉大学生的民族刻板印象:外显和内隐[J].中国青年研究,2014(12):21-24+20.

消极刻板印象为主,但也有研究显示,民族刻板印象也存在积极的一面。因此,如果说民族印象对学生学习成绩会有影响是事实的话,但影响程度有多大,是没有相关研究数据证实的,关于这一点,值得更加深入的探索研究,不能草草下一个结论甚或是过于绝对的界定,否则将又成为一种刻板印象。

第四节　传统习俗中的刻板印象

有研究认为,一些传统习俗对其学校教育的负面影响不容忽视。诸如民族地区浓郁的"酒文化"、丰富的"爱情文化"、对男女儿童的文化期待、群体的价值取向等都会或多或少影响到儿童的学业,这也是阻碍民族地区学校教育发展的文化因素。

一、早婚早恋

政协、贵州省委员会民族组(1983)[1]在对革东大队的调查中发现,当地青少年,一年内不到婚龄结婚的已有十二对,有的女孩十三四岁就结婚,也不办结婚登记手续,加上苗族姑娘讲究穿花戴锦,哪家姑娘不会绣花,在社会上就要被人耻笑为"愚笨",甚至批评家长不善教养。

杨明兰(1985)[2]在对黔南苗族侗族自治州女儿童入学情况的调查中指出,少数民族生活习俗对女童入学的影响,主要表现在独特的民族服饰方面。黔东南的苗族侗族和其他少数民族妇女,一般都有自己独特的民族服装。其一般由妇女用手工精心纺织、编织、刺绣、染制而成,姑娘针线水平高,受到人们的尊重,反之,不会针线活儿,往往被人所歧视,甚至有可能找不到理想的对象。因此,许多家长要求女孩子学习针线活儿,制作自己的服装和其他生活用品。这耗费了女孩子宝贵的精力和时间,影响和耽误了他们的学习。

钟年(1985)[3]对广西融水白云乡瑶族女童不读书的原因进行调查后指出,其早恋早婚的风习是主要的原因之一。该区女孩在十五岁左右便改变发型,传达已成年的信号,并开始参加瑶族习俗活动"走寨"交友。农闲时节,男孩子背芦笙,女孩子穿着漂亮衣裙,三五结伴,串寨走村,在火塘边甚或是木楼旁,芦笙起舞,笑语欢歌,年轻人开始寻找意中人。父母认为,"走寨"关系到儿女人生大事,都予以鼓励,

---

① 贵州省教育科学研究所,贵州省少数民族教育研究会.贵州少数民族教育研究资料集(一)[G].贵州:贵州省教育科学研究所(内部发行),1985:170-173.

② 贵州省教育科学研究所,贵州省少数民族教育研究会.贵州少数民族教育研究资料集(二)[G].贵州:贵州省教育科学研究所(内部资料),1985:419-429.

③ 钟年.广西融水白云乡瑶族女不读书问题的研究[J].民族研究,1985(5):7-12.

上学读书并不被重视。该地区年青男女不但早恋,而且早婚,女孩子在十四五岁就结婚成家在当地瑶族中是普遍存在的现象。

袁同凯(2004)[①]研究指出,土瑶有早婚的传统,十四五岁恋爱、十七八岁结婚的现象很普遍。并认为,土瑶父母为其青春男女搭建"勉切邦",加速了青年男女婚配的节奏。土瑶青年早恋早婚,其与环境和生存观念相关,地方政府宣传晚婚晚育的政策,但影响甚弱。而早恋早婚是土瑶女生辍学率偏高的原因之一。

郑晓云(2009)[②]对基诺族婚姻调查指出,如今的男女青年们更加强调恋爱自由,不容家长及他人干涉,现已发生多起女青年与外地人私奔的事件,有一位初中还未毕业的女青年,瞒着父母弃学与情人私奔。对于这些现象,多数青年认为可以理解,甚至有不少青年人赞赏这一勇敢行为。姚舜安等(2009)[③]调查显示,在云南隆林各族自治县仡佬族社区早婚现象明显,如弄麻寨已婚男女中,80%左右16岁结婚,有的早在14岁就结婚了,而这个年龄刚好是上中学的年龄。

民族地区不仅有独特的生活习俗,还有独特的文化传统,如唱歌文化。唱歌、对歌不仅是苗族、侗族青少年接受本民族传统文化教育的主要途径,也是她们日常生活的内容和从事社会交际的工具。逢节聚会、迎亲访友、谈情说爱,多以唱歌表达思想,抒发感情,畅叙友谊。因此,少数民族妇女自幼习歌、唱歌,以适应社会生活的需要,获得爱情与幸福,但却在一定程度上影响了自己的学习生涯。

二、饮酒文化

中国酒文化源远流长,酒几乎渗透到人们社会生活的各个领域,而在民族地区尤甚,在很多民族中流传着"无酒不成席,无酒不礼仪"的说法,酒在少数民族民间具有一定的文化习俗性,以至于能经久不衰,世代传承。但是,酒对民族地区教育也产生了一定的负面影响。

民族地区酒文化比较浓厚,关于这方面的调查研究不少。金少萍(2009)[④]对富宁县团堡蓝靛瑶经济、文化综合调查表明,瑶族男女皆喜欢饮酒,酒的耗量较大,每家平均一年要做五坛酒,一坛15公斤,耗粮不少。颜恩泉(2009)[⑤]对马关县金厂区

---

① 袁同凯.走进竹篱教室——土瑶学校教育的民族志研究[M].天津:天津人民出版社,2004:98.

② 郑晓云.基诺族婚姻调查[G]//云南省编辑组.云南少数民族社会历史调查资料汇编.北京:民族出版社,2009:218.

③ 姚舜安,钟宏有,陈金源等.隆林各族自治县仡佬族社会历史调查[G]//广西壮族自治区编辑组.广西彝族仡佬族水族社会历史调查.北京:民族出版社,2009:103.

④ 金少萍.富宁县团堡蓝靛瑶经济、文化综合调查[G]//云南省编辑组.云南少数民族社会历史调查资料汇编.北京:民族出版社,2009:119.

⑤ 颜恩泉.马关县金厂区苗族社会调查[G]//云南省编辑组.云南少数民族社会历史调查资料汇编.北京:民族出版社,2009:49.

苗族调查指出,喝酒是苗胞的爱好。杨照辉(2009)[①]调查指出,普米族社区男女老少都喜欢饮用自制的大麦黄酒。郑晓云(2009)[②]对基诺族、空格人的饮食调查指出,基诺族和空格人好酒,很多人可以不吃早饭,但要饮酒,否则无力下地劳动。宋恩常(2009)[③]调查表明,富源县黄泥区当地水族自制白酒享有盛名,酒味酸甜,解渴祛暑。姚舜安等(2009)[④]调查指出,仫佬族人民酷爱喝酒,在其所调查的三冲社区流传有关于喝酒的段子:"小孩喝酒(甜酒)不肚疼,男子汉不喝酒活路干不成"。马维良(2009)[⑤]调查表明,"帕西傣"嗜好喝酒,有的人每餐饭都要喝酒,每逢节日就要痛饮。

翁泽红(2004)[⑥]对白帮苗寨的调查研究指出,苗族传统家庭消费习俗对其教育的投入有深层次的影响。苗族集会活动、节日比较频繁,用酒量极大。粮食本来就不够吃,但村民将粮食多用来制酒。如白帮村一特困户,大女儿读到三年级因没钱读书而辍学,但一年却用200公斤大米来酿酒;另一村民一年粮食总收入500公斤上下,现金收入2 000元,消费排行中,最大占比为酒席费,其次为基本生活费,最后是孩子的教育费,家中1个五年级的孩子欠学费160元,1个六岁半的孩子未入学,但一年内,一般的节日用酒达到2~2.5公斤,过大年(苗年)用酒高达25~50公斤。可以看出,在家庭经济困乏制约教育投入的情况下,"吃在酒上"的消费习俗进一步削弱了对教育的投入,孩子无法就学。

袁同凯(2009)[⑦]研究指出,中国酒文化悠久,饮酒是特殊文化的象征,对人际关系有重要的影响。袁同凯(2004)发现,瑶族是个好酒的民族,土瑶人更是如此。酒在土瑶人的日常生活中是不可缺少的饮品,土瑶人几乎是餐餐必有酒。饭桌上可能会没有菜,但一定会有酒。通过土瑶婚宴上的"酒礼",可以感受到土瑶酒文化丰厚的底蕴。袁同凯(2009)在对土瑶社区的调查中发现,因自然环境独特及其历史经历特殊,土瑶人形成了独特、浓郁的酒文化资源和氛围,酒文化丰富了社会生活,也影响了正常生活,对孩子的教育也带来了负面影响。当地村民凤某,家有两个孩

① 杨照辉.综述普米族的生活习俗[G]//云南省编辑组.云南少数民族社会历史调查资料汇编.北京:民族出版社,2009:177.

② 郑晓云.基诺族饮食调查[G]//云南省编辑组.云南少数民族社会历史调查资料汇编.北京:民族出版社,2009:220-224.

③ 宋恩常.富源县黄泥区水族的过去和现在[G]//云南省编辑组.云南少数民族社会历史调查资料汇编.北京:民族出版社,2009:375.

④ 姚舜安,钟宏有,陈金源等.隆林各族自治县仫佬族社会历史调查[G]//广西壮族自治区编辑组.广西彝族仫佬族水族社会历史调查.北京:民族出版社,2009:150.

⑤ 马维良,李佳.西双版纳傣族自治州"帕西傣"调查[G]//云南省编辑组.云南回族社会历史调查(三).北京:民族出版社,2009:53.

⑥ 翁泽红.试论苗族传统消费习俗对贵州苗族聚居区义务教育普及的影响——从苗族表现在酒上的消费习俗来看[J].贵州文史丛刊,2004(3):83-86.

⑦ 袁同凯.传统文化习俗与学校教育——教育人类学的视角[J].西北民族研究,2009(1):183-191.

子,因凤某嗜酒如命,妻子离家出逃,下落不明,两个孩子的基本生活缺乏保障,更没有接受教育的可能。此外,土瑶人好客,在土瑶社区形成了集众人之力来待客的习俗,每当有宾客入寨,全寨老幼,全力款待,教学点的任课老师不但可以停课陪其宾朋,而且学生也积极参与,极大地影响了学生的正常生活和学习。

龚伟(2014)[①]研究指出,酒文化涉及人生礼仪、生产生活及其民族节日,如"三朝酒""定亲酒""赔礼道歉酒""上梁酒""元宵酒""重阳酒"等等。对侗族酒文化的调查研究还发现,孩子讨厌父亲喝酒,原因之一是大人酒后打骂孩子的可能性增加,其次是大人晚上喝酒时声音比较大,影响孩子休息,第二天不能准时起床,导致上学迟到,迟到还要被老师骂。

三、赌博成风

教育作为社会的子系统,一方面随着社会变迁而变迁,另一方面又以其独特的功能影响着社会发展和变迁,而社会变迁又会对教育产生影响。现代社会任何一个方面的变化都可能会在教育上留下痕迹。在现代化和全球化过程中,土瑶山寨也面临着如何适应社会变迁的现实问题。袁同凯(2004)认为,尽管土瑶人有很强的自我保护意识,对外界的影响向来持冷漠的态度,但在外界强大浪潮的冲击下,其社会文化不可能不受到影响。尤其是改革开放以后,整个中国都在发生着激烈的变化,变革在给人们带来实惠的同时,许多与现代性相关的问题,像环境污染、食品变异等等也接踵而至。土瑶社区也受到了社会陋习的影响,如赌博之类的不良风气却像瘟疫般地传播,在土瑶社会带来了严重的社会问题。赌博歪风的入侵,使原本就已食不果腹的土瑶人陷入了穷困与罪恶的深渊。有些赌徒外逃至今下落不明,个别赌徒甚至出卖亲生骨肉。

袁同凯(2004)研究认为,自20世纪80年代末起,赌博之风盛行于瑶寨,间接地或直接地影响着土瑶山区的学校教育,他指出,赌博也是造成土瑶地区儿童失学率偏高的原因之一,并以人类学考察、访谈的方式进行了相应的佐证。

贫困村鹅塘地处大山深处,交通不便,大多土瑶民众仍然生活在贫困线以下。但是,这样的村寨中赌博也十分盛行。调研中,其亲眼看到青年聚赌,这些青年的赌资来源于天不亮就从家里挑木材卖的所得收入。早上九点多,其中一位青年已把所卖的木材钱输光,可他的家人还在等米下锅。在与其聊天中得知,他去年所挣1000多元,因常年生病,用来治病了,而自己女儿的学杂费98元仍然还没有交。通过走访其家庭,了解到他家只有三口人,一个老母和一个没有母亲的私生女,女儿今年13岁,因学杂费无力承担,已经辍学。这样的家庭和社会环境中,孩子不可能获得良好的教育。

---

① 龚伟.侗族酒文化研究——以贵州黎平县黄岗侗寨为例[D].吉首:吉首大学,2014.

其实,赌博成风的现象并非只存在于瑶山地区,许多民族地区亦存在类似现象。赌博发生的时间节点,首先是村寨有大物小事(红白喜事)之时,其次是在民族村寨的节日上,最后就是赶集天。虽然红白喜事不常有,但民族村寨的节日很多,再加上赶集天,因此可以说在贵州民族地区,赌博的环境随时都有。赌博对青少年学习的影响不仅是父母把钱赌输了无法承担孩子的学费,更严重的是大人的赌博风气影响了孩子,在学校、在放学回家的路上,甚或在节假日,也常常看到孩子们聚在一起赌博。《贵州省党员干部作风"十不准"》中,明确规定"不准在工作时间、会议期间以及公共场所打麻将",这说明利用麻将赌博之风盛行,达到需要政府干预和禁止的地步了。虽然已有规定,但因约束的对象只限于党员干部,很难扭转社会风气。因此,在红白喜事或是节假日,民众聚众打麻将仍比比皆是,孩子在赌博成风的环境下熏陶长大,耳濡目染,便会将这种陋习传承下去。

客观地说,无论在任何时候,嗜赌如命的人毕竟只是少数,但各型各色的赌博之风,已经严重地影响了民族地区的家庭教育问题和孩子的学习教育问题,必须引起父母、教育人士和社会的重视和关注。

第五节　对项目研究的启示

通过对教育观念、社会支持、文化现象、传统习俗中的刻板印象进行分析,发现刻板印象对中学生学习有根深蒂固的影响。而刻板印象主体本身有两个方面,即主动者和被动者。主动者主要指学生家长甚或是教师等利益相关者,给学生无形中传递教育无用的离奇思想,或许是给学生传递教育发展中的不足如教育均衡问题等;而被动者即学生,说其被动是因为学生价值观未形成之时,就已接受了父母、教师,甚或社区错误认知的影响,学生在此过程中形成了一定的自卑情结,产生无能感效应,过早被动接受了刻板印象带来的潜在伤害。因此,消除甚或减少民族地区教育中的区刻板印象,增加民族地区学生的自信心,对于解决学生学习倦怠问题大有裨益。

第四章　贵州民族地区学生学习现状的田野考察

在文献、数据收集、实验验证与分析的基础之上,对民族地区学生学习倦怠的内部、外部影响因素已进行了分析和讨论。本章通过教育人类学田野考察的方式,以期找到一些预防民族地区学生学习倦怠的环境因素,为下一步探索学习倦怠更多的影响因素奠定坚实基础。

第一节　田野考察的意义

目前,田野调查研究范式人类学研究中运用较多,相关学者对其进行了界定。如陈鹏(2008)[①]提出,田野调查亦译作田野研究,指研究者在一个相对较长的时间内,进入某一社区通过观察、居住体验等方式,获取第一手资料,并通过对收集资料的定性分析,来阐释论述研究对象的方法。田野调查研究方法的重要性、可行性得到学界大多数人的认可。

冯学红(2007)[②]认为,田野调查是民族学研究的主要方法,是获取研究资料的最基本途径,是当代民族学研究的基础。刘海涛(2008)[③]认为,田野调查对人类学的诞生有重要作用。当然亦有学者对田野调查中的不足进行质疑和反思。如郑欣(2003)[④]指出,田野调查在取得一定研究成果的同时,其在田野考察过程中,因文化冲突、配合程度、语言障碍及其观察深度等导致的问题有愈来愈多的质疑,如所收集资料、数据的真实性与科学性,这些问题同时也是田野研究者们必然会遇到的困惑。

一种研究方法或一种研究范式,必然同时存在优点和不足,不能苛求于哪一种研究方法是万能的,更不能刻板于某一种研究方法必不可少。如袁春燕(2012)[⑤]就对研究者视田野调查为民族教育研究的必选方法这一观点,进行了质疑与反思。

田野调查法是立足于客观事实,又是获取新的客观事实的研究方法,如果对所

①　陈鹏.田野调查方法及其在民族教育研究中的意义[J].内蒙古师范大学学报(教育科学版),2009,22(5):45-47.
②　冯学红.民族学田野调查的几个问题[J].宁夏社会科学,2007(5):77-80.
③　刘海涛.人类学田野调查中的矛盾与困境[J].贵州民族研究,2008,28(4):23-27.
④　郑欣.田野调查与现场进入——当代中国研究实证方法探讨[J].南京大学学报(哲学,人文科学,社会科学),2003,40(3):52-61.
⑤　袁春艳,陈恩伦.田野调查运用于民族教育研究中的反思[J].贵州民族研究,2012,33(1):162-165.

获得的第一手资料,能按照理论联系实际的原则进行深入思考与分析,其研究成果对开展相关问题的理论探讨是有极大参考价值的。因此,课题组采用田野调查的研究方法作为社会调查的补充,在初步考察了贵州石门坎、贵州木果镇、三都水族、梭戛、贵阳镇山村、肇兴堂安村、隆里古城等社区的基础上,在充分考虑到田野考察现场进入的方便及熟悉程度的基础上,选取了纳雍县 S 镇、梭戛生态博物馆进行了田野考察研究,以期了解当地部分基础教育实际,收集学生学习倦怠现状及其形成原因的第一手资料。

第二节　乡村教育的困境考察——以纳雍县 S 镇为例

随着经济发展和国家综合国力的上升,国家及社会越来越关注幼儿教育,幼儿教育事业取得了突出性成绩。但对于贫困社区来说,因经济落后以及人们传统教育价值观念的影响,幼儿教育现状仍不乐观。王野(1991)[①]研究认为,民族教育传统的价值观形如"象牙之塔",其第一要务是光宗耀祖、社会地位升迁、摆脱基层的社会生活,对社会漠不关心,与现实脱离,这些都体现了传统与现实的矛盾,反映了传统教育价值观的局限性,从而导致教育功能层面的不完整,教育投入层面的不足。在对民族地区教育价值观田野考察期间,同样发现部分家长及学生有"寒门再难出贵子"的定式思维,这是促成对 S 镇幼儿教育现状进行思考的缘由,渴望有更多的民众一起关注贫困社区的幼儿教育事业。

在 2003 年国发《关于幼儿教育改革与发展的指导意见》中,首次提出积极扶持农村以及老少边穷地区的幼儿工作。在《国家中长期教育改革和发展规划纲要(2010—2020)》中,对幼儿教育的表述很有针对性,强调了"基本普及幼儿教育"的具体目标,明确了今后十年幼儿教育发展的任务和举措。在国务院发《关于当前发展幼儿教育的若干意见》中,把发展农村幼儿教育作为改善民生的头等内容。在2015 年中央扶贫开发工作会议上,将农村贫困人口义务教育有保障作为"十三五"期间脱贫攻坚的目标之一,强调要解决好"怎么扶"的问题,实施"五个一批"工程,明确指出发展教育脱贫一批,治贫先治愚,扶贫先扶智,并提出要帮助贫困地区改善办学条件,对农村贫困家庭幼儿,特别是留守儿童给予特殊关爱。

综上,目前农村尤其是贫困地区农村幼儿教育事业发展相对滞后,这已经引起政府的高度重视,并出台了一揽子教育扶贫攻坚计划,体现了政府对教育尤其是幼儿教育的重视。在"脱贫攻坚"时期的特殊背景下,对纳雍县 S 镇的幼儿教育做有针对性的个案研究,通过对乡村教育的一个细胞解剖,来展现农村社区教育事业的

---

① 　王野.民族教育的新价值观[J].民族教育研究,1991(3):46-49.

发展状况,对了解乡村教育的大背景、探索民族地区学生学习倦怠形成性上,具有一定的启示。

一、S镇幼儿教育的基本情况

S镇位于纳雍县的东北角,总面积77平方公里,地形呈北低南高走势。全镇行政村共18个,村民组157个,自然村寨多达147个,2016年末共有人口37 402人。居住有汉、苗、彝、仡佬、蒙古、布依族等民族和穿青人。位于乌蒙山深处的纳雍县,是贵州省50个国家级贫困县之一,是国家精准扶贫的重点对象。S镇作为该县的一个乡镇,也是该县精准扶贫的第一线。S镇的教育发展相对滞后,S镇有中学1所,小学18所,学前班隶属于小学,2016年公办幼儿园投入使用,在此之前并没有幼儿园教育,但这个公办幼儿园也只能吸纳附近三个行政村的部分孩子。

二、S镇幼儿教育存在的困境

(一)幼儿教育机构数量严重不足且分布不合理

通过实地田野考察,该镇在2016年以前没有一所独立的公办幼儿园,全镇有18所小学,各行政村有一所小学,每所小学开办一个幼儿班,每个班级人数50至120人不等。这种班级人数过多的现状,体现了该镇幼儿教育班级的稀缺,说明了当前的幼儿教育资源,远远不能满足当地的幼儿教育需求。

从现有的幼儿园布局来看,目前该镇唯一的幼儿园位于镇政府所在地,幼教资源过度集中,因交通不便,基本只能吸纳镇政府附近三个行政村的孩子,不可能满足方圆77平方公里之内的村民幼儿教育需求。村寨幼儿教育资源极其匮乏,幼教发展犹如刀耕火种,举步维艰,大批适龄儿童尤其是离镇政府较远的村民幼儿未能接受完整的幼儿教育,只能有一年期的学前教育,他们并不知道其他地方的孩子可以有小班、中班、大班的幼儿园。

(二)幼儿师资短缺且力量薄弱

通过与S镇群众及部分从事幼儿工作的老师进行交谈,得知18个行政村基本都有一个学前班,但大多学前班并不属于当地小学管理。从事幼儿教育的工作者也没有幼儿教师资格证,大多还是当地小学领导的亲戚朋友任教。教师并没有接受过专业教育,部分还没有高中毕业,上岗前也没有接受过相关的专业培训。因此这些学前班充其量算得上当地小学的一个附属幼儿班,该学前班学生可以顺利升入到相应的小学一年级接受正规教育。此外,师资短缺、力量薄弱导致的另外一个严重问题就是大班现象,前文已提及学前班的人数也反映了这一现实。因此,农村幼儿师资短缺现状影响了学前教育的发展,刘晓红(2012)[①]的研究中,对这一困境

---

① 刘晓红.我国农村学前教育发展中的问题、困难及其发展路向[J].学前教育研究,2012,(3):30-33.

持有同样的观点。

(三)幼儿所接受的教育内容单一

在 S 镇,幼儿所接受的教育内容主要分为语文和数学两个方面。其中语文涉及的内容主要有看图识字,笔画顺序,23 个声母,24 个韵母,16 个整体认读音节;数学涉及内容为会读写 1 到 100 的数字,50 以内的加减法,区分 50 以内数的大小等。当然,有部分幼儿教师的教学也涉及美术、儿歌、体育、健康等,但这些都是辅助内容。可以看出,农村幼儿所接受的教育倾向于小学化,并且比较单一。在《幼儿园教育指导纲要(试行)》中,规定了幼儿所接受的教育主要有健康、社会、科学、语言和艺术等几个方面,因此 S 镇孩子所接受的教育内容与规定并不相符,教育内容小学化对发展幼儿的知识、技能、能力、情感态度等可能会造成一定的影响。

(四)幼儿教育经费投入不足

在《国务院关于当前发展学前教育的若干意见》中规定,中央财政设立专项经费,支持中西部农村地区、民族地区和边疆地区发展学前教育和学前双语教育。地方政府要加大投入,重点支持边远贫困地区和民族地区发展学前教育。因 S 镇 2016 年以前没有独立的幼儿园,学前班获得的经费支持也很少,所以其学前教育经费基本可以忽略不计。据调查,学前班任教老师的工资主要来源于孩子们的学费,形成了以园养教的局面。邹联克等人(2012)[①]以西部某省 A 县的学前教育为个案进行研究,认为该县因经济发展相对滞后,教育经费的筹措渠道不通,导致该县学前教育经费匮乏,在统筹安排和权衡分配的背景下,有限的财力落实到学前教育层面,可供使用的学前教育经费凤毛麟角。两相对比,可以看出 S 镇的现状也就是 A 县的一个缩影,经费的匮乏是贵州农村基础教育普遍面临的现实和困境。

(五)幼儿教育费用高,入园难仍存在

在《国务院关于当前发展学前教育的若干意见》中规定,"家庭合理分担学前教育成本"。体现了目前我国学前教育仍属于收费制教育,而非义务教育,收费具有合理合规性。在脱贫攻坚的大背景下,教育扶贫的定位主要聚焦在农村贫困人口义务教育有保障方面,这样一来幼儿教育被排除在外,得到的经费支持也就非常稀少了。

当地学前班收费分两种情况,学前班由小学校内开办的规定收费是 75 元;学前班独立于学校的收费是 200 元左右。中心幼儿园条件相对较好,但收费是 1000 元左右,加上每天送孩子的路费一学期大概 750 元,当地中心幼儿园一学期的教育费用平均 1750 元/人。相对县城幼儿教育收费 5000 元甚至 10000 元以上的费用来说,没有可比性。但在经济欠发达的贫困地区,对很多家庭来说都是一笔较大的

---

① 邹联克,陶蕾,李玲.贫困地区学前教育的问题和对策研究——以西部某省 A 县为例[J].贵州社会科学,2012,(3):115-120.

开支,给家庭带来了较大的经济压力。这种现象的产生与当地民族的民俗民风有很大的关系,农村家庭的孩子一般都是三个左右,还有五个孩子的家庭,如果都上学大多数家庭难以承担教育费用。这就导致了另外一种局面,为了给孩子挣一点儿学费,很多幼儿的父母外出务工。经了解,S镇一个学前班共63人,父母在家的幼儿只有15个,这15个孩子中,还有部分只有母亲或父亲在家。

上述现象反映出,一方面留守现象在当地普遍存在,值得关注;另一方面也反映了农村幼儿教育入园难。入园难在贵州贫困地区,具有一定的普遍性,李玲(2011)[①]的研究有类似看法。

(六)幼儿教育设施简陋,安全问题堪忧

在西部地区,教育设施设备简陋,是农村社区的共性特征。S镇幼儿教育设施简陋主要体现在三个方面。首先,大部分幼儿教育没有单独的办学地点,而在小学开办,由于场地限制和专项经费缺乏,学前班教室和小学的并没有差别,也没有专门针对幼儿的教学和娱乐实施,基本与小学生共用,但有篮球场、乒乓球场等文娱设施,并不适用于幼儿,反而给幼儿带来了一定的安全隐患。

第二,因教室资源不足,学前班普遍规模较大,人数较多。在一个拥挤的范围内,幼儿活动不方便,很容易产生冲突,因教师少无暇顾及所有幼儿,很容易滋生幼儿攻击行为,而弱小的孩子从小就成为受欺凌的对象,这对于其身心发展是极大的打击。

第三,中心幼儿园同样存在一些困境,由于农村家庭居住分散,交通不便,幼儿园就算只吸纳附近几个村的孩子,很多幼儿步行到校需要1个小时左右,但幼儿园没有接送的车辆,只有乘当地民用车辆,这些车辆驾驶员未经专业培训,超载现象普遍存在,加上山区农村公路蜿蜒盘旋,幼儿安全很难保障。

三、解决贫困乡镇幼儿教育的路径探索

在脱贫攻坚的大背景下,结合S镇幼儿教育中的机构数量不足且分布不合理、师资短缺且力量薄弱、教育内容单一、教育经费投入不足、入园难、教育费用高,教育设施简陋等情况,如何解决好教育的最后一公里,以下三个问题值得思考。

(一)农村幼儿教育离义务教育有多远

在普及九年义务教育以来,农村中小学教育呈突飞猛进的发展趋势,如辍学率大幅度降低,升学率逐步提高,农村实现营养餐计划,校舍面积扩大,校园美丽,师资力量逐步增强。如果幼儿教育纳入义务教育的话,农村幼儿教育存在的很多问题就迎刃而解了。如果在当前的政治、经济、文化等条件下,不适宜将整个幼儿教

---

① 李玲.西部少数民族地区学前教育的现状调查与思考——以贵州省遵义市川仡佬族苗族自治县为例[J].黑龙江民族丛刊,2011,(3):171-175.

育纳入义务教育,那农村尤其是连片贫困、少数民族聚居、散杂居的地方,政府是否可以尝试将当地幼儿教育纳入教育保障,解决农村幼儿入园难问题。

当然,义务教育并不是万能的,但农村幼教义务教育化,可以使很多问题得到缓解,不失为一条可以尝试的路径。李玲(2011)研究指出,西部民族地区的教育总体处于弱势地位,普及九年义务教育在一些地区都仍然存在问题,幼儿教育更加难以得到保障。因此,寄希望于幼儿教育能纳入义务教育,同时呼吁政府能给予幼儿教育一定的政策倾斜,较符合西部农村的教育发展滞后的现状,也符合国家对享受公平教育的提倡。

(二)农村幼儿园如何做到科学管理

目前贵州省正在为普及十五年教育工作奋斗,提高幼儿三年毛入学率,必然会导致幼儿园学生人数的激增。对于S镇这样师资、设施短时期内难以满足入园需求的幼儿教育资源来说,提高幼儿园和学前班的管理水平,推动日常管理的科学化非常重要。

一是强化监督力度。根据《3~6岁儿童学习与发展指南》和《幼儿园教育指导纲要(试行)》等重要指导性文件精神,加强常规管理,加大指导、监督检查力度,禁止不符合有关规定的教学内容进入幼儿课堂。

二是强化家园共建。加强对幼儿教师的培训和指导,成立班级家长委员会,使教师在新形势下充分了解家长队伍的家庭教育现状和需求,定期开展形式多样的家庭教育指导工作,向家长宣传科学教育保育知识,摒弃"小学化"倾向的旧观念、老思想。

三是强化保障工作。采取多途径、多渠道开展管理人员的培训,使管理人员能尽快进入角色,懂得科学园务管理,深入班级检查保教工作,查阅教师备课记录,并有明确具体的指导性意见。如一日活动内容的合理安排,室内外活动努力做到动静结合,保证幼儿户外活动达到每天2小时的要求;指导幼儿园充分利用当地资源和现有条件,创设与儿童发展相适应的环境,满足儿童发展需要,倡导儿童的参与性。

四是强化安全意识。定期或不定期对幼儿园的园所安全和预案措施进行检查,协调相关部门,强化综合治理,消除安全隐患。安全防备应体现多维性和多层次性,重点注意幼儿的吃住行、学与玩。

(三)社会团体何时来贫困社区开办幼儿园

原教育部长袁贵仁曾提出鼓励社会团体开办幼儿园,这是加快连片贫困社区乡村幼儿园建设的重要指导思想。但是,社会团体何时来? 如何来? 来了之后如何安身? 这一系列问题都考验着贫困山区每一个人的智慧,这一系列问题都不是政府能独自完全解决的,而是需要政府做先导,社会团体和群众大力支持的一项复杂而又有实际意义的工作。

政府加大投入怎么做。吴静(2015)①研究显示,在2011年学前教育生均拨款

---

① 吴静.我国东部、中部、西部学前教育成本分担现状分析与政策建议[J].学前教育研究,2015(1):26-35.

中,上海高达 10 001 元,贵州 605 元。两地的经费投入差距非常大,而贵州必须先保证城市幼儿教育的发展,因此农村的学前教育投入很少。课题组认为贵州学前教育的经费投入应优先满足农村,因为城市有很多资源、很多社会力量办学,而农村更需要政府的关注和投入。此外,政府需要在加大民办幼儿园的扶持上,多思考、多创新,如办园用地、税收、其他费用等方面,通过倾斜政策、优惠政策、减免政策等引导社会办学资源进入农村。

群众支持怎么做。早期的平民教育运动,可以提供一定的借鉴。平民教育之父晏阳初先生的平民教育计划,其经费来源之一就是"热心平民教育之人"[①],这些人主要是当地的民众。虽然社会环境已经发生了巨大的变化,但农村教育相对落后的状况是一致的,因此平民教育在农村环境中仍然适用。当地政府可以积极呼吁那些从当地农村走出去,目前已经有一定经济实力的民众反哺家乡,支援农村幼儿教育事业。

此外,贵州农村教育尤其是民族教育的历史经验也可以借鉴,如曾经辉煌一时的石门坎教育。有学者对石门进行介绍时,就以"现在西南苗族最高文化区"[②]为标题。此后,石门坎再被提及时,就有了"海外天国""西南苗族最高文化区"的美誉,主要原因是当地教育的极大成功。石门坎教育发展始于 1903 年当地民众在英籍传教士柏格里带领下,齐心协力,筹钱筹地,建教堂,修学校,让当地的孩子能上学,培养了一批民族有志之士。如《石门坎的苗民教育》一文中提到,"博士研究生吴性纯,硕士研究生朱焕章、杨汉先等有为青年毕业后回石门任教,为石门服务,最终让当地教会学校实现了'以苗教苗'之目的"。[③] 此后一段历史时期,石门坎教育日趋兴盛,成了西南苗族教育史上辉煌的一页。东人达(2004)[④]对石门坎教育体系进行评述时,将其高度评价为"近代民族教育的一项创举"。时至今日,去石门乡调研的专家学者络绎不绝,研究者们对那一时期的教育历史仍有很高的研究热情。通过石门坎教育发展的典型案例的分析,民众参与当地幼儿教育发展是可为的,也是有先例的,因此要有办好农村幼儿教育事业的信心和决心。

社会团体用心怎么做。社会团体主要体现在用"心",要有奉献社会的公益心。社会团体到农村尤其是贫困社区办学,不能以营利为目的,而是送教下乡,改善当地教育环境的公益行为,需要无私奉献的情怀和社会责任感。在中国教育发展的道路上,并不缺关心农村教育事业的个人和团体。如热心教育扶贫的朱英龙对 S镇乃至整个毕节市农村都有教育捐赠,"绣山教学楼"矗立在毕节市农村许多学校

① 晏阳初.平民教育与乡村建设运动[M].北京:商务印书馆,2014:16.
② 东昊,朱群慧.贵州石门坎:开创中国近现代民族教育之先河[M].北京:中国文史出版社,2006:4-7.
③ 吴泽霖,陈国钧,等.贵州苗夷社会研究[M].北京:民族出版社,2004:294-297.
④ 东人达.近代民族教育的一项创举——滇黔川边石门坎教育体系评述[J].贵州民族研究,2004,24(4):
133-140.

中;邵逸夫的教育捐赠洒满了大地神州;田家炳捐助教育,贡献颇多,明德善行,被誉为当世楷模,"田家炳中学""田家炳教学楼"遍布各地。因此,不但需要热心教育的企业家关注并关怀贫困山区的教育,同时也需要教育家协助贫困山区人民共谋幼儿教育事业,为孩子的成长出谋划策。

四、考察启示

通过考察,教育机构数量少、师资缺乏、教育内容单一、经费投入不足、入园难、设施简陋等六个方面是 S 镇学前教育面临的主要困境。习近平在党的十九大报告中强调,要办好幼儿教育,努力让每个孩子都能享有公平而有质量的教育。国家的指导意见给予贫困社区幼教发展重大的机遇,这关系着千家万户孩子的切身利益。发展幼儿教育事业,功在当代,利在千秋,关系到孩子融入学校教育最基础、最重要的一步,如果在接受学校教育的第一步孩子就对学校产生了负面情绪,将会把这种负面情绪带入下一阶段的学习生活中,并且负面情绪会累加,从而对未来的学习生活带来难以逆转的消极影响。在"脱贫攻坚"背景下,通过对国家贫困县贵州纳雍县贫困乡镇 S 镇幼儿教育现状的田野调查,折射出了乡村基础教育面临的共性问题,在了解特定学生群体的学习成长背景后,可作为探寻其学习倦怠的有效途径。

第三节　民族文化的教育价值——以梭戛生态博物馆考察为例

博物馆是文化的代名词,而民族村寨的博物馆,更是一个民族社区的文化符号,承载着民族社区的发展记忆与发展历史。随着政府的大力支持及资金投入,六枝梭戛苗族生态博物馆成了独具特色的亚洲第一座民族文化生态博物馆。到梭戛考察、学习交流的专家学者越来越多。对其进行研究的成果越来越丰富,他们分别从各自的角度探讨了梭戛生态博物馆的价值。如针对文化遗产保护的研究,有梁太鹏(1999)[1]、张晓松(2000)[2]、张勇(2000)[3]、胡朝相(2001)[4]、周真刚(2002)[5]、余

① 梁太鹏.文化遗产的动态状保护与社会改造——关于贵州六枝梭戛生态博物馆的思考[J].中国博物馆,1999(1):2-6.
② 张晓松.生态保护理念下的长角苗文化——贵州梭戛生态博物馆的田野调查及其研究[J].贵州民族研究,2000(1):112-122.
③ 张勇.梭戛生态博物馆肩负保护与发展双重责任[J].中国博物馆,2000(2):66-68.
④ 胡朝相.论生态博物馆社区的文化遗产保护[J].中国博物馆,2001(4):19-22.
⑤ 周真刚,胡朝相.论生态博物馆社区的文化遗产保护[J].贵州民族研究,2002(2):95-101.

压芳(2006)①。针对社区发展与管理为主题的研究,有王伯承(2012)②、尚国峰(2017)③。此外,安丽哲(2007)④以服饰文化为主题进行了考察研究,段阳萍(2012)⑤从不同类型生态博物馆的比较研究视角,对其进行了考察。对民族社区博物馆进行人类学考察,探索其社区经济、社会、文化、教育等方面的发展亦有其特殊价值。课题组对贵州省六枝梭戛生态博物馆进行考察,希望在此过程中能够找寻一些有关民族社区的教育元素。

一、两进梭戛高兴村

课题组于 2017 年 7 月和 2019 年 5 月两次进入六枝梭戛乡高兴村,两次考察经历,记忆都非常深刻,路途的艰辛给大家留下了难忘的印象。2017 年,中午 2 点左右,从岩脚出发至高兴村,适逢雨天,道路施工,白天道路堵塞严重(如图 4-1),当地那些不惜面包车底盘被刮的师傅,白天也无法正常营运,如果选择坐车,到了博物馆已是闭馆时间,晚上到博物馆也没有多大意义。

图 4-1　路途真实写照

课题组不得不步行前往梭戛博物馆,一路雨一路泥(如图 4-2),奔波 3 小时左右,终于到了向往已久的神秘之地。遗憾天快黑了,未进入社区,只是匆匆进入博物馆,拍了几张照片。在社区中,希望与一位小孩了解情况,但他不会说普通话,无法交流。这是第一次调研最真实的感受。

2019 年,再次进入梭戛,两年前的泥泞路已变成宽阔平坦的柏油路,但部分路段仍未完工,大客车基本能通行,开车师傅异常小心。

图 4-2　一路泥泞

① 余压芳.生态博物馆理论在景观保护领域的应用研究——以西南传统乡土聚落为例[D].南京:东南大学,2006.
② 王伯承.生态博物馆建设与民族社区发展研究——以中挪两国在贵州共建的生态博物馆群为例[D].贵阳:贵州民族大学,2012.
③ 尚国峰.社区参与视角下的生态博物馆——以梭嘎生态博物馆为例[D].重庆:西南大学,2017.
④ 安丽哲.从"遗产"中解读长角苗服饰文化[D].北京:中国艺术研究院,2007.
⑤ 段阳萍.中国西南民族地区不同类型生态博物馆的比较研究[D].北京:中央民族大学,2012.

对无意交谈颇感意外。曾记得,2017 年从梭戛下山,时间已经下午 6 点,步行已经不可能。只得找了当地一个面包车师傅送我们下山,在与面包车师傅的聊天中,师傅问:"这么烂的路,你们来这边干嘛?"课题组一位同志心直口快地说:"来了解梭戛博物馆",师傅不以为然地回答:"这博物馆有什么看的,修了这么多年都还未完善,内容也不多。"这是第一次见到博物馆时的真实写照,如图 4-3。

图 4-3　修葺中的博物馆

第二次进入梭戛村,与面包车师傅的谈话中,师傅又问到了我们一行的目的。课题组一位直接答道:"是来调研的,目的是了解梭戛当地民族文化,借此反观民族文化与中学生学习现状,如学生逃学、厌学、辍学等现象",面包车师傅的回答让我们颇感意外,"你们这个调研比较有意义,尤其对我们梭戛这个地方的学生很有针对性,前几天还听说我们这边中学里,学生有早恋现象,不想读书,甚至还有怀孕的"。师傅的话虽有夸大的嫌疑,但语气较为中肯,因此他的话中反映出了当地学生的一些现实状况。课题组与师傅的谈话并不是正式的访谈,但这种无意中流露出的信息,往往有着不可替代的真实性和参考价值。师傅的话也让课题组知道从事的研究工作有着很强的现实意义,让大家对研究工作更充满了责任感。

二、建立梭戛生态博物馆的背景

梭戛博物馆作为中国第一座生态博物馆,承载了很多历史文化与记忆。根据安来顺(1995)[1]所撰写重要资料《在贵州省梭戛乡建立中国第一座生态博物馆的可行性研究报告(中文本)》,可以了解其建设的大致背景。

梭戛生态博物馆建立,始于 1995 年 1 月,从调研、设计到建成,历时近 5 年时间,1998 年 10 月 31 日正式开馆。1995 年,时任贵州省文化厅文物处副处长的胡朝相,在北京与时任贵州省文物保护顾问苏东海理事研究贵州省文博工作,希望在贵州省开发新型的博物馆,在苏理事的支持和建议下,建议成立课题小组,并邀请了挪威生态博物馆学家约翰·杰斯特龙先生参与课题组,对贵州省开发生态博物馆的可能性和可行性进行科学考察和论证。

挪威政府和文化交流项目的执行机构,对该项目比较重视,将此项目列入《中挪 1995—1997 文化交流项目》,并为挪威约翰·杰斯特龙等专家来华考察交流,提供了国际旅费及相应财政支持。

---

① 安来顺.在贵州省梭戛乡建立中国第一座生态博物馆的可行性研究报告(中文本)[J].中国博物馆,1995(2):8-14.

1995 年 4 月,该项目考察组对贵阳镇山村、梭戛乡及其榕江县、从江县、黎平县和锦屏县的近 10 个布依、苗、侗和汉等民族村寨进行了调研。最终,该考察组认为梭戛及其贵阳镇山村、肇兴堂安村、隆里古城最具有建立生态博物馆的潜力(注:目前为止,这几个地方都已建成生态博物馆)。经项目组全面论证和讨论,将国际生态博物馆的基本理论和贵州省,特别是梭戛社区的自然环境、历史、经济、文化、宗教、管理等具体情况相结合,建议将中国第一座生态博物馆的选址定于梭戛乡。

三、梭戛生态博物馆基本结构

在安来顺(1995)的报告中,绘制了梭戛生态博物馆基本结构图,见下图 4-4。从图中可以看出,博物馆包括两个主要的组成部分:一部分是资料信息中心;另一部分是民族村寨,也就是图中的 12 个苗寨。现将考察、收集资料的内容,分享如下。

资料信息中心主要包括展览馆、视听室、档案室、办公室、餐饮和商店、服务性设施。其中展览馆是一个多功能中心,已挂牌"长角苗文化传承人培训中心"和"长角苗文化展示中心",简称"两中心"功能,见下图 4-5。当然"两中心"的功能简称具有局限性和时限性,首先生态博物馆最基本的目标是要保持文化完整性和完好性,其次随着梭戛社区的发展,生态博物馆的文化鉴赏、科学研究、经济发展等功能,会体现得更加充分,所以"两中心"功能只是一个简单的称谓。

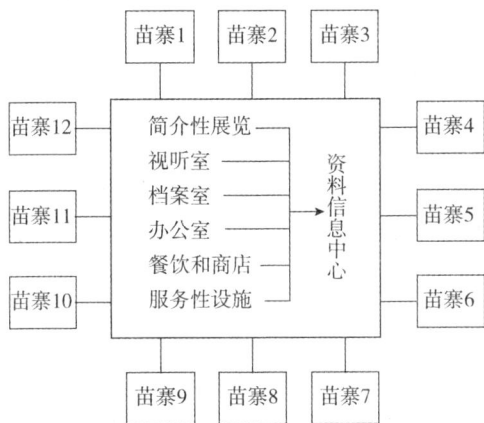

图 4-4　梭戛生态博物馆基本结构图(图片为安来顺绘制)　　图 4-5　梭戛生态博物馆兼具"两中心"功能

馆内主要包括文字叙述资料和实物展示两部分。其内容大致分为以下类别:生态博物馆简介、梭戛隶属情况、六枝原则、民间信仰、人生礼俗、服饰文化、社会结构、社区发展、生产生活、手工技艺和音乐舞蹈等内容。

民族村寨更像天然真实的生态博物馆。生态博物馆与传统博物馆的差异是,前者侧重社区、遗产、居民、文化记忆、公共知识等方面的展示和保护,而后者侧重建筑、藏品、观众、科学知识、科学研究等方面的内容。真正的生态博物馆要对本社区文化遗产尽可能保护其原始状态,梭戛生态博物馆正是对 12 个苗寨进行保护,其保护内容可以分为有形与无形两类,有形保护如建筑风格、村落空间、服饰、音乐舞蹈等,而无形保护如民族语言、音乐舞蹈、古朴民风民俗、管理制度、村规民约、民间信仰等。

四、关于教育元素

本次考察中发现,博物馆所在的陇戛寨也只有一所小学,但小学修建比较漂亮,功能也比较完善。小学取名为陇戛逸夫小学,说明得到逸夫基金的资助。校名两侧树立了 12 个大字"至乐无如读书,至要重在养习",见图 4-6。此句引用自《增广贤文》"至乐莫如读书,至要莫如教子"。其意为,一个人最快乐的事情莫过于读书学习,同样最重要的事情则莫过于教育孩子。读书对于个人的成长非常重要,因为书籍里几乎包含了所有的知识,多读书

图 4-6　陇戛逸夫小学

可以让你更好地认识世界,学到更多的知识,在长见识的同时还可以身心愉悦。同样的,父母对于孩子的成长起着至关重要的作用,教育孩子是父母最重要的职责。做父母的不仅需要养家糊口,更要管教自己的儿女,让其成长为有用之人。儿女是父母的希望,在他们身上承载的不光是自己的理想更是父母的梦想。学校赫然树立这几个大字,大概是对陇戛教育的一种愿景,更是一种教育价值观。

考察还发现,梭戛生态博物馆在教育功能方面具有独特的价值,于 2004 年被中共贵州省委、贵州省人民政府命名为"贵州省爱国主义教育基地",碑文见图 4-7。这对于梭戛社区教育,将会产生深远的影响。

关于梭戛教育发展的命题,在建立博物馆时就已深入考察。安来顺(1995)考察报告中指出,陇戛寨有一座简陋的学校,设有汉语和苗语两种课程,说明双语课程早已得到认同。而对

图 4-7　碑文:贵州省爱国主义教育基地

学历的表述为"寨中最高文化程度已达初中",说明教育程度相对来说,并不算落后。但多数女孩不上学,以刺绣和家务劳动为主,这是整个贵州民族地区的一个缩影,上文民族刻板印象一章中,已有论述。在其调查中还发现,古老刻竹记事的文字,只有寨老和少数人才能识别。时至如今,当地学历最高的已有硕士研究生,有本科学历的数量也多了不少。

考察中,课题组有幸与三眼箫传承人熊天琨见面交流。熊天琨 1990 年出生于六枝特区梭戛乡高兴村一组,是一个在浓厚的苗族文化熏陶中长大的苗族青年,从

小受苗族特色乐器耳濡目染，尤其对三眼箫情有独钟，立志将三眼箫传承发展好，让三眼箫融入大众乐器，走进大众视野。2013年，熊天琨考入了贵州民族大学音乐舞蹈学院声乐专业，开始了他的民族情怀与音乐梦想。在大学学习期间，熊天琨不断研究三眼箫制作和演奏技巧，时常请教梭戛乡三眼箫老前辈杨德贵，广泛收集三眼箫演奏曲目和演奏方法，最终有了自己的一套三眼箫制作方法和演奏指法。在生活中，熊天琨常常与父亲一起探讨三眼箫制作及演奏方法，建立了家中为父子、乐中为友人的深厚感情。有如此情怀的青年，相信三眼箫定能走出梭戛，走进大众视野，走向世界。这无疑是为当地树立了一个学习的榜样，对加强民族认同、文化自信有很大的鼓舞。

第四节　本章研究启示

课题组选取了纳雍县的S镇、梭戛生态博物馆为考察对象，采用田野调查法，进行了"几进几出"的考察研究，得到了一些目前农村基础教育的第一手资料，同时也反思了乡村基础教育面临的一些困境，对研究学生学习倦怠形成及其原因提供了现实的支持。同时，课题组也深深地感受到，虽然田野调查具有重要的意义，但研究中还是会遇到很大的困难与阻碍，如研究学习倦怠中的辍学现象这一敏感问题，基本难以得到真实的答案，原因在于已辍学的学生可能已经被劝返，但其是否真读书，就更不可能知晓，并且在"一个都不能少"的政策压力下，显性辍学的原因不便于提及，而隐性辍学是很难去定性定量的。

此外，在研究中发现，田野调查方法既涉及民族学、教育学、心理学等学科的理论基础，又需要一定的调查研究实战经验与技能，只有具有扎实的理论功底与经验支撑，在调查中才可能做到理论联系实际，这是今后要继续努力的方向。期待将来在教育考察中会获得更多有意义的研究成果，继续深入探索学习倦怠影响因素的演变。

综上，两次田野调查取得了一定的研究成果，在调研的过程中发现了一些宝贵的原始资料，发现了"显性辍学"与"隐性辍学"的现实与困惑，同时还发现了学习倦怠的形成不是一朝一夕，可能涉及儿童时期的社会化过程。此外，在对梭戛生态博物馆的调查中，发现了民族文化传承保护，对其提升民族认同感、个人效能感方面具有重要的促进作用。

第五章 贵州民族地区中学生学习倦怠现状

前面章节已对中学生学习倦怠界定及理论基础,进行了严密深入的综述与反思,并做了一定的考察分析,为本章探究贵州民族地区中学生学习倦怠现状打下了坚实的理论基础。从定性分析的角度,学习倦怠是倦怠的一个子集,学习倦怠是一种外在行为与内在心理耗竭的综合反映。外在行为包括逃学、辍学、厌学、回避学习、学习中玩手机等现象,而内在心理耗竭包括对学习本身的失望、找不到学习快感、学习无期望、学习对自己的未来不会有任何作用、学习中充满压力等的负面评价与体验。本章将从实证分析的角度,探索学习倦怠的结构,并对贵州民族地区中学生学习倦怠现状进行分析和思考。

第一节 贵州民族地区中学生学习倦怠结构探索

在第一章概念界定及理论基础中,对倦怠的界定及其结构有了简单的回顾与思考,但发现不同调查对象的倦怠感并非一致。对于民族地区的中学生学习倦怠和其他地区学生是否一致也尚无定论。因此,在已有研究基础上,对学生、教师及其家长进行访谈,编制学习倦怠开放问卷,并最终通过数据统计分析,制定信效度较高的贵州民族地区学习倦怠测查工具,对民族地区中学生学习倦怠结构进行探索,上述研究会对预防民族地区中学生学习倦怠有直接作用。

一、学习倦怠结构初探

(一)项目编制过程

在文献综述的基础上,编制了包含 10 个项目的学生访谈表(见附录 1)与 12 个项目的家长访谈表(见附录 2),访谈表的内容涉及中学生学习倦怠、教育价值观、社会支持等相关内容。在得到学生同意(见附录 3 学生访谈同意函)前提下,对 30 余名中学生进行了访谈;在得到中学生家长同意(见附录 4 家长访谈同意函)前提下,对 20 余名家长进行了访谈。经过对访谈录音、笔记的整理,梳理出了关于描述"学习倦怠"内容的关键词语,其中涉及倦怠表现行为主要有爱玩手机、骑自行车、成绩不好不想学、听不懂上课内容不愿学、大学生太多读与不读没两样、与老师关系不好学不进去、学习让自己的身体变坏、读书太辛苦、努力了学不会,等等。根据这些出现的高频词汇,将其编制为陈述句的形式,共编制出了 40 余条陈述句,如"我总是不愿听老师所讲的内容""我能有效地处理学习上的大部分问题""学习时总会情不自禁地玩手机"等。然后邀请了中学教师、大学教育学、心理学教师共 20 余名,对这些词条逐一审核,最终留下了 32 个关于学习倦怠表述的词条。考虑到教师理解与民族地区学生理解可能会出现偏差,对同一问题的语言表述也有可能不同,项目组又邀请了六盘水师范学院 2014 级民族预科班 50 余名学生对这 32 个句子进行研读,学生虽做了一些简单修改,但并没有出现理解偏差,也未出现语言表述冲突与矛盾的情况。最终,将 32 个词条作为项目,构成了民族地区中学生学习倦怠的初测问卷(见附录 5),问卷评价方式采用五级计分式,"从未如此"计 1 分,"很少如此"计 2 分,"有时如此"计 3 分,"经常如此"计 4 分,"总是如此"计 5 分,项目中涉及反向计分题,分数越高,说明学习倦怠倾向越明显,越具有学习倦怠的可能性。

(二)项目筛选过程

初测及项目筛选。初测在贵阳清镇、遵义道真、毕节纳雍、六盘水、黔南贵定、黔西南等地部分中学,分层整群抽取 290 名学生,作为初测对象。调研组发放初测问卷,当场填写并当场收回,共收回问卷 290 份,其中有效问卷 268 份,其中,七年级 42 人,八年级 83 人,九年级 40 人,高一年级 28 人,高二年级 58 人,高三年级 17 人。有效回收率92.41%。问卷结果采用 SPSS16.0 管理和分析数据,进行项目筛选。

第一步,采用极端组法删除。吴明隆(2010)[①]研究指出,关于高低分组的问题,若是测验分数值呈正态分布,以 27% 作为分组时所得到的鉴别度的可靠性最大,而在量表极端组检验中,采用 25% 至 33% 的分组法均可。据此观点,将学习倦怠总分从高到低进行排序,找出高低分组上下 27% 处的分数即临界分。高分组临界分为第 268×27%=72.36 人,四舍五入选第 72 人,其临界分为 89,依此方法求得低分组临界分为 65,也就是说学习倦怠量表总分在 89 分以上为"高分组",学习倦怠量表在 65 分以下为"低分组"。然后对高分组和低分组进行独立样本 t 检验,即检验两组在每个题项测量值的平均数的差异值是否达到显著($P<0.05$),以了解样本在学习倦怠量表各题项平均数高低是否因组别(高分组、低分组)的不同而有差异。结果见表 5-1。

从表 5-1 结果来看,题项 X5($t=-0.137$,$p=0.891$)、X7($t=1.352$,$p=0.179$),其显著性概率值未达到 0.05 显著水平,其余题项均达到显著水平。依据吴明隆(2010)观点,在所有题项中,除题项 X5 与 X7 的临界比值未达到显著,其余30 题项高低分组平均数差异检验的 t 检验均达 0.05 的显著水平,因此,将 X5 和X7 两个题项删除,其余题项符合要求得以保留。

① 吴明隆.问卷统计分析实务——SPSS 操作与应用[M].重庆:重庆大学出版社,2010:160.

表 5-1　民族地区中学生"学习倦怠问卷"项目分析的结果($n=268$)

题号	临界比率(CR)	相关系数(P)	题号	临界比率(CR)	相关系数(P)	题号	临界比率(CR)	相关系数(P)
X1	5.220**	0.304**	X12	7.678**	0.506**	X23	5.737**	0.347**
X2	8.775**	0.491**	X13	8.172**	0.477**	X24	12.566**	0.653**
X3	4.372**	0.316**	X14	6.353**	0.406**	X25	9.485**	0.450**
X4	4.493**	0.312**	X15	8.344**	0.529**	X26	5.340**	0.300**
X5	−0.137	0.039	X16	11.129**	0.639**	X27	10.134**	0.620**
X6	7.450**	0.421**	X17	10.787**	0.590**	X28	8.650**	0.543**
X7	1.352	0.139*	X18	9.032**	0.503**	X29	11.171**	0.613**
X8	7.348**	0.443**	X19	8.745**	0.534**	X30	9.048**	0.574**
X9	9.320**	0.560**	X20	11.730**	0.637**	X31	9.162**	0.524**
X10	6.719**	0.438**	X21	8.266**	0.470**	X32	10.145**	0.617**
X11	10.702**	0.508**	X22	4.427**	0.322**			

注：* 代表 $P \leqslant 0.05$，** 代表 $P \leqslant 0.01$。

第二步，采用同质检验法删除。吴明隆(2010)认为，量表的所有题项是在测量相同的概念或某种潜在特质，则个别题项与此潜在特质间应有中高程度的相关，可采用积差相关法，求出量表总分与量表每个题项的相关。可以采用同质性检验作为个别题项筛选的另一指标，如果个别题项与总分的相关愈高，表示题项与整体量表的同质性愈高，所要测量的心理特质或潜在行为更为接近。个别题项与总分的相关系数未达显著的题项(或两者相关系数小于 0.40)，表示题项与整体量表的同质性不高，可以考虑删除。Lewis R. Aiken(2006)[1]、金瑜(2005)[2]、顾海根(2008)[3]等人根据心理测量学的一般原理则认为，项目鉴别指数 D 大于或等于 0.40 的被认为是区分度很好，$0.30 \leqslant D < 0.40$ 的区分度较好，$0.20 \leqslant D < 0.30$ 区分度尚可，D 小于 0.20 说明区分度差。综合以上观点，结合研究实际，对项目进行删除。用相关法计算各项目得分与总量表得分的相关系数(见表 5-1)。从上表可看出共有 8 道题的鉴别指数小于 0.40，它们分别是 X1、X3、X4、X5、X7、X22、X23、X26 题项。综上，删除学习倦怠初测问卷中的 X1、X3、X4、X5、X7、X22、X23、X26 项目，共计 8 个项目。至此，题项中的 32 个项目剩余 24 个项目。

第三步，采用探索性因子分析萃取法筛选项目。根据朱建平(2008)[4]的因素分析观点，因子分析就是一种降维、简化数据的技术，通过研究众多变量之间的内部依赖关系，探求观察数据中的基本结构，并用少数几个"抽象"的变量来表示其基本的数据结构，而将这几个抽象"变量"称之为因子，其能反映众多变量的主要信息。

在分析阶段，发现原始变量的相关系数矩阵中，存在许多比较高的相关系数，其大

①　Lewis R. Aiken. 心理测量与评估[M]. 张厚粲，黎坚译. 北京：北京师范大学出版社，2006：66-83.
②　金瑜. 心理测量[M]. 上海：华东师范大学出版社，2005：139-217.
③　顾海根. 心理与教育测量[M]. 北京：北京大学出版社，2008：167-214.
④　朱建平，殷瑞飞. SPSS 在统计分析中的应用[M]. 北京：清华大学出版社，2008：154-170.

多相关系数显著性检验的 P 值小于 0.05,说明原始变量之间存在着较强的相关性,具有进行因子分析的必要性。进一步探索性因子分析显示,KMO 值等于 0.896,Bartlett 球形检验的 P 值为 0.000。根据朱建平(2008)和潘玉进(2006)[1]对 KMO 的度量标准及 Bartlett 球形检验假设,说明本研究数据比较适合进行因子分析,故可以进行下一步的分析统计。

根据因素分析观点,项目载荷值显示的是该项目与某公共项目的相关,项目的因素载荷值越大,说明该项目与公共因素的关系越密切,若某公共因素与某个项目间的相关很低,则该因素反映的心理结构就不能由此项目推知。根据吴明隆(2010)[2]的研究,至于因素负荷量值要多大才能将题项变量纳入共同因素之中,需考虑样本的大小,若是样本数较少,则因素负荷量的选取标准要较高;相对的,若是样本数较多,则因素负荷量的选取标准可以较低,其因素负荷量选取标准值范围在 0.300~0.750 之间。采用主成分法(Principal Components)抽取因子,用最大变异法(Varimax)进行正交旋转。通过两次正交旋转,将因素负荷较小、正交旋转独立成一个维度的项目 X8、X25 剔除,问卷的项目减少到 22 个,并再做一次因素分析。对余下的 22 个项目进行第二次探索性因素分析,其结果见图 5-1 因子碎石图及其学习倦怠因子分析结果摘要表(表 5-2)。

结果发现,民族地区中学生学习倦怠的 22 个项目中,除了"X32 学习上有很多问题,但我已经感到无所谓"因素负荷等于 0.381、"X20 我看到老师总是躲得远远的"因素负荷等于 0.445,小于 0.450 但比较接近之外,其余项目都大于 0.450(见表 5-2),并且前四个因子总的累积方差贡献率达到 52.030%(见表 5-2),说明前四个因子包含了原始变量的大部分信息。根据吴明隆(2010)[3]研究结论,在社会科学领域中,若是因素累积解释变异量在 50% 以上,因素分析结果可以接受。

此外,从因子碎石图(图 5-1)可以看到,第四个因子以前的特征根较高,连接成了陡峭的折线,而第四个因子以后的特征根相对较低,并连接成了平缓的折线,进一步说明,在贵州民族地区中学生学习倦怠结构上,提取四个因子是比较适当的。

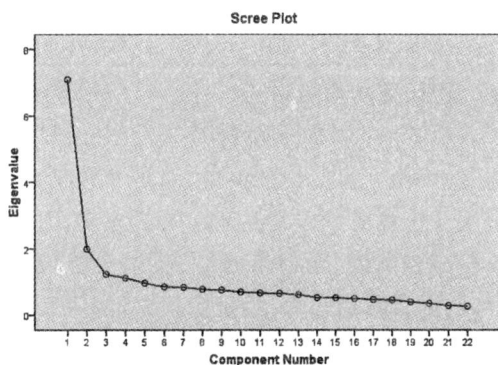

图 5-1　因子碎石图

---

①　潘玉进.教育与心理统计——SPSS 应用[M].浙江:浙江大学出版社,2006:246-252.

②　吴明隆.问卷统计分析实务——SPSS 操作与应用[M].重庆:重庆大学出版社,2010:191-192.

③　吴明隆.问卷统计分析实务——SPSS 操作与应用[M].重庆:重庆大学出版社,2010:205.

表 5-2　学习倦怠因子分析结果摘要表

项目编号	直接斜交法斜交转轴后之结构矩阵				共同性
	因子 1	因子 2	因子 3	因子 4	
X29 课堂上玩手机能让我减轻烦躁	0.739				0.639
X30 课堂上玩手机是最让我开心的事情	0.738				0.639
X31 玩手机能让我忘记学习烦恼	0.726				0.608
X28 玩手机让我的学习生活更加充实	0.639				0.483
X24 上课时没有手机感觉很无聊	0.616				0.533
X27 课堂上没有手机时我感到不安	0.576				0.660
X32 学习上有很多问题,但我已经感到无所谓	0.381				0.403
X12 老师对我有成见,总是不喜欢我					0.529
X9 我对老师说的话没有信任感		0.688			0.464
X11 作业不能完成,我对此感到无所谓		0.585			0.443
X16 我已经习惯了考试成绩差		0.554			0.539
X10 每次考试或测验,我总会有应付的想法		0.511			0.316
X15 我觉得老师只看中成绩,其他都无用		0.497			0.478
X20 我看到老师总是躲得远远的		0.445			0.482
X13 在学习上我很懒散		0.433			0.571
X14 对于作业,即使我努力思考还是不会做			0.725		0.480
X2 我总是不愿听老师所讲的内容			0.663		0.556
X17 我上课时总想睡觉			0.646		0.489
X6 学习让我感到头疼			0.513		0.481
X21 我觉得因学习导致睡眠质量变差			0.497	0.730	0.586
X18 我近期感觉到哪都不舒服				0.637	0.551
X19 我的身体素质因学习下降了				0.561	0.516
累积解释变异量%					52.030

(三)因子命名

从表 5-2 及因子碎石图 5-1 可以看出,因子 1 包括 7 个项目,因子 2 包括 7 个项目,因子 3 包括 5 个项目,因子 4 包括 3 个项目。结合原始项目的编制过程,四个因子中各项目的关键词有如下含义:因子 1 中主要涉及玩手机有关的项目,如玩手机减少烦躁、玩手机开心、玩手机更加充实、没手机感觉无聊、没手机感到不安等,因此将其命名为"手机依赖",但其中 X32 项目为"学习上有很多问题,但我已经感到无所谓",与手机主题是没有多大关联,且项目编制构想也不符合,此题隶属于哪一个因子,有待于验证性因子分析结果来解释;因子 2 中主要涉及心理认知、评价而反射在情绪层面的项目,如老师有成见不喜欢我、没有信任感、对考试应付、对学习无所谓、不喜欢老师等等,因此将之命名为"情绪耗竭";因子 3 中主要涉及学习效能层面的项目,如上课时想睡觉、努力思考也不会做作业、不愿听老师所讲内容、学习感到头疼等,因此将之命名为"学习低效";因子 4 中主要涉及与身体有关的项目,如感觉身体不舒服、身体素质下降、睡眠质量不好等,因此将之命名为"生理耗竭"。因此,贵州民族地区中学生学习倦怠问卷由四个因子构成,形成 22 个项目的初步正式问卷(见附录10)。

二、正式问卷的信度和效度检验

(一)被试情况

初测问卷修订完成后,对正式问卷进行再测,收集数据用于验证性因素分析和信、效度检验。采用整群抽样方法,在贵州九个地州市的 20 余所中学,调查范围基本涵盖贵州整个民族地区。共发放调查问卷 2 500 份,回收问卷 2 410 份,剔除数据缺失较大、选择带有明显倾向性的问卷,收到有效问卷 2 265 分,有效回收率达 90.60%。其中,少数民族中学生 1 604 人,汉族学生 661 人,少数民族学生占比达到 70.817%。在少数民族学生中,初中学生 1 152 人,高中 449 人,3 个学生年级数据缺失;男生 712 人,女生 886 人,性别缺失数据 6 人。所收集到的数据录入 SPSS16.0 中,进行管理,采用 SPSS16.0、AMOS21.0 统计软件对数据进行分析和处理。

(二)验证性因子分析

根据侯杰泰(2004)[1]、温忠麟(2004)[2]和易丹辉(2008)[3]的观点,在心理学测量中,衡量模型通常使用的指标有两种:绝对拟合指数(包括卡方值χ^2、近似误差均方根(RMSEA)、GFI 和 AGFI)和相对拟合指数(包括 NFI、TLI、CFI 和 IFI)。因此,采用 AMOS21.0 软件,建立民族地区中学生"学习倦怠"的结构方程模型,利用正式问卷收集到的样本数据,进行验证性因素分析,各模型的拟合指数见表 5-3。

表 5-3　民族地区中学生"学习倦怠"量表的模型拟合指数($n=2\ 265$)

	CMIN/DF	GFI	AGFI	NFI	IFI	TLI	CFI	RMSEA
假设模型	9.416	0.922	0.903	0.890	0.901	0.887	0.901	0.061
修正模型	7.569	0.934	0.918	0.912	0.922	0.912	0.922	0.054

温忠麟等人(2004)[4]研究指出,对一个好的指数应当具有对误设模型敏感、惩罚复杂的模型、与样本容量无关等特征,提出并极力推荐了超低显著性水平下的卡方准则,在一般的模型比较时,除了报告卡方指数外,还可以报告 CMIN/DF,这个值小的模型较好。此外,建议使用的其他指数和传统界值:NFI 和 CFI(界值为0.9);RMSEA(界值为 0.08)。并认为,只要根据其中多个准则(包括卡方准则)模型是好的拟合,就可以从某些角度认为模型可以接受,当然,其他指数也要参考,不能离界值太远。

根据从表 5-3 中相关拟合指数可以看出,假设模型所得拟合指数已经基本符合上述标准,但卡方与自由度的比值 9.416 较大。从模型给出的修正指数来看,问卷中的项

① 侯杰泰,温忠麟,成子娟.结构方程模型及其应用[M].北京:教育科学出版社,2004:166-177.
② 温忠麟,侯杰泰,马什赫伯特.结构方程模型检验:拟合指数与卡方准则[J].心理学报,2004,36(2):186-194.
③ 易丹辉.结构方程模型方法与应用[M].北京:中国人民大学出版社,2008:170-185.
④ 温忠麟,侯杰泰,马什赫伯特.结构方程模型检验:拟合指数与卡方准则[J].心理学报,2004,36(2):186-194.

目 JD14 与潜变量"情绪耗竭"相关数值比较大,因此,根据侯杰泰(2004)和易丹辉(2008)等人的模型修正方法,将项目 JD14 归属于"情绪耗竭",对模型进行修正。结果见表 5-3,修正后的模型拟合指标有了进一步的提升。CMIN/DF 值为 7.569;RMSEA 的值为 0.054,小于 0.08,其余拟合指数 GFI、AGFI、IFI、NFI、TLI、CFI 值都在 0.9 以上。根据温忠麟等人(2004)衡量模型的标准,民族地区中学生学习倦怠修正模型(见图 5-3)相对假设模型(见图 5-2)具有较好的拟合度,也表明了四因子模型能较好地拟合数据。因此,民族地区中学生学习倦怠问卷的项目最终确立为 22 个项目。其中,项目 JD14 就是在因子命名部分对其质疑的项目 X3"学习上有很多问题,但我已经感到无所谓",通过验证分析,将其归为情绪耗竭比较符合事实与结构设想。

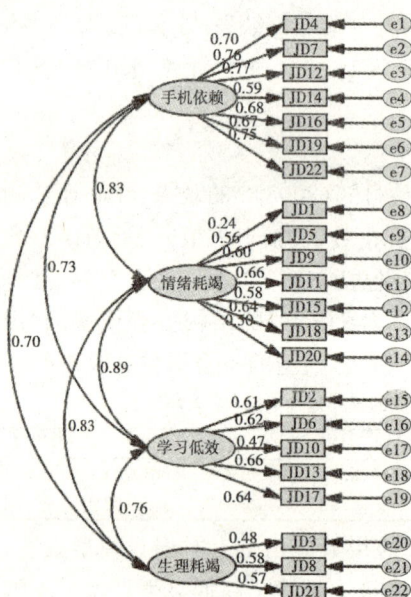

图 5-2　学习倦怠量表结构假设模型及标准化解　　图 5-3　学习倦怠量表结构修正模型及标准化解

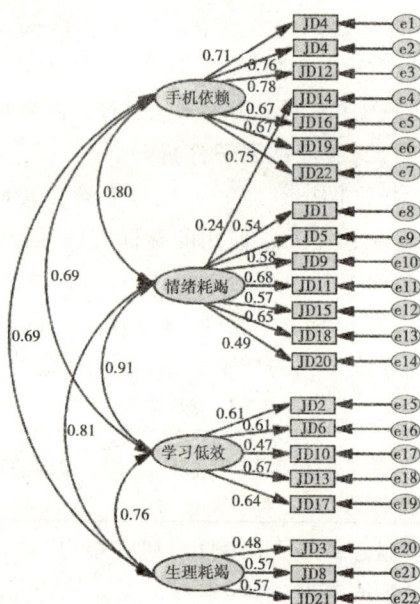

(三)问卷的信度分析

为了检验民族地区中学生"学习倦怠"问卷是否可靠,研究对 22 个项目的正式问卷数据进行了信度分析,主要考察了问卷的 Cronbach α 一致性系数和折半信度两个指标。从表中数据可以看出,问卷的 Cronbach α 系数介于 0.570～0.909,具体结果见表 5-4。

表 5-4　学习倦怠问卷的信度($n=2\ 265$)

维度	α 系数	折半信度
手机依赖	0.867	0.841
情绪耗竭	0.783	0.789
学习低效	0.737	0.742
生理耗竭	0.570	0.559
学习倦怠量表	0.909	0.887

信度是指测验或量表工具所测得结果的稳定性及一致性,量表的信度愈大,则

其测量标准误差愈小。因素分析完后，要继续进行量表各层面与总量表的信度检验。究竟α系数要多大才算高的信度，不同的学者对此看法也未尽相同。吴明隆(2010)[①]在综合多位学者观点基础上，提出了内部一致性信度系数指标判断原则，其中分层面最低的内部一致性信度系数要在0.50以上，最好能高于0.60，而整份量表最低的内部一致性信度系数要在0.70以上，最好能高于0.80。根据这一观点，民族地区中学生学习倦怠问卷的信度比较高，表明问卷的测量结果是可靠可信的。

(四)问卷的效度分析

对问卷效度的考察主要采用两个指标：内容效度和结构效度。内容效度指量表内容或题目的适切性与代表性，即测验内容能否反映所要测量的心理特质，能否达到测量的目的或行为构想。建构效度指能够测量出理论的特质或概念的程度，亦即测验分数对某一心理特质能解释多少的问题。根据吴明隆(2010)[②]观点，建构是用来解释个体行为的假设性的理论架构心理特质，因而建构效度就是"能够测量到理论建构，心理特质的程度"。如根据理论的假设架构，编制一份量表或测验，经实际测试结果，受试者所得实际分数经统计检验能有效解释受试者的心理特质，则此测验或量表即具有良好的建构效度。

问卷的内容效度是指项目是否反映了所要测量的内容。该研究综合采用了访谈法、文献分析法，并邀请教师学生对项目进行评定。在此基础上，通过极端组比较、题项与总分相关、同质性检验等方法，对问卷严格筛选项目，评价指标均达到测量学和数理统计的相关要求。因此，所编制的民族地区中学生学习倦怠问卷具有较为理想的内容效度。

结构效度可采用各因子与总问卷的相关是否超过各因子之间的相关来检验。根据Tuker(1987)的理论，因素之间的相关应小于因素与总问卷之间的相关。否则，就说明因素独立性不高，或者因素间存在交叠现象。同时，各因素之间的相关也不能太低，太低了说明有的因素并不能测到问卷希望研究的心理特征。据此，进一步考察了民族地区中学生学习倦怠问卷手机依赖、情绪耗竭、学习低效、生理耗竭四个维度及其与学习倦怠问卷总分的相关，其具体结果见表5-5。

表5-5　学习倦怠各个维度及与问卷总分间的相关矩阵

	手机依赖	情绪耗竭	学习低效	生理耗竭	学习倦怠总分
手机依赖	1				
情绪耗竭	0.655**	1			
学习低效	0.551**	0.686**	1		
生理耗竭	0.484**	0.552**	0.487**	1	
学习倦怠总分	0.848**	0.907**	0.817**	0.695**	1

注：** 表示 $P < 0.001$。

---

① 吴明隆.问卷统计分析实务——SPSS操作与应用[M].重庆：重庆大学出版社,2010：237-245.
② 吴明隆.问卷统计分析实务——SPSS操作与应用[M].重庆：重庆大学出版社,2010：194-196.

表 5-5 结果显示,民族地区中学生学习倦怠问卷各个因子之间呈中等程度相关,说明手机依赖、心理耗竭、学习低效与生理耗竭各层面之间有相对独立性,而各层面与问卷总分之间呈中等以上偏高度相关,且均大于各层面之间的相关,说明各层面与总问卷紧密联系程度,较好地反映了学习倦怠问卷所要测量的内容,一定程度上证实了学习倦怠问卷的结构效度比较良好。

此外,因素分析是检验问卷结构效度强有力的鉴别方法。本研究中的探索性因素分析和验证性因素分析结果都支持了问卷的四因素结构,与理论结构模型的维度基本一致,证明了问卷具有良好的结构效度。

综上,从项目筛选过程到验证性因子分析的整个过程,对问卷的信度与效度分析来看,都满足了相关数据统计及其测量学相关指标要求,总体说明了民族地区中学生学习倦怠问卷信效度良好,作为本研究之用是可行、可信、有效的。民族地区中学生学习倦怠正式问卷附录于后(见附录 10)。

第二节 学习倦怠整体评价研究

为了进一步考察民族地区中学生学习倦怠现象总体变向和程度,并从各个层面确切地、定量地说明其对学习倦怠现象变动所产生的实际效果,本文采用综合指数法,对中学生的学习倦怠现象进行了相应评价。

本文借助熵权法对构建的包含情绪耗竭、学习低效、生理耗竭、手机依赖等四个方面共 22 个关于民族地区中学生学习倦怠评价的指标进行赋权,利用综合指数法对学习倦怠涉及的四个方面分别进行了综合评价。指标按照五个等级进行打分,分别为完全同意:1 分;比较同意:2 分;一般同意:3 分;比较不同意:4 分;完全不同意:5 分。具体评价如下。

一、情绪耗竭综合评价研究

根据民族地区学习倦怠问卷中,情绪耗竭评价的 8 个指标项目,借助熵权法对指标进行赋权,利用综合指数法对民族地区中学生感受学习倦怠中的情绪耗竭倾向进行了综合评价,其指标体系及评分标准见表 5-6。

数据获取方法。根据表 5-6 的评价指标体系,本研究数据来自民族地区中学生学习倦怠量表所收集到的 2 265 个样本数据,情绪耗竭维度所对应指标的各项平均分。

赋权方法。熵原本是一个热力学概念,它最早由申农(C. E. Shannon)引入信息论,现已广泛应用于社会经济、工程技术等领域,其在教育评价研究中的使用还处于初始阶段。

表 5-6　中学生学习的情绪耗竭倾向评价指标体系及评价标准

指标	打分标准
每次考试或测验,我总会有应付的想法	每个指标都按照以下 5 个打分
老师对我有成见,总是不喜欢我	标准进行打分:
我对老师说的话没有信任感	完全同意:1 分
作业不能完成,我对此感到无所谓	比较同意:2 分
学习上有很多问题,但我已感到无所谓	一般同意:3 分
我觉得老师只看中成绩,其他都无用	比较不同意:4 分
我已经习惯了考试成绩差	完全不同意:5 分
我看到老师总是躲得远远的	

利用熵可以计算出指标的权重,其具体计算步骤如下:

第一步:各指标熵值确定方法

$$P_j = -K \sum_{i=1}^{m} r_{ij} \ln(r_{ij})$$

式中 $r_{ij} = \dfrac{Y_{ij}}{\sum\limits_{i=1}^{m} Y_{ij}} \left(K = \dfrac{1}{\ln(m)}; j = 1, 2, \cdots, n \right)$（当 $r_{ij} = 0, r_{ij}\ln(r_{ij}) = 0$）。

第二步:各指标差异系数确定方法

$$H_j = 1 - P_j$$

第三步:权重确定方法

$$\omega_j = \frac{H_j}{\sum\limits_{j=1}^{n} H_j}$$

评价方法。运用综合指数法对民族地区中学生学习倦怠的情绪耗竭层面进行评价,依据得分越高,效果越好的原则进行综合评价,综合指数法的公式为:

$$p_i = \sum_{j=1}^{n} \omega_j x_{ij} (i = 1, 2; j = 1, 2, \cdots, n)$$

其中: p_i——综合得分; ω_j——指标权重; x_{ij}——指标分数; i——评价对象个数; j——评价指标个数。

表 5-7　中学生学习倦怠中的情绪耗竭倾向评价指标分数及综合分数

指标	分数	熵权权重	综合分数
每次考试或测验,我总会有应付的想法	2.5015	0.1237	
老师对我有成见,总是不喜欢我	2.0503	0.1256	
我对老师说的话没有信任感	2.1638	0.1251	
作业不能完成,我对此感到无所谓	1.9391	0.1261	1.3534
学习上有很多问题,但我已经感到无所谓	2.1687	0.1251	
我觉得老师只看中成绩,其他都无用	2.3285	0.1244	
我已经习惯了考试成绩差	2.1338	0.1252	
我看到老师总是躲得远远的	2.2185	0.1248	

注:表格中数据保留到小数点后四位,下同。

评价标准。为了体现和评价体系的一致性,本文设置了评价标准阈值范围,$(0,1]$——倾向性非常高,$(1,2]$——倾向性高,$(2,3]$——倾向性一般,$(3,4]$——倾向性低,$(4,5]$——倾向性非常低。

实证分析。根据对数据进行分析,得到民族地区中学生学习倦怠中的情绪耗竭的倾向分数和综合分数,结果见表5-7。

表5-7数据显示,从中学生学习倦怠现象中的情绪耗竭倾向的综合指数,结合评价标准阈值范围来看,可以得到民族地区中学生对于学习倦怠中的情绪耗竭倾向性比较高。这一结果表明,民族地区中学生学习倦怠现象中最常见的可能是情绪耗竭。

二、学习低效综合评价研究

民族地区中学生学习倦怠现象中的学习低效评价,包含5个指标体系,借助熵权法对指标进行赋权,利用综合指数法对民族地区中学生感受学习倦怠中的学习低效倾向进行了综合评价,具体指标体系及评价标准见表5-8。

表5-8 中学生学习倦怠中的学习低效评价指标体系及评价标准

指标	打分标准
我总是不愿听老师所讲的内容	每个指标都按照以下5个打分标准进行打分:
学习让我感到头疼	完全同意:1分
对于作业,即使我努力思考还是不会做	比较同意:2分
	一般同意:3分
在学习上我很懒散	比较不同意:4分
我上课时总想睡觉	完全不同意:5分

数据获取方法。根据表5-8的评价指标体系本研究数据来自,民族地区中学生学习倦怠量表所收集到的2 265个样本数据,学习低效维度所对应指标的各项平均分。

赋权方法。原理同上,利用熵计算出指标的权重,其具体计算步骤如下:

第一步,各指标熵值确定方法

$$P_j = -K \sum_{i=1}^{m} r_{ij} \ln(r_{ij})$$

式中 $r_{ij} = \dfrac{Y_{ij}}{\sum\limits_{i=1}^{m} Y_{ij}} \left(K = \dfrac{1}{\ln(m)}; j = 1,2,\cdots,n \right)$（当 $r_{ij} = 0, r_{ij} \ln(r_{ij}) = 0$）。

第二步,各指标差异系数确定方法

$$H_j = 1 - P_j$$

第三步,权重确定方法

$$\omega_j = \frac{H_j}{\sum_{j=1}^{n} H_j}$$

评价方法。运用综合指数法对民族地区中学生学习倦怠中的学习低效进行评价,依据得分越高,效果越好的原则进行综合评价,综合指数法的公式为:

$$p_i = \sum_{j=1}^{n} \omega_j x_{ij} (i = 1,2; j = 1,2,\cdots,n)$$

其中:p_i——综合得分;ω_j——指标权重;x_{ij}——指标分数;i——评价对象个数;j——评价指标个数。

评价标准。为了体现和评价体系的一致性,本文设置了评价标准阈值范围,$(0,1]$——倾向性非常高,$(1,2]$——倾向性高,$(2,3]$——倾向性一般,$(3,4]$——倾向性低,$(4,5]$——倾向性非常低。

实证分析。根据问卷收集到的样本数据,得到中学生学习倦怠现象中"学习低效"的倾向分数和综合分数,具体结果见表5-9。

表5-9 中学生学习倦怠中的"学习低效"评价指标分数及综合分数

指标	分数	熵权权重	综合分数
我总是不愿听老师所讲的内容	2.4044	0.2016	
学习让我感到头疼	2.5514	0.2004	
对于作业,即使我努力思考还是不会做	2.9885	0.1975	2.6165
在学习上我很懒散	2.6137	0.1999	
我上课时总想睡觉	2.5311	0.2006	

根据表5-9的结果,从民族地区中学生学习倦怠现象中的学习低效倾向的综合指数结合评价标准阈值范围来看,可以得到民族地区中学生对于学习倦怠现象中的学习低效倾向性一般。但也在一定程度上说明了,民族地区中学生学习倦怠现象中的学习低效是存在的。

三、生理耗竭综合评价研究

根据民族地区中学生学习倦怠结构,其生理耗竭评价包含3个指标体系,借助熵权法对指标进行赋权,利用综合指数法对民族地区中学生感受学习倦怠中的生理耗竭倾向进行了综合评价,其指标体系及评价标准见表5-10。

表5-10 中学生学习的生理耗竭评价指标体系及评价标准

指标	打分标准
我的身体素质因学习下降了 我近期感觉到哪都不舒服 我觉得因学习导致睡眠质量变差	每个指标都按照以下几个打分标准进行打分: 完全同意:1分 比较同意:2分 一般同意:3分 比较不同意:4分 完全不同意:5分

数据获取方法。根据表 5-10 的评价指标体系,本研究数据来自民族地区中学生学习倦怠量表所收集到的 2 265 个样本数据,生理耗竭所对应指标的各项平均分。

赋权方法。原理同上,利用熵计算出指标的权重,其具体计算步骤如下:

第一步,各指标熵值确定方法

$$P_j = -K \sum_{i=1}^{m} r_{ij} \ln(r_{ij})$$

式中 $r_{ij} = \dfrac{Y_{ij}}{\sum\limits_{i=1}^{m} Y_{ij}} \left(K = \dfrac{1}{\ln(m)}; j = 1,2,\cdots,n \right)$(当 $r_{ij} = 0, r_{ij}\ln(r_{ij}) = 0$)。

第二步,各指标差异系数确定方法

$$H_j = 1 - P_j$$

第三步,权重确定方法

$$\omega_j = \frac{H_j}{\sum\limits_{j=1}^{n} H_j}$$

评价方法。运用综合指数法对民族地区中学生学习倦怠现象中的生理耗竭进行评价,依据得分越高,效果越好的原则进行综合评价,综合指数法的公式为:

$$p_i = \sum_{j=1}^{n} \omega_j x_{ij} (i = 1,2; j = 1,2,\cdots,n)$$

其中: p_i—— 综合得分; ω_j—— 指标权重; x_{ij}—— 指标分数; i—— 评价对象个数; j—— 评价指标个数。

评价标准。为了体现和评价体系的一致性,本文设置了评价标准阈值范围,$(0,1]$——倾向性非常高,$(1,2]$——倾向性高,$(2,3]$——倾向性一般,$(3,4]$——倾向性低,$(4,5]$——倾向性非常低。

实证分析。根据民族地区中学生学习倦怠量表中生理耗竭层面所得数据,得到中学生的倾向分数和综合分数,具体结果见表 5-11。

表 5-11 中学生学习倦怠中的"生理耗竭"评价指标分数及综合分数

指标	分数	熵权权重	综合分数
我的身体素质因学习下降了	2.1002	0.3341	
我近期感觉到哪都不舒服	2.3355	0.3330	2.2653
我觉得因学习导致睡眠质量变差	2.3607	0.3329	

从中学生学习倦怠中的"生理耗竭"评价指标分数及综合分数结合评价标准阈值范围来看,可以得到,民族地区中学生对于学习倦怠现象中的生理耗竭倾向性一般。但也在一定程度上说明了,民族地区中学生学习倦怠现象中的生理耗竭是存在的。

四、手机依赖综合评价研究

根据民族地区中学生学习倦怠结构,手机依赖层面中的评价包含 6 个指标体系,借助熵权法对指标进行赋权,利用综合指数法对民族地区中学生感受学习倦怠中的手机依赖倾向进行了综合评价,其评价指标体系及评价标准具体见表 5-12。

数据获取方法。根据表 5-12 的评价指标体系,本研究数据来自民族地区中学生学习倦怠量表所收集到的 2 265 个样本数据,手机依赖所对应指标的各项平均分。

表 5-12　中学生学习倦怠中的"手机依赖"评价指标体系及评价标准

指标	打分标准
课堂上没有手机时我感到不安	每个指标都按照以下几个打分标准进行打分:
课堂上玩手机能让我减轻烦躁	完全同意:1 分
课堂上玩手机是最让我开心的事情	比较同意:2 分
玩手机能让我忘记学习烦恼	一般同意:3 分
玩手机让我的学习生活更加充实	比较不同意:4 分
上课时没有手机感觉很无聊	完全不同意:5 分

赋权方法。原理同上,利用熵计算出指标的权重,其具体计算步骤如下:

第一步,各指标熵值确定方法

$$P_j = -K \sum_{i=1}^{m} r_{ij} \ln(r_{ij})$$

式中 $r_{ij} = \dfrac{Y_{ij}}{\sum\limits_{i=1}^{m} Y_{ij}} \left(K = \dfrac{1}{\ln(m)}; j = 1, 2, \cdots, n \right)$（当 $r_{ij} = 0, r_{ij} \ln(r_{ij}) = 0$）。

第二步,各指标差异系数确定方法

$$H_j = 1 - P_j$$

第三步,权重确定方法

$$\omega_j = \frac{H_j}{\sum_{j=1}^{n} H_j}$$

评价方法。运用综合指数法,对民族地区中学生学习倦怠量表中手机依赖层面指标体系进行评价,依据得分越高,效果越好的原则进行综合评价,综合指数法的公式为:

$$p_i = \sum_{j=1}^{n} \omega_j x_{ij} \quad (i = 1, 2; j = 1, 2, \cdots, n)$$

其中: p_i ——综合得分; ω_j ——指标权重; x_{ij} ——指标分数; i ——评价对象个数; j ——评价指标个数。

评价标准。为了体现和评价体系的一致性,本文设置了评价标准阈值范围,

(0,1]——依赖度非常高,(1,2]——依赖度高,(2,3]——依赖度一般,(3,4]——依赖度低,(4,5]——依赖度非常低。

实证分析。根据民族地区中学生学习倦怠量表中手机依赖层面所得数据,得到中学生的倾向分数和综合分数,具体结果见表5-13。

表5-13 中学生学习倦怠中的"手机依赖"评价指标分数及综合分数

指标	分数	熵权权重	综合分数
课堂上没有手机时我感到不安	1.5938	0.1684	
课堂上玩手机能让我减轻烦躁	1.7082	0.1674	
课堂上玩手机是最让我开心的事情	1.6199	0.1682	1.8102
玩手机能让我忘记学习烦恼	2.1528	0.1641	
玩手机让我的学习生活更加充实	2.0759	0.1646	
上课时没有手机感觉很无聊	1.7241	0.1673	

根据表5-13结果,从中学生学习倦怠现象中的手机依赖倾向的综合指数结合评价标准阈值范围来看,可以得到中学生对于学习倦怠现象中的手机依赖度较高。进一步说明,民族地区中学生学习倦怠现象中的手机依赖比较偏向的存在,并且再次说明了手机依赖维度是学习倦怠现象中的一个重要维度。

通过对民族地区中学生学习倦怠现象中的手机依赖、生理耗竭、情绪耗竭及学习低效维度的综合评价,不仅说明了学习倦怠的四个维度有效性,而且得出了民族地区中学生学习倦怠现象中各维度的倾向性,这对于接下来的分析有极大的提示性及较强的参考价值。

第三节 贵州民族地区中学生学习倦怠的调查分析

一、贵州民族地区中学生学习倦怠研究结果及分析

(一)贵州民族地区中学生学习倦怠的民族对比

为进一步探讨贵州民族地区少数民族中学生的学习倦怠现象及其特征,利用民族地区中学生学习倦怠量表所采集到的2 265个样本数据,采用独立样本 t 检验方法,对少数民族学生与汉族学生的各因子得分进行了对比,其具体结果见表5-14。

表5-14 贵州民族地区中学生学习倦怠得分的民族对比

组别	情绪耗竭	学习低效	生理耗竭	手机依赖	学习倦怠总分
少数民族(1604)	17.49±5.56	13.04±3.71	6.79±2.45	11.01±5.14	48.32±14.11
汉族(661)	17.54±5.66	13.22±3.71	6.82±2.52	10.54±4.99	48.13±14.23
t 值	−0.213	−1.073	−0.309	1.977[*]	0.293
P 值	0.831	0.283	0.757	0.048	0.769

注: [*] $P<0.05$, [**] $P<0.01$, [***] $P<0.001$,下同。

根据表 5-14 结果来看,少数民族中学生与汉族中学生在情绪耗竭、学习低效、生理耗竭和手机依赖四个因子分及其学习倦怠总分上,都没有显著差别,但少数民族中学生的手机依赖因子分显著高于汉族中学生。

(二)贵州省少数民族中学生学习倦怠的得分概况

为探讨贵州省少数民族中学生的学习倦怠特征,以学习倦怠因子分及总分为因变量,分别以性别、学段、来源地、家庭类型、是否留守儿童、是否班干部、学习成绩满意度为自变量,进行了独立样本 t 检验和单因素方差分析。

表 5-15　不同性别少数民族中学生的学习倦怠各项因子分和总分的组间对比

组别	情绪耗竭	学习低效	生理耗竭	手机依赖	学习倦怠总分
男(712)	17.73±5.69	13.00±3.63	6.82±2.49	11.63±5.33	49.18±14.56
女(886)	17.28±5.42	13.08±3.76	6.76±2.41	10.49±4.91	47.60±13.66
t 值	1.614	−0.413	0.509	4.400***	2.224*
P 值	0.107	0.680	0.611	0.000	0.026

根据表 5-15 的数据,调查发现,男生和女生在情绪耗竭、学习低效、生理耗竭等 3 个因子分上没有显著差别,但男生的手机依赖因子分和学习倦怠总分显著高于女生。

根据表 5-16 中的数据,可以看出,在民族地区中学生学习倦怠中,情绪耗竭、学习低效、生理耗竭、手机依赖等四个因子和总体学习倦怠水平上,高中学生的得分显著高于初中学生。

表 5-16　不同学段少数民族中学生的学习倦怠各项因子分和总分的组间对比

组别	情绪耗竭	学习低效	生理耗竭	手机依赖	学习倦怠总分
初中(1152)	17.11±5.62	12.70±3.76	6.56±2.45	10.76±5.22	47.13±14.47
高中(449)	18.46±5.30	13.89±3.41	7.37±2.34	11.64±4.91	51.36±12.70
t 值	−4.379***	−5.840***	−6.005***	−3.069**	−5.424***
P 值	0.000	0.000	0.000	0.002	0.00

根据表 5-17 的数据,从来源地方面来看,民族地区中学生学习倦怠现象中,在情绪耗竭、生理耗竭、学习低效和手机依赖四个因子和学习倦怠水平上,城市学生和农村学生的得分没有显著差异,但城市学生的手机依赖因子分显著高于农村学生($t=2.069,P=0.039$)。

表 5-17　不同来源地少数民族中学生的学习倦怠各项因子分和总分的组间对比

组别	情绪耗竭	学习低效	生理耗竭	手机依赖	学习倦怠总分
城市(74)	17.82±5.83	13.39±4.04	7.09±2.91	12.19±5.66	50.50±15.85
农村(1457)	17.45±5.49	13.03±3.64	6.75±2.39	10.94±5.04	48.17±13.79
t 值	0.575	0.830	0.997	2.069*	1.409
P 值	0.565	0.407	0.322	0.039	0.159

表5-18　不同家庭类型少数民族中学生的学习倦怠各项因子分和总分的组间对比

组别	情绪耗竭	学习低效	生理耗竭	手机依赖	学习倦怠总分
普通家庭(1442)	17.39±5.43	13.01±3.68	6.74±2.42	10.94±5.03	48.08±13.75
单亲离异家庭(151)	18.37±6.47	13.32±3.82	7.31±2.56	11.58±5.93	50.58±16.42
t 值	−2.066*	−1.010	−2.758**	−1.266	−2.088*
P 值	0.039	0.313	0.006	0.148	0.037

根据表5-18的结果数据,从家庭类型上看,单亲、离异家庭学生的情绪耗竭因子分($t=−2.066,P=0.039$)、生理耗竭因子分($t=−2.758,P=0.006$)和学习倦怠总分($t=−2.088,P=0.037$)显著高于普通家庭学生,在学习低效和手机依赖因子分上未见显著差别。

表5-19　是否留守少数民族中学生的学习倦怠各项因子分和总分的组间对比

组别	情绪耗竭	学习低效	生理耗竭	手机依赖	学习倦怠总分
留守(506)	17.83±5.89	13.21±3.85	6.97±2.47	11.13±5.37	49.14±14.82
非留守(1029)	17.27±5.34	12.93±3.62	6.68±2.40	10.91±5.01	47.78±13.57
t 值	1.882	1.389	2.255*	0.793	1.791
P 值	0.060	0.165	0.024	0.428	0.074

根据表5-19的结果显示,留守学生的生理耗竭因子分($t=2.255,p=0.024$)显著高于非留守学生,情绪耗竭因子分($t=1.882,P=0.060$)和学习倦怠总分($t=1.791,P=0.074$)也略高于非留守学生,其差异接近显著水平,达到边缘显著,而学习低效与手机依赖因子分没有显著差别。

表5-20　是否班干部少数民族中学生的学习倦怠各项因子分和总分的组间对比

组别	情绪耗竭	学习低效	生理耗竭	手机依赖	学习倦怠总分
班干部(416)	16.37±5.25	12.42±3.70	6.84±2.56	10.32±4.68	45.95±13.56
非班干部(1159)	17.87±5.59	13.25±3.68	6.76±2.38	11.23±5.26	49.12±14.14
t 值	−4.767***	−3.962***	0.603	−3.295**	−3.954***
P 值	0.000	0.000	0.547	0.001	0.000

根据表5-20的结果,可以看出,除了生理耗竭因子分没有显著差异之外,班干部学生的情绪耗竭因子分($t=−4.767,P=0.000$)、学习低效因子分($t=−3.962,P=0.000$)、手机依赖因子分($t=−3.295,P=0.001$)和学习倦怠总分($t=−3.954,P=0.000$)显著低于非班干部学生。

根据表5-21的数据显示,学习成绩满意度方面,在学习倦怠各个因子和总分上均存在着显著的差异。经事后检验(LSD)发现,情绪耗竭维度上,对学习成绩感到"非常满意"的学生得分最高(P 值均<0.001),"非常不满意"的学生得分次之(P 值均<0.05),"满意"和"不满意"的学生得分最低(P 值均<0.05),两个组别没有显著差异;学习低效维度上,对学习成绩感到"非常满意"和"非常不满意"的学生得分显著高于"满意"和"不满意"的学生(P 值均<0.05);生理耗竭维度上,对学习成绩感到"非常满意"的学生得分最高(P 值均<0.05),"非常不满意"的学生得分次之(P 值均<0.05),"满意"和"不满意"的学生得分最低(P 值均<0.05),两组

别没有显著差异；手机依赖维度上，对学习成绩感到"非常满意"的学生得分最高（*P* 值均＜0.001），"满意"和"非常不满意"的学生得分次之（*P* 值均＜0.05），"不满意"的学生得分最低（*P* 值均＜0.05）；在学习倦怠总分上，对学习成绩感到"非常满意"的学生得分最高（*P* 值均＜0.001），"非常不满意"的学生得分次之（*P* 值均＜0.05），"满意"和"不满意"的学生得分最低（*P* 值均＜0.05），两个组别没有显著差异。

表 5-21　不同满意度少数民族中学生的学习倦怠各项因子分和总分的组间对比

组别	情绪耗竭	学习低效	生理耗竭	手机依赖	学习倦怠总分
非常满意（26）	23.00±7.09	14.31±5.35	7.96±2.96	16.92±7.46	62.19±21.15
满意（186）	17.01±5.41	12.04±3.70	6.81±2.39	11.46±5.00	47.32±14.21
不满意（1113）	17.07±5.25	12.78±3.45	6.68±2.36	10.64±4.79	47.17±13.21
非常不满意（272）	18.98±6.01	14.67±3.99	7.06±2.69	11.59±5.83	52.30±14.98
t 值	18.433***	26.037***	3.877**	15.511***	19.197***
P 值	0.000	0.000	0.009	0.000	0.000

二、贵州少数民族中学生学习倦怠的回归分析

根据问卷评价的五级计分制，研究中将根据评分界定学习倦怠的现状：4 个维度的项目均分＜3 分为无倦怠，有 1 个维度的项目均分≥3 分为轻度倦怠，2 个维度的项目均分≥3 分为中度倦怠，3 个或 4 个维度的项目均分≥3 分为重度倦怠。本次调查中，不同人口统计学特征的少数民族中学生学习倦怠程度，具体情况见表5-22。

表 5-22　不同性别的少数民族中学生学习倦怠程度构成比较

	无	轻度	中度	重度	χ^2	*P* 值
男（712）	396（55.62%）	148（20.79%）	80（11.24%）	88（12.36%）	6.989	0.072
女（886）	495（55.87%）	202（22.80%）	113（12.75%）	76（8.58%）		

根据表 5-22 结果显示，卡方检验发现，男生和女生在学习倦怠程度分布上的差异接近显著水平（*P*＝0.072），男生群体中，重度学习倦怠的比例更高，女生群体中，轻度和中度学习倦怠的比例略高。

表 5-23　不同学段的少数民族中学生学习倦怠程度构成比较

	无	轻度	中度	重度	χ^2	*P* 值
初中（1152）	699（60.68%）	231（20.05%）	108（9.38%）	114（9.90%）	49.593***	0.000
高中（449）	194（43.21%）	118（26.28%）	86（19.15%）	51（11.36%）		

根据表 5-23 结果显示，在学段上，民族地区高中学生和初中学生的学习倦怠程度，存在着极其显著的差异（χ^2＝49.593，*P*＝0.000），在轻度学习倦怠、中度学习倦怠和重度学习倦怠三个方面，民族地区高中阶段学生的倦怠比例都远高于初中阶段学生。

表 5-24　不同来源地的少数民族中学生学习倦怠程度构成比较

	无	轻度	中度	重度	χ^2	P 值
城市(74)	40(54.05%)	11(14.86%)	15(20.27%)	8(10.81%)	5.942	0.114
农村(1457)	810(55.59%)	327(22.44%)	173(11.87%)	147(10.09%)		

表 5-25　不同家庭类型的少数民族中学生学习倦怠程度构成比较

	无	轻度	中度	重度	χ^2	P 值
普通类(1442)	809(56.10%)	319(22.12%)	172(11.93%)	142(9.85%)	4.202	0.240
单、离类(151)	77(50.99%)	31(20.53%)	21(13.91%)	22(14.57%)		

表 5-26　是否留守的少数民族中学生学习倦怠程度构成比较

	无	轻度	中度	重度	χ^2	P 值
留守(506)	270(53.36%)	119(23.52%)	63(12.45%)	54(10.67%)	1.885	0.597
非留守(1029)	586(56.95%)	218(21.19%)	123(11.95%)	102(9.91%)		

根据表 5-24、表 5-25、表 5-26 的数据结果显示,在不同来源地(城市与农村)、不同家庭类型(普通家庭类型与单亲离异家庭类型)和是否留守中学生三个自变量上,民族地区中学生学习倦怠程度的分布没有发现显著性的差异。

表 5-27　是否班干部的少数民族中学生学习倦怠程度构成比较

	无	轻度	中度	重度	χ^2	P 值
是(347)	250(60.10%)	87(20.91%)	50(12.02%)	29(6.97%)	7.738	0.052
否(1017)	631(54.44%)	253(21.83%)	143(12.34%)	132(11.39%)		

根据表 5-27 数据分析结果,在民族地区是否班干部的群体中,班干部学生和非班干部普通学生的学习倦怠程度分布,其差异接近显著水平($\chi^2=7.738, P=0.052$),达到边缘显著,其结果显示,普通学生在重度学习倦怠方面的比例高于班干部学生,而在班干部群体层面,无学习倦怠的比例高于普通学生。

表 5-28　学习成绩满意度不同的少数民族中学生学习倦怠程度构成比较

	无	轻度	中度	重度	χ^2	P 值
非常满意	10	3	2	11		
(26)	(38.46%)	(11.54%)	(7.69%)	(42.31%)		
满意	116	34	17	19		
(186)	(62.37%)	(18.28%)	(9.14%)	(10.22%)	70.821***	0.000
不满意	657	237	124	95		
(1113)	(59.03%)	(21.29%)	(11.14%)	(8.54%)		
非常不满意	107	76	51	38		
(272)	(39.34%)	(27.94%)	(18.75%)	(13.97%)		

根据表 5-28 结果显示,民族地区中学生学习程度满意度,对于学习倦怠程度分布也有较大的影响,本研究中,根据对学习满意度已做评价的学生,对学习成绩感到"非常满意"和"满意"程度的同学只有 212 人,而"不满意"和"非常不满意"的

学生多达 1 385 人,同时学习倦怠程度也出现了一种"两极化"现象,其无倦怠和轻度倦怠占据了绝大多数,重度和中度倦怠的人数较少。从结果可以看出,与学习成绩满意的学生相比,对学习成绩"满意""不满意"和"非常不满意"的学生,更多的人数分布在无倦怠和轻度倦怠两种水平上。

表 5-29　少数民族中学生学习倦怠程度的单因素 Logistic 回归分析

影响因素	偏回归系数	标准误	Wald χ^2 值	P 值	95%CI
学段(以高中为参照)					
初中	−0.627	0.105	35.777	<0.01	−0.833~0.422
是否班干部(以否为参照)					
班干部	−0.260	0.112	5.395	<0.05	−0.480~0.041
学习成绩满意度					
(以非常不满意为参照)					
满意	0.723	0.368	3.846	<0.05	0.000~1.445
非常满意	−0.823	0.183	20.161	<0.01	−1.183~0.464
不满意	−0.725	0.126	33.338	<0.01	−0.972~0.479

为了更进一步考察民族地区中学生学习倦怠情况,以学习倦怠情况(分为无、轻度、中度、重度)为因变量,以性别、学段、来源地、是否单亲家庭、是否留守学生、是否班干部、学习成绩满意度等因素为自变量,进行单因素 Logistic 回归分析。结果显示,学段、是否班干部、学习成绩满意度均有统计学意义(P 值均<0.05),具体结果见表 5-29。

对上一步单因素分析中筛选出的 3 个影响因素,进行多因素 Logistic 回归分析,其入选和剔除概率标准为 0.05,具体结果见表 5-30。

表 5-30　少数民族中学生学习倦怠程度的多因素 Logistic 回归分析

影响因素	偏回归系数	标准误	Wald χ^2 值	P 值	95%CI
学段(以高中为参照)					
初中	−0.603	0.107	31.888	<0.01	−0.813~0.394
学习成绩满意度					
(以非常不满意为参照)					
非常满意	0.737	0.370	3.965	<0.05	0.012~1.463
满意	−0.776	0.189	16.940	<0.01	−1.145~0.406
不满意	−0.691	0.128	29.328	<0.01	−0.941~0.441

根据表 5-30 结果显示,在民族地区中学生中,学段和对学习成绩的满意度,是学习倦怠的主要影响因素(P 值均<0.05)。初中时期,发生学习倦怠的风险性较小;对学习成绩"非常满意"的学生群体,发生学习倦怠的风险性较大;对学习群体"满意"和"不满意"的群体,发生学习倦怠风险性较小。

第四节　贵州民族地区中学生学习倦怠的特点初探

一、学习倦怠的民族差异

本研究中,少数民族中学生表现出更高水平的手机依赖,但在情绪耗竭、学习低效、生理耗竭和学习倦怠总体情况上,少数民族中学生和汉族中学生之间没有显著差别。当下,学习倦怠的民族差异研究较少,也尚未得到一致的结论。Dyrbye(2006)[①]曾以美国医学院学生为调查对象,发现少数民族学生与非少数民族学生的总体倦怠水平相似,但少数民族学生体验到更低的个人成就感和生活质量。田青等人(2015)[②]考察了藏族大学生学习倦怠的现状及特点,证实了藏族大学生的身心耗竭、学业疏离及学习倦怠总体状况均比汉族大学生更为严重,可能是相较于汉族大学生,少数民族大学生在文化适应上存在一定的困难。

二、学习倦怠在人口学变量上的差异

调查发现,男生和女生在情绪耗竭、学习低效、生理耗竭等方面没有显著差别,但男生的手机依赖水平和学习倦怠总体水平显著高于女生。调查发现,在学习倦怠程度方面,男生和女生中表现出学习倦怠的人数比例接近50%,达到中度和重度学习倦怠程度的男生和女生比例分别为23.6%和21.33%,可见当前中学生学习倦怠情况已经是一个不容忽视的问题。此外,男生和女生的学习倦怠程度分布存在一定差别,男生群体中,重度学习倦怠的比例更高,女生群体中,轻度和中度学习倦怠的比例略高。调查结果与其他学者的调查结果一致,如王鹏军等(2011)[③]对初中生学习倦怠水平的调查,证实男生的学习倦怠水平显著高于女生。李承宗等(2012)[④]调查了高中生的学习倦怠特点,发现在情绪耗竭、学习低效能感、师生疏离、生理耗竭四个维度上,存在显著的性别差异,男生的倦怠水平显著高于女生。还有其他学者的研究也得出了类似的结论,例如,男生行为不当得分显著高于女生[⑤],情感

①　Liselotte N. Dyrbye, Matthew R. Thomas, Mashele M. Huschka, et al. A Multicenter Study of Burnout, Depression, and Quality of Life in Minority and Nonminority US Medical Students[J]. Mayo Clinic Proceedings, 2006, 81(11): 1435-1442.

②　田青, 闫清伟, 靳晨鸣, 等. 内地某高校藏族大学生学习倦怠现状[J]. 中国学校卫生, 2015, 36(7): 1091-1094.

③　王鹏军, 张仕超. 初中生生活事件、心理韧性与学习倦怠的关系[J]. 社会心理科学, 2011, 26(8): 95-98.

④　李承宗, 赵娜, 甘雄. 高中生考试成败归因、学习倦怠及其关系研究[J]. 教育测量与评价(理论版), 2012(2): 40-44.

⑤　庞智辉, 游志麒, 周宗奎, 等. 大学生社会支持与学习倦怠的关系:应对方式的中介作用[J]. 中国临床心理学杂志, 2010, 18(5): 654-656+663.

衰竭得分显著高于女生[1]。与上述结论相反,Erturgut,Soyúekerci(2010)[2]研究了土耳其职业教育学校学生的学习倦怠水平,发现女生的情感耗竭水平更高,男生的去个性化水平更高。Z. Sepehrmanesh 等(2010)[3]和 Fernando Galán 等(2011)[4]的研究发现,医学院学生中,学生倦怠水平较高,但并不存在性别差异。杨红君等(2013)[5]、吕斯欣等(2014)[6]的研究并未发现性别差异。目前,学习倦怠的性别差异情况并未得到一致的结论,可能是由于处在不同的年龄和学段,男生与女生的学习倦怠表现有所差异;另一方面,之所以多数观点是男生更容易产生学习倦怠,尤其在行为不当、情感衰竭维度上,这可能是由于社会、家庭和学校会倾向于对男生提出更高的要求,对女生则有更多的包容和支持,女生承受的压力较小。

学段方面,在情绪耗竭、学习低效、生理耗竭、手机依赖和总体学习倦怠水平上,高中生的得分显著高于初中生。高中生和初中生的学习倦怠程度也存在着极其显著的差异,在轻度倦怠、中度倦怠和重度倦怠三个方面,高中生的倦怠比例都远远高于初中生。国外的相关研究也证实了学习倦怠程度存在显著的年级差异,年级越高,出现学习倦怠的风险越高[7]。国内,林崇德等人(2013)[8]对中学生的调查得出了类似的结论,高年级的学习倦怠情况比低年级的更加严重,其中,高三在学习倦怠情况得分最高。王鹏军等(2011)[9]调查了初中生的学习倦怠特点,发现初中生的学习倦怠水平随着年级增长不断升高,而在黎亚军等(2013)[10]的研究中,初中生学习倦怠的年级差异不显著,但初一学生的学习效能感显著低于初二和初三

① 王小新,苗晶磊.大学生学业自我效能感、自尊与学习倦怠关系研究[J].东北师大学报(哲学社会科学版),2012(1):192-196.

② Ramazan Erturgut,Serhat Soyúekerci. An Empirical Analysis on Burnout Levels Among Second Year Vocational Schools Students[J]. Procedia-Social and Behavioral Sciences,2010,2(2):1399-1404.

③ Z. Sepehrmanesh,A. Ahmadvand,G. Akasheh,R. Saei. Prevalence of Burnout in Senior Medical Students [J]. European Psychiatry,2010,25(1):723.

④ Fernando Galán,Arturo Sanmartin,Juan Polo,Lucas Giner. Burnout Risk in Medical Students in Spain Using the Maslach Burnout Inventory-Student Survey[J]. International Archives of Occupational and Environmental Health,2011,84(4):453-459.

⑤ 杨红君,高明,李国强,等.大学生学习倦怠与成人依恋的关系:自我模型的作用[J].中国临床心理学杂志,2013,21(5):829-831.

⑥ 吕斯欣,李丽霞,柯斌斌,等.广州某高校大学生学习倦怠及其影响因素 Logistic 回归分析[J].中国学校卫生,2014,35(1):120-123.

⑦ Ann Rudman,J. Petter Gustavsson. Burnout During Nursing Education Predicts Lower Occupational Preparedness and Future Clinical Performance: A longitudinal study[J]. International Journal of Nursing Studies,2012,49(8):988-1001.

⑧ 林崇德,伍新春,张宇迪,等.汶川地震30个月后中小学生的身心状况研究[J].心理发展与教育,2013(6):631-640.

⑨ 王鹏军,张仕超.初中生生活事件、心理韧性与学习倦怠的关系[J].社会心理科学,2011,26(08):95-98.

⑩ 黎亚军,高燕.初中生学习倦怠特点及其与自尊、社会支持的关系[J].中国健康心理学杂志,2013,21(3):407-409.

学生。李承宗等人（2012）①调查了高中生学习倦怠水平，发现高一学生在学习低效能感和师生疏离上较为严重，可能是由于处于新生适应期，在学习效能和师生相处上较为薄弱。虽然中学生学习倦怠的年级差异研究具有不同的结论，但总体而言，随着年级的升高，学业压力不断加大，学习倦怠水平也在逐渐升高，高年级学生的学习倦怠水平显著高于低年级学生。

城市学生和农村学生在情绪耗竭、生理耗竭、学习低效和学习倦怠总体水平上，不存在显著的差别，但城市学生的手机依赖情况更为明显。杨丽娴等（2007）②的研究中，来自城市的中学生在情绪低落、行为不当、成就感低和学习倦怠总体水平上，都显著高于来自农村的学生。丁萌萌（2016）③发现，来自农村的中学生在情绪耗竭、学习低效能和生理耗竭三个维度的得分，显著高于来自城市的中学生。黄园园等（2017）④对深圳市10所中学的学生进行调查，发现城市和农村生源的学生在手机依赖程度上的人数比例没有显著的差别。刘媛娟（2017）⑤调查了福建省中学生手机依赖的现状，发现相较于城市学校，农村学校学生的手机依赖水平比较低，与本研究的结果基本一致。学习倦怠的来源地差异目前尚未得到一直的结论，可能是由于区域或取样的不同，但总体而言，城市学生由于拥有更好的物质基础，有更多的机会接触到智能手机，对智能手机有着更为严重的依赖水平，可能对学习带来一定的干扰。

调查发现，家庭类型对于学习倦怠水平存在着明显的影响。虽然普通家庭和单亲离异家庭的学生在学习低效和手机依赖两个维度上不存在显著差别，但单亲或离异家庭学生有着更高水平的情绪耗竭、生理耗竭和学习倦怠水平。以往研究曾经提出，家庭是学生学习的主要环境之一，家庭氛围和结构、父母的职业类别和文化水平、家庭教养方式等因素与学生的学习状况有着一定程度的关联，特别是家庭不和谐或者单亲家庭、重组家庭的学生，更容易产生学业倦怠的现象⑥。卢晓灵等人（2012）⑦调查了贫困生学习倦怠情况，发现来自单亲家庭学生的成就感水平显著低于来自大家庭和核心家庭的学生。虽然目前关于学习倦怠的家庭结构方面的差异研究并不多，但家庭环境作为个体成长的基石，和谐的家庭互动与良好的家庭

① 李承宗,赵娜,甘雄.高中生考试成败归因、学习倦怠及其关系研究[J].教育测量与评价(理论版),2012 (2):40-44.
② 杨丽娴,连榕,张锦坤.中学生学习倦怠与人格关系[J].心理科学,2007(6):1409-1412+1417.
③ 丁萌萌.中学生社会支持与学习倦怠的关系:心理弹性的中介效应研究[D].成都:四川师范大学,2016.
④ 黄园园,谌丁艳,周丽.深圳市中学生手机依赖情况及影响因素分析[J].中国学校卫生,2017,38(9): 1414-1416.
⑤ 刘媛娟.中学生自我控制、领悟社会支持与手机依赖的关系研究[D].漳州:闽南师范大学,2017.
⑥ 李华.关于学习倦怠的研究综述[J].社会心理科学,2011,26(3):3-6.
⑦ 卢晓灵,伍友琴,刘红,等.贫困大学生学习倦怠的成因及对策[J].六盘水师范学院学报,2012,24(1):50- 53.

教育对于减轻中学生的学习倦怠具有一定的积极效应。

留守学生和非留守学生在学习倦怠上也表现出了一定程度的差异,留守中学生有着更高的生理耗竭、情绪耗竭和学习倦怠水平,差异达到显著或接近显著,这与以往的研究结果基本一致。杨小青等(2011)[①]的研究发现,有留守经历的学生对学校的满意度较差,继而影响和加剧了学习倦怠的程度。张岩(2015)[②]调查了农村留守初中生的学习倦怠情况,结果显示,农村留守初中生的整体学习倦怠情况并不严重,但具有较高的学习效能问题,有近一半的学生体验到较低的效能感。李燕(2017)[③]发现留守中学生在情绪耗竭、学习低效能感、师生疏离、生理耗竭和学习倦怠总体水平上都显著高于非留守学生。这可能是由于留守学生远离父母,身边缺乏有效的监督,而中学阶段,部分学生的自我控制和管理能力尚未达到理想的状态,容易出现学习兴趣下降,表现出生理耗竭、情绪耗竭、成就感较低的现象。贵州的留守儿童数量较多,调研中发现多数留守中学生是独自生活,或与同龄的兄弟姐妹共同生活,缺乏来自父母的有效引导、激励和管理,学习过程也难以获得成效感,对于学习很容易产生倦怠心理。

班干部和普通学生两个群体在学习倦怠水平上存在着显著的差异,担任班干部的学生在情绪耗竭、学习低效、手机依赖和学习倦怠总体水平上都显著低于非班干部的普通学生,只有生理耗竭不存在显著差别。班干部和普通学生的学习倦怠程度分布也存在一定程度的差异,普通学生重度学习倦怠的比例高于班干部学生,班干部群体中,无倦怠的比例高于普通学生。张岩(2015)[④]的研究表明,在情绪耗竭、生理耗竭、师生疏离、学习低效能感和学习倦怠总体水平上,班干部学生的得分显著低于非班干部的学生。柴江、仲玉(2009)[⑤]调查了初中生的学习倦怠,也发现学生干部与非学生干部存在显著性差异,非学生干部的学习倦怠水平要高于学生干部。班干部学生具有更低的学习倦怠,可能是由于绝大多数班干部同学成绩较为优异,班干部的角色一方面强化了自身的成就动机和学习成效感,另一方面也和班主任、任课教师有着更为频繁的互动,良好的师生关系也缓冲或降低了学习倦怠的发生率。

本次调查发现,对自己的成绩感到"非常满意"的学生只有 26 人,占调查总人数的 1.63%,对成绩感到"满意"的学生有 186 人,占 11.65%,感到"不满意"的学

① 杨小青,许燕. 童年期有留守经历高职生学校满意度与学习倦怠关系分析[J]. 中国学校卫生,2011,32(6):722-723.
② 张岩. 农村留守初中生学习倦怠与学业自我概念和社会支持的关系研究[D]. 武汉:华中师范大学,2015.
③ 李燕. 留守儿童的孤独感、睡眠质量和学习倦怠的关系研究[D]. 石家庄:河北师范大学,2018.
④ 张岩. 农村留守初中生学习倦怠与学业自我概念和社会支持的关系研究[D]. 武汉:华中师范大学,2015.
⑤ 柴江,仲玉. 初中生学习倦怠与学习成绩的相关性研究[J]. 北京教育学院学报(自然科学版),2009,4(03):28-31.

生有1 113人,占69.69%,感到"非常不满意"的学生有272人,占17.03%。由此可见,在中学时期,大部分学生体验到的成绩满意度并不理想,感到"非常满意"和"满意"的学生只有13.28%,绝大多数学生对自己的成绩现状感到不满,对学业有着更高的期许和目标。在学习倦怠总体情况和各个维度上,四个组别的学生表现出了较为一致的趋势,对学习成绩感到"非常满意"的学生倦怠水平最高,对学习成绩感到"非常不满意"的学生次之,而对学习成绩感到"满意"和"不满意"的学生倦怠水平最低。学习程度满意度对于学习倦怠程度分布也有较大的影响,本研究中,对学习成绩感到"满意"的同学只有26人,学习倦怠程度出现"两极化"倾向,无倦怠和重度倦怠占据了绝大多数,轻度和中度倦怠的人数较少。与学习成绩满意的学生相比,对学习成绩"满意""不满意"和"非常不满意"的学生,更多的人数分布在无倦怠和轻度倦怠两种水平上。

以往研究发现,学习倦怠和学习成绩呈显著的负相关,学习倦怠程度越强,学习成绩越低[1];相较于成绩一般和成绩不佳的学生,成绩优良的学生体验到的学习倦怠水平更低[2],行为不当水平也更低[3];反之,与学习成绩优秀的同学相比,学习成绩处于中等、中等偏下、差的学生体验到学习倦怠的可能性更大[4]。以往研究关注的是客观学习成绩与学习倦怠之间的关联,得到了较为一致的结论,但本研究中的学习成绩满意度与学习倦怠的关联却较为复杂,表现出学习成绩满意度的感受越为强烈(包括强烈的满意和强烈的不满意),满意度感受处于两个极端的中学生,学习倦怠程度越严重。

本研究中,为了进一步探讨人口学变量对学习倦怠的影响,以学习倦怠情况(分为无、轻度、中度、重度)为因变量,以性别、学段、来源地、是否单亲家庭、是否留守学生、是否班干部、学习成绩满意度等因素为自变量,进行单因素 Logistic 回归分析,并对筛选出的3个影响因素进行多因素 Logistic 回归分析,结果显示,学段、学习成绩满意度是学习倦怠的主要影响因素,初中时期,发生学习倦怠的风险性较小,高中时期,发生学习倦怠的风险性较大;对学习成绩"非常满意"的学生群体,有可能体验到的学习压力越大,发生学习倦怠的风险性也越大;对学习成绩感到"满意"和"不满意"的群体,则发生学习倦怠的风险性较小。

① 柴江,仲玉.初中生学习倦怠与学习成绩的相关性研究[J].北京教育学院学报(自然科学版),2009,4(3):28-31.
② 张智,陈镇雄,乔粉,倪安琪.大学生应对效能、学习倦怠与学习投入的关系[J].中国健康心理学杂志,2009,17(3):282-284.
③ 魏志霞,晏丽娟,杨绍清,等.学优生与学困生学习倦怠的对比研究[J].中国健康心理学杂志,2009,17(10):1230-1231.
④ 吕斯欣,李丽霞,柯斌斌,等.广州某高校大学生学习倦怠及其影响因素 Logistic 回归分析[J].中国学校卫生,2014,35(1):120-123.

第六章　贵州民族地区教育价值观与
中学生学习倦怠

本文第一章第二节部分,从定性分析的视角,对教育价值观进行了界定。教育价值观是在一定的社会历史条件下,某一群体涉及自身需要而对教育做出的评价,是不同群体在所处客观环境中对教育价值的主观反映。而少数民族教育价值观也就是少数民族群体在自身所处的客观环境中,对教育价值的主观反映,其涉及对教育在不同层面所产生影响的评价,包括政治参与、经济发展、文化传播、家族发展和个体成长等方面的反映。本章将在此基础上,从实证分析的视角,试图探索民族地区中学生教育价值观构成要素,并利用调查研究工具,进一步探索民族地区中学生教育价值观与学习倦怠的关系。

第一节　贵州民族地区中学生教育价值观结构探索

关于民族地区中学生教育价值观结构的探索,采用与探索民族地区中学生学习倦怠结构同样的方法和步骤,因此在本节中涉及的原则及其方法,以简洁的方式论述如下。

一、教育价值观结构初探

(一)项目编制过程

在文献综述的基础上,制作了学生访谈表(见附录1)与家长访谈表(见附录2),访谈表的内容涉及中学生学习倦怠、教育价值观和社会支持等相关内容。采用访谈法,在得到学生同意(见附录3)的前提下,对30余名中学生进行了访谈;在得到中学生家长同意(见附录4)的前提下,对20余名家长进行访谈。经过对访谈录音、笔记的整理,梳理出了关于描述"教育价值观"内容的关键词语,其中涉及教育价值观的主要有"读书为了光宗耀祖""读书为了过上好日子""读书为了学得技能""读书是为了家庭及民族荣誉""读书为了挣更多的钱""读书可以让民族文化得以继承发展""读书可以提升自己的素养""读书可以参与社区的管理",等等。根据这些出现的高频词汇,将其编制为陈述句的形式,共整理了60余条陈述句,如"读书是为了提升参与国家政治生活的能力""读书可促进民族服饰、建筑和节日等方面的发展""作为民族的一员应学会民族的歌舞、技艺等习俗",等等。之后,又邀请了中学教师、大学教育学和心理学教师共 20 余名,对这些词条逐一审核,最终留下了53 个关于教育价值观表述的词条。然后邀请了六盘水师范学院 2014 级民族预科班 50 余名学生对其 53 个句子进行研读,学生做了一些简单修改甚或是补充,但题项数未减少。如"读书改变不了落后的思想观念"改为"读书改变不了封建的思想""上学可以促进民族医药的发展"修改为"接受教育可以促进民族医药的发展""作为民族的一员应学会民族的歌舞、技艺等"修改为"作为民族的一员应学会民族的歌舞、技艺等习俗"。最终,将 53 个词条作为项目,并加上了一个测谎项目"中华民族就是少数民族",组成了民族地区中学生教育价值观的初测问卷(见附录 6),问卷评价方式采用五级计分式,"完全同意"计 1 分,"比较同意"计 2 分,"一般同意"计 3 分,"比较不同意"计 4 分,"完全不同意"计 5 分,项目中涉及反向计分题,计分时也有反向计分,分数越高,说明学习正向教育价值观越明显,而分数越低,则更倾向于负向教育价值观。

(二)项目筛选过程

表 6-1　教育价值观问卷项目分析的结果($n=288$)

题号	临界比率 (CR)	相关系数 (P)	题号	临界比率 (CR)	相关系数 (P)	题号	临界比率 (CR)	相关系数 (P)
J1	4.090**	0.269**	J19	6.210**	0.373**	J37	8.168*	0.533**
J2	4.689**	0.261**	J20	8.119**	0.484**	J38	−7.928**	−0.466**
J3	2.628**	0.174**	J21	9.570**	0.524**	J39	5.843**	0.376**
J4	3.925**	0.268**	J22	2.594**	0.211**	J40	11.755**	0.545**
J5	5.558**	0.297**	J23	9.888**	0.525**	J41	8.832**	0.523**
J6	6.913**	0.447**	J24	4.754**	0.318**	J42	6.973**	0.411**
J7	7.610**	0.446**	J25	7.493**	0.421**	J43	3.504**	0.217**
J8	−2.730**	−0.159**	J26	11.045**	0.611**	J44	7.946**	0.451**
J9	3.076*	0.240**	J27	6.385**	0.456**	J45	−0.482	−0.029
J10	6.885**	0.422**	J28	10.498**	0.554**	J47	−7.309**	−0.429**
J11	7.657**	0.460**	J29	8.894**	0.490**	J48	10.510**	0.595**
J12	9.231**	0.528**	J30	6.689**	0.374**	J49	8.631**	0.524**
J13	2.999**	0.221**	J31	4.283**	0.276**	J50	3.686**	0.205**
J14	5.151**	0.318**	J32	10.076**	0.546**	J51	9.028**	0.463**
J15	6.604**	0.416**	J33	11.069**	0.562**	J52	7.287**	0.444**
J16	−1.128	−0.056	J34	11.127**	0.574**	J53	9.222**	0.512**
J17	3.105**	0.196**	J35	11.686**	0.602**	J54	5.218**	0.281**
J18	3.808**	0.260**	J36	9.361**	0.553**			

注: * 代表 $P \leqslant 0.05$,** 代表 $P \leqslant 0.01$。

初测及项目筛选。因问卷与学习倦怠初测问卷一起发放,同样分层整群抽取290 名学生,收回问卷 290 份,获得有效问卷 288 份,有效回收率 99.31%。其中,七年级 52 人,八年级 83 人,九年级 41 人,高一年级 28 人,高二年级 67 人,高三年级 17 人。问题结果采用 SPSS16.0 管理和分析数据,进行项目筛选。

第一步,采用极端组法和同质检验法删除项目。根据吴明隆(2010)的观点,将教育价值观总分从高到低进行排序,找出高低分组上下 27% 处的分数即临界分。高分组临界分为第 288×27%＝77.76 人,四舍五入选第 78 人,其临界分为 144 分,依此方法求得低分组临界分为 117 分,也就是说学教育价值观量表总分在 144 分以上为"高分组",教育价值观量表在 117 分以下为"低分组"。然后对高分组和低分组进行独立样本 t 检验,即检验两组在每个题项测量值的平均数的差异值是否达到显著($P<0.05$),以了解样本在教育价值观量表各题项平均数高低是否因组别(高分组、低分组)的不同而有差异,结果见表 6-1。需要说明的是问卷设置了一个测谎题项"中华民族就是少数民族",其题号为 46,此题只作为筛选问卷的有效性,而不作为统计题项。

根据前文学习倦怠结构"项目筛选"过程的理论方法,从表 6-1 结果来看,如果选择临界值以 3 为标准,相关系数以 0.40 为标准,题项删除过多,因此临界值主要看是否达到显著,相关系数以 0.20 为标准,即剔除第 J3、J8、J16、J17、J45 项目。但是,仔细核对后,项目 J45 对应"作为民族的一员应学会民族的歌舞、技艺等习俗",这个内容是访谈中学生与家长都提到次数最多的,且问卷中又无其他项目内容相同,经思考后,考虑留下做进一步的分析考察,删除其余 4 个项目,剩余项目 50 个,包括一个测谎题项。

第二步,采用探索性因子分析筛选项目。在分析过程阶段,发现原始变量的相关系数矩阵中,其下半部分的大多相关系数显著性检验的 P 值小于 0.05,说明原始变量之间存在着较强的相关性,具有进行因子分析的必要性。探索性因子分析结果显示,KMO 统计量等于 0.845,Bartlett 球形检验的 P 值为 0.000。因此,该研究数据比较适合进行因子分析,故可以进行下一步的统计。

在探索因子分析萃取过程中,经多次正交旋转的探索,并结合项目的共同度大小实际,剔除因素负荷小于 0.450 和单独项目成为一个因子的项目。最终,删除了 J1、J4、J5、J6、J7、J9、J10、J11、J22、J24、J25、J27、J29、J30、J31、J37、J39、J40、J41、J42、J44、J49、J52 共计 23 个项目,剩余项目 24 个,加上测谎题共计 25 个项目。对余下的 25 个项目进行第三次探索性因素分析。结果发现,在 25 个项目的因素负荷中,其项目因素负荷除了 J38 为 0.443 外,其余都大于 0.45(见表 6-2),并且前 5 个因子总的累积方差贡献率达到 51.778%(见表 6-2),说明前五个因子包含了原始变量的大部分信息。根据吴明隆(2010)研究结论,在社会科学领域中,因素累积解释变异量在 50% 以上,因素分析结果可以接受。

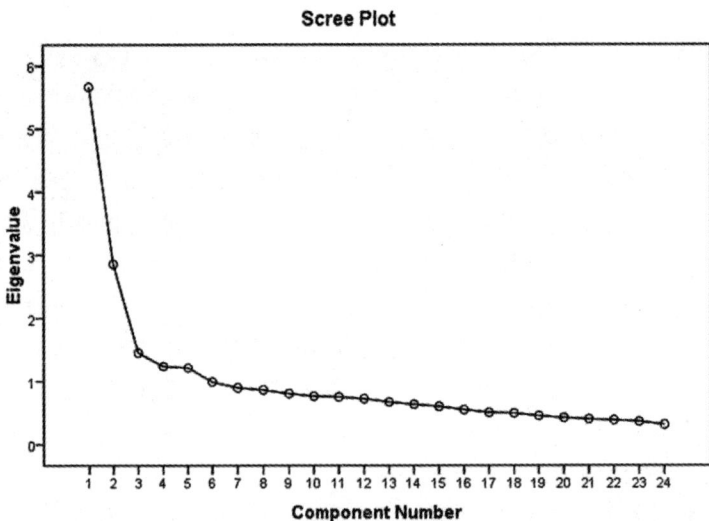

图 6-1　因子碎石图

此外，从因子碎石图（图 6-1）可以看到，第五个因子以前的特征根普遍较高，连接成了陡峭的折线，而第五个因子以后的特征根相对较低，并连接成了平缓的折线，进一步说明民族地区中学生教育价值观结构提取五个因子比较适当。

（三）因子命名

从表 6-2 可以看出，因子 1 包括 8 个项目，因子 2 包括 4 个项目，因子 3 包括 4 个项目，因子 4 包括 4 个项目，因子 5 包括 4 个项目。下面将结合项目编制过程中的实际，对其五个因子进行命名。

结合原始项目的编制过程，五个因子中各项目的关键词有如下含义：因子 1 中主要涉及"个体发展"的项目，如个体独立性、个体智慧、个体世界观、个人眼界、个人文化素质等，因此将因子 1 命名为"个人发展"；因子 2 中主要涉及"读书与经济关系"层面的项目，如读书不如打工、赚钱、能识字就行不用上大学、读大学不如学一门技术等，因此将因子 2 命名为"经济利益"；因子 3 中主要涉及"素养"层面的项目，如读书就不会变坏、误入歧途、读书才会有礼貌、读书才会成为有用的人等，因此将因子 3 命名为"素养提升"；因子 4 中主要涉及"民族文化发展"层面的项目，如应学会民族的歌舞、技艺等习俗、发扬光大民族文化、保持民俗文化的健康发展等，因此将因子 4 命名为"民族传承"；因子 5 中主要涉及"荣誉"层面的项目，如上学可以光宗耀祖、获得村里人的尊重、为家人争光等，因此将因子 5 命名为"家族荣誉"。

当然，这些项目编制是否符合构想，构想与数据是否适配问题，有待于构建结构方程模型，使用验证性因子分析结果来解释。如其中"接受教育可以促进民族医药的发展"项目编制构想为民族传承的范畴，并与因子 2 中的其他三个项目含义又相差较远，有待验证性因子分析进一步说明。综上，民族地区中学生教育价值观问卷由五个因子构成,形成 25 个项目的初步正式问卷,包含 1 个测谎题项目(见附录 8)。

表 6-2　教育价值观因子分析结果摘要表

题项变量及题目	直接斜交法斜交转轴后之结构矩阵					共同性
	因子 1	因子 2	因子 3	因子 4	因子 5	
J34 接受教育可以增强个体的独立性	0.746					0.578
J33 读书是为了促进自己建构正确的世界观	0.712					0.527
J35 教育可以提高个体的智慧	0.711					0.548
J32 求学是为了提升个人文化素质	0.631					0.499
J36 教育可以引导个人形成高尚的人格	0.626					0.447
J48 读书可以拓展眼界,树立民族平等	0.579					0.409
J51 读书不仅是增广知识,还在于精神的感化与陶冶	0.570					0.470
J28 知识可以丰富个人精神世界	0.520					0.547
J21 读大学不如趁早出去打工、做生意赚钱		0.682				0.611
J23 能识字、会算数就行了,用不着读大学		0.680				0.545
J26 读大学不如学一门技术		0.603				0.538
J47 接受教育可以促进民族医药的发展		−0.523				0.524
J19 读书才会有礼貌			0.702			0.580
J18 只要读书就不会变坏,误入歧途			0.686			0.549
J2 读大学一定能找到好工作			0.627			0.471
J20 多读书才会成为有用的人			0.569			0.554
J43 学习民族语言是为了发扬光大民族文化				0.702		0.589
J50 读书有利于保持民俗文化的健康发展				0.661		0.554
J45 作为民族的一员应学会民族的歌舞、技艺等习俗				0.565		0.367
J38 读书可促进民族服饰、建筑和节日等方面的发展				0.443		0.465
J13 上学是为了光宗耀祖					0.684	0.513
J14 考上大学会获得村里人的尊重					0.679	0.566
J15 读大学是为了给身边人树立榜样					0.591	0.465
J12 读书可以为家人争光					0.566	0.512
累积解释变异量%						51.778

二、教育价值观正式问卷的信度和效度检验

(一)被试情况

初测问卷修订完成后,对正式问卷进行再测,收集数据用于验证性因素分析和信、效度检验。采用整群抽样方法,选取贵州九个地州市的 20 余所中学,基本涵盖贵州整个民族地区,共发放调查问卷 2 500 份,回收问卷 2 410 份,剔除数据缺失较大、选择带有明显倾向性的问卷,收到有效问卷 2 265 份,有效回收率90.60%。其中,少数民族中学生 1 604 人,汉族学生 661 人,少数民族学生占比达到 70.817%。在少数民族学生中,初中学生 1 152 人,高中学生 449 人,3 个学生年级数据缺失;男生 712 人,女生 886 人,性别缺失数据 6 人。所收集到的数据录入 SPSS16.0 中,进行管理,采用 SPSS16.0、AMOS21.0 统计软件对数据进行分析和处理。

(二)验证性因子分析

根据侯杰泰(2004)[①]、温忠麟(2004)[②]和易丹辉(2008)[③]的观点,在心理学测量中,衡量模型通常使用的指标有两种:绝对拟合指数(包括卡方值χ^2、近似误差均方根(RMSEA)、GFI 和 AGFI)和相对拟合指数(包括规准适配指数 NFI、非规准适配指数 TLI、比较适配指数 CFI 和增值适配指数 IFI)。因此,采用 AMOS21.0 软件,建立民族地区中学生"教育价值观"的结构方程模型,利用正式问卷收集到的调查数据,进行验证性因素分析,假设模型与修正模型的拟合指数见表 6-3。

表 6-3　民族地区中学生"教育价值观"量表的模型拟合指数($n=2265$)

	CMIN/DF	GFI	AGFI	NFI	IFI	TLI	CFI	RMSEA
假设模型	10.090	0.914	0.893	0.776	0.793	0.763	0.793	0.063
修正模型 1	8.623	0.924	0.905	0.808	0.827	0.802	0.826	0.058
修正模型 2	6.994	0.940	0.924	0.846	0.865	0.844	0.865	0.051

根据温忠麟等人(2004)观点,从表 6-3 中相关拟合指数可以看出,假设模型(见图 6-2)所得拟合指数只有 RMSEA 值为 0.063 符合标准,但卡方与自由度的比值 10.090 较大。因此,根据侯杰泰(2004)和易丹辉(2008)等人的模型修正方法,结合假设模型所显示的修正指数,发现 JY24 测量指标的测量误差 e16 与潜变量"民族传承"间有较大的共变关系,其相关系数值高达 105.768,此外,观察变量 JY24 与潜变量与潜变量"经济利益"路径系数参数值只有−0.01。经考察该题项为"接受教育可以促进民族医药的发展",在探索性因子分析中已有质疑,因此结合探索性因子部分的分析,将观察变量 JY24 归属于"民族传承",重新建构修正模型(图 6-3),之后进行模型拟合度检验,结果见表 6-3 中修正模型 1 所对应的指标,其 RMSEA 与 CMIN/DF 的值有较大幅度下降,而其他拟合指数有较大改善。

再一次根据修正指数,先后发现 JY3 测量指标的测量误差 e1 与 JY4 测量指标的测量误差 e6、JY20 测量指标的测量误差 e11 与 JY21 测量指标的测量误差 e12、JY22 测量指标的测量误差 e4 与 JY24 测量指标的测量误差 e5 之间存在有较大的共变关系,说明两者之间存在相关。因此经过三次修正,最终修正模型如图 6-3。根据吴明隆(2009)[④]的观点,界定测量误差项有相关并没有违反 SEM 的假定。在修正指标的参数估计中,应将误差值 e4 与 e5、e11 与 e12、e1 与 e6 间建立共变关系,即将这两个变量间的关系释放,不但可以有效减低卡方值,且模型可以收敛识别,说明模型界定没有问题。相关拟合度指数见表 6-3 中的修正模型 3 对应的指标,其中 CMIN/DF 值为 6.994;RMSEA 的值为 0.051,小于 0.08,拟合指数 GFI、

① 侯杰泰,温忠麟,成子娟.结构方程模型及其应用[M].北京:教育科学出版社,2004:166-177.

② 温忠麟,侯杰泰,马什赫伯特.结构方程模型检验:拟合指数与卡方准则[J].心理学报,2004,36(2):186-194.

③ 易丹辉.结构方程模型方法与应用[M].北京:中国人民大学出版社,2008:170-185.

④ 吴明隆.结构方程模型:AMOS 的操作与应用[M].重庆:重庆大学出版社,2009:13-15.

AGFI 值在 0.9 以上，其余拟合指数 IFI、NFI、TLI、CFI 值也比较接近 0.9。根据上述温忠麟等人（2004）衡量模型的标准，民族地区中学生教育价值观修正模型（见图 6-3）相对于假设模型（见图 6-2）具有较好的拟合度，也表明了五因子模型能较好地拟合数据。并经验证，将探索性因子分析中的"经济利益"因子中项目"接受教育可以促进民族医药的发展"归为"民族传承"因子，更符合构想的事实。因此，民族地区中学生教育价值观问卷的项目最终确立为 24 个项目（见附录 8）。

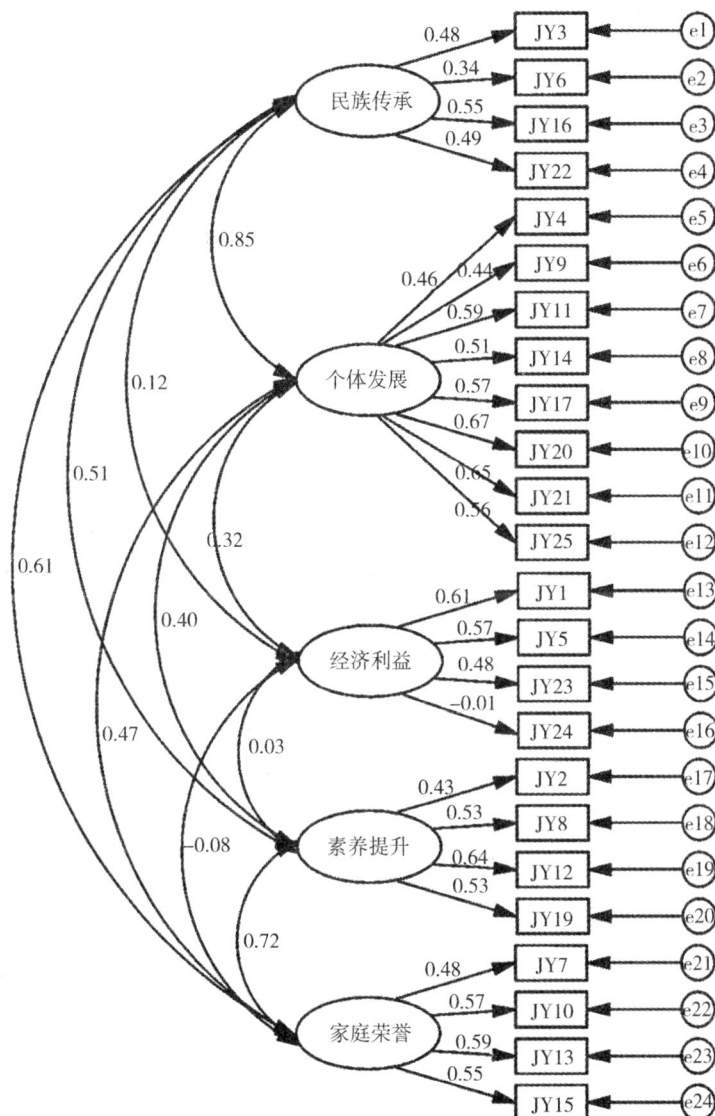

图 6-2　"教育价值观"假设模型及标准化解

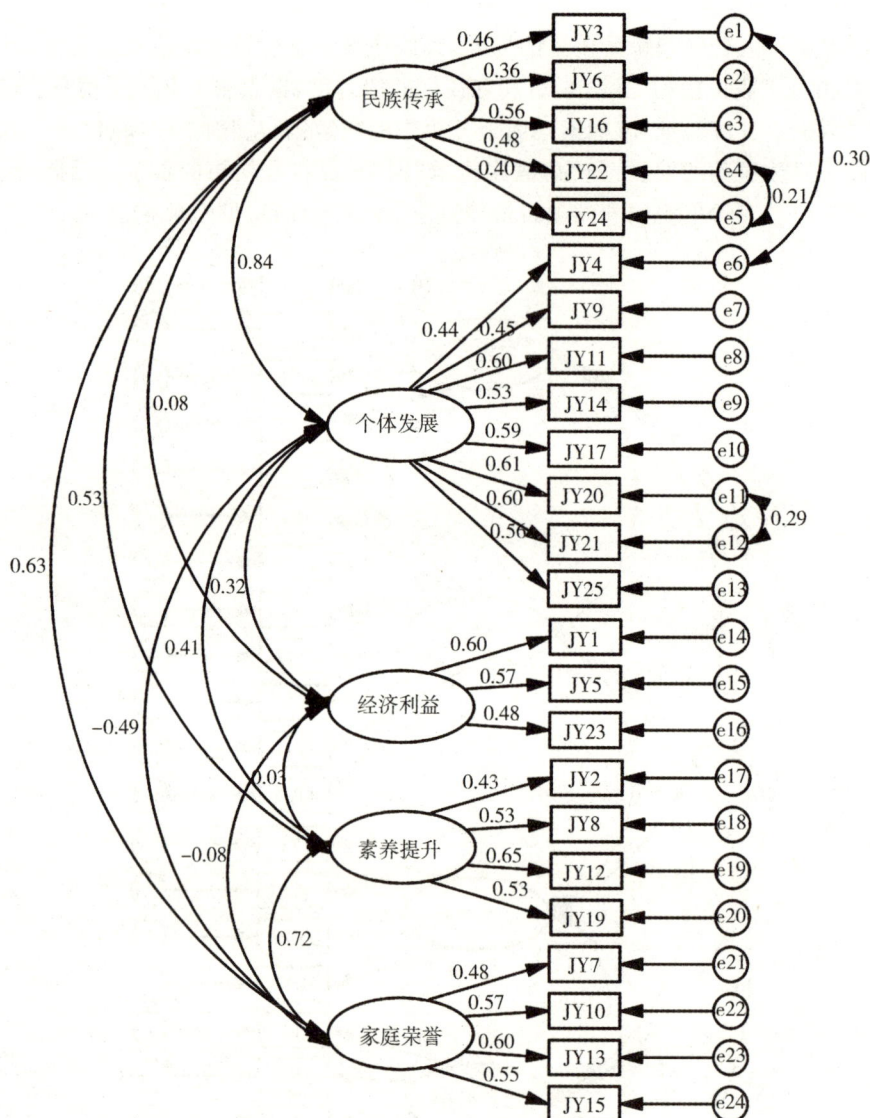

图 6-3 "教育价值观"修正模型及标准化解

(三)问卷的信度分析

为了检验民族地区中学生"教育价值观"问卷是否可靠,研究对 24 个项目的正式问卷数据进行了信度分析,主要考察了问卷的 Cronbach α 一致性系数和折半信度两个指标。从表中数据可以看出,问卷的 Cronbach α 系数介于 0.594～0.820,具体结果见表 6-4。

根据吴明隆(2010)的观点,表 6-4 的结果显示,民族地区中学生教育价值观问卷各信度指标符合测量学要求,说明问卷信度比较高,表明问卷的测量结果是可靠可信的。

表 6-4　"教育价值观"问卷的信度($n=2\ 265$)

维度	α 系数	折半信度
民族传承	0.594	0.538
个人发展	0.776	0.739
经济利益	0.562	0.613
素养提升	0.615	0.563
家族荣誉	0.635	0.609
教育价值观量表	0.820	0.699

(四)问卷的效度分析

对问卷效度的考察主要采用两个指标:内容效度和结构效度。该研究综合采用了访谈法、文献分析法,并邀请教师学生对教育价值观的所有项目进行评定。并通过极端组比较、题项与总分相关、同质性检验等方法,对其严格筛选项目,均达到测量学和数理统计的相关要求。因此,所编制的民族地区中学生教育价值观问卷具有较为理想的内容效度。

因素分析是检验问卷结构效度强有力的鉴别方法。本研究中的探索性因素分析和验证性因素分析结果都支持了问卷的五因素结构,与理论结构模型的维度基本一致,证明了教育价值观问卷具有良好的结构效度。

同时,各因素之间的相关也不能太低,太低了说明有的因素并不能测到问卷希望研究的心理特征。据此,进一步考察了民族地区中学生教育价值观问卷民族传承、个人发展、经济利益、素养提升、家族荣誉五个维度及其与教育价值观问卷总分的相关,其具体结果见表 6-5。

表 6-5　"教育价值观"五个维度及与问卷总分间的相关矩阵

	民族传承	个人发展	经济利益	素养提升	家族荣誉	总分
民族传承	1					
个人发展	0.541**	1				
经济利益	0.021	0.209**	1			
素养提升	0.325**	0.288**	0.027	1		
家族荣誉	0.373**	0.353**	−0.056**	0.445**	1	
总分	0.730**	0.829**	0.279**	0.635**	0.660**	1

注:** 表示 $P < 0.01$。

表 6-5 结果显示,民族地区中学生教育价值观问卷中,除经济利益维度与民族传承、素养提升相关未达显著外,其余各个因子之间呈中等程度相关,说明民族传承、个人发展、经济利益、素养提升与家族荣誉各层面之间有相对独立性,而各层面与问卷总分之间呈中等以上偏高度相关,且均大于各层面之间的相关,说明各层面与总问卷紧密联系程度,较好地反映了教育价值观问卷所需测量内容,一定程度上说明了教育价值观问卷的结构效度比较良好。

综上,从项目筛选过程到验证性因子分析的整个过程,对问卷的信度与效度分析来看,教育价值观量表都满足了相关数据统计及其测量学相关指标要求,总体说明了民族地区中学生教育价值观问卷信效度良好,作为本研究之用是可行可信和有效的。民族地区中学生教育价值观正式问卷附录于后(见附录8)。

第二节 教育价值观整体评价研究

在本章第一节中,初步构建了民族地区中学生教育价值观结构,其包含经济利益、家族荣誉、个人荣誉、民族传承、素质提升等五个方面,共 24 个关于教育价值观评价的指标体系,本节将采用综合指数法,对贵州民族地区中学生的教育价值观情况做一相应评价。借助熵权法对指标进行赋权,利用综合指数法对教育价值涉及的五个方面分别进行了综合评价。指标按照五个等级进行打分,分别为完全同意:1 分;比较同意:2 分;一般同意:3 分;比较不同意:4 分;完全不同意:5 分。具体评价过程如下。

一、经济利益倾向综合评价研究

在所建构的民族地区中学生教育价值观中,其经济利益评价包含 3 个指标体系,借助熵权法对指标进行赋权,利用综合指数法对民族地区中学生教育价值观中的经济利益倾向进行了综合评价,其评价指标体系及打分标准见表 6-6。

表 6-6 中学生教育价值观的经济利益倾向评价指标体系及评价标准

指标	打分标准
	每个指标都按照以下几个打分标准进行打分:
读大学不如趁早出去打工、做生意赚钱	完全同意:1 分
能识字、会算数就行了,用不着读大学	比较同意:2 分
读大学不如学一门技术	一般同意:3 分
	比较不同意:4 分
	完全不同意:5 分

数据获取方法。根据表 6-6 的评价指标体系,本研究数据来自发放教育价值观问卷所收集到的 2 265 个样本,经济利益维度所对应的各项指标为打分的平均分。

赋权方法。利用熵可以计算出指标的权重,利用此方法确定权重的具体计算步骤如下:

第一步,各指标熵值确定方法

$$P_j = -K \sum_{i=1}^{m} r_{ij} \ln(r_{ij})$$

式中 $r_{ij} = \dfrac{Y_{ij}}{\sum\limits_{i=1}^{m} Y_{ij}}\left(K = \dfrac{1}{\ln(m)}; j = 1,2,\cdots,n\right)$（当 $r_{ij} = 0, r_{ij}\ln(r_{ij}) = 0$）。

第二步,各指标差异系数确定方法

$$H_j = 1 - P_j$$

第三步,权重确定方法

$$\omega_j = \frac{H_j}{\sum\limits_{j=1}^{n} H_j}$$

评价方法。运用综合指数法对教育价值中的经济利益价值进行评价,依据得分越高,效果越好的原则进行综合评价,综合指数法的公式为:

$$p_i = \sum_{j=1}^{n} \omega_j x_{ij} (i = 1,2; j = 1,2,\cdots,n)$$

其中: p_i —— 综合得分; ω_j —— 指标权重; x_{ij} —— 指标分数; i —— 评价对象个数; j —— 评价指标个数。

评价标准。为了体现和评价体系的一致性,本文设置了评价标准阈值范围,$(0,1]$——倾向性非常高,$(1,2]$——倾向性高,$(2,3]$——倾向性一般,$(3,4]$——倾向性低,$(4,5]$——倾向性非常低。

实证分析。根据数据分析,得到民族地区中学生教育价值观中经济利益的倾向分数和综合分数,见表 6-7。

表 6-7　中学生教育价值观的经济利益倾向评价指标分数及综合分数

指标	分数	熵权权重	综合分数
读大学不如趁早出去打工、做生意赚钱	4.3276	0.3321	
能识字、会算数就行了,用不着读大学	4.5042	0.3200	4.0435
读大学不如学一门技术	3.5951	0.3240	

注:表格中数据保留到小数点后四位,下同。

从中学生学习的经济利益倾向的综合指数结合评价标准阈值范围来看,可以得到民族地区中学生对于教育价值中的经济利益倾向性比较低,但说明了教育价值观结构中仍呈现了经济利益取向。

二、家族荣誉感综合评价研究

在所建构的民族地区中学生教育价值观中,家族荣誉评价包含 4 个指标体系,借助熵权法对指标进行赋权,利用综合指数法对民族地区中学生教育价值观中的家族荣誉倾向进行了综合评价,其评价指标体系及打分标准见表 6-8。

表 6-8　中学生教育价值观中的家族荣誉评价指标体系及评价标准

指标	打分标准
	每个指标都按照以下几个打分标准进行打分：
读书可以为家人争光	完全同意：1 分
上学是为了光宗耀祖	比较同意：2 分
读大学是为了给身边人树立榜样	一般同意：3 分
考上大学会获得村里人的尊重	比较不同意：4 分
	完全不同意：5 分

数据获取方法。根据表 6-8 的评价指标体系，本研究数据来自发放教育价值观问卷所收集到的 2 265 个样本，家族荣誉维度所对应的各项指标打分的平均分。

赋权方法。原理同经济利益评价部分，利用熵计算出指标的权重，其具体计算步骤如下：

第一步，各指标熵值确定方法

$$P_j = -K \sum_{i=1}^{m} r_{ij} \ln(r_{ij})$$

式中 $r_{ij} = \dfrac{Y_{ij}}{\sum\limits_{i=1}^{m} Y_{ij}} \left(K = \dfrac{1}{\ln(m)}; j = 1,2,\cdots,n \right)$（当 $r_{ij} = 0, r_{ij} \ln(r_{ij}) = 0$）。

第二步，各指标差异系数确定方法

$$H_j = 1 - P_j$$

第三步，权重确定方法

$$\omega_j = \dfrac{H_j}{\sum\limits_{j=1}^{n} H_j}$$

评价方法。运用综合指数法对教育价值观中的家族荣誉进行评价，依据得分越高，效果越好的原则进行综合评价，综合指数法的公式为：

$$p_i = \sum_{j=1}^{n} \omega_j x_{ij} (i = 1,2; j = 1,2,\cdots,n)$$

其中：p_i——综合得分；ω_j——指标权重；x_{ij}——指标分数；i——评价对象个数；j——评价指标个数。

评价标准。为了体现和评价体系的一致性，本文设置了评价标准阈值范围，（0,1]——倾向性非常高，（1,2]——倾向性高，（2,3]——倾向性一般，（3,4]——倾向性低，（4,5]——倾向性非常低。

实证分析。根据数据分析，得到民族地区中学生教育价值观中的家族荣誉倾向分数和综合分数，见表 6-9。

从中学生学习的经济利益倾向的综合指数结合评价标准阈值范围来看，可以得到，民族地区中学生对于教育价值中的家族荣誉倾向性较低，但一定程度上说明了,教育价值观结构中仍呈现了家族荣誉这一价值取向。

表6-9 中学生教育价值观的家族荣誉评价指标分数及综合分数

指标	分数	熵权权重	综合分数
读书可以为家人争光	3.7117	0.2466	
上学是为了光宗耀祖	2.6574	0.2543	3.1853
读大学是为了给身边人树立榜样	3.1943	0.2496	
考上大学会获得村里人的尊重	3.1943	0.2496	

三、个人发展综合评价研究

在所建构的民族地区中学生教育价值观中,个人发展评价包含 8 个指标体系,借助熵权法对指标进行赋权,利用综合指数法对民族地区中学生教育价值观中的个人发展倾向进行了综合评价,其评价指标体系及打分标准见表6-10。

表6-10 中学生教育价值观的个人发展评价指标体系及评价标准

指标	打分标准
读书可以拓展眼界,树立民族平等	每个指标都按照以下几个打分
求学是为了提升个人文化素质	标准进行打分:
读书是为了促进自己建构正确的世界观	完全同意:1分
接受教育可以增强个体的独立性	比较同意:2分
教育可以引导个人形成高尚的人格	一般同意:3分
知识可以丰富个人精神世界	比较不同意:4分
教育可以提高个体的智慧	完全不同意:5分
读书不仅是增广知识,还在于精神的感化与陶冶	

数据获取方法。根据表6-10的评价指标体系,本研究数据来自于发放教育价值观问卷所收集到的 2 265 个样本,个人发展维度所对应的各项指标打分的平均分。

赋权方法。原理同经济利益评价部分,利用熵计算出指标的权重,其具体计算步骤如下:

第一步,各指标熵值确定方法

$$P_j = -K \sum_{i=1}^{m} r_{ij} \ln(r_{ij})$$

式中 $r_{ij} = \dfrac{Y_{ij}}{\sum\limits_{i=1}^{m} Y_{ij}} \Big(K = \dfrac{1}{\ln(m)}; j = 1, 2, \cdots, n \Big)$(当 $r_{ij} = 0, r_{ij} \ln(r_{ij}) = 0$)。

第二步,各指标差异系数确定方法

$$H_j = 1 - P_j$$

第三步,权重确定方法

$$\omega_j = \frac{H_j}{\sum\limits_{j=1}^{n} H_j}$$

评价方法。运用综合指数法对教育价值观中的个人发展进行评价,依据得分越高,效果越好的原则进行综合评价,综合指数法的公式为:

$$p_i = \sum_{j=1}^{n} \omega_j x_{ij} \,(i = 1,2; j = 1,2,\cdots,n)$$

其中:p_i——综合得分;ω_j——指标权重;x_{ij}——指标分数;i——评价对象个数;j——评价指标个数。

评价标准。为了体现和评价体系的一致性,本文设置了评价标准阈值范围,$(0,1]$——倾向性非常高,$(1,2]$——倾向性高,$(2,3]$——倾向性一般,$(3,4]$——倾向性低,$(4,5]$—倾向性非常低。

实证分析。根据数据分析,得到民族地区中学生教育价值观中的个人发展倾向分数和综合分数,见表6-11。

表6-11　中学生教育价值观的个人发展评价指标分数及综合分数

指标	分数	熵权权重	综合分数
读书可以拓展眼界,树立民族平等	4.1333	0.1246	
求学是为了提升个人文化素质	3.8075	0.1254	
读书是为了促进自己建构正确的世界观	3.9620	0.1250	
接受教育可以增强个体的独立性	3.7038	0.1256	
教育可以引导个人形成高尚的人格	3.8366	0.1253	3.9708
知识可以丰富个人精神世界	4.1960	0.1245	
教育可以提高个体的智慧	4.0464	0.1248	
读书不仅是增广知识,还在于精神的感化与陶冶	4.0843	0.1247	

从中学生学习的经济利益倾向的综合指数结合评价标准阈值范围来看,可以得到中学生对于教育价值中的个人发展倾向性较低,但说明了教育价值观结构中仍呈现了个人发展取向。

四、民族传承综合评价研究

在所建构的民族地区中学生教育价值观中,民族传承评价包含5个指标体系,借助熵权法对指标进行赋权,利用综合指数法对民族地区中学生教育价值观中的民族传承倾向进行了综合评价,其评价指标体系及打分标准见表6-12。

表6-12　中学生教育价值观中的民族传承评价指标体系及评价标准

指标	打分标准
读书有利于保持民俗文化的健康发展	每个指标都按照以下几个打分标准进行打分:
作为民族的一员应学会民族的歌舞、技艺等习俗	完全同意:1分
学习民族语言是为了发扬光大民族文化	比较同意:2分
读书可促进民族服饰、建筑和节日等方面的发展	一般同意:3分
接受教育可以促进民族医药的发展	比较不同意:4分
	完全不同意:5分

数据获取方法。根据表6-12的评价指标体系,本研究数据来自发放教育价

观问卷所收集到的 2 265 个样本,民族传承维度所对应的各项指标打分的平均分。

赋权方法。原理同经济利益评价部分,利用熵计算出指标的权重,其具体计算步骤如下:

第一步,各指标熵值确定方法

$$P_j = -K \sum_{i=1}^{m} r_{ij} \ln(r_{ij})$$

式中 $r_{ij} = \dfrac{Y_{ij}}{\sum\limits_{i=1}^{m} Y_{ij}} \left(K = \dfrac{1}{\ln(m)}; j = 1,2,\cdots,n \right)$(当 $r_{ij} = 0, r_{ij} \ln(r_{ij}) = 0$)。

第二步,各指标差异系数确定方法

$$H_j = 1 - P_j$$

第三步,权重确定方法

$$\omega_j = \dfrac{H_j}{\sum\limits_{j=1}^{n} H_j}$$

评价方法。运用综合指数法对教育价值观中的民族传承进行评价,依据得分越高,效果越好的原则进行综合评价,综合指数法的公式为:

$$p_i = \sum_{j=1}^{n} \omega_j x_{ij} (i = 1,2; j = 1,2,\cdots,n)$$

其中:p_i——综合得分;ω_j——指标权重;x_{ij}——指标分数;i——评价对象个数;j——评价指标个数。

评价标准。为了体现和评价体系的一致性,本文设置了评价标准阈值范围,$(0,1]$——倾向性非常高,$(1,2]$——倾向性高,$(2,3]$——倾向性一般,$(3,4]$——倾向性低,$(4,5]$——倾向性非常低。

实证分析。根据数据分析,得到民族地区中学生教育价值观中的民族传承倾向分数和综合分数,见表 6-13。

表 6-13　中学生教育价值观中的民族传承评价指标分数及综合分数

指标	分数	熵权权重	综合分数
读书有利于保持民俗文化的健康发展	3.9219	0.1979	
作为民族的一员应学会民族的歌舞、技艺等习俗	3.3091	0.2011	
学习民族语言是为了发扬光大民族文化	3.7947	0.1985	3.5195
读书可促进民族服饰、建筑和节日等方面的发展	3.3969	0.2006	
接受教育可以促进民族医药的发展	3.1859	0.2018	

从中学生学习的经济利益倾向的综合指数结合评价标准阈值范围来看,可以得到,民族地区中学生对于教育价值中的民族传承倾向性较低,但说明了教育价值观结构中仍呈现了民族传承取向。

五、素养提升综合评价研究

所建构的民族地区中学生教育价值观中,素养提升评价包含 4 个指标体系,借助熵权法对指标进行赋权,利用综合指数法对民族地区中学生教育价值观中的素养提升倾向进行了综合评价,其评价指标体系及打分标准见表 6-14。

表 6-14 中学生教育价值观的素养提升评价指标体系及评价标准

指标	打分标准
	每个指标都按照以下几个打分标准进行打分:
读大学一定能找到好工作	完全同意:1 分
只要读书就不会变坏,误入歧途	比较同意:2 分
读书才会有礼貌	一般同意:3 分
多读书才会成为有用的人	比较不同意:4 分
	完全不同意:5 分

数据获取方法。根据表 6-14 的评价指标体系,本研究数据来自发放教育价值观问卷所收集到的 2 265 个样本,素养提升维度所对应的各项指标打分的平均分。

赋权方法。原理同经济利益评价部分,利用熵计算出指标的权重,其具体计算步骤如下:

第一步,各指标熵值确定方法

$$P_j = -K \sum_{i=1}^{m} r_{ij} \ln(r_{ij})$$

式中 $r_{ij} = \dfrac{Y_{ij}}{\sum_{i=1}^{m} Y_{ij}} \left(K = \dfrac{1}{\ln(m)}; j = 1,2,\cdots,n \right)$(当 $r_{ij} = 0, r_{ij} \ln(r_{ij}) = 0$)。

第二步,各指标差异系数确定方法

$$H_j = 1 - P_j$$

第三步,权重确定方法

$$\omega_j = \frac{H_j}{\sum_{j=1}^{n} H_j}$$

评价方法。运用综合指数法对教育价值中的素养提升进行评价,依据得分越高,效果越好的原则进行综合评价,综合指数法的公式为:

$$p_i = \sum_{j=1}^{n} \omega_j x_{ij} (i = 1,2; j = 1,2,\cdots,n)$$

其中:p_i——综合得分;ω_j——指标权重;x_{ij}——指标分数;i——评价对象个数;j——评价指标个数。

评价标准。为了体现和评价体系的一致性,本文设置了评价标准阈值范围,$(0,1]$——倾向性非常高,$(1,2]$——倾向性高,$(2,3]$——倾向性一般,$(3,4]$——

倾向性低,(4,5]——倾向性非常低。

实证分析。根据数据分析,得到民族地区中学生教育价值观中的素养提升倾向分数和综合分数,见表 6-15。

表 6-15　中学生教育价值观中的素养提升评价指标分数及综合分数

指标	分数	熵权权重	综合分数
读大学一定能找到好工作	3.0433	0.2485	
只要读书就不会变坏,误人歧途	2.2892	0.2560	2.9259
读书才会有礼貌	2.8830	0.2497	
多读书才会成为有用的人	3.5139	0.2458	

从中学生学习的经济利益倾向的综合指数结合评价标准阈值范围来看,可以得到中学生对于教育价值中的素质提升倾向性一般,但说明了教育价值观结构中仍呈现了素养提升取向。

通过对民族地区中学生教育价值观取向中的经济利益、家族荣誉、个人发展、民族传承和素养提升层面的综合评价,不仅说明了教育价值观五个维度的有效性,而且说明了民族地区中学生教育价值观取向中各维度的倾向性,这对于接下来的分析,具有较强的参考价值。

第三节　贵州民族地区教育价值观的调查分析

一、贵州民族地区中学生教育价值观得分的民族对比

为探讨贵州省少数民族中学生的教育价值观特征,将少数民族学生与汉族学生的得分进行了对比,结果见表 6-16。

表 6-16　贵州民族地区中学生教育价值观的民族对比

组别	经济利益	家族荣誉	个人发展	民族传承	素养提升	教育价值观总分
少数民族 (1 604)	12.36±2.04	12.82±3.00	31.59±4.93	17.59±3.03	11.84±3.01	86.21±10.77
汉族(661)	12.60±2.00	12.59±3.09	32.21±5.14	17.66±3.27	11.45±3.27	86.50±11.33
t 值	−2.545*	2.525*	−2.666**	−0.446	2.646**	−0.591
P 值	0.011	0.012	0.008	0.656	0.008	0.555

少数民族中学生与汉族中学生在教育价值观总分上不存在差别,但少数民族中学生的家族荣誉、素养提升因子分显著高于汉族中学生,经济利益、个人发展因子分显著低于汉族中学生。在各个维度的重视程度上,少数民族中学生和汉族中学生都表现出了相同的趋势,各维度的平均分值排序分别是:经济利益＞个人发展＞民族传承＞家族荣誉＞素养提升。

二、贵州省少数民族中学生教育价值观的得分概况

为探讨贵州省少数民族中学生的教育价值观特征，以教育价值观因子分及总分为因变量，分别以性别、学段、来源地、家庭类型、是否留守儿童、是否班干部、学习成绩满意度为自变量，进行了独立样本 t 检验和单因素方差分析。具体结果见表 6-17。

表 6-17 不同性别少数民族中学生的教育价值观各项因子分和总分的组间对比

组别	经济利益	家族荣誉	个人发展	民族传承	素养提升	教育价值观总分
男(712)	12.07±2.24	12.99±3.02	31.27±4.91	17.64±3.02	11.93±3.11	85.89±10.98
女(886)	12.59±1.84	12.70±2.98	31.87±4.94	17.56±3.04	11.77±2.94	86.48±10.62
t 值	−4.942***	1.930	−2.433*	−0.519	1.036	−1.089
P 值	0.000	0.054	0.015	0.604	0.300	0.276

注：* $P<0.05$，** $P<0.01$，*** $P<0.001$，下同。

从表 6-17 中发现，教育价值观总分不存在性别差异，但女生的经济利益、个人发展因子分显著高于男生，男生的家族荣誉因子分略高于女生，差异接近显著水平（$t=1.930$，$P=0.054$），民族传承和素养提升因子分没有显著差别。

表 6-18 不同学段少数民族中学生的教育价值观各项因子分和总分的组间对比

组别	经济利益	家族荣誉	个人发展	民族传承	素养提升	教育价值观总分
初中(1 152)	12.40±2.06	12.86±3.01	31.34±4.97	17.64±3.05	11.97±3.01	86.21±10.77
高中(449)	12.27±1.98	12.74±2.97	32.28±4.78	17.45±2.99	11.51±3.01	86.25±10.79
t 值	1.168	0.734	−3.446**	1.120	2.774**	−0.057
P 值	0.243	0.463	0.001	0.263	0.001	0.955

根据表 6-18 结果，在学段上，高中生的个人发展因子分显著高于初中生，民族传承因子分显著低于初中生，其他因子和教育价值观总分不存在显著差别。

表 6-19 不同来源地少数民族中学生的教育价值观各项因子分和总分的组间对比

组别	经济利益	家族荣誉	个人发展	民族传承	素养提升	教育价值观总分
城市(74)	12.46±1.92	13.11±2.40	32.95±5.26	18.12±2.71	11.74±2.77	88.38±10.27
农村(1 457)	12.36±2.01	12.78±2.98	31.49±4.92	17.58±3.02	11.82±3.00	86.03±10.79
t 值	0.403	1.135	2.476*	1.512	−0.210	1.831
P 值	0.687	0.259	0.013	0.131	0.834	0.067

根据表 6-19 结果，在来源地方面，来自城市的学生教育价值观总分略高于来自农村的学生，差异接近显著水平（$t=1.831$，$P=0.067$），个人发展因子分显著高于来自农村的学生，其他因子分没有显著差别。

表 6-20 不同家庭类型少数民族中学生的教育价值观各项因子分和总分的组间对比

组别	经济利益	家族荣誉	个人发展	民族传承	素养提升	教育价值观总分
普通家庭 （1 442）	12.37±2.02	12.77±3.02	31.60±4.90	17.59±3.04	11.86±3.04	86.18±10.69
单亲离异家庭 （151）	12.24±2.22	13.23±2.72	31.50±5.19	17.57±2.86	11.64±2.73	86.19±11.34
t 值	0.727	−1.961	0.219	0.064	0.842	−0.009
P 值	0.467	0.051	0.827	0.949	0.400	0.993

根据表 6-20 结果，在家庭类型上，普通家庭和单亲离异家庭的学生在教育价值观总分和经济利益、个人发展、民族传承、素养提升因子分上没有显著差别，但单亲离异家庭学生的家族荣誉因子分略高于普通家庭学生，差异接近显著水平（$t=-1.961, P=0.051$）。

表 6-21 是否留守少数民族中学生的教育价值观各项因子分和总分的组间对比

组别	经济利益	家族荣誉	个人发展	民族传承	素养提升	教育价值观总分
是（506）	12.32±2.15	12.94±3.08	31.95±5.04	17.76±3.11	11.94±3.20	86.91±11.28
否（1 029）	12.39±1.98	12.77±2.96	31.53±4.83	17.51±2.99	11.74±2.90	85.94±10.51
t 值	−0.627	1.020	1.574	1.512	1.269	1.661
P 值	0.531	0.308	0.116	0.131	0.204	0.097

根据表 6-21 结果，对民族地区留守中学生和非留守中学生的得分进行分析，研究发现，两个群体在经济利益、家族荣誉、个人发展、民族传承和素养提升等因子分上均没有显著差别，只在教育价值观上存在差别，留守学生的得分略高于非留守学生，差异接近显著水平（$t=1.661, P=0.097$）。

表 6-22 是否班干部少数民族中学生的教育价值观各项因子分和总分的组间对比

组别	经济利益	家族荣誉	个人发展	民族传承	素养提升	教育价值观总分
是（416）	12.63±1.89	12.92±3.09	32.32±5.07	17.71±3.22	11.56±2.98	87.14±10.86
否（1 159）	12.25±2.09	12.78±2.98	31.33±4.87	17.51±2.96	11.91±3.03	85.79±10.76
t 值	3.392**	0.795	3.512***	1.173	−2.071*	2.186*
P 值	0.001	0.427	0.000	0.241	0.039	0.029

根据表 6-22 的数据分析结果，在是否班干部方面，存在着较大的教育价值观差异，班干部学生的经济利益、个人发展因子分和教育价值观总分显著高于普通同学，但普通同学的素养提升因子分显著高于班干部同学，其他因子没有显著差别。

根据表 6-23 的数据分析结果，在学习成绩满意度上，对学习成绩感到"非常满意""满意""不满意"和"非常不满意"4 个组别在经济利益因子分上存在显著差别，其他因子分和教育价值观总分没有显著差别。在经事后检验（LSD）发现，对学习成绩"非常满意"学生的经济利益因子分显著低于其他三个组别。

表 6-23　不同满意度少数民族中学生的教育价值观各项因子分和总分的组间对比

组别	经济利益	家族荣誉	个人发展	民族传承	素养提升	教育价值观总分
非常满意(26)	10.58±3.50	13.38±3.29	30.31±7.41	17.65±4.33	12.23±3.93	84.15±16.00
满意(186)	12.28±2.09	13.03±3.04	31.04±5.04	17.88±2.90	12.16±2.73	86.38±10.77
不满意(1 113)	12.43±1.89	12.78±2.95	31.70±4.86	17.44±2.94	11.77±2.92	86.13±10.56
非常不满意(272)	12.26±2.33	12.81±3.12	31.60±4.79	17.89±3.23	11.82±3.40	86.39±10.84
F 值	7.459***	0.678	1.571	2.340	1.013	0.371
P 值	0.000	0.566	0.195	0.072	0.386	0.774

三、教育价值观对学习倦怠的回归分析

为进一步了解贵州省少数民族中学生教育价值观和学习倦怠的关系,对教育价值观得分与学习倦怠得分进行了相关分析,结果如下表 6-24。

表 6-24　少数民族中学生教育价值观与学习倦怠的相关分析

	情绪耗竭	学习低效	生理耗竭	手机依赖	学习倦怠总分
经济利益	−0.291***	−0.202***	−0.163***	−0.288***	−0.305***
家族荣誉	0.020	−0.019	0.055*	0.058*	0.034
个人发展	−0.202***	−0.135***	−0.107***	−0.176***	−0.200***
民族传承	−0.074**	−0.118***	0.004	−0.041	−0.076**
素养提升	−0.086**	−0.150***	−0.077**	−0.028	−0.098**
教育价值观总分	−0.188***	−0.181***	−0.085**	−0.140***	−0.190***

根据表 6-24 数据,研究发现,经济利益因子分、个人发展因子分、教育价值观总分与学习倦怠各因子分和总分存在显著负相关,民族传承因子分、素养提升因子分与情绪耗竭、学习低效、生理耗竭因子分和学习倦怠总分存在显著负相关;家族荣誉因子分与生理耗竭、手机依赖因子分存在显著正相关。

为了更加直观、更加量化地了解教育价值观对学习倦怠水平的影响,本研究采用回归分析法,分别以学习倦怠各因子分和总分为因变量,以教育价值观的因子分和总分为自变量进行了回归分析,具体结果见表 6-25、6-26、6-27、6-28、6-29。

表 6-25　少数民族中学生教育价值观对情绪耗竭的回归分析

因变量	自变量	偏回归系数	标准误差	标准偏回归系数	t 值	P 值	95%CI
情绪耗竭	常数	31.437	1.111		28.292	$P<0.01$	29.258～33.617
	经济利益	−0.783	0.066	−0.288	−11.848	$P<0.01$	−0.913～−0.654
	个人发展	−0.164	0.030	−0.145	−5.541	$P<0.01$	−0.222～−0.106
	家族荣誉	0.167	0.050	0.090	3.306	$P<0.01$	0.068～0.265
	素养提升	−0.104	0.048	−0.057	−2.164	$P<0.05$	−0.199～−0.010

表 6-26　少数民族中学生教育价值观对学习低效的回归分析

因变量	自变量	偏回归系数	标准误差	标准偏回归系数	t 值	P 值	95%CI
	常数	20.431	0.779		26.226	P<0.01	18.903~21.960
	经济利益	−0.408	0.044	−0.225	−9.310	P<0.01	−0.494~−0.322
学习低效	素养提升	−0.156	0.033	−0.127	−4.668	P<0.01	−0.222~−0.091
	民族传承	−0.085	0.032	−0.069	−2.636	P<0.01	−0.148~−0.022
	家族荣誉	0.078	0.034	0.063	2.276	P<0.05	0.011~0.145

表 6-27　少数民族中学生教育价值观对生理耗竭的回归分析

因变量	自变量	偏回归系数	标准误差	标准偏回归系数	t 值	P 值	95%CI
	常数	10.355	0.507		20.435	P<0.01	9.361~11.349
	经济利益	−0.227	0.030	−0.189	−7.523	P<0.01	−0.286~−0.168
生理耗竭	家族荣誉	0.112	0.023	0.137	4.854	P<0.01	0.066~0.157
	素养提升	−0.079	0.022	−0.097	−3.592	P<0.01	−0.122~−0.036
	个人发展	−0.040	0.013	−0.081	−2.965	P<0.01	−0.066~−0.014

表 6-28　少数民族中学生教育价值观对手机依赖的回归分析

因变量	自变量	偏回归系数	标准误差	标准偏回归系数	t 值	P 值	95%CI
	常数	22.285	1.016		21.942	P<0.01	20.292~24.277
手机依赖	经济利益	−0.745	0.061	−0.296	−12.158	P<0.01	−0.865~−0.625
	个人发展	−0.137	0.027	−0.132	−5.055	P<0.01	−0.191~−0.084
	家族荣誉	0.177	0.043	0.103	4.077	P<0.01	0.092~0.262

表 6-29　少数民族中学生教育价值观对学习倦怠的回归分析

因变量	自变量	偏回归系数	标准误差	标准偏回归系数	t 值	P 值	95%CI
	常数	84.450	2.795		30.213	P<0.01	78.968~89.933
	经济利益	−2.140	0.166	−0.310	−12.865	P<0.01	−2.466~−1.814
学习倦怠	个人发展	−0.388	0.074	−0.136	−5.227	P<0.01	−0.534~−0.243
	家族荣誉	0.545	0.127	0.116	4.303	P<0.01	0.297~0.794
	素养提升	−0.372	0.121	−0.080	−3.076	P<0.01	−0.610~−0.135

　　在学习倦怠各因子和总分中,经济利益的预测作用最大,个体有着明确的经济利益追求,感知到的学习倦怠水平就越低。此外,个人发展对情绪耗竭、生理耗竭、手机依赖和学习倦怠有着显著的负向预测作用,素养提升对情绪耗竭、学习低效、生理耗竭和学习倦怠也有着显著的负向预测作用,个体越注重个人发展和素养提升,相应的学习倦怠水平就越低。家族荣誉对学习倦怠各因子和总分有着显著的正向预测作用,个体越注重家族的荣誉,学习倦怠水平就越高。

第四节　贵州民族地区教育价值观的特点分析

一、教育价值观的民族差异

本研究中,少数民族中学生和汉族中学生在各种教育价值取向的重视程度上,表现出了较为一致的趋势,最重视的教育价值取向是经济利益,其次是个人发展、民族传承、家族荣誉,排在最末位的是素养提升。相对来说,各族中学生更为注重的是教育的工具性价值,这与牛春娟等(2010)[1]、赵琳琳(2012)[2]的研究结论基本一致。在教育价值观方面,少数民族中学生具有相对更强的家族荣誉、素养提升价值观,更加注重个人受教育所带来的家族荣誉感,以及对个人礼仪、素养的提升;汉族中学生具有更强的经济利益、个人发展价值观,既注重教育的功利性,又注重个人文化知识和精神境界的提升。国内关于教育价值观的民族差异研究并不多,鲁华(2015)[3]调查了贵州苗族社区的教育价值观现状,认为苗区教育价值观带有明显的地域性和民族性,对于苗族人民的生活习俗教育活动、文化知识教育活动等方面都产生了潜移默化的影响;此外,苗区教育价值观对苗族大学生的学风也产生了直接的影响,表现出苗族大学生重结果、轻过程的学习风格[4]。潘磊(2012)[5]采用田野调查、问卷法、访谈法及参与式观察法对白族社区的教育价值观进行了调研,发现白族的教育期望、教育投入和文化选择随着时代和经济的发展,已经发生了许多变化。钟丽芳(2015)[6]通过问卷调查,发现少数民族中学生具有中等偏上程度的教育价值观,但苗族和其他少数民族的教育价值观并没有显著的差异。赵琳琳(2012)[7]对朝鲜族大学生的教育价值观进行调查,证实朝鲜族大学生的教育价值观具有教育追求功利化、教育目的现实化、民族认同意识增强、家族荣誉观念减弱等特点。牛春娟等(2010)[8]对西南地区少数民族的教育价值观进行了探究,发现少数民族群众最为重视教育效用,并且回族的教育价值观得分较高,而苗族的教育价值观得分较低。以往关于少数民族教育价值观的研究未得到一致的结论,可能是取

①　牛春娟,郑涌.西南少数民族教育价值观的调查研究[J].心理科学,2010,33(1):198-200.

②　赵琳琳.朝鲜族大学生的民族教育价值观研究[D].延吉:延边大学,2012.

③　鲁华.贵州苗族社区教育价值观研究[J].湖南工业职业技术学院学报,2015,15(6):44-47.

④　鲁华.贵州苗区教育价值观与苗族大学生学风关系探析[J].湖南工业职业技术学院学报,2016,16(1):102-104.

⑤　潘磊.白族家庭教育价值观考察[J].四川民族学院学报,2012,21(1):85-91.

⑥　钟丽芳.少数民族中学生教育价值观与学习倦怠关系研究[D].贵阳:贵州师范大学,2015.

⑦　赵琳琳.朝鲜族大学生的民族教育价值观研究[D].延吉:延边大学,2012.

⑧　牛春娟,郑涌.西南少数民族教育价值观的调查研究[J].心理科学,2010,33(1):198-200.

样或研究工具的差异所导致。本研究中,少数民族中学生和汉族中学生表现出了不同的教育价值取向,前者更注重家族荣誉、素养提升,后者更注重教育功效和个人发展,这从另一个侧面反映了各民族的文化和习俗不同,语言、文字、生活方式、教育经济发展等诸多方面的差异可能给教育价值观的形成带来潜移默化的影响。

二、教育价值观的人口学变量差异

少数民族中学生群体中,男生和女生的教育价值观总分不存在差别,但女生具有更高的经济利益、个人发展价值观取向,男生具有更高的家族荣誉价值观取向。牛春娟等(2010)[①]对西南地区不同民族、年龄和文化层次的少数民族群众进行了调研,发现教育价值观不存在显著的性别差异。赵琳琳(2012)[②]发现朝鲜族大学生群体中,女生的教育效用、经济利益和工具性教育价值观显著高于男生。杨洪猛(2015)[③]和钟丽芳(2015)[④]的调查也发现,女生的教育效应或经济效用价值取向水平显著高于男生。魏然(2007)[⑤]的研究发现,女生在"自身素质"价值取向上的得分显著高于男生。虽然以往对教育价值观的性别差异研究并未得到完全一致的结论,但由于当下的社会文化环境中,越来越强调和重视女性的独立自主精神,与之相应在中学生或大学生群体中,女生表现出了更为强烈的功利性或工具性价值观取向,更加注重教育为个人成长和职业发展所带来的作用,对于教育的功利价值有着更高的期待;此外,男生则更加注重家族荣誉,可能从传统文化的角度,男生承载着来自家庭的期望和寄托,男生更加在乎能否通过自己的表现给亲人和家族带来荣耀感。

本研究中,初中生和高中生的教育价值观总体差异并不明显,但高中生具有更高水平的个人发展价值取向,初中生具有更高水平的民族传承价值取向,高中时期更加注重教育对个人发展所带来的益处,但对于民族传承方面则有所淡化。杨雨露(2019)[⑥]调查了中学生的教育价值观现状,发现中学生教育价值观及其各个维度的水平均随着年级上升而逐渐下降。钟丽芳(2015)[⑦]的研究也得出了类似的结论,在个体发展、民族传承、经济效用和家族荣誉四个维度上,基本呈现了教育价值观得分随着年级的上升而不断下降的趋势。大学生群体中,年级差异的表现更加复杂和多样,有研究提出大四学生主要以教育的工具性价值为取向,而大二学生主要

① 牛春娟,郑涌.西南少数民族教育价值观的调查研究[J].心理科学,2010,33(1):198-200.
② 赵琳琳.朝鲜族大学生的民族教育价值观研究[D].延吉:延边大学,2012.
③ 杨洪猛.大学生教育价值观的调查研究[J].中国校外教育,2015(28):19+36.
④ 钟丽芳.少数民族中学生教育价值观与学习倦怠关系研究[D].贵阳:贵州师范大学,2015.
⑤ 魏然.西南地区大学生教育价值观调查[J].中国学校卫生,2007(2):165-166.
⑥ 杨雨露.初中生教育价值观现状调查及对策分析——以重庆市为例[J].心理学进展,2019,9(5):858-863.
⑦ 钟丽芳.少数民族中学生教育价值观与学习倦怠关系研究[D].贵阳:贵州师范大学,2015.

以教育的目的性价值为取向[1]；也有学者认为，大一和大三学生的教育价值观总体水平显著高于大二和大四学生[2]，大三学生对教育的社会价值重视程度最低[3]。虽然由于地区或取样的差异，以往研究并未得到一致的结论，但也间接显示了，处于不同的学段或年龄层次，教育价值观会发生动态的变化，随着年龄或年级的增长，个体的教育价值观也在不断的调整或转变。

来源地方面，城市间教育价值观差异总体上并不显著，只在个人发展这个维度上，城市的学生的价值取向水平略高于来自农村的学生。王子君（2009）[4]对比了城乡初中生的教育价值观，发现城市初中生的他人效用价值得分显著高于农村初中生，表明城市学生更加注重个人教育对集体、教师、父母及同辈群体所带来的影响。钟丽芳（2015）[5]在研究中指出，农村中学生的家族荣誉价值取向水平显著高于城镇中学生，教育价值观总体和其他价值取向不存在显著差别。赵琳琳（2012）[6]调查朝鲜族大学生的教育价值观，发现城市学生的教育效用水平显著高于乡村学生，但乡村学生的家族荣誉水平显著高于城市学生。结合本研究和以往研究的结果，可发现一个大致的取向，城市学生更加注重个人发展、教育效用等功利性取向，但农村学生更加注重家族荣誉的追求。这可能是由于城市学生拥有更多的教育资源，更能体会到教育对个人生活所带来的影响和作用，注重通过读书和受教育所带来的实际优势，关注教育的社会性价值和功利性价值；农村学生则背负着更多的家族期望，虽然在个人发展和经济效用上的体现不够明显，但会更多顾及自身教育给家族和亲人所带来的荣耀和满足。

调查显示，虽然普通家庭和单亲离异家庭的学生在教育价值观总体上和大部分因子上不存在显著差别，但单亲离异家庭的学生更加注重家族荣誉价值取向。以往研究也显示，一方面，相对于家庭完整的学生，单亲离异家庭的孩子由于经历过家庭的创伤或变动，具有更强的自卑心理和怀旧心理[7]，存在较多诸如自卑自责、冷漠孤独、冲动等心理问题[8]；另一方面，父亲、母亲的沟通与陪伴又对单亲离异家庭子女产生着巨大的影响，与父亲或母亲有更多的交流，对父亲或母亲存在着更多

① 赵琳琳.朝鲜族大学生的民族教育价值观研究[D].延吉:延边大学,2012.
② 杨洪猛.大学生教育价值观的调查研究[J].中国校外教育,2015(28):19+36.
③ 魏然.西南地区大学生教育价值观调查[J].中国学校卫生,2007(2):165-166.
④ 王子君.城乡初中生教育价值观比较研究[D].临汾:山西师范大学,2009.
⑤ 钟丽芳.少数民族中学生教育价值观与学习倦怠关系研究[D].贵阳:贵州师范大学,2015.
⑥ 赵琳琳.朝鲜族大学生的民族教育价值观研究[D].延吉:延边大学,2012.
⑦ 陈路舟.单亲家庭大学生心理辅导策略——个案的介入及其启示[J].中国教育学刊,2015(S2):352-353.
⑧ 宋瑞华,周晓东,李丁,等.单亲家庭儿童童年期创伤经历及行为问题调查[J].中国健康心理学杂志,2014,22(11):1740-1742.

的信任,可以保障单亲离异家庭学生拥有更强的心理韧性,保障个体的发展[1]。可见,对于单亲离异家庭的学生而言,由于早期生活的变动性,更加注重自身表现对家庭所带来的影响,更加期待能够通过受教育的历程为父母和家人增加荣耀。

留守学生和非留守学生在经济利益、家族荣誉、个人发展、民族传承和素养提升等因子上不存在显著差异,但在教育价值观总体水平上存在一定程度的差别,留守学生的价值观水平略高于非留守学生,差异接近显著水平。以往研究中,对于留守经历对教育价值观的影响探讨较少。崔佳伟(2018)[2]注意到留守儿童群体中,主要抚养者的教育价值观念对个体的素质发展和人格发展有着至关重要的影响。赵岚(2007)[3]的调查显示,不管是跟随父母流动还是留守在农村,新生代农民工的教育价值观会影响孩子的教育需求和教育期待。但对于留守学生和非留守学生的教育价值观是否存在差别,尚未有学者进行过探究。本研究通过调查发现,留守学生和非留守学生在教育价值观的各个方面并未显出显著的差别,但在总体价值观水平上,留守学生略高于非留守学生,这说明可能留守经历对个体的教育价值观形成会带来一定的影响。

本研究通过调查发现,班干部学生和普通学生在教育价值观上存在着较大的差异,班干部学生更加注重经济利益和个人发展,总体教育价值观水平也更高,但普通同学更注重素养提升。以往部分学者也关注了班干部学生和普通学生的差异,例如,入校时,班干部学生表现出更高的学业适应水平,具有更好的师生关系和同伴关系[4];担任班干部的学生表现出较少的学业拖延状况,在学习态度上更积极,在执行学习任务时更有计划性,比普通学生不容易拖延[5]。有学者指出,班干部职位是一种稀缺资源,这种资源势必会对中学生社会化带来一定程度的影响,可以培养学生的学习积极性、责任意识、组织管理能力、自我发展能力[6]。所以,一方面由于班干部角色对学生带来了积极影响,另一方面,教师的期待效应也对班干部同学带来了一定的关注和激励,使担任班干部的学生拥有着更为强烈的教育价值观取向,既注重教育的功利性和工具性价值,也注重教育对个人发展和能力提升的作用。

①　赵建萍,黄文斌,郝以辉,等.郑州高校单亲或离异家庭大学生心理韧性与父母同伴依恋的相关性分析[J].中国健康教育,2018,34(9):784-787+796.

②　崔佳伟.抚养者教育价值观对留守幼儿人格发展的影响[J].中小学心理健康教育,2018(30):4-7.

③　赵岚.新生代农民工的教育价值观及其对子女教育的影响[J].东北师大学报(哲学社会科学版),2007(6):157-162.

④　武红华.班级气氛与初中新生学校适应性的相关研究[D].天津:天津师范大学,2018.

⑤　韩杨.初中生学业拖延与人口学变量的关系研究[D].成都:四川师范大学,2013.

⑥　刘秀艳.班干部任职对中学生社会化的影响[D].曲阜:曲阜师范大学,2007.

第五节 贵州民族地区教育价值观与 中学生学习倦怠的关系

相关分析显示,经济利益、个人发展因子分和教育价值观总分与学习倦怠因子分和总分存在显著负相关,民族传承、素养提升因子分与情绪耗竭、学习低效、生理耗竭因子分和学习倦怠总分存在显著负相关;家族荣誉因子分与生理耗竭、手机依赖因子分存在显著正相关。总体上,经济利益、个人发展、民族传承、素养提升、教育价值观总体水平与学习倦怠存在着显著的负相关,个体拥有越明确的教育价值观,越重视教育对经济利益、个人发展、民族传承、素养提升所带来的影响,学习倦怠水平就越低。相关结论与钟丽芳(2015)[1]的研究结果一致。在后续的回归分析中,对于学习倦怠各因子分和总分,经济利益的预测作用最大,即便将社会支持也纳入逐步回归分析中,因"经济利益"这一指标解释了 12.2% 的变异,所以能够最有效地预测学习倦怠的程度,个体的经济利益追求越明确,感知到的学习倦怠水平就越低;此外,个人发展对情绪耗竭、生理耗竭、手机依赖和学习倦怠有着显著的负向预测作用,素养提升对情绪耗竭、学习低效、生理耗竭和学习倦怠也有着显著的负向预测作用,个体越注重个人发展和素养提升,相应的学习倦怠水平就越低;家族荣誉对学习倦怠各因子和总分有着显著的正向预测作用,个体越注重家族的荣誉,学习倦怠水平就越高。

牛春娟等(2010)[2]曾在研究中指出,少数民族教育必须要考虑几个基本问题:教育是单纯传播知识的工具还是培养个体综合素质、传承民族文化的手段?少数民族有什么样的教育期望?少数民族教育应该以什么方式发展?对于这些问题的解答,反映了少数民族对于教育的认知,揭示了个体如何看待教育的价值,如何在教育发展中发扬和传承教育价值。从以往的研究来看,教育价值观的养成和现状是个体对学业成功的价值及教育未来效用的一种判断依据。同时本研究发现,积极的教育价值观可以缓冲家庭经济压力带来的冲击,提高在校学生的学业成就[3]。本研究也发现,不管是崇尚内在价值的探究,还是重视外在价值的追求,无论更加注重的是教育的功利性价值还是成长性价值,个体拥有更加明确的价值观念和取向(注重经济利益、个人发展、民族传承、素养提升),一定程度上可以缓冲和降低个体的学习倦怠,但过分对家族荣誉的追求,可能会加剧学习倦怠的程度。

① 钟丽芳.少数民族中学生教育价值观与学习倦怠关系研究[D].贵阳:贵州师范大学,2015.
② 牛春娟,郑涌.西南少数民族教育价值观的调查研究[J].心理科学,2010,33(1):198-200.
③ 赵力燕,李董平,徐小燕,等.教育价值观和逆境信念在家庭经济压力与初中生学业成就之间的作用[J].心理发展与教育,2016,32(4):409-417.

第七章　贵州民族地区社会支持与
中学生学习倦怠

上文曾对社会支持进行过界定,社会支持是指某一个体(群体)对自身需求是否得到满足与回馈的综合反映。作为特定群体,贵州省民族地区中学生的社会需求可能涉及物质(经济)、关系、情感、文化、政策和信息等方面的支持,这些社会需求都应作为中学生体验社会支持的范畴。本章将从实证分析入手,探讨社会支持的结构,形成研究工具,在此基础上,对社会支持及其与教育价值观、学习倦怠间的关系进行深入探讨。

第一节　贵州民族地区中学生社会支持结构探索

本研究关于民族地区中学生社会支持的结构探索,采用与探索民族地区中学生学习倦怠及其教育价值观结构同样的方法和步骤(见第五章第一节及第六章第一节内容),因此在本节中涉及的原则及其方法,以简洁的方式论述。

一、社会支持结构初探

(一)项目编制过程

在文献综述的基础上,采用访谈法,制作学生访谈表(见附录1)与家长访谈表(见附录2),访谈表的内容涉及中学生学习倦怠、教育价值观、社会支持等相关内容。在得到学生同意(见附录3学生访谈同意函)前提下,对30余名中学生进行了访谈;在得到中学生家长同意(见附录4家长访谈同意函)前提下,对20余名家长进行访谈。经过对访谈录音、笔记的整理,梳理出了关于描述"社会支持"内容的关键词语,其中涉及社会支持的主要有"人际关系方面的融洽""与家人朋友关系密切""得到社会的资助""曾经得到政府的资助""享受学校的民族优惠政策""在相关考试制度政策中得到照顾""希望现有的助学政策继续执行""现有的扶持政策力度不够"、"现有的就业帮扶制度让其对读书充满希望""学校缺乏民间文化传播""民族文化读本少""文化传承的师资比较缺乏""学习中总感觉有语言障碍,无法理解所学内容",等等。根据这些出现的高频词汇,将其编制为陈述句的形式,共整理了50余条陈述句,如"因师资和管理,有时候真想转学""我成绩不好的原因主要是所学内容与民族习俗关联不大""因习惯用当地方言,往往阻碍我对新知识的理解""现有的助学扶持力度仍不够""扶持学生政策的信息,学校会大力宣传,做到人人知晓""我不想读书的原因是家里比较困难""读书的费用,父母有足够的资金支持""我与同学之间从不关心,只是点头之交""我的家庭能在我做各种决定时提出建议"等等。之后,又邀请了中学教师、大学教育学和心理学教师共20余名,对这些词条逐一审核,最终留下了39个关于社会支持表述的词条。然后邀请了六盘水师范学院2014级民族预科班50余名学生对其39个句子进行研读,学生都能理解句意,最终保持了39个陈述句的表述。将39个词条作为项目,组成了民族地区中学生社会支持的初测问卷(见附录7),问卷评价方式采用五级计分式,"从未如此"计1分,"很少如此"计2分,"有时如此"计3分,"经常如此"计4分,"总是如此"计5分,项目中涉及反向计分题,计分时也有反向计分,分数越高,说明感受到的社会支持度越明显,而分数越低,则感受到的社会支持度越小。

(二)项目筛选过程

初测及项目筛选。因问卷与学习倦怠、教育价值观初测问卷一起发放,同样分层整群抽取290名学生,收回问卷290份,获得有效问卷271份,有效回收率93.10%。其中,七年级42人,八年级84人,九年级41人,高一年级28人,高二年级59人,高三年级17人。问卷结果采用SPSS16.0管理和分析数据,进行项目筛选。

第一步,采用极端组法和同质检验法删除项目。根据吴明隆(2010)观点,将社会支持总分从高到低进行排序,找出高低分组上下27%处的分数即临界分。高分组临界分为第270×27%＝73.17人,四舍五入选第73人,其临界分为139分,依此方法求得低分组临界分为121分,也就是说社会支持量表总分在139分以上为"高分组",社会支持量表在121分以下为"低分组"。然后对高分组和低分组进行独立样本t检验,即检验两组在每个题项测量值的平均数的差异值是否达到显著($P<0.05$)。结果见表7-1。

根据前文学习倦怠结构"项目筛选"过程的理论方法,从表7-1结果来看,如果选择临界值以3为标准,相关系数以0.40为标准,题项删除过多,因此临界值主要看是否达到显著,相关系数以0.20为标准,可以剔除第S21、S27、S29、S33、S34、S39项。但是,经仔细核对,项目S33对应"在学校最困惑的是相关民族文化读本少",项目S34对应"学校中有关民族文化传承的师资比较缺乏",这两个方面的内容是访谈学生、家长及其教师过程中都提到的,并且次数比较多,是当前面临的现实困境,问卷中又无其他项目内容与之相同,经思考后,决定留下这两个项目做进一步的分析考察,删除其余4个项目,剩余项目35个做进一步的探索性因子分析。

表 7-1　社会支持问卷项目分析的结果（$n=271$）

题号	临界比率 (CR)	相关系数 (P)	题号	临界比率 (CR)	相关系数 (P)	题号	临界比率 (CR)	相关系数 (P)
S1	3.501**	0.285**	S14	6.014**	0.419**	S27	2.090*	0.127*
S2	4.339**	0.227**	S15	7.214**	0.404**	S28	6.049**	0.364**
S3	6.573**	0.423**	S16	6.267**	0.367**	S29	0.603	0.041
S4	7.291**	0.411**	S17	4.872**	0.324**	S30	4.410**	0.391**
S5	5.801**	0.333**	S18	3.838**	0.298**	S31	5.303**	0.349**
S6	7.375**	0.510**	S19	7.334**	0.462**	S32	2.803**	0.203**
S7	8.253**	0.472**	S20	6.680**	0.402**	S33	1.968*	0.151*
S8	4.311**	0.247**	S21	2.774**	0.182**	S34	2.531*	0.153*
S9	6.921**	0.429**	S22	6.039**	0.411**	S35	3.697**	0.224**
S10	8.871**	0.543**	S23	4.873**	0.404**	S36	5.613**	0.412**
S11	10.977**	0.646**	S24	4.329**	0.285**	S37	4.321**	0.315**
S12	8.814**	0.565**	S25	4.194**	0.337**	S38	5.044*	0.351**
S13	6.399**	0.428**	S26	5.147**	0.332**	S39	−0.197	−0.044

注：* 代表 $P \leqslant 0.05$，** 代表 $P \leqslant 0.01$，下文同。

　　第二步，采用探索性因子分析筛选项目。在分析过程阶段，发现原始变量的相关系数矩阵中，下半部分的大多相关系数显著性检验的 P 值小于 0.05，说明原始变量之间存在着较强的相关性，具有进行因子分析的必要性。进一步用所得数据进行探索性因子分析，KMO 统计量等于 0.780，Bartlett 球形检验的 P 值为 0.000。因此，该研究数据适合进行因子分析，故可以进行下一步的统计。

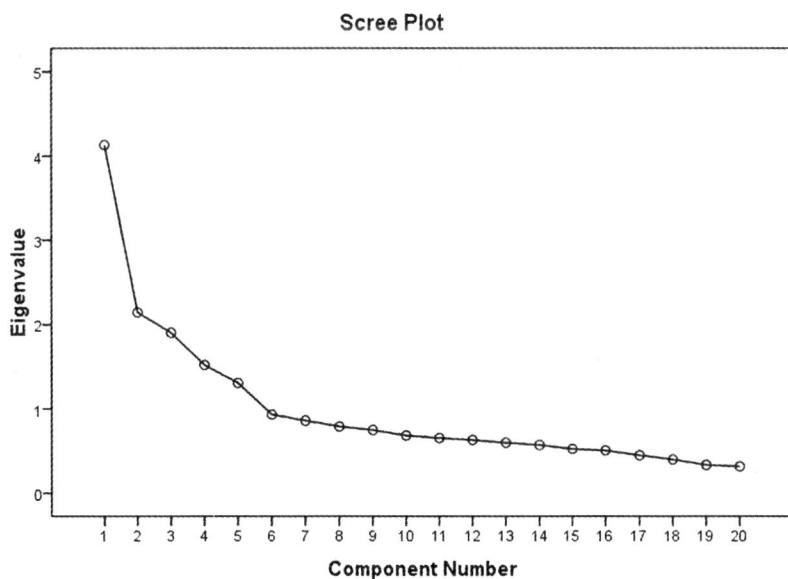

图 7-1　因子碎石图

在探索因子分析萃取过程中,经多次正交旋转的探索,并结合项目的共同度大小实际,剔除因素负荷小于 0.450 和单独项目成为一个因子的项目。最终,删除了:S2、S4、S5、S7、S8、S9、S14、S15、S16、S18、S20、S35、S36、S37、S38,共计 15 个项目,最终留下项目:S1、S3、S6、S10、S11、S12、S13、S17、S19、S22、S23、S24、S25、S26、S28、S30、S31、S32、S33、S34,总共 20 个项目。结果发现,在 20 个项目的因素负荷中,其项目因素负荷都大于 0.450(见表 7-2),并且前五个因子总的累积方差贡献率达到 55.028%(见表 7-2),说明前五个因子包含了原始变量的大部分信息。根据吴明隆(2010)研究结论,在社会科学领域中,因素累积解释变异量在 50% 以上,因素分析结果可以接受。

此外,从因子碎石图(图 7-1)可以看到,第五个因子以前的特征根普遍较高,连接成了陡峭的折线,而第五个因子以后的特征根相对较低,并连接成了平缓的折线,进一步说明民族地区中学生社会支持结构提取五个因子比较适当。

(三)因子命名

从表 7-2 可以看出,因子 1 包括 5 个项目,因子 2 包括 5 个项目,因子 3 包括 4 个项目,因子 4 包括 3 个项目,因子 5 包括 3 个项目。以下将结合项目编制过程对其因子进行命名。

根据从表 7-2 中因子归属,结合原始项目的编制过程,五个因子中各项目的关键词有如下含义:因子 1 中主要涉及感受到"情感支持"方面的项目,如共享快乐、分担忧伤、分享困惑、困难时的求助、感受他人的关心等,其主要来源有父母、家长、老师及其同学,因此将因子 1 命名为"情感支持"维度;因子 2 中,主要涉及个体感受有关系密切的朋友,与同学相处融洽、如影随形,有烦恼会有人关心等,其来源主要涉及同学和朋友,因此将因子 2 命名为朋辈支持,主要体现在学习生活中与同学朋友的关系上,其中有可能体现在物质支持方面;因子 3 中主要涉及个体感受到"制度、政策"层面的项目,如得到政府或其他社会组织的帮助、政府或社会组织的经济支持、感受到帮扶制度、学校现有的优惠政策等,因此将因子 3 命名为"政策支持";因子 4 中主要涉及感受到"民族文化"层面的项目,如民族文化读本少、民族文化传承的师资比较缺乏、学校缺乏民间文化传播等,因此将因子 4 命名为"文化支持";因子 5 中主要涉及感受到"政策信息"层面的项目,如了解现有的助学政策、知晓帮扶制度、就业帮扶制度让其充满希望等,因此将因子 5 命名为"信息支持",主要体现在对政策、制度等信息的感知上。当然,这些项目编制是否符合构想,构想与数据是否适配问题,有待于构建结构方程模型,使用验证性因子分析结果进行解释。因此,民族地区中学生社会支持问卷由五个因子构成,形成 20 个项目的初步正式问卷(见附录 9)。

表7-2 "社会支持问卷"因子分析结果摘要表

项目编号	直接斜交法斜交转轴后之结构矩阵					共同性
	因子1	因子2	因子3	因子4	因子5	
S10 我会与父母、老师、同学、朋友等共享快乐,分担忧伤	0.799					0.662
S13 我能与父母谈论自己的困惑	0.755					0.573
S11 有困难时,父母、老师、同学、朋友等是安慰我的真正源泉	0.695					0.634
S19 有困难时,经常向家人、亲友、学校求助	0.656					0.467
S12 生活中,父母、老师、同学、朋友会关心着我的感情	0.593					0.533
S1 我有关系密切,可获得帮助的朋友		0.711				0.517
S22 我的朋友们能真正地帮助我		0.663				0.465
S3 我与同学相处融洽,如影随形		0.595				0.397
S6 当遇到烦恼时,总会有人关心我		0.552				0.444
S23 当遇到困难时,总有人伸出援助之手		0.541				0.431
S24 曾经得到政府或其他组织的帮助			0.853			0.756
S17 曾经获得政府或其他社会组织的经济支持			0.808			0.682
S26 当前学校的帮扶制度,我已完全感受到			0.618			0.548
S25 我了解并享受学校现有的民族优惠政策			0.563			0.491
S33 在学校最困惑的是相关民族文化读本少				0.815		0.667
S34 学校中有关民族文化传承的师资比较缺乏				0.770		0.602
S32 学校缺乏民间文化传播的氛围				0.746		0.566
S30 扶持学生政策的信息,学校会大力宣传,做到人人知晓					0.815	0.601
S28 我完全了解现有的助学政策					0.770	0.529
S31 现有的就业帮扶制度让我对读书充满希望					0.746	0.441
累积解释变异量%						55.028

二、社会支持正式问卷的信度和效度检验

(一)被试情况

初测问卷修订完成后,对正式问卷进行再测,收集数据用于验证性因素分析和信、效度检验及其后续分析。采用整群抽样方法,选取贵州九个地州市的20余所中学,基本涵盖贵州整个民族地区,共发放调查问卷2 500份,回收问卷2 410份,剔除数据缺失较大、选择带有明显倾向性的问卷,收到有效问卷2 265分,有效回收率90.60%。其中,少数民族中学生1 604人,汉族学生661人,少数民族学生占比达到70.82%。在少数民族学生中,初中学生1 152人,高中449人,3个学生年级数据缺失;男生712人,女生886人,性别缺失数据6人。所收集到的数据录入SPSS16.0中,进行管理,采用SPSS16.0、AMOS21.0统计软件对数据进行分析和处理。

(二)验证性因子分析

根据侯杰泰(2004)[①]、温忠麟(2004)[②]和易丹辉(2008)[③]的观点,在心理学测量中,衡量模型通常使用的指标有两种:绝对拟合指数(包括卡方值χ^2、近似误差均方根RMSEA、GFI 和 AGFI)和相对拟合指数(包括规准适配指数 NFI、非规准适配指数TLI、比较适配指数 CFI 和增值适配指数 IFI)。因此,采用 AMOS21.0 软件,建立民族地区中学生"社会支持"的结构方程模型,利用正式问卷收集到的调查数据,进行验证性因素分析,假设模型(图 7-2)与修正模型(图 7-3)的拟合指数见表 7-3。

表 7-3　中学生"社会支持"量表的模型拟合指数($n=2\ 265$)

	CMIN/DF	GFI	AGFI	NFI	IFI	TLI	CFI	RMSEA
假设模型	9.476	0.933	0.912	0.837	0.852	0.823	0.851	0.061
修正模型	5.624	0.961	0.948	0.904	0.920	0.903	0.920	0.045

根据温忠麟等人(2004)的观点,从表 7-3 中假设模型相关拟合指数可以看出,假设模型所得拟合指数 RMSEA 达到标准,其卡方与自由度的比值 9.476 较大,其余多半拟合指数未达到指标要求。因此,根据侯杰泰(2004)和易丹辉(2008)等人的模型修正方法,结合假设模型所给出的修正指数,先后发现 ZC15 测量指标的测量误差 e12 与 ZC18 测量指标的测量误差 e13、ZC1 测量指标的测量误差 e6 与 ZC3测量指标的测量误差 e7 之间存在有较大的共变关系,有共变关系表示二者之间有相关。因此经过两次逐步修正,最终修正模型如图 7-3。根据吴明隆(2009)[④]的观点,界定测量误差项有相关并没有违反 SEM 的假定。在修正指标的参数估计中,应将误差值 e12 与 e13、e6 与 e7 间建立共变关系,即将这两个变量间的关系释放,不但可以有效减低卡方值,且模型可以收敛识别,说明模型界定没有问题。CMIN/DF 值为 5.624;RMSEA 的值为 0.045,小于 0.080,其余拟合指数 GFI、AGFI、IFI、NFI、TLI、CFI 的值都在 0.9 以上。根据温忠麟等人(2004)衡量模型的标准,民族地区中学生社会支持修正模型(见图 7-3)相对假设模型(见图 7-2)具有很好的拟合适配度,也表明了五因子结构模型能较好地拟合数据。因此,贵州民族地区中学生社会支持问卷确立为五因子模型,包括 20 个项目(见附录 9)。

---

① 侯杰泰,温忠麟,成子娟.结构方程模型及其应用[M].北京:教育科学出版社,2004:166-177.
② 温忠麟,侯杰泰,马什赫伯特.结构方程模型检验:拟合指数与卡方准则[J].心理学报,2004,36(2):186-194.
③ 易丹辉.结构方程模型方法与应用[M].北京:中国人民大学出版社,2008:170-185.
④ 吴明隆.结构方程模型:AMOS 的操作与应用[M].重庆:重庆大学出版社,2009:13-15.

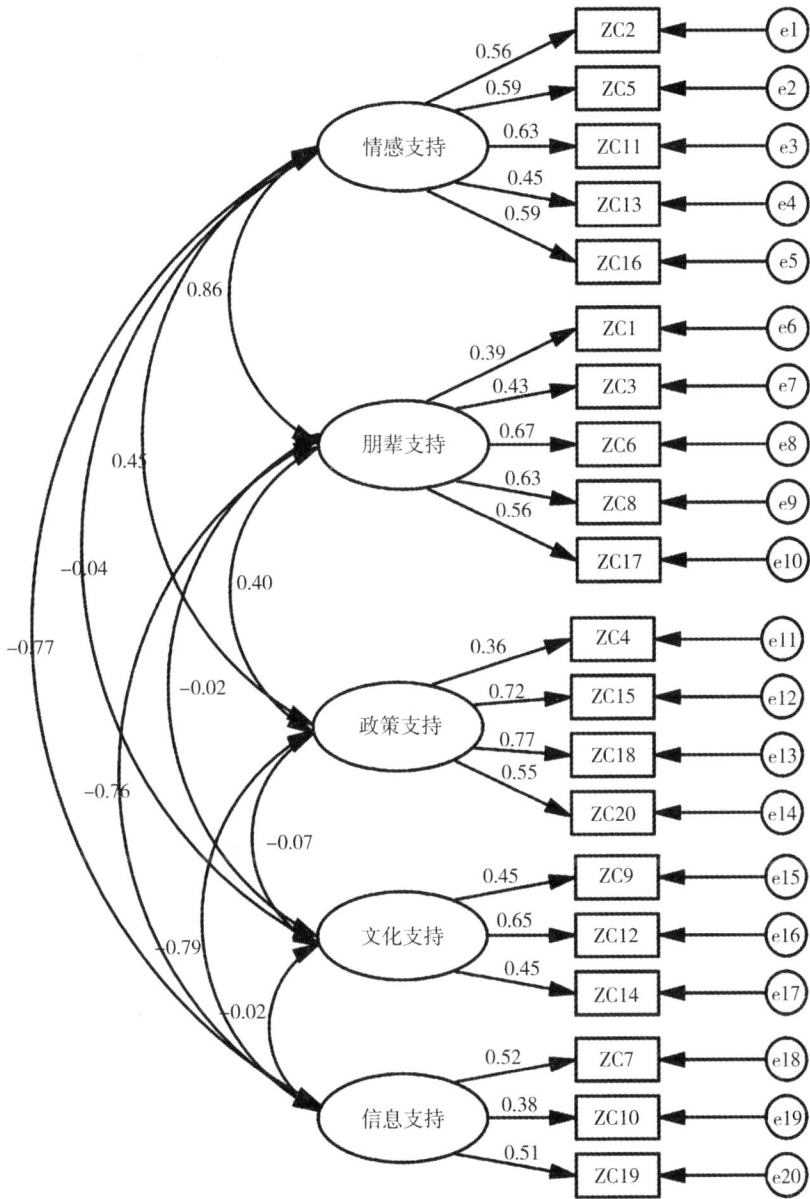

图 7-2 社会支持量表假设模型及标准化解

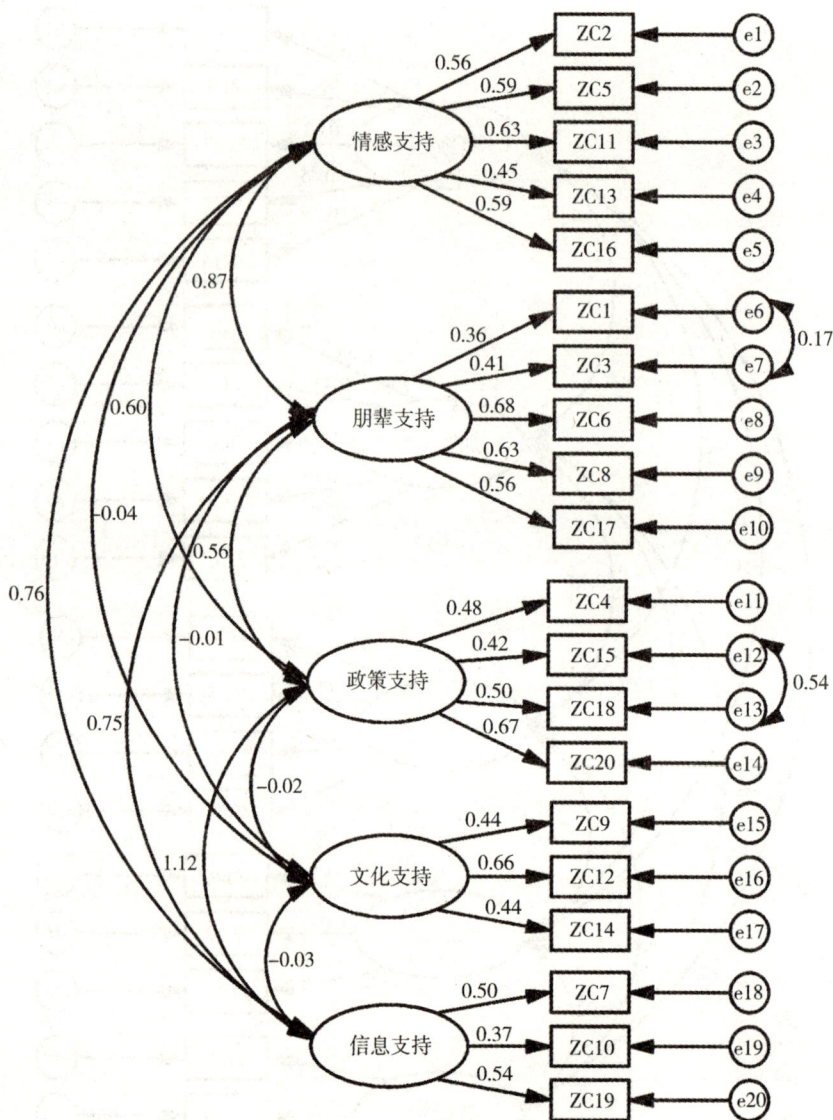

图 7-3　社会支持量表修正后模型及标准化解

（三）问卷的信度分析

为了检验民族地区中学生"社会支持"问卷是否可靠，研究对 20 个项目的正式问卷数据进行了信度分析，主要考察了问卷的 Cronbach α 一致性系数和折半信度两个指标。

从表中数据可以看出，问卷的 Cronbach α 系数介于 0.511～0.796，具体结果见表 7-4。根据吴明隆（2010）观点和表 7-4 的分析结果，民族地区中学生社会支持问卷各信度指标符合测量学要求，说明问卷信度比较好，表明问卷的测量结果是可靠可信的。

表 7-4 民族地区中学生"社会支持"问卷的信度(n=2 265)

	α 系数	折半信度
情感支持	0.703	0.683
朋辈支持	0.678	0.696
政策支持	0.674	0.733
文化支持	0.511	0.486
信息支持	0.520	0.535
社会支持量表	0.796	0.717

(四)问卷的效度分析

对问卷效度的考察主要采用两个指标:内容效度和结构效度。该研究综合采用了访谈法、文献分析法,并邀请教师学生对社会支持的所有项目进行评定。并通过极端组比较、题项与总分相关、同质性检验等方法,对其严格筛选项目,评价指标均达到测量学和数理统计的相关要求。因此,所编制的民族地区中学生社会支持问卷具有较为理想的内容效度。

因素分析是检验问卷结构效度强有力的鉴别方法。本研究中的探索性因素分析和验证性因素分析结果都支持了社会支持问卷的五因素结构,与理论结构模型的维度基本一致,证明了社会支持问卷具有良好的结构效度。

同时,各因素之间的相关也不能太低,太低了说明有的因素并不能测到问卷希望研究的心理特征。据此,进一步考察了民族地区中学生社会支持问卷情感支持、朋辈支持、政策支持、文化支持和信息支持五个维度及其与社会支持问卷总分的相关,其具体结果见表 7-5。

表 7-5 "社会支持"五个维度及与问卷总分间的相关矩阵

	情感支持	朋辈支持	政策支持	文化支持	信息支持	社会支持量表
情感支持	1					
朋辈支持	0.561**	1				
政策支持	0.370**	0.328**	1			
文化支持	−0.027	−0.024	0.047*	1		
信息支持	0.428**	0.415**	0.533**	−0.018	1	
社会支持量表	0.790**	0.754**	0.704**	0.190**	0.705**	1

表 7-5 结果显示,民族地区中学生社会支持问卷各个因子之间大多呈中等程度相关,说明情感支持、物质支持、政策支持和文化支持各层面之间有相对独立性,而各层面与问卷总分之间呈中等以上偏高度相关,且均大于各层面之间的相关,说明各层面与总问卷紧密联系程度,较好地反映了社会支持问卷所需测量内容,一定程度上说明了社会支持问卷的结构效度比较良好。

综上,从项目筛选过程到验证性因子分析的整个过程,对问卷的信度与效度分析来看,社会支持量表都满足了相关数据统计及其测量学相关指标要求,总体说明了民族地区中学生社会支持量表信效度良好,作为本研究之用是可行、可信和有效的。民族地区中学生社会支持正式问卷附录于后(见附录 9)。

第二节　社会支持整体评价研究

在本章第一节中,初步构建了包含情感支持、朋辈支持、政策支持、信息支持和文化支持等五个方面共 20 个关于社会支持评价的指标体系。为考察民族地区中学生在感受社会支持中的倾向性,借助熵权法对指标进行赋权,利用综合指数法对社会支持涉及的五个层面分别进行了综合评价。指标按照五个等级进行打分,分别为完全同意:1 分,比较同意;2 分,一般同意:3 分,比较不同意;4 分,完全不同意;5 分。具体评价如下。

一、情感支持综合评价研究

在民族地区中学生社会支持问卷结构中,情感支持评价包含 5 个指标体系,借助熵权法对指标进行赋权,利用综合指数法对民族地区中学生感受社会支持中的情感支持进行了综合评价,其评价指标体系及打分标准见表 7-6。

表 7-6　中学生的情感支持倾向性评价指标体系及评价标准

指标	打分标准
我会与父母、老师、同学、朋友等共享快乐,分担忧伤	每个指标都按照以下几个打分标准进行打分:
生活中,父母、老师、同学、朋友会关心着我的感情	完全同意:1 分
有困难时,父母、老师、同学、朋友是安慰我的真正源泉	比较同意:2 分
我能与父母谈论自己的困惑	一般同意:3 分
有困难时,经常向家人、亲友、学校求助	比较不同意:4 分
	完全不同意:5 分

数据获取方法。根据表 7-6 的评价指标体系,研究所用的分析数据来自发放社会支持问卷所收集到的 2 265 个样本,情感支持维度所对应的各项指标打分的平均分。

赋权方法。利用熵可以计算出指标的权重,利用此方法确定权重的具体计算步骤如下:

第一步,各指标熵值确定方法

$$P_j = -K \sum_{i=1}^{m} r_{ij} \ln(r_{ij})$$

式中 $r_{ij} = \dfrac{Y_{ij}}{\sum\limits_{i=1}^{m} Y_{ij}} \left(K = \dfrac{1}{\ln(m)}; j = 1, 2, \cdots, n \right)$ (当 $r_{ij} = 0, r_{ij} \ln(r_{ij}) = 0$)。

第二步,各指标差异系数确定方法

$$H_j = 1 - P_j$$

第三步,权重确定方法

$$\omega_j = \frac{H_j}{\sum\limits_{j=1}^{n} H_j}$$

评价方法。 运用综合指数法对社会支持中的情感支持维度进行评价,依据得分越高,效果越好的原则进行综合评价,综合指数法的公式为:

$$p_i = \sum\limits_{j=1}^{n} \omega_j x_{ij} (i = 1, 2; j = 1, 2, \cdots, n)$$

其中:p_i——综合得分;ω_j——指标权重;x_{ij}——指标分数;i——评价对象个数;j——评价指标个数。

评价标准。 为了体现和评价体系的一致性,研究中设置了评价标准阈值范围,$(0,1]$——倾向性非常高,$(1,2]$——倾向性高,$(2,3]$——倾向性一般,$(3,4]$——倾向性低,$(4,5]$——倾向性非常低。

实证分析。 根据数据分析,得到民族地区中学生社会支持中的情感支持倾向分数和综合分数,见表7-7。

表7-7　中学生的情感支持倾向评价指标分数及综合分数

指标	分数	熵权权重	综合分数
我会与父母、老师、同学、朋友等共享快乐,分担忧伤	3.4799	0.1995	
生活中,父母、老师、同学、朋友会关心着我的感情	3.4795	0.1995	
有困难时,父母、老师、同学、朋友是安慰我的真正源泉	3.5506	0.1992	3.4400
我能与父母谈论自己的困惑	3.2631	0.2008	
有困难时,经常向家人、亲友、学校求助	3.2291	0.2010	

注:表格中数据保留到小数点后四位,下同。

从民族地区中学生感受社会支持中的情感支持倾向的综合分数对应评价标准阈值范围来看,可以得出民族地区中学生对于感受社会支持中的情感支持倾向性较低,但一定程度说明了社会支持结构中仍呈现了情感支持取向。

二、朋辈支持综合评价研究

在民族地区中学生社会支持问卷结构中,朋辈支持评价包含5个指标体系,借助熵权法对指标进行赋权,利用综合指数法对民族地区中学生感受社会支持中的朋辈支持进行了综合评价,其评价指标体系及打分标准见表7-8。

数据获取方法。 根据表7-8的评价指标体系,其分析数据来自发放社会支持问卷所收集到的2 265个样本,朋辈支持维度所对应的各项指标计分的平均分。

表 7-8　中学生的朋辈支持评价指标体系及评价标准

指标	打分标准
当遇到困难时,总有人伸出援助之手 我的朋友们能真正地帮助我 我有关系密切,可获得帮助的朋友 当遇到烦恼时,总会有人关心我 我与同学相处融洽,如影随形	每个指标都按照以下 5 个打分标准进行打分: 完全同意:1 分 比较同意:2 分 一般同意:3 分 比较不同意:4 分 完全不同意:5 分

赋权方法。原理同情感支持评价部分,利用熵计算出指标的权重,其具体计算步骤如下:

第一步,各指标熵值确定方法

$$P_j = -K \sum_{i=1}^{m} r_{ij} \ln(r_{ij})$$

式中 $r_{ij} = \dfrac{Y_{ij}}{\sum\limits_{i=1}^{m} Y_{ij}} \left(K = \dfrac{1}{\ln(m)}; j = 1,2,\cdots,n \right)$（当 $r_{ij} = 0, r_{ij}\ln(r_{ij}) = 0$）。

第二步,各指标差异系数确定方法

$$H_j = 1 - P_j$$

第三步,权重确定方法

$$\omega_j = \frac{H_j}{\sum\limits_{j=1}^{n} H_j}$$

评价方法。运用综合指数法对社会支持中的物质支持进行评价,依据得分越高,效果越好的原则进行综合评价,综合指数法的公式为:

$$p_i = \sum_{j=1}^{n} \omega_j x_{ij} (i = 1,2; j = 1,2,\cdots,n)$$

其中: p_i—— 综合得分; ω_j—— 指标权重; x_{ij}—— 指标分数; i—— 评价对象个数; j—— 评价指标个数。

评价标准。为了体现和评价体系的一致性,研究中设置了评价标准阈值范围,(0,1]——倾向性非常高,(1,2]——倾向性高,(2,3]——倾向性一般,(3,4]——倾向性低,(4,5]——倾向性非常低。

实证分析。根据数据分析,得到民族地区中学生的感受朋辈支持的指标分数和综合分数,见表 7-9。

从民族地区中学生感受社会支持中的朋辈支持倾向的综合指数结合评价标准阈值范围来看,可以得到民族地区中学生对于感受社会支持中的朋辈支持倾向性较低,但说明了社会支持结构中仍呈现了物质支持的取向。

表 7-9　中学生的朋辈支持评价指标分数及综合分数

指标	分数	熵权权重	综合分数
当遇到困难时,总有人伸出援助之手	3.3563	0.2002	
我的朋友们能真正地帮助我	3.3302	0.2004	
我有关系密切,可获得帮助的朋友	3.5130	0.1994	3.3980
当遇到烦恼时,总会有人关心我	3.4724	0.1996	
我与同学相处融洽,如影随形	3.3188	0.2004	

三、政策支持综合评价研究

在民族地区中学生社会支持问卷结构中,政策支持评价包含 4 个指标体系,借助熵权法对指标进行赋权,利用综合指数法对民族地区中学生感受社会支持中的政策支持进行了综合评价,其评价指标体系及打分标准见表 7-10。

表 7-10　中学生的政策支持评价指标体系及评价标准

指标	打分标准
	每个指标都按照以下几个打分标准进行打分:
我了解并享受学校现有的民族优惠政策	完全同意:1 分
当前学校的帮扶制度,我已完全感受到	比较同意:2 分
曾经获得政府或其他社会组织的经济支持	一般同意:3 分
曾经得到政府或其他组织的帮助	比较不同意:4 分
	完全不同意:5 分

数据获取方法。根据表 7-10 的评价指标体系,本研究数据来自发放社会支持问卷所收集到的 2 265 个样本,政策支持维度所对应的各项指标计分的平均分。

赋权方法。原理同情感支持评价部分,利用熵计算出指标的权重,其具体计算步骤如下:

第一步,各指标熵值确定方法

$$P_j = -K \sum_{i=1}^{m} r_{ij} \ln(r_{ij})$$

式中 $r_{ij} = \dfrac{Y_{ij}}{\sum\limits_{i=1}^{m} Y_{ij}} \left(K = \dfrac{1}{\ln(m)}; j = 1, 2, \cdots, n \right)$（当 $r_{ij} = 0, r_{ij}\ln(r_{ij}) = 0$）。

第二步,各指标差异系数确定方法

$$H_j = 1 - P_j$$

第三步,权重确定方法

$$\omega_j = \frac{H_j}{\sum_{j=1}^{n} H_j}$$

评价方法。运用综合指数法对社会支持问卷结构中的政策支持进行评价,依

据得分越高,效果越好的原则进行综合评价,综合指数法的公式为:

$$p_i = \sum_{j=1}^{n} \omega_j x_{ij} \ (i = 1,2; j = 1,2,\cdots,n)$$

其中:p_i——综合得分;ω_j——指标权重;x_{ij}——指标分数;i——评价对象个数;j——评价指标个数。

评价标准。 为了体现和评价体系的一致性,研究中设置了评价标准阈值范围,$(0,1]$——倾向性非常高,$(1,2]$——倾向性高,$(2,3]$——倾向性一般,$(3,4]$——倾向性低,$(4,5]$——倾向性非常低。

实证分析。 根据数据分析,得到民族地区中学生感受社会支持中政策支持的指标分数和综合分数,见表 7-11。

表 7-11　中学生的政策支持评价指标分数及综合分数

指标	分数	熵权权重	综合分数
我了解并享受学校现有的民族优惠政策	3.1766	0.2492	
曾经获得政府或其他社会组织的经济支持	2.9669	0.2508	3.0705
曾经得到政府或其他组织的帮助	2.9422	0.2510	
当前学校的帮扶制度,我已完全感受到	3.1978	0.2490	

从民族地区中学生感受社会支持中的政策支持倾向的综合指数结合评价标准阈值范围来看,可以得到民族地区中学生对于感受社会支持中的政策支持倾向性低,但说明了社会支持结构中仍呈现了政策支持的取向。

四、信息支持综合评价研究

在民族地区中学生社会支持问卷结构中,信息支持评价包含 3 个指标体系,借助熵权法对指标进行赋权,利用综合指数法对民族地区中学生感受社会支持中的信息支持进行了综合评价,其评价指标体系及打分标准见表 7-12。

表 7-12　中学生的信息支持评价指标体系及评价标准

指标	打分标准
现有的就业帮扶制度让我对读书充满希望 扶持学生政策的信息,学校会大力宣传,做到人人知晓 我完全了解现有的助学政策	每个指标都按照以下几个打分标准进行打分: 完全同意:1分 比较同意:2分 一般同意:3分 比较不同意:4分 完全不同意:5分

数据获取方法。 根据表 7-12 的评价指标体系,本研究数据来自发放社会支持问卷所收集到的 2 265 个样本,信息支持因子所对应的各项指标计分的平均分。

赋权方法。 原理同情感支持评价部分,利用熵计算出指标的权重,其具体计算步骤如下:

第一步，各指标熵值确定方法

$$P_j = -K \sum_{i=1}^{m} r_{ij} \ln(r_{ij})$$

式中 $r_{ij} = \dfrac{Y_{ij}}{\sum_{i=1}^{m} Y_{ij}} \left(K = \dfrac{1}{\ln(m)}; j = 1, 2, \cdots, n \right)$（当 $r_{ij} = 0, r_{ij} \ln(r_{ij}) = 0$）。

第二步，各指标差异系数确定方法

$$H_j = 1 - P_j$$

第三步，权重确定方法

$$\omega_j = \frac{H_j}{\sum_{j=1}^{n} H_j}$$

评价方法。 运用综合指数法对社会支持问卷结构中的信息支持进行评价，依据得分越高，效果越好的原则进行综合评价，综合指数法的公式为：

$$p_i = \sum_{j=1}^{n} \omega_j x_{ij} (i = 1, 2; j = 1, 2, \cdots, n)$$

其中：p_i—— 综合得分；ω_j—— 指标权重；x_{ij}—— 指标分数；i—— 评价对象个数；j—— 评价指标个数。

评价标准。 为了体现和评价体系的一致性，研究中设置了评价标准阈值范围，$(0, 1]$——倾向性非常高，$(1, 2]$——倾向性高，$(2, 3]$——倾向性一般，$(3, 4]$——倾向性低，$(4, 5]$——倾向性非常低。

实证分析。 根据数据分析，得到民族地区中学生感受社会支持中信息支持的指标分数和综合分数，见表 7-13。

表 7-13　中学生学习的信息支持评价指标分数及综合分数

指标	分数	熵权权重	综合分数
现有的就业帮扶制度让我对读书充满希望	3.5400	0.3322	
扶持学生政策的信息，学校会大力宣传，做到人人知晓	3.3943	0.3325	3.2902
我完全了解现有的助学政策	2.9395	0.3354	

从中学生感受社会支持中的政策支持倾向的综合指数结合评价标准阈值范围来看，可以得到中学生对于感受社会支持中的信息支持倾向性低，但说明了社会支持结构中仍呈现了信息支持的取向。

五、文化支持综合评价研究

在民族地区中学生社会支持问卷结构中，文化支持评价包含 3 个指标体系，借助熵权法对指标进行赋权，利用综合指数法对民族地区中学生感受社会支持中的文化支持进行了综合评价，其评价指标体系及打分标准见表 7-14。

表 7-14　中学生的文化支持评价指标体系及评价标准

指标	打分标准
	每个指标都按照以下几个打分标准进行打分：
学校缺乏民间文化传播的氛围	完全同意：1 分
学校中有关民族文化传承的师资比较缺乏	比较同意：2 分
在学校最困惑的是相关民族文化读本少	一般同意：3 分
	比较不同意：4 分
	完全不同意：5 分

数据获取方法。 根据表 7-14 的评价指标体系，本研究数据来自发放民族地区中学生谁会支持问卷所收集到的 2 265 个样本，文化支持维度所对应的各项指标计分的平均分。

赋权方法。 原理同情感支持评价部分，利用熵计算出指标的权重，其具体计算步骤如下：

第一步，各指标熵值确定方法

$$P_j = -K \sum_{i=1}^{m} r_{ij} \ln(r_{ij})$$

式中 $r_{ij} = \dfrac{Y_{ij}}{\sum\limits_{i=1}^{m} Y_{ij}}\left(K = \dfrac{1}{\ln(m)}; j = 1,2,\cdots,n\right)$（当 $r_{ij} = 0, r_{ij}\ln(r_{ij}) = 0$）。

第二步，各指标差异系数确定方法

$$H_j = 1 - P_j$$

第三步，权重确定方法

$$\omega_j = \frac{H_j}{\sum\limits_{j=1}^{n} H_j}$$

评价方法。 运用综合指数法对民族地区社会支持中的文化支持进行评价，依据得分越高，效果越好的原则进行综合评价，综合指数法的公式为：

$$p_i = \sum_{j=1}^{n} \omega_j x_{ij} (i = 1,2; j = 1,2,\cdots,n)$$

其中：p_i—— 综合得分；ω_j—— 指标权重；x_{ij}—— 指标分数；i—— 评价对象个数；j—— 评价指标个数。

评价标准。 为了体现和评价体系的一致性，本文设置了评价标准阈值范围，（0,1]——倾向性非常高，（1,2]——倾向性高，（2,3]——倾向性一般，（3,4]——倾向性低，（4,5]——倾向性非常低。

实证分析。 根据数据分析，得到民族地区中学生社会支持中的文化支持倾向分数和综合分数，见表 7-15。

从中学生感受社会支持中的文化支持倾向的综合指数结合评价标准阈值范围

来看,可以得到民族地区中学生对于感受社会支持中的文化支持倾向性一般,但说明了社会支持结构中仍呈现了文化支持的取向。

表 7-15　中学生的文化支持评价指标分数及综合分数

指标	分数	熵权权重	综合分数
学校缺乏民间文化传播的氛围	3.0115	0.3332	
学校中有关民族文化传承的师资比较缺乏	2.8675	0.3336	2.9595
在学校最困惑的是相关民族文化读本少	2.9996	0.3332	

注:表格中数据保留到小数点后四位。

通过对民族地区中学生社会支持倾向性综合评价研究,其情感支持、朋辈支持、政策支持、信息支持和文化支持的倾向性相对都比较低,某种程度上说明,民族地区中学生感受家庭、学校、政府和其他社会组织的支持度较低,这应该引起重视,教育层面的各利益相关者都应深入分析存在问题的原因及其主要根源。研究中结合下一步的数据分析,将在最后部分提出相关建议。

第三节　贵州民族地区中学生社会支持的调查分析

一、贵州民族地区中学生社会支持得分的民族对比

为探讨贵州省少数民族中学生的社会支持特征,将少数民族学生与汉族学生的得分进行了对比,结果见表 7-16。

表 7-16　社会支持得分的民族对比

组别	情感支持	朋辈支持	政策支持	文化支持	信息支持	社会支持总分
少数民族(1 604)	17.03±3.58	17.03±3.16	12.30±3.25	8.82±2.18	9.86±2.03	65.05±9.25
汉族(661)	16.94±3.89	16.89±3.42	12.24±3.34	9.01±2.19	9.90±2.32	64.98±10.26
t 值	0.492	0.924	0.428	−1.877	−0.361	0.143
P 值	0.623	0.356	0.669	0.059	0.718	0.886

根据表 7-16 所呈现的结果,在社会支持方面,各因子得分及总分均没有显著差异,只有文化支持上,汉族中学生的得分略高于少数民族中学生,差异接近显著水平($t=-1.877,P=0.059$)。

二、贵州省少数民族中学生社会支持的得分概况

为探讨贵州省少数民族中学生的社会支持特征,以社会支持因子分及总分为因变量,分别以性别、学段、来源地、家庭类型、是否留守儿童、是否班干部、学习成绩满意度为自变量,进行了独立样本 t 检验和单因素方差分析。

表 7-17　贵州省不同性别少数民族中学生的社会支持各项因子分和总分的组间对比

组别	情感支持	朋辈支持	政策支持	文化支持	信息支持	社会支持总分
男(712)	16.80±3.43	16.92±3.07	12.41±3.22	8.77±2.16	9.96±2.00	64.87±8.83
女(886)	17.20±3.71	17.13±3.22	12.21±3.28	8.87±2.20	9.78±2.05	65.20±9.60
t 值	−2.209*	−1.313	1.233	−0.882	1.769	−0.690
P 值	0.027	0.189	0.218	0.378	0.077	0.491

注:* $P<0.05$,** $P<0.01$,*** $P<0.001$,下同。

根据表 7-17 所呈现的结果,在性别方面,女生的情感支持因子分显著高于男生,男生的信息支持因子分略高于女生,差异接近显著水平($t=1.769$,$P=0.077$),但在朋辈支持、政策支持、文化支持因子分和社会支持总分上不存在显著的差别。

表 7-18　贵州省不同学段少数民族中学生的社会支持各项因子分和总分的组间对比

组别	情感支持	朋辈支持	政策支持	文化支持	信息支持	社会支持总分
初中(1 152)	17.15±3.62	17.23±3.19	12.15±3.15	8.88±2.16	9.92±1.97	65.33±9.15
高中(449)	16.70±3.47	16.54±3.03	12.72±3.47	8.65±2.25	9.72±2.16	64.33±9.47
t 值	2.270*	3.938***	−3.063**	1.956	1.673	1.941
P 值	0.023	0.000	0.002	0.051	0.095	0.052

根据表 7-18 所呈现的结果,在不同学段少数民族中学生的社会支持方面,初中生的情感支持、朋辈支持因子分显著高于高中生,文化支持、信息支持因子分和社会支持总分略高于高中生,差异接近显著水平($t=1.956$,$P=0.051$;$t=1.673$,$P=0.095$;$t=1.941$,$P=0.052$),但初中生的政策支持因子分显著低于高中生。

根据表 7-19 所呈现的结果,在来源地方面,来自农村的学生政策支持因子分更高,但在情感支持、朋辈支持、文化支持、信息支持因子分和社会支持总分上,城市学生和农村学生没有显著差异。

表 7-19　贵州省不同来源地少数民族中学生的社会支持各项因子分和总分的组间对比

组别	情感支持	朋辈支持	政策支持	文化支持	信息支持	社会支持总分
城市(74)	16.65±4.27	17.38±3.77	11.18±3.39	8.65±2.07	9.84±2.18	63.69±10.88
农村(1 457)	17.02±3.54	17.02±3.10	12.35±3.21	8.83±2.18	9.85±2.02	65.08±9.09
t 值	−0.741	0.803	−3.069**	−0.713	−0.058	−1.028
P 值	0.461	0.425	0.002	0.476	0.954	0.203

表 7-20　贵州省不同家庭类型少数民族中学生的社会支持各项因子分和总分的组间对比

组别	情感支持	朋辈支持	政策支持	文化支持	信息支持	社会支持总分
普通家庭(1 442)	17.04±3.57	17.06±3.14	12.22±3.26	8.84±2.18	9.86±2.03	65.02±9.21
单亲离异家庭(151)	16.90±3.81	16.82±3.43	13.03±3.23	8.56±2.15	9.87±2.00	65.18±9.86
t 值	0.450	0.569	−2.888**	1.485	−0.056	−0.020
P 值	0.653	0.376	0.004	0.138	0.955	0.841

根据表 7-20 所呈现的结果,在家庭类型上,单亲离异家庭学生的政策支持因子分显著高于普通家庭,但两者在情感支持、物质支持、文化支持、信息支持因子分和社会支持总分上都没有显著差别。

表 7-21　贵州省是否留守少数民族中学生的社会支持各项因子分和总分的组间对比

组别	情感支持	朋辈支持	政策支持	文化支持	信息支持	社会支持总分
留守(506)	16.64 ± 3.70	16.83 ± 3.23	12.43 ± 3.31	8.84 ± 2.23	9.82 ± 2.07	64.57 ± 9.65
非留守(1 029)	17.16 ± 3.50	17.14 ± 3.12	12.23 ± 3.24	8.80 ± 2.16	9.87 ± 2.00	65.20 ± 9.05
t 值	-2.661^{**}	-1.790	1.121	0.314	-0.433	-1.264
P 值	0.008	0.074	0.262	0.754	0.658	0.206

根据表 7-21 所呈现的结果,在是否留守方面,非留守学生的情感支持得分显著高于留守学生,朋辈支持略高于留守学生,差异接近显著水平$(t=-1.790,P=0.074)$,但两个组别在政策支持、文化支持、信息支持因子分和社会支持总分上不存在显著的差异。

表 7-22　贵州省是否班干部的少数民族中学生的社会支持各项因子分和总分的组间对比

组别	情感支持	朋辈支持	政策支持	文化支持	信息支持	社会支持总分
班干部(416)	17.49 ± 3.56	17.74 ± 3.26	12.71 ± 3.32	8.72 ± 2.25	10.06 ± 2.06	66.72 ± 9.40
非班干部(1 159)	16.84 ± 3.59	16.78 ± 3.09	12.13 ± 3.23	8.86 ± 2.15	9.78 ± 2.02	64.39 ± 9.15
t 值	3.167^{**}	5.323^{***}	3.150^{**}	-1.124	2.433^{*}	4.424^{***}
P 值	0.002	0.000	0.002	0.261	0.015	0.000

根据表 7-22 所呈现的结果,在中学生是否承担班干部方面,除了文化支持没有显著差异之外,班干部同学和非班干部同学在情感支持、朋辈支持、政策支持、信息支持因子分和社会支持总分上存在较大的差别,班干部同学的得分显著高于非班干部同学。

表 7-23　贵州省不同学习成绩满意度的少数民族中学生的社会支持各项因子分和总分的组间对比

组别	情感支持	物质支持	政策支持	文化支持	信息支持	社会支持总分
非常满意(26)	15.12 ± 4.13	15.58 ± 3.64	11.69 ± 3.62	8.54 ± 2.02	9.77 ± 2.45	60.69 ± 11.80
满意(186)	17.43 ± 3.34	17.65 ± 2.99	12.90 ± 2.83	8.99 ± 2.10	10.06 ± 2.05	67.03 ± 8.62
不满意(1 113)	17.21 ± 3.41	17.20 ± 3.02	12.39 ± 3.20	8.86 ± 2.15	9.91 ± 1.92	65.57 ± 8.80
非常不满意(272)	16.18 ± 4.16	16.07 ± 3.56	11.62 ± 3.57	8.56 ± 2.33	9.55 ± 2.34	61.98 ± 10.42
F 值	9.339^{***}	14.051^{***}	6.723^{***}	1.909	3.071^{*}	10.346^{***}
P 值	0.000	0.000	0.000	0.126	0.027	0.000

根据表 7-23 所呈现的结果,在学习成绩满意度上,四个组别在情感支持、朋辈支持、政策支持、信息支持因子分和社会支持总分上均存在着显著的差异。经事后检验(LSD)发现,对学习成绩感到"满意"和"不满意"的两个组别的情感支持得分显著高于其他两个组别$(P<0.05)$,但"满意"和"不满意"的情感支持得分没有显著差别;在朋辈支持上,对学生成绩感到"满意"学生的因子分显著高于对学习成绩"不满意"的学生$(P<0.05)$,这两个组别的得分显著高于对学习成绩"非常满意"和"非常不满意"的学生$(P<0.05)$;在政策支持上,对学习成绩感到"满意"和"不满意"学生的因子分显著高于对学习成绩"非常不满意"的学生$(P<0.05)$,其他组别不存在显著差别;在信息支持上,对学习成绩感到"非常满意""满意"和"不满意"学生的因子分高于对学习成绩"非常不满意"的学生,差异接近显著水平或达到显

著水平（$P=0.095, P<0.05, P<0.05$）；社会支持总分上，对学习成绩感到"满意"和"不满意"的两个组别的情感支持得分显著高于其他两个组别（$P<0.05$），但"满意"和"不满意"的情感支持得分没有显著差别。

三、社会支持对学习倦怠的回归分析

为进一步了解贵州省少数民族中学生社会支持和学习倦怠的关系，对社会支持得分与学习倦怠得分进行了相关分析，结果如下表 7-24。

表 7-24　贵州省少数民族中学生社会支持与学习倦怠的相关分析

	情绪耗竭	学习低效	生理耗竭	手机依赖	学习倦怠总分
情感支持	−0.306***	−0.286***	−0.197***	−0.240***	−0.317***
朋辈支持	−0.224***	−0.223***	−0.160**	−0.181***	−0.240***
政策支持	−0.156***	−0.201***	−0.061*	−0.099***	−0.161***
文化支持	−0.101***	−0.051*	−0.091***	−0.052*	−0.088***
信息支持	−0.213***	−0.246***	−0.137***	−0.162***	−0.231***
社会支持总分	−0.321***	−0.323***	−0.204***	−0.237***	−0.333***

注：* $P<0.05$，** $P<0.01$，*** $P<0.001$。

根据表 7-24 所呈现的结果，研究发现，情感支持、朋辈支持、政策支持、文化支持、信息支持 5 个因子分及社会支持总分和学习倦怠各因子分及总分存在显著负相关。

为了更加直观、量化地了解民族地区中学生社会支持对学习倦怠水平上的影响，本研究采用了回归分析方法，分别以学习倦怠各因子分和总分为因变量，以社会支持的因子分和总分为自变量进行了回归分析，具体结果见表 7-25、表 7-26、表 7-27、表 7-28、表 7-29。

表 7-25　少数民族中学生社会支持对情绪耗竭的回归分析

因变量	自变量	偏回归系数	标准误差	标准偏回归系数	t 值	P 值	95%CI
情绪耗竭	常数	30.975	0.751		32.564	$P<0.01$	29.110～32.841
	社会支持	−0.313	0.031	−0.522	−10.135	$P<0.01$	−0.374～−0.253
	情感支持	0.301	0.062	0.176	4.813	$P<0.01$	0.178～0.423
	朋辈支持	0.188	0.068	0.107	2.766	$P<0.01$	0.055～0.321

表 7-26　少数民族中学生社会支持对学习低效的回归分析

因变量	自变量	偏回归系数	标准误差	标准偏回归系数	t 值	P 值	95%CI
学习低效	常数	21.154	0 差.632		33.493	$P<0.01$	19.915～22.393
	社会支持	−0.075	0.020	−0.187	−3.701	$P<0.01$	−0.115～−0.035
	情感支持	−0.112	0.042	−0.109	−2.696	$P<0.01$	−0.194～−0.031
	朋辈支持	−0.134	0.062	−0.073	−2.154	$P<0.05$	0.0257～−0.012

表 7-27　少数民族中学生社会支持对生理耗竭的回归分析

因变量	自变量	偏回归系数	标准误差	标准偏回归系数	t 值	P 值	95%CI
生理耗竭	常数	10.725	0.432		24.808	P<0.01	9.877~11.573
	社会支持	−0.083	0.009	−0.314	−9.269	P<0.01	−0.101~−0.066
	政策支持	0.119	0.026	0.159	4.683	P<0.01	0.069~0.169

表 7-28　少数民族中学生社会支持对手机依赖的回归分析

因变量	自变量	偏回归系数	标准误差	标准偏回归系数	t 值	P 值	95%CI
手机依赖	常数	19.772	0.942		20.988	P<0.01	17.925~21.620
	情感支持	−0.133	0.062	−0.093	−2.137	P<0.05	−0.255~−0.011
	社会支持	−0.128	0.031	−0.231	−4.085	P<0.01	0.190~0.067
	政策支持	0.150	0.059	0.095	2.551	P<0.05	0.036~0.266

表 7-29　少数民族中学生社会支持对学习倦怠的回归分析

因变量	自变量	偏回归系数	标准误差	标准偏回归系数	t 值	P 值	95%CI
学习倦怠	常数	83.878	2.404		34.884	P<0.01	79.162~88.594
	社会支持	−0.800	0.078	−0.525	−10.237	P<0.01	−0.954~−0.647
	政策支持	0.770	0.158	0.178	4.875	P<0.01	0.460~1.079
	朋辈支持	0.413	0.172	0.092	2.401	P<0.05	0.076~0.750

表 7-25、表 7-26、表 7-27、表 7-28、表 7-29 的回归分析结果,研究显示,社会支持总分对学习倦怠各因子和总分有着显著的负向预测作用,个体获得的社会支持水平越高,学习倦怠水平越低;情感支持因子分对情绪耗竭得分有显著的正向预测作用,对学习低效、手机依赖得分有显著的负向预测作用,个体获得的情感支持水平越高,情绪耗竭程度越高,但学习低效和手机依赖程度越低;朋辈支持因子分对情绪耗竭得分和学习倦怠总分有显著的正向预测作用,个体从朋友、同学处获得的帮助、支持越多,情绪耗竭和学习倦怠程度也越重;政策支持因子分对生理耗竭、手机依赖得分和学习倦怠总分有显著的正向预测作用,个体得到的政策帮助或经济帮助越多,生理耗竭、手机依赖和学习倦怠情况也越重;信息支持因子分对学习低效有显著的负向预测作用,个体对帮扶政策的信息了解越深入,体验到的学习低效就越少。

四、教育价值观、社会支持对学习倦怠的回归分析

为了全面地了解教育价值观、社会支持对少数民族中学生学习倦怠水平的影响,本研究采用逐步回归法,以学习倦怠总分为因变量,以教育价值观、社会支持的因子分和总分为自变量进行了回归分析,将经济利益、情感支持、家族荣誉、个人发展、文化支持和信息支持等指标纳入到了学习倦怠影响因素的回归方程之中,发现其中经济利益对学习倦怠水平的预测作用最大。对影响学习倦怠因素的回归分

析,具体结果如表 7-30。

表 7-30　贵州省少数民族中学生学习倦怠总分的回归分析

自变量	回归系数	标准误	标准回归系数	t 值	P 值	95%CI
常数	101.102	3.120		32.405	$P<0.01$	94.982~107.222
经济利益	−1.833	0.161	−0.265	−11.404	$P<0.01$	−2.148~−1.518
情感支持	−0.911	0.096	−0.231	−9.470	$P<0.01$	−1.099~−0.722
家族荣誉	0.550	0.113	0.117	4.866	$P<0.01$	0.328~0.771
个人发展	−0.324	0.071	−0.113	−4.552	$P<0.01$	−0.464~−0.185
文化支持	−0.521	0.143	−0.081	−3.642	$P<0.01$	−0.801~−0.240
信息支持	−0.693	0.170	−0.100	−4.082	$P<0.01$	−1.027~−0.360

根据表 7-30 结果分析,由于逐步回归是由预测作用的大小,依次纳入回归模型的,因此有 8 个回归模型,表 7-30 依次反映了多个变量的纳入顺序。此外,每个回归模型的统计检验指标如下表 7-31 所示。

表 7-31　逐步回归各模型的相关统计检验

模型	相关系数	判定系数	估计标准误差
模型 1	0.350(a)	0.122	13.219
模型 2	0.445(b)	0.197	12.643
模型 3	0.452(c)	0.203	12.596
模型 4	0.459(d)	0.208	12.553
模型 5	0.468(e)	0.217	12.488
模型 6	0.470(f)	0.218	12.475
模型 7	0.473(g)	0.220	12.458
模型 8	0.473(h)	0.220	12.458

a 纳入预测变量:经济利益;b 纳入预测变量:经济利益、社会支持总分;c 纳入预测变量:经济利益、社会支持总分、情感支持;d 纳入预测变量:经济利益、社会支持总分、情感支持、家族荣誉;e 纳入预测变量:经济利益、社会支持总分、情感支持、家族荣誉、个人发展;f 纳入预测变量:经济利益、社会支持总分、情感支持、家族荣誉、个人发展、文化支持;g 纳入预测变量:经济利益、社会支持总分、情感支持、家族荣誉、个人发展、文化支持、信息支持;h 纳入预测变量:经济利益、情感支持、家族荣誉、个人发展、文化支持、信息支持。

根据表 7-31 结果显示,纳入 6 个变量的模型 5 解释了 22.0% 的变异,其中,仅纳入"经济利益"这一指标的模型就解释了 12.2% 的变异,情感支持、家族荣誉、个人发展、文化支持和信息支持从某种程度上虽然也能预测学习倦怠的水平,但是相较而言预测能力较小。

第四节　贵州少数民族中学生社会支持的特点分析

一、社会支持的民族差异

本研究发现,少数民族中学生和汉族中学生的社会支持总体水平及情感支持、朋辈支持、政策支持和信息支持均没有显著差别,只是少数民族中学生的文化支持水平略低于汉族中学生。蒋红等(2015)[1]对少数民族大学生社会支持状况调查,发现不同民族大学生的社会支持水平存在显著差别,维吾尔族大学生的家庭、朋友和其他支持水平最高,其次是回族大学生、哈萨克族和其他少数民族大学生;高晓凤等(2019)[2]对四川民族地区易地扶贫搬迁移民的社会支持情况进行了调研,发现彝族居民和汉族居民的客观支持水平没有差别,但彝族居民的主观支持和支持利用度显著高于汉族居民,获得的总体社会支持水平也更高;郭文凤(2013)[3]对比了蒙古族高中生和汉族高中生的社会支持水平,发现蒙古族高中生的主观支持和社会支持水平显著低于汉族高中生,但在客观支持和支持利用度上不存在显著差别;宋霞(2018)[4]调查了四川省中学生的社会支持水平,证实汉族中学生的社会支持水平略高于少数民族中学生。本研究中,少数民族中学生和汉族中学生的情感支持、朋辈支持、政策支持和信息支持不存在显著差别,但少数民族的文化支持水平略低,感到少数民族文化的传播较为薄弱,这可能是由于贵州地区汉族和少数民族的流动较为频繁,民族文化、经济生活、生产方式和娱乐方式均在逐渐趋近和融合[5],导致少数民族中学生文化支持的感知水平有所下降。总体来说,国内社会支持的文化和民族差异研究较少,也尚未得到一致的结论,一方面由于研究取样的差异,另一方面可能由于生活环境和民族文化的差异,对各民族的社会支持客观获取和主观感知产生了不一样的影响。

二、社会支持的人口学变量差异

少数民族中学生群体中,女生的情感支持显著高于男生,男生的信息支持略高于女生,但在朋辈支持、政策支持、文化支持和社会支持总体水平上不存在显著的性别差异。在以往研究中,有的社会支持研究从客观支持、主观支持和支持利用度三个角度进行考量,管佩钰等(2016)[6]、刘婉等(2017)[7]、熊敏等(2017)[8]对重庆市、

① 蒋红,李杨春,夏慧玲.少数民族大学生社会支持与一般自我效能感及其关系[J].中国健康心理学杂志,2015,23(1):86-89.
② 高晓凤,刘梦芸,段云,等.四川民族地区易地扶贫搬迁移民社会支持现况研究[J].现代预防医学,2019,46(1):62-64+77.
③ 郭文凤.蒙古族高中生应激生活事件、应对方式、社会支持与心理健康的结构方程模型研究[D].呼和浩特:内蒙古师范大学,2013.
④ 宋霞.中学生社会支持、校园欺凌、应对方式的关系研究[D].北京:中国青年政治学院,2018.
⑤ 魏国红.加强民族交往 和谐民族关系[J].贵州民族研究,2008,18(1):13-17.
⑥ 管佩钰,王宏,郭靖,等.重庆市中学生心理亚健康状态与社会支持的相关性研究[J].现代预防医学,2016,43(2):304-307+365.
⑦ 刘婉,万宇辉,陶芳标,等.社会支持在童年期虐待与青少年非自杀性自伤行为关联中的中介作用[J].中国心理卫生杂志,2017,31(3):230-234.
⑧ 熊敏,金雪,何小波,等.留守初中生成就目标定向与社会支持的关系[J].中国健康心理学杂志,2017,25(4):603-606.

河南省、贵州省等地中学生的调查中,均发现女生的主观支持、客观支持、支持利用度和社会支持总体水平显著高于男生;顾倩等(2017)[①]的研究也得出了类似的结论,女生拥有更高水平的客观支持、支持利用度和社会支持;但贾继超等(2014)[②]发现在三个维度及社会支持总体水平上,性别差异未达到显著水平。也有部分学者考查了个体获得的社会支持类型,何珍等(2017)[③]和蒋红等(2015)[④]发现初中生和少数民族大学生群体中,女生获得的家庭支持和其他支持都显著高于男生;潘运等(2016)[⑤]和张春梅、黄玲玉(2016)[⑥]的研究中,也证实女生的同伴支持、朋友支持和社会支持总分显著高于男生;但刘小群等(2015)[⑦]的调查中,男生和女生的朋友支持、家庭支持水平没有显著差别。以往研究并未得出完全一致的结论,但总体水平上,女生的主观支持、客观支持和支持利用度水平高于男生,也拥有更多的家庭支持、同伴支持和其他支持。本研究调查结果证实了女生具有更高的情感支持水平,与以往研究基本一致,但男生具有更高的信息支持,而两者的朋辈支持、政策支持和文化支持没有显著差别。这可能是由于女生在心理上、情绪上更加敏感、细腻,与外界的情感互动更多,获得了较高的情感支持。相较而言,男生对于政策类信息要更加关注,对帮扶、助学等信息的了解和熟悉程度远高于女生。

本研究发现,初中生的情感支持、朋辈支持、文化支持、信息支持和社会支持水平均高于高中生,政策支持水平显著低于高中生,差异达到显著水平或接近显著水平。以往研究中关于社会支持水平的学段差异较为一致,但年级之间的对比尚未得到一致的结论。例如,管佩钰等(2016)[⑧]、邢怡伦等(2016)[⑨]和赵科等(2016)[⑩]发

① 顾倩,程乐森,张婧雅,等.高中生社会支持、归因方式与学习倦怠的相关性[J].中国健康心理学杂志,2017,25(1):92-96.

② 贾继超,刘金同,王旸,等.农村初中生主观幸福感及与自尊、社会支持的关系[J].中国临床心理学杂志,2014,22(3):522-524+529.

③ 何珍,陈昱翀,黎月清.社会支持、认知情绪调节策略对初中生攻击性行为的影响[J].中国健康心理学杂志,2017,25(4):532-536.

④ 蒋红,李杨春,夏慧玲.少数民族大学生社会支持与一般自我效能感及其关系[J].中国健康心理学杂志,2015,23(1):86-89.

⑤ 潘运,刘宇,罗杰,等.苗族青少年韧性素质现状及其与社会支持的关系研究[J].中国特殊教育,2016(2):86-91.

⑥ 张春梅,黄玲玉.流动初中生社会支持与社会适应的关系研究[J].现代中小学教育,2016,32(12):64-69.

⑦ 刘小群,陈贵,杨新华,等.社会支持在初中生受欺负与自杀意念间的调节作用[J].中国学校卫生,2015,36(9):1410-1412.

⑧ 管佩钰,王宏,郭靖,陈佳旭,袁保诚.重庆市中学生心理亚健康状态与社会支持的相关性研究[J].现代预防医学,2016,43(2):304-307+365.

⑨ 邢怡伦,王建平,尉玮,闫煜蕾.社会支持对青少年焦虑的影响:情绪调节策略的中介作用[J].中国临床心理学杂志,2016,24(6):1079-1082.

⑩ 赵科,杨丽宏,赖怡,杨叶青,杨明宏.中学生社会适应基本心理需要在领悟社会支持与幸福感间的中介作用[J].中国学校卫生,2016,37(7):1043-1045+1050.

现,初中生的社会支持水平和领悟社会支持水平高于高中生,吴瑞等(2014)[1]、姜少华等(2018)[2]的研究也证实初一学生的社会支持水平高于高中学生。顾倩等(2017)[3]发现,高一和高二两个年级在客观支持、支持利用度和社会支持总体水平上没有差别,但高一学生的主观支持水平显著高于高二学生;但在李正友(2015)[4]的研究中,高二、高三学生的支持利用度水平显著高于高一学生;张岩(2015)[5]调查了农村留守中学生的社会支持水平,发现相较于初一和初二年级,初三学生有着最高的客观支持和支持利用度水平。在社会支持的类型上,潘运等(2016)[6]的研究发现,个体的教师支持水平随着年级增加不断降低,但朋友支持水平随着年级增加不断升高;李白璐、边玉芳(2016)[7]追踪了初中生社会支持的发展趋势,证实在初中三年的历程中,个体体验到的父母支持呈先稳定、后下降趋势,而教师支持和同伴支持的水平则保持不变;张春梅(2016)[8]调查了初中生的社会支持水平,家庭支持和朋友支持不存在年级差异,但初一学生的教师支持水平最高,初二和初三呈下降趋势;何珍等(2017)[9]调查发现,初一学生具有较高水平的家庭支持和其他支持,初二学生具有较高水平的朋友支持。总体而言,初中生的社会支持水平高于高中生,能够从他人、环境和文化背景中感知到更多的支持。随着年龄增长,个体体验到的主观支持和客观支持水平出现了下降的趋势,但对于支持的利用度可能在提高;此外,在中学时期,不同类型的支持呈现了不一样的变化趋势,教师支持和家庭支持的比重在逐渐降低,但朋友支持的比重却在逐步递增;但高中生体验到的政策支持水平更高,感知到了更多的来自政府或组织的经济支持和政策帮扶。

来源地方面,在情感支持、朋辈支持、文化支持、信息支持和社会支持总体水平上,不存在显著的城乡差异,但来自农村学生的政策支持水平更高,体验到了更多的政策帮扶。目前,有关社会支持来源地差异方面的研究并未得到一致的结论。

[1] 吴瑞,李建桥,曹型远,刘琴,王宏.重庆市某库区县留守中学生心理健康与社会支持的关系[J].中国学校卫生,2014,35(5):685-687+690.
[2] 姜少华,刘巧兰,方一安,等.四川省农村中学生社会支持与生命质量的直接与间接关系:网瘾与焦虑的中介作用[J].现代预防医学,2018,45(18):3364-3367+3392.
[3] 顾倩,程乐森,张婧雅,王娜.高中生社会支持、归因方式与学习倦怠的相关性[J].中国健康心理学杂志,2017,25(1):92-96.
[4] 李正友.高中生学习倦怠、社会支持与应对方式的关系研究[D].贵阳:贵州师范大学,2015.
[5] 张岩.农村留守初中生学习倦怠与学业自我概念和社会支持的关系研究[D].武汉:华中师范大学,2015.
[6] 潘运,刘宇,罗杰,赵守盈.苗族青少年韧性素质现状及其与社会支持的关系研究[J].中国特殊教育,2016(2):86-91.
[7] 李白璐,边玉芳.初中生生活满意度的发展趋势及社会支持、自尊的影响:一项3年追踪研究[J].中国临床心理学杂志,2016,24(5):900-904+877.
[8] 张春梅,黄玲玉.流动初中生社会支持与社会适应的关系研究[J].现代中小学教育,2016,32(12):64-69.
[9] 何珍,陈昱翀,黎月清.社会支持、认知情绪调节策略对初中生攻击性行为的影响[J].中国健康心理学杂志,2017,25(4):532-536.

有研究发现,不同来源地的学生在社会支持水平上存在一定差别。如,詹丽玉等(2016)①、仲亚琴等(2016)②的研究发现,来自城市的大学生的社会支持水平显著高于来自农村的大学生;刘莉新(2016)③等调查了维吾尔族大学生的社会支持情况,却得出了相反的结论,乡村学生的主观支持得分显著高于城市学生;李敏、戈兆娇(2017)④的调查发现,城镇学生获得的客观支持水平更高,但农村学生对支持的利用度更高。也有的研究发现,社会支持不存在显著的城乡差异,葛绕华、祝卓宏(2014)⑤的研究指出,社会支持在生源地上不存在显著差异,来自城市和来自农村的青少年的社会支持各维度及其总分的差别均未达到显著水平;冯慧敏(2017)⑥调查了中职护理学生的领悟社会支持情况,发现来自城市、郊县和农村的学生之间的差异并未达到显著水平;纪杉(2018)⑦也发现,中职生群体中,不管是来自城市还是农村,主观支持、客观支持、支持利用度和社会支持总体水平相差不大。综上,大多数研究表明,中学生社会支持总体水平的城乡差异并不大,或者城市与农村学生表现出了不同的社会支持特点。本研究发现,农村学生的政策支持水平更高,其余方面和社会支持总体水平相差不大,一方面可能随着"精准扶贫"政策的普及,来自农村的学生获得了更多的政策帮助和经济支持,另一方面,可能由于研究取样的对象多是民族地区的中学生,城乡学生比例不够合理,对研究结果带来了一定的影响。

普通家庭和单亲离异家庭的学生在政策支持水平上存在显著差别,单亲离异家庭的学生具有更高的政策支持水平,但在情感支持、朋辈支持、文化支持、信息支持和社会支持总体水平上均没有显著差别。从因子得分看,虽然普通家庭学生的情感支持、朋辈支持得分略高于单亲离异家庭学生,但差异均未达到显著水平。关于家庭结构对于个体社会支持的影响,多数质性研究发现,单亲家庭的子女由于家庭的变故和遭遇,获取的正式支持和精神支持不多⑧,可能面临着家庭经济困难、性格孤僻自卑、亲子关系不和等问题⑨。但在相关的量化研究中,却并未得到一致的

① 詹丽玉,练勤,王芳.留守经历大学新生自我效能感社会支持及心理健康的相关性[J].中国学校卫生,2016,37(4):614-617.
② 仲亚琴,高月霞,陆青云.大学新生社会支持、学习适应与学习成绩的关系[J].中国健康心理学杂志,2016,24(8):1196-1200.
③ 刘莉新,徐疆勇,米热古丽.维吾尔族大学生社会支持心理韧性对自杀意念的影响[J].中国学校卫生,2016,37(1):136-138.
④ 李敏,戈兆娇.蒙汉大学生人际关系、社会支持和人际信任关系探讨[J].民族教育研究,2017,28(2):38-44.
⑤ 葛绕华,祝卓宏.青少年社会支持与手机成瘾关系的实证研究[J].中国卫生统计,2014,31(5):830-832.
⑥ 冯慧敏.中职护理学生心理压力、领悟社会支持与学习倦怠关系的研究[D].石家庄:河北师范大学,2019.
⑦ 纪杉.中职生社会支持、学业自我效能感与学习倦怠的关系研究[D].武汉:华中师范大学,2018.
⑧ 唐立.单亲家庭子女社会支持研究[D].北京:中国青年政治学院,2014.
⑨ 韩笑.单亲家庭青少年社会支持研究[D].青岛:青岛大学,2018.

结论,例如,何娴(2018)①调查了初中生的领悟社会支持特点,发现单亲家庭和非单亲家庭的孩子,家庭支持、同伴支持和领悟社会支持总量上没有显著差异,但单亲家庭孩子的其他支持水平显著高于非单亲家庭孩子;张珊珊等(2017)②研究了中职学生的社会支持状况,发现父母抚养学生的主观支持、客观支持和社会支持总分显著高于非父母抚养的学生,复杂的家庭关系(如离异或单亲家庭)导致许多学生没有得到足够的关注和照顾;李杏等(2011)③发现,双亲家庭高中生的社会支持总体水平和主观支持水平均显著高于单亲家庭高中生。本研究并未发现单亲离异家庭的学生体验到了更高水平的政策支持,可能是由于特殊的家庭变故,让单亲离异家庭的学生更可能获得政府或其他社会组织的经济帮助,但在其他维度和社会支持总体水平上,并未发现普通家庭与单亲离异家庭子女的差别,与预期假设不符,其原因可能是,一方面,调查取样中单亲离异家庭的人数比例较少,对于统计结果产生了一定程度的影响;另一方面,在部分单亲离异家庭中,个体会从学校、社区、朋辈群体中获得支持,缓冲了家庭变故的冲击。

留守学生和非留守学生在政策支持、文化支持、信息支持和社会支持总量上不存在显著差别,但留守学生体验到的情感支持和朋辈支持水平低于非留守学生,差异达到或接近显著水平。宇翔等(2017)④、叶一舵等(2017)⑤的研究发现,留守儿童总体社会支持水平显著低于非留守儿童,尤其在客观支持、主观支持和对支持利用度上劣势明显。熊敏等(2017)⑥调查发现留守初中生的社会支持水平较为一般;潘运等(2016)⑦研究了苗族青少年的社会支持特点,发现非留守青少年的家庭关心和同伴支持水平显著高于留守青少年;刘子英、张琛(2015)⑧的研究指出,留守初中生和非留守初中生在客观支持、主观支持、支持利用度和社会支持总量上都存在着极其显著的差别,非留守儿童的社会支持水平更高;耿晓敏等(2016)⑨也得出了相

① 何娴.初中生领悟社会支持、学校适应与攻击性的关系研究[D].贵阳:贵州师范大学,2018.
② 张珊珊,张野.儿童期受忽视和社会支持与中职生自伤行为的研究[J].中国儿童保健杂志,2017,25(3):223-226.
③ 李杏,张翔飞,张昭辉,等.高中生社会支持度与家庭功能的现况调查[J].中国健康心理学杂志,2011,19(6):707-709.
④ 宇翔,胡洋,廖珠根.中国农村地区留守儿童社会支持状况的Meta分析[J].现代预防医学,2017,44(1):89-93.
⑤ 叶一舵,沈成平,丘文福.留守儿童社会支持状况元分析[J].教育评论,2017(8):18-22＋32.
⑥ 熊敏,金雪,何小波,杜钟建.留守初中生成就目标定向与社会支持的关系[J].中国健康心理学杂志,2017,25(4):603-606.
⑦ 潘运,刘宇,罗杰,赵守盈.苗族青少年韧性素质现状及其与社会支持的关系研究[J].中国特殊教育,2016(2):86-91.
⑧ 刘子英,张琛.社会支持对留守儿童自我意识的影响调查研究[J].中国儿童保健杂志,2015,23(3):300-302.
⑨ 耿晓敏,陈琳,刘晓芹,等.留守初中生社会支持在家庭功能与问题行为间的中介作用[J].中国健康心理学杂志,2016,24(5):721-725.

似的研究结论,相较于留守初中生,非留守初中生拥有更多的主观支持;张岩(2015)[1]的调查指出,个体留守的时间越长,社会支持水平越低。并且,留守经历对个体的影响不仅局限于中学时代,还可以持续到大学时期,相关研究已经证实了这一点[2][3]。综上,留守中学生由于特殊的成长背景,与爷爷奶奶、亲戚共同生活或独立生活,缺乏与父母的互动和交流,得到的社会支持较少,对支持的利用度也亟须提高。

本次调查数据显示,班干部和普通学生除了文化支持没有显著差异之外,在情感支持、朋辈支持、政策支持、信息支持和社会支持总量上均存在着较大的差异,班干的社会支持水平显著高于普通学生。在张岩(2015)[4]的调查中,是否为班干部对于社会支持水平没有显著影响,两个群体的主观支持、客观支持、支持利用度和社会支持总量没有差别;在周盼(2018)[5]、杨巧冬(2017)[6]的研究中,班干部的社会支持水平显著高于一般学生,具有更高的主观支持、客观支持和支持利用度;刘爽(2019)[7]也提出了较为一致的结论,相较于普通学生,担任班干部的学生感知到更高水平的家庭支持和其他支持,领悟社会支持总量也更高。虽然以往研究中,关于班干部和普通学生的对比并不多,但总体而言,班干部体验到的社会支持水平要高于普通学生,这可能是由于班干部的学习和能力较为出众,得到了家长和教师更多的关注和期望。此外,由于角色定位,班干部与教师、同学有着更为频繁的互动和交流,得到了更多的社会支持。

第五节　贵州民族地区社会支持与学习倦怠的关系

相关分析显示,社会支持的情感支持、朋辈支持、政策支持、文化支持、信息支持等5个维度和社会支持总分与学习倦怠的各个因子分和总分存在着显著的负相关。总体上,个体社会支持水平越高,获得的情感支持、朋辈支持、政策支持、信息支持和文化支持越多,学习倦怠的程度就越轻。以往研究也证实,不管是客观的社

① 张岩.农村留守初中生学习倦怠与学业自我概念和社会支持的关系研究[D].武汉:华中师范大学,2015.
② 谢其利,宛蓉,张睿.农村留守经历大学新生自尊社会支持和应对方式与孤独感的关系[J].中国学校卫生,2015,36(2):236-238+241.
③ 谢其利.留守流动经历大学生核心自我评价在领悟社会支持和心理健康状况间的中介作用[J].中国学校卫生,2017,38(3):381-384.
④ 张岩.农村留守初中生学习倦怠与学业自我概念和社会支持的关系研究[D].武汉:华中师范大学,2015.
⑤ 周盼.中学生情绪智力、社会支持和学习倦怠的关系研究[D].哈尔滨:哈尔滨师范大学,2018.
⑥ 杨巧冬.高中生生活事件、社会支持与感恩的关系研究[D].哈尔滨:哈尔滨师范大学,2017.
⑦ 刘爽.留守初中生生活事件、领悟社会支持与内化问题的关系研究[D].哈尔滨:哈尔滨师范大学,2019.

会支持,还是个体感知的领悟社会支持,都与学习倦怠存在着显著的负相关[1][2][3]。后续的回归分析显示,在各个维度和总量中,对学习倦怠影响最大的是社会支持总量和情感支持、政策支持水平,但三者对学习倦怠的预测作用呈现出相反的方向。社会支持总体水平对学习倦怠各因子和总体水平有着显著的负向预测作用,个体获得的社会支持总体水平越高,学习倦怠水平越低;即相关分析中,政策支持、朋辈支持与学习倦怠存在显著的负相关,但回归分析综合了其他变量的影响之后,发生情感支持水平对情绪耗竭有显著的正向预测作用,对学习低效、手机依赖有显著的负向预测作用。个体获得的情感支持水平越高,即从父母、教师、同学、朋友等处获得了越多的关心和帮助,情绪耗竭程度就越高,但学习低效和手机依赖程度越低;政策支持水平对生理耗竭、手机依赖和学习倦怠有显著的正向预测作用,个体得到的政策帮助或经济帮助越多,生理耗竭、手机依赖和学习倦怠情况也越重。这种正向预测作用,可能是由于个体从外界所得到的支持和帮助越多,内心的负担和压力也越重,导致了学习倦怠的加重。

许多学者对社会支持和学习倦怠、学业成就的关联展开了探讨,庄鸿娟等(2016)[4]指出,社会支持中的教师支持和同伴支持能够显著正向预测数学学习坚持性水平;叶宝娟等(2014)[5]的研究表明,领悟社会支持能够促进青少年的学业成就,个体感知到了更多的社会支持,学业成就水平也就更高;梁洁(2018)[6]通过调查发现,社会支持是初中生学习成绩的保护因素,能够有效地预测学习成绩水平;顾倩等(2017)[7]的研究也证实,社会支持对于学习倦怠程度具有显著的预测作用。社会支持不仅可以直接预测学习倦怠,而且可以通过自尊[8]、生活满意度[9]、积极应对方式[10]等中介作用间接影响学习倦怠。综合考察教育价值观和社会支持对学习倦怠

---

[1] 戴青.初中生心理资本、社会支持与学习倦怠的关系研究[D].南京:南京师范大学,2017.

[2] 李正友.高中生学习倦怠、社会支持与应对方式的关系研究[D].贵阳:贵州师范大学,2015.

[3] 李承宗,刘玉琳,韩仁生.中学生领悟社会支持、考试归因与学习倦怠的关系研究[J].教学与管理,2012(21):77-78.

[4] 庄鸿娟,刘儒德,刘颖,等.中学生社会支持对数学学习坚持性的影响:数学自我效能感的中介作用[J].心理发展与教育,2016,32(3):317-323.

[5] 叶宝娟,胡笑羽,杨强,等.领悟社会支持、应对效能和压力性生活事件对青少年学业成就的影响机制[J].心理科学,2014,37(2):342-348.

[6] 梁洁.初中生生活事件、社会支持与学习成绩的关系[J].中国健康心理学杂志,2018,26(1):106-109.

[7] 顾倩,程乐森,张婧雅,等.高中生社会支持、归因方式与学习倦怠的相关性[J].中国健康心理学杂志,2017,25(1):92-96.

[8] 黎亚军,高燕.初中生学习倦怠特点及其与自尊、社会支持的关系[J].中国健康心理学杂志,2013,21(3):407-409.

[9] 叶钰侨,陆爱桃,张心怡,等.大学生社会支持对学习倦怠的影响:经济状况和生活满意度的有调节中介模型[J].心理研究,2017,10(4):79-85.

[10] 刘淑晓,刘经兰.五年制高职生社会支持、应对方式与学习倦怠的关系[J].中国健康心理学杂志,2016,24(12):1856-1860.

影响的逐步回归分析中,情感支持、文化支持和信息支持对学习倦怠有着显著的预测作用,个体获得越多的情感、文化和信息支持,拥有越好的人际关系和情感互动,了解越多的就业帮扶制度,体验越多的文化认同,产生学习倦怠的可能性就越低。这可能是由于社会支持高的学生能够更快、更好地融入到校园环境中,对学校和学习有着更加积极的感知[①]。外界提供的支持也能够缓冲外部生活事件或压力的冲击,使其拥有更强的心理素质[②],降低学习倦怠的发生率和程度。

① 庄鸿娟,刘儒德,刘颖,等.中学生社会支持对数学学习坚持性的影响:数学自我效能感的中介作用[J].心理发展与教育,2016,32(3):317-323.
② 叶宝娟,胡笑羽,杨强,等.领悟社会支持、应对效能和压力性生活事件对青少年学业成就的影响机制[J].心理科学,2014,37(2):342-348.

第八章　贵州民族地区学习倦怠 影响因素的新发现

本章在上述研究基础上,采用投射测验的研究方法,对内隐教育价值观、社会支持及其与学习倦怠的关系进行分析,从内隐视角对学习倦怠的影响因素予以分析和讨论。从研究目的上来说,也就是通过外显和内隐的再反思,构建民族地区教育价值观、社会支持与学习倦怠的路径模型,深入探索教育价值观、社会支持对学习倦怠的影响。

第一节　民族地区中学生内隐教育价值观的 内隐测验探索

一、研究目的

本研究使用项目组成员于格等人(2018)[①]对少数民族中学生攻击性内隐态度测查中采用的单类内隐联想测验(Single Category Implicit Association Test,SC-IAT)范式,测量内隐教育价值观,单类内隐联想测验是一种测量单一对象内隐态度的有效工具。

Greenwald 等人(1998)率先提出使用内隐联想测验(Implicit Association Test,简称IAT)对心理品质进行测量[②]。之后,国内外学者开展了大量的 IAT 研究,主题也拓展到了内隐攻击性、内隐自尊、内隐信念等领域。但以往研究中,发现经典的内隐联想测验范式存在一定的问题,其中突出的问题是内隐联想测验只能测量两个对象或两个主题的相对态度,无法测量对单一对象或单一主题的内隐态度[③]。

Karpinski(2005)等人对经典内隐联想测验进行了修正和调整,提出了单类内隐联

---

① 于格,卢晓灵,谢一心,等.少数民族中学生攻击性结构与合作竞争人格倾向的关系[J].中国学校卫生,2018,39(6):867-870.

② Greenwald AG,McGhee DE,Schwartz JLK. Measuring Individual Differences in Implicit Cognition:The Implicit Association Test[J]. Journal of Personality and Social Psychology,1998,74(6):1464-1480.

③ Karpinski A. Measuring Self-Esteem Using the Implicit Association Test:The Role of the Other[J]. Personality and Social Psychology Bulletin,2004,30(1):22-34.

想测验(Single Category Implicit Association Test，SC-IAT)，用 SC-IAT 测量某一单一对象或主题的内隐态度，实验中只会出现一个概念词[1]。评价单一态度对象的内隐方法有利于弥补 IAT 只能测量相对态度的不足[2]。在我国，IAT 的研究越来越多，但 SC-IAT 使用的较少。本研究通过使用 SC-IAT 方法测量中学生的内隐教育价值观，了解中学生对于教育价值的观念和想法，并探讨 SC-IAT 测量单一对象的内隐态度的特点。

二、研究方法

(一)研究对象

抽取 120 名高中生进行内隐价值观实验，剔除数据缺失、错误率过高的对象后，有效实验数据为 101 份，其中少数民族学生 57 人，汉族学生 44 人，实验对象的基本信息见表 8-1。

表 8-1　实验对象的基本信息

变量分类信息		少数民族学生	汉族学生
		人数(%)	人数(%)
性别	男	24(42.1%)	18(40.9%)
	女	33(57.9%)	26(59.1%)
年级	高一	15(26.3%)	17(38.6%)
	高二	19(33.3%)	12(27.3%)
	高三	23(40.4%)	15(34.1%)
来源地	城市	5(8.8%)	14(31.8%)
	农村	50(87.7%)	30(68.2%)
是否单亲	普通家庭	47(82.5%)	36(81.8%)
	单亲家庭	10(17.5%)	8(18.2%)
是否留守	留守	10(17.5%)	7(15.9%)
	非留守	47(82.5%)	35(79.5%)
是否班干部	班干部	12(21.1%)	5(11.4%)
	普通同学	45(78.9%)	39(88.6%)
成绩满意度	非常满意	0(0%)	1(2.3%)
	满意	8(14.0%)	2(4.5%)
	不满意	36(63.2%)	26(59.1%)
	非常不满意	13(22.8%)	15(34.1%)

注：部分变量信息缺失。

---

[1] Karpinski A，Lytle J. Measuring Implicit Gender Attitudes，Gender Identity，and Self-Esteem Using the Single Category Implicit Association Test. Unpublished Manuscript，2005.

[2] 艾传国，佐斌. 单类内隐联想测验(SC-IAT)在群体认同中的初步应用[J]. 中国临床心理学杂志，2011，19(04)：476-478.

(二)研究工具

研究初期,采用 Inquisit 3.0 编制了单类内隐联想测验,其中概念词为"教育",属性词为"内在价值"和"外在价值"。实验中,初步确定了"教育""内在价值""外在价值"词汇各 9 个。具体见表 8-2。

表 8-2　概念词和属性词的初步词汇

类别	词汇
教育	求学、读书、学习、上学、教育、知识、学历、教学、课程
内在价值	发展、成长、文化、独立、能力、智慧、理想、进步、内涵
外在价值	赚钱、致富、地位、工作、脱贫、就业、财富、技能、职业

确定原始实验词汇后,由 15 位高校教师对实验词汇进行评定,为防止顺序效应的干扰,词汇次序随机打乱。评定指导语为——请在下列词汇中选择 5 个最能代表"教育/教育的内在价值/教育的外在价值"的词(请在所选词汇上画○)。如您认为有别的词汇能更好地代表"教育/教育的内在价值/教育的外在价值",请列举出来:＿＿＿＿＿。

经 15 位高校教师对实验词汇进行评定,对有关"教育""教育的内在价值""教育的外在价值"的词汇的评定频数,经归纳总结,具体结果见表 8-3。

表 8-3　原始实验词汇的高校教师评定结果

教育		教育的内在价值		教育的外在价值	
词汇	评定频数	词汇	评定频数	词汇	评定频数
教育	13	能力	13	就业	12
学习	12	成长	13	工作	12
教学	12	发展	10	地位	11
知识	11	智慧	8	技能	10
课程	6	精神	7	财富	9
读书	5	进步	6	职业	8
学业	5	文化	5	致富	5
上学	4	独立	5	经济	4
求学	4	内涵	5	赚钱	3
学历	3	理想	3	脱贫	1

此外,在教师评定过程中,增加了"育人""素养"和"名誉"三个实验词汇,分别替换了三组中评定频数最低的词汇"学历""理想"和"脱贫",作为学生评选的词汇。使用 15 位高校教师评定、补充后的实验词汇,由 60 位学生再次进行评定,评定结果见表 8-4。

根据表 8-4 实验词汇的学生评定结果,选用各个类别评定频数排在前五位的词汇作为正式实验词汇,即"教育"词汇包括育人、知识、学习、教育、教学,"内在价值"词汇包括素养、能力、内涵、智慧、成长,"外在价值"词汇包括就业、技能、工作、经济、名誉。

表 8-4　实验词汇的学生评定结果

教育		教育的内在价值		教育的外在价值	
词汇	评定频数	词汇	评定频数	词汇	评定频数
育人	53	素养	47	就业	40
知识	52	能力	40	技能	40
学习	34	内涵	40	工作	37
教育	33	智慧	34	经济	35
教学	32	成长	34	名誉	29
求学	30	精神	28	职业	26
读书	27	文化	28	地位	24
学业	14	进步	18	财富	34
上学	13	发展	15	致富	21
课程	10	独立	10	赚钱	20

根据表 8-5 内隐教育价值观的 SC-IAT 的程序模式，进行实验操作，其中 D 键所代表的含义是出现"内在价值""内在价值＋教育"的词汇，同理 K 键含义与 D 键相同。练习阶段不记录实验结果，测试阶段记录实验结果。步骤 2 和步骤 4 分别做了 36 次实验。为防止反应偏差，在测试 2 中，代表"教育"的词、"内在价值"的词和"外在价值"的词按照 1∶1∶2 的频率出现，使得左右按键的比率各 50％；在测试 4 中，代表"内在价值"的词、"外在价值"的词和"教育"的词按照 2∶1∶1 的频率出现，使得左右按键的比率各为 50％。

表 8-5　内隐教育价值观的 SC-IAT 的程序模式

步骤	实验次数	功能	D 键	K 键
1	12	练习	内在价值＋教育	外在价值
2	36	测试	内在价值＋教育	外在价值
3	12	练习	内在价值	外在价值＋教育
4	36	测试	内在价值	外在价值＋教育

被试在归类任务中会给予及时反馈。判断正确会在屏幕中央出现绿色的"√"，持续 200ms，如果判断错误会在屏幕中央出现红色的"×"，持续 200ms。

(三)研究程序

采用个别施测的方式，测验前主试讲解规则，介绍实验的注意事项。被试先完成一份教育价值观、社会支持和学习倦怠的问卷，再在装有 Inquisit 专业软件的电脑上进行内隐教育价值观的 SC-IAT 实验。整个过程大约 20 分钟。

(四)数据处理

内隐联想测验的数据在电脑上自动生成和回收，并依照以下规则进行整理：反应时高于 10000ms，低于 350ms 的实验删除。对于错误反应的反应时进行修改，将其替换成其所属组块的正确反应的平均反应时加上 400ms 的惩罚。然后计算相容任务与不相容任务的平均反应时之差，再除以所有正确反应(不包含原先错误反应)的反应时的标准差,所得数值叫作 D 分数,用该 D 分数来代表内隐效应。本研究中,界定步骤 2 为相容任务,步骤 4 为不相容任务。用步骤 4 的平均反应时(包含已将错误反应修改后的反应时)减去步骤 2 的平均反应时(包含已将错误反应修改后的反应时),再除以所有正确反应(不包含原先错误反应)的反应时的标准差,所得到的 D 分数越大,则在内隐上对教育的内在价值越认同[①]。

三、研究结果与分析

(一)内隐效应分析

将所有被试的相容任务反应时与不相容任务反应时进行比较,并作配对 t 检验,具体结果见表 8-6。在研究中,不相容任务的反应时显著高于相容任务反应时,说明内隐效应显著,并且高中生在内隐层面对外部价值观更为认同。

表 8-6　高中生在相容任务和不相容任务中反应时与平均反应时对比($n=101$)

	相容任务(M±SD)	不相容任务(M±SD)	t	P 值
全体被试	1018.75±308.10	963.56±276.90	2.075	<0.05

内隐效应(D 值)为 0 表明被试对教育价值观的内隐态度为中性,既不倾向于内部价值观也不倾向于外部价值观。以 0 为标准,分别对全体被试、少数民族学生和汉族学生的教育价值观的内隐效应进行 t 检验,结果全体被试和汉族学生的 D 值都达到显著水平,少数民族学生的 D 值接近显著水平($P=0.066$)。对少数民族学生和汉族学生的 D 值进行独立样本 t 检验,两者差异的 t 值是 1.415,P 值 >0.05,没有显著性差异。具体结果见表 8-7。研究发现,无论是少数民族学生,还是汉族学生,对于教育价值观的内隐态度都更加倾向于外部价值。

表 8-7　全体被试、少数民族学生和汉族学生内隐效应 t 检验

	D 值(M±SD)	t	P 值	D 值<0 的频次
全体被试	−0.13±0.43	−3.140	<0.01	62(61.39%)
少数民族	−0.08±0.32	−1.874	>0.05	36(63.16%)
汉族	−0.21±0.54	−2.547	<0.05	26(59.09%)

(二)少数民族中学生内隐教育价值观的差异分析

为考察民族地区中学生内隐价值观的差异,以贵州少数民族中学生的内隐价值观得分为因变量,分别以性别、年级、来源地为自变量,进行了独立样本 t 检验。

通过对贵州省少数民族中学生的内隐教育价值观的组间对比,由表 8-8 可见,在内隐教育价值观的 D 值上,不同性别、不同年级的少数民族中学生均未发现显著性差异,班干部学生与普通同学之间也未发现显著性差异。

---

① 艾传国,佐斌.单类内隐联想测验(SC-IAT)在群体认同中的初步应用[J].中国临床心理学杂志,2011,19(4):476-478.

表 8-8　贵州省少数民族中学生的内隐教育价值观的组间对比

	组别	人数	D 值（M±SD）
性别	男	24	−0.12±0.30
	女	33	−0.05±0.32
	t 值		−0.862
年级	高一	15	−0.05±0.42
	高二	19	−0.18±0.22
	高三	23	−0.01±0.30
	F 值		1.590
是否班干部	班干部	12	−0.11±0.23
	普通同学	45	−0.07±0.34
	t 值		−0.434

注："来源地""是否留守学生""是否单亲家庭"和"成绩满意度"的组别人数分布不均衡，未达到进行统计检验的人数标准，未对其进行统计分析。

（三）内隐教育价值观与外显教育价值观、社会支持和学习倦怠的关系

对内隐教育价值观 D 值与外显教育价值观、社会支持、学习倦怠得分进行了相关分析。其具体结果见表 8-9、8-10 和 8-11。

表 8-9　贵州省少数民族中学生内隐教育价值观与外显教育价值观的相关分析

	经济利益	家族荣誉	个人发展	民族传承	素养提升	教育价值观总分
内隐教育价值观（D 值）	−0.008	0.032	0.136	−0.023	0.084	0.086

表 8-10　贵州省少数民族中学生内隐教育价值观与社会支持的相关分析

	情感支持	朋辈支持	政策支持	文化支持	信息支持	社会支持总分
内隐教育价值观（D 值）	0.193	0.109	0.039	−0.019	0.011	0.119

表 8-11　贵州省少数民族中学生内隐教育价值观与学习倦怠的相关分析

	情绪耗竭	学习低效	生理耗竭	手机依赖	学习倦怠总分
内隐教育价值观（D 值）	−0.192	−0.192	−0.146	−0.130	−0.210*

注：* $P<0.05$。

从以上表格呈现的分析结果可以看出，内隐教育价值观与外显教育价值观不存在显著相关。社会支持上，内隐教育价值观与情感支持的相关接近显著水平（$P=0.053$），个体获得的情感支持越多，对教育的内在价值越认可。学习倦怠方面，内隐教育价值观和学习倦怠总分有显著的负相关关系，与情感耗竭、学习低效的负相关接近显著水平（$P=0.054$），个体在内隐态度上越倾向于外部价值，学习倦怠水平就越低，体验到的情感耗竭、学习低效也越低。

四、内隐教育价值观及其与学习倦怠关系分析

(一)民族地区中学生内隐教育价值观分析

目前,单类内隐联想测验(SC-IAT)在国内的应用较少,多见于测量和评估自杀意念[①]、民族认同[②]、民族刻板印象[③]、群体认识与认同[④⑤],以及关于特定群体的内隐污名研究中[⑥⑦⑧],本研究采用单类内隐联想测验的形式对教育价值观进行探究,证实了中学生群体中内隐教育价值观的存在,不相容任务(内部价值 vs.外部价值＋教育)的反应时显著快于相容任务(内部价值＋教育 vs.外部价值)。教育价值倾向的内隐效应十分显著,表明个体在内隐层面更加认可教育的外部价值。并且,少数民族学生和汉族学生都表现出了类似的内隐倾向,更加倾向于教育的外部价值,少数民族学生群体中,这种内隐倾向在性别、年级、是否班干部等自变量上不存在显著差别,这也说明了内隐教育价值观倾向具有一定的普遍性。

调查显示,内隐教育价值观与外显教育价值观不存在显著相关。对于外显和内隐心理结构之间的关系,目前主要存在两种截然不同的观点——"同一论"认为,外显测量技术和内隐测量技术反映的是同一个心理特质,但由于受到社会赞许性、自我服务动机等因素的影响,外显测量方式无法探测出个体的真实状态;"分离论"认为外显测量技术和内隐测量技术探测到的是两种心理结构,前者是个体思维意识的产物,是自我反映的结果,而后者是无意识的产物,个体无法通过内省接近[⑨]。

---

① 郭晶莹,冯志远,杨新国,等.内隐联想测验、简式内隐测验、单类内隐测验测评大学新生自杀意念的效果[J].中国心理卫生杂志,2018,32(12):1034-1039.

② 朱利娜,沈潘艳,七十三.蒙古族初中生外显和内隐民族认同及其影响因素[J].内蒙古师范大学学报(自然科学汉文版),2018,47(2):180-184.

③ 程科,李画.先前接触经验与想象接触对大学生民族刻板印象的影响[J].社区心理学研究,2018,6(2):106-119.

④ 艾传国,佐斌.单类内隐联想测验(SC-IAT)在群体认同中的初步应用[J].中国临床心理学杂志,2011,19(4):476-478.

⑤ 赵银,赵月,郑珊珊,等.大学生对"愤青"群体认识倾向的研究[J].中国健康心理学杂志,2018,26(12):1861-1867.

⑥ 董圣鸿,吴洁,朱鸿健,等.基于语义差异量表的心理疾病外显与内隐污名的结构及关系[J].心理与行为研究,2018,16(5):694-700.

⑦ 杨小雨.城管污名研究[D].上海:华东师范大学,2018.

⑧ 王晓刚,黄希庭,陈瑞君,等.心理疾病内隐污名:来自单类内隐联想测验的证据[J].心理科学,2014,37(2):272-276.

⑨ 李静华,郑涌.内隐/外显不同水平攻击者的注意偏向:行为和 ERP 证据[J].心理科学,2014,37(1):40-47.

目前多数研究结果支持外显和内隐心理结构"分离论"的观点[1][2]。本研究发现，内隐教育价值观和外显教育价值观的相关不显著，说明两者是彼此分离的心理结构，外显教育价值观和内隐教育价值观属于不同的建构，这一结果也与以往的单类内隐态度测量结果相一致[3][4]。虽然属于不同的建构，但两者仍然有一些相似之处，外显教育价值观调查中，个体对"经济利益"的重视程度位于首位。内隐层面上，个体更加倾向于认可教育的外部价值，这说明外显和内隐态度上存在着较为一致的倾向，注重教育的功利性价值。

(二)民族地区中学生内隐教育价值观与社会支持关系分析

内隐教育价值观和社会支持中的情感支持存在着一定程度的正相关关系，统计检验接近显著水平，即个体获得的情感支持越多，对教育的内在价值倾向也更加认可。这可能是由于，当个体能够获得更多的情感支持时，能够感到更多的情感后盾和支撑，对于外在的物质、经济条件的追求就越会变得不那么紧迫，反而更加注重自我成长、素养提升等内部的价值追求。

(三)民族地区中学生内隐教育价值观与学习倦怠关系分析

如果内隐教育价值观和学习倦怠总体水平有显著的负相关关系，那么与情感耗竭、学习低效的负相关也接近显著水平，这说明个体在内隐态度上越倾向于外部价值，学习倦怠水平就越低，体验到的情感耗竭、学习低效也越轻。这一点与外显教育价值观与学习倦怠的关联也呈现了一致的趋向，教育价值观的各个因子中，经济利益对学习倦怠水平的预测作用最大，能够最有效地预测学习倦怠的程度。这也说明，不管在外显态度层面还是内隐态度层面，个体越倾向于教育的功利性价值，越注重读书所带来的实际功效，越有着更明确的经济利益追求，感知到的学习倦怠水平就越低。

① 张萍，王琛，余毅震.攻击性青少年外显和内隐社会认知不同测试结果比较[J].中国学校卫生,2011,32 (8):906-908+911.
② 庄乾,李莹,刘一军,等.情绪智力、应对方式对大学生外显与内隐攻击性的影响[J].西南大学学报(自然科学版),2015,37(12):122-127.
③ 谢威士.当代大学生对谦虚心的态度:基于外显与内隐两个层面[J].心理研究,2017,10(3):76-81.
④ 艾传国,佐斌.单类内隐联想测验(SC-IAT)在群体认同中的初步应用[J].中国临床心理学杂志,2011,19 (4):476-478.

第二节　不同社会支持下的中学生学习 倦怠投射测验探究

一、研究目的

投射测验(Projective Tests)主要是通过被试对结构不明确、中立刺激的反应，来推断和分析被试的人格特点及心理活动。以树木为主题的投射测验变式主要有树木测试、树木—人测试及房子—树木—人测试，房树人绘画测验(The House-Tree-People Test，简称 H-T-P)，最早于 1948 年由巴克(J. Buck)提出。作为一种预测内隐心理活动技法，其正在被广泛应用于心理咨询、人才选拔、学生学习等领域。陈侃(2008)[1]在其《绘画心理测验与心理分析》一书中提出，H-T-P 绘画测验不仅用于心理治疗，在各种人才选拔、教育领域等也同样大有可为。

吉沅洪(2017)[2]提出，投射法利用中立的刺激来探究人格的深层，引发出能够反映被压抑为无意识的经验、欲望、情绪的反应；它是一种有效的工具，能将在明确的测试状况下的被试无法表现或不愿表现的态度、人生中的变故等清楚地表现出来。

作为一种成熟的投射测验，房树人测验广泛应用于心理学相关研究中，研究对象不断扩大，从早期的精神病来访者，到留守儿童、青少年、大学生及其成年人；关注的焦点从情绪障碍、生理障碍等不良的心理活动拓展到青少年学业成就、学习行为。如黄喜珊(2013)[3]以小学生为研究对象，探讨学校动态绘画与学业成绩的关系，结果显示，高学业成绩组学生的自画像尺寸显著大于低学业成绩组，同伴距离显著小于低学业成绩组，自画像尺寸和教师像尺寸与学业成绩呈正相关，而朋友顺序与学业成绩呈负相关。张宝丹等人(2015)[4]以 344 名初中学生为被试，探讨其成就动机与房树人绘画特征的关系，结果表明，房树人绘画特征中的部分特征能够反映中学生的成就动机现状。郭鹏军等人(2015)[5]对 229 名临床医学专业的本科生进行调查，证实了医学生的房树人绘画特征(包括绘画时间、比例、线条、色彩、涂擦等因素)与实习成绩存在显著关联。

---

① 陈侃.绘画心理测验与心理分析[M].广州:广东高等教育出版社,2008:71.
② 吉沅洪.树木——人格投射测试[M].重庆:重庆出版社,2017:5.
③ 黄喜珊,张琳,马晓辉等.小学生学校动态绘画与学业成绩[J].中国心理卫生杂志,2013,27(1):8-42.
④ 张宝丹,彭焱,张郅等.中学生成就动机与房树人绘画特征的关系研究[J].现代交际,2015(5):117-118.
⑤ 郭鹏军,李立,吴晨曦.基于不同房树人测验特征分布的医学本科生实习成绩分析[J].西北医学教育,2015,23(5):859-862.

随着对学习倦怠研究的深入,研究者提出了隐性辍学这一定义,也就意味着学习倦怠有内隐和外显之别,因此采用投射测验对其进行探索,具有特定的意义。基于 H-T-P 测验在很大程度上可以避免特定的反映倾向(如默认、避免、中庸等)对被试的影响,为探讨不同学习倦怠、社会支持中学生在 H-T-P 测验中的反应特征,研究假设有两个方面,一是高社会支持组与低社会支持组的中学生,在 H-T-P 测验中存在显著差异;二是高学习倦怠组与低学习倦怠组的中学生,在 H-T-P 测验中存在显著差异。

二、研究方法

(一)研究对象

采用整群抽样方法,在六盘水市三所中学抽取七年级、八年级、九年级,高一年级、高二年级、高三年级学生 300 名,先进行学习倦怠、社会支持问卷测试,然后再进行 H-T-P 测试,获得有效数据 273 份,有效回收率 91%;根据吴明隆(2010)高低组分组观点,以社会支持、学习倦怠问卷结果将其进行高低分组,抽取社会支持高分组 81 人、社会支持低分组 82 人,学习倦怠高分组 81 人、学习倦怠低分组 80 人。

(二)研究工具

采用项目组自编的《民族地区中学生教育价值观问卷》《民族地区中学生社会支持问卷》进行问卷测试,施测方法与上文相同;根据问卷测试结果对被试分组,对社会支持、学习倦怠的高低分组学生的 H T P 绘画特征进行分析。

(三)测验步骤

第一步,发放学习倦怠及其社会支持问卷,与前面章节一致。

第二步,H-T-P 绘画测验。

问卷施测部分要求,前文已详尽论述,此处不再重复,着重说明的是,H-T-P 绘画测验的工具及其指导语。

绘画工具:HB 铅笔(也可用其他笔),橡皮,A4 纸一张

测验指导语:请采用统一的 A4 纸进行 H-T-P 绘画,整个过程大约需要 25~35 分钟,绘画完成后将立即收回作品。请同学们根据要求进行绘画。第一,请把纸横放,然后严格按照“房、树、人”的顺序进行绘画。您想画什么样的房子都可以,请尽您所能把房子画完整并画好;您画什么样的树都可以,请尽您所能把树画完整并画好;您画什么样的人都可以,请尽您所能把人画完整并画好;绘画过程中可以使用橡皮进行涂改,绘画的时间没有限制。第二,注意事项。在绘画过程中,如果学生觉得自己画得不好,施测者及时告知,关注的是绘画过程,并不考察绘画水平;如果学生提出使用辅助工具来完成绘画,及时告知,这些绘画需要徒手完成。除以上指导语外,施测者不对学生做任何暗示和提示,也不对其 H-T-P 绘画做任何的评价。第三,两项测验完成后,将问卷及 H-T-P 绘画一起收回。

（四）计分方法与统计

1.计分方法

关于绘画特征的操作定义是计分的重要基础，不同的研究者操作定义有所差异。吉沅洪（2007）[1]提出树木-人格测试的解释系统，其分析元素主要有空间、树木形态、树冠、树枝、树干、树根、地面及其特殊标记（如阴影、附加记号、风景等）。陈侃（2008）[2]提出绘画是一种对附属信息的分析，所谓附属信息包括线条分析、构图分析及其细节分析三个部分。而在具体的房树人绘画中，房子绘画分析包括屋顶、墙、门、窗户、烟囱、视角和路；树木绘画分析包括树干、树根、树枝；人物绘画分析包括人物活动、头部、耳朵、鼻子、脖子、手臂与手、躯体等元素。此外，严文华（2011）[3]提出自己的图画分析元素，将树的种类分为太多果实的树、不对称的树、能量往下流淌的树、树根暴露的树、需要独立的树、不自信的树、适应环境不良的树、枯树，而分析的元素主要有果实、树干、疤痕、树根和树冠等方面。可以看出，研究者在绘画分析中，其分析的元素大同小异，都根据其研究偏向对绘画特征进行了剖析，但这些分析都比较宏观，偏向于临床分析，尤其是严文华（2012）[4]的研究成果《心理画外音：跨越 10 年的心理咨询个案》更多体现了这一特征。而韩黎（2014）[5]在前人研究基础上，对绘画特征分析进行了实证上的操作定义，并对其信效度做了充分论证。本研究借鉴其操作定义，对中学生学习倦怠、社会支持进行研究分析。但结合地区文化差异及其研究实际，对绘画特征操作定义进行了一定的修改。修改项目中，主要体现在表述精炼及其现实性方面，如项目"烟囱冒烟"修改为"房屋有烟囱"，鉴于贵州大多家庭都采用无烟煤，甚至农村大多使用天然气、沼气、电，所以烟囱有冒烟的情况比较少或许是不大明显。因此，将"烟囱冒烟"改为"房屋有烟囱"作为特征指标；删除两个项目，一是项目"画门，门很小，小于所画墙面的 1/4"，该项目与"画门且门开着""房屋面积很小且小于 1/5"具有一定的重复，在韩黎（2014）的研究中，这一项也无任何统计差异，综合考虑删除了这一项目；二是项目"门口有阶梯"，鉴于目前村寨楼房有阶梯的情况较少，因此将此项删掉；其余题目表达方式根据研究需要及实际做了简单修改。最终制定出 89 项绘画特征，作为本次测验的分析项目（见附录 11），包括对房屋、树木和人物的结构元素、线条表达等，形成了绘画特征操作定义。根据这一界定进行施测收集评价数据和部分 H-T-P 绘画图片（见附录 12），并根据此操作定义进行计分，满足操作性定义的分析项目计 1 分，不符合则计为 0 分。

---

① 吉沅洪.树木-人格投射测试[M].重庆：重庆出版社，2017：38-44.

② 陈侃.绘画心理测验与心理分析[M].广州：广东高等教育出版社，2008：73-93.

③ 严文华.心理画外音（修订版图画心理学解密）[M].上海：上海锦绣文章出版社，2011.

④ 严文华.心理画外音：跨越 10 年的心理咨询个案[M].上海：华东师范大学出版社，2012.

⑤ 韩黎.羌族文化认同与心理韧性：以 5.12 地震为背景[D].重庆：西南大学，2014.

2.统计分析

采用 SPSS16.0 软件建立数据库并进行数据的统计分析。对于高社会支持组和低社会支持组中学生的学习倦怠得分比较,采用独立样本 t 检验;对于高学习倦怠组与低学习倦怠组的得分比较,采用独立样本 t 检验;高低社会支持分组和高低学习倦怠分组被试在 H-T-P 绘画特征上是否存在差别,采用卡方检验进行分析。

三、研究结果

(一)分组基本情况

按照社会支持得分和学习倦怠得分分别进行高低分组,高社会支持组 81 人,低社会支持组 82 人,两个组别的被试在性别上无统计学差异($x^2 = 0.185, P = 0.667$);高学习倦怠组 81 人,低学习倦怠组 80 人,但由于学习倦怠方面的性别差异,高学习倦怠组和低学习倦怠组在性别比例上存在一定差别($x^2 = 8.590, P = 0.003$)。

(二)高社会支持组与低社会支持组学习倦怠状况比较

高社会支持组与低社会支持组的学习倦怠得分比较表明,低学习倦怠组在情绪耗竭、学习低效、手机依赖、学习倦怠总分上显著高于高学习倦怠组,见表 8-12。

表 8-12　高社会支持组与低社会支持组的学习倦怠得分比较(M±SD)

	高社会支持组	低社会支持组	t	P
情绪耗竭	16.74±5.09	19.85±5.94	−3.592	0.000
学习低效	14.05±3.64	15.51±3.58	−2.584	0.011
生理耗竭	7.06±2.70	7.70±2.69	−1.501	0.135
手机依赖	10.09±4.67	12.41±4.94	−3.089	0.002
学习倦怠总分	47.94±13.54	55.48±13.57	−3.550	0.001

(三)高社会支持组与低社会支持组 H-T-P 测验结果

1.房屋绘画情况

(1)屋顶绘画情况

"没有画出房屋屋顶"的情况,低社会支持组中有 6 幅(7.32%),高社会支持组有 5 幅(6.17%);"画出一片片瓦"的情况,在低社会支持组中有 10 幅(12.20%),高社会支持组中有 13 幅(16.05%);"屋顶完全没有任何修饰、空白"的情况,低社会支持组中有 34 幅(41.46%),高社会支持组中有 27 幅(33.33%);"对屋顶用线条、点等修饰"的情况,低社会支持组中有 47 幅(57.32%),高社会支持组中有 49 幅(60.49%);"画有烟囱"的情况,低社会支持组中有 30 幅(36.59%),高社会支持组中有 21 幅(25.93%);"屋顶厚重"的情况,低社会支持组中有 15 幅(18.29%),高社会支持组中有 20 幅(24.69%);"房屋两层及以上"的情况,低社会支持组中有 22 幅(26.83%),高社会支持组中有 15 幅(18.52%)。以上绘画特征中,高社会支持组和低社会支持组不存在显著差异($P > 0.05$)。

（2）门窗

"房屋无任何窗户"的情况,低社会支持组中有 12 幅（14.63%）,高社会支持组中有 17 幅（20.99%）;"房屋有窗户且开着"的情况,低社会支持组中有 11 幅（13.41%）,高社会支持组中有 8 幅（9.88%）;"房屋没有画门"的情况,低社会支持组中有 9 幅（10.98%）,高社会支持组中有 10 幅（12.35%）;"门前有路通向外界"的情况,低社会支持组中有 27 幅（32.93%）,高社会支持组中有 35 幅（43.21%）。高社会支持组和低社会支持组在"房屋画门且开着""门前有路、并对路有进一步描绘"等绘画特征上具有统计学差异（P＜0.05）,见表 8-13。

表 8-13 高社会支持组与低社会支持组的组间比较

组别	房屋画门且开着		x^2	P
	是	否		
高社会支持组 n(%)	11(13.58)	70(86.42)	5.109	0.024
低社会支持组 n(%)	3(3.66)	79(6.34)		

组别	门前有路、并对路有进一步描绘		x^2	P
	是	否		
高社会支持组 n(%)	29(35.80)	52(64.20)	4.569	0.033
低社会支持组 n(%)	17(20.73)	65(79.27)		

（3）墙壁和线条

"墙壁空白无任何修饰"的情况,低社会支持组有 59 幅（71.95%）,高社会支持组有 56 幅（69.14%）;"墙涂黑或用杂乱线条修饰"的情况,低社会支持组有 4 幅（4.88%）,高社会支持组有 9 幅（11.11%）;"墙线条十分清淡或断续不连贯,歪曲"的情况,低社会支持组有 41 幅（50%）,高社会支持组有 44 幅（54.32%）。以上绘画特征中,高社会支持组和低社会支持组不存在显著差异（P＞0.05）。

（4）房屋整体情况

经数据统计,"房屋面积很小,小于 1/5"的情况,低社会支持组有 9 幅（10.98%）,高社会支持组有 11 幅（13.58%）;"房屋变形或歪曲"的情况,低社会支持组有 49 幅（59.76%）,高社会支持组有 46 幅（56.79%）;"房屋偏右,房屋整体靠近 A4 纸右边缘"的情况,低社会支持组有 7 幅（8.54%）,高社会支持组有 9 幅（11.11%）;"构成房屋的线条之间 5 处以上断裂、缺失、错位等"的情况,低社会支持组有 40 幅（48.78%）,高社会支持组有 37 幅（45.68%）。高社会支持组和低社会支持组在"房屋偏左,房屋整体靠近 A4 纸左边缘"的绘画特征上具有统计学差异（P＜0.05）,见表 8-14。

表 8-14　高社会支持组与低社会支持组的组间比较

组别	房屋偏左,房屋整体靠近 A4 纸左边缘		x^2	P
	是	否		
高社会支持组 $n(\%)$	13(16.05)	68(83.95)	5.444	0.022
低社会支持组 $n(\%)$	4(4.88)	78(95.12)		

2. 树木绘画情况

(1)树根

"没有树根"的情况,低社会支持组有 44 幅(53.66%),高社会支持组有 49 幅(60.49%);"须状根,用长的一堆线条描述"的情况,低社会支持组有 11 幅(13.41%),高社会支持组有 7 幅(8.46%);"没有地平线"的情况,低社会支持组有 33 幅(40.24%),高社会支持组有 30 幅(37.04%);"树根部没有做任何修饰"的情况,低社会支持组有 44 幅(53.66%),高社会支持组有 47 幅(58.02%)。高社会支持组和低社会支持组在"大地是透明的,能看到地下的树根"的绘画特征上接近统计学差异($P=0.093$),见表 8-15。

表 8-15　高社会支持组与低社会支持组的组间比较

组别	大地是透明的,能看到地下的树根		x^2	P
	是	否		
高社会支持组 $n(\%)$	6(7.41)	75(92.59)	2.823	0.093
低社会支持组 $n(\%)$	13(15.85)	69(84.15)		

(2)树干

经对树干操作定义各指标数据统计,"树干空白"的情况,低社会支持组有 36 幅(43.90%),高社会支持组有 45 幅(55.56%);"树干轻度描绘,用点或少量线条加以描绘"的情况,低社会支持组有 34 幅(41.46%),高社会支持组有 31 幅(38.27%);"弯曲的树干"的情况,低社会支持组有 21 幅(25.61%),高社会支持组有 18 幅(22.22%);"树干是单一的线条"的情况,低社会支持组有 6 幅(7.32%),高社会支持组有 2 幅(2.47%);"描绘树干的两条主线条轻淡、不连续、不确定"的情况,低社会支持组有 19 幅(23.17%),高社会支持组有 25 幅(30.86%);"树干顶端闭合"的情况,低社会支持组有 34 幅(41.46%),高社会支持组有 27 幅(33.33%);"用波浪线组成的树干"的情况,低社会支持组有 1 幅(1.22%),高社会支持组有 3 幅(3.70%);"树干主线条反复描绘"的情况,低社会支持组有 15 幅(18.29%),高社会支持组有 23 幅(28.40%);"用杂乱的线条组成的树干"的情况,低社会支持组有 6 幅(7.32%),高社会支持组有 8 幅(9.88%);"树枝向下发展的,柳树不算"的情况,低社会支持组有 2 幅(2.44%),高社会支持组有 5 幅(6.17%);"三角形树冠"的情况,低社会支持组有 2 幅(2.33%),高社会支持组有 3 幅(3.70%)。高社会支持组和低社会支持组在"树干有疤痕"绘画特征上具有统计学差异($P<0.05$),"在树干很细(宽度小于树冠的 1/8、单线条不算)"绘画特征上接

近统计学差异($P=0.099$),见表8-16。

表 8-16　高社会支持组与低社会支持组的组间比较

组别	树干有疤痕		x^2	P
	是	否		
高社会支持组 $n(\%)$	19(23.46)	62(76.54)	3.945	0.047
低社会支持组 $n(\%)$	31(37.80)	51(62.20)		

组别	树干很细(宽度小于树冠的1/8,单线条不算)		x^2	P
	是	否		
高社会支持组 $n(\%)$	1(1.23)	80(98.77)	2.718	0.099
低社会支持组 $n(\%)$	5(6.10)	77(93.90)		

(3)树冠枝叶

经对树冠枝叶各指标的统计,"树上有果实或花朵"的情况,低社会支持组有 19 幅(23.17%),高社会支持组有 26 幅(32.10%);"树冠区空白"的情况,低社会支持组有 13 幅(15.85%),高社会支持组有 11 幅(13.58%);"树冠区域做适度描绘"的情况,低社会支持组有 53 幅(64.63%),高社会支持组有 46 幅(56.79%);"树冠区域过度描绘或涂黑、杂乱线条描绘"的情况,低社会支持组有 15 幅(18.29%),高社会支持组有 23 幅(28.40%);"巨型树"的情况,低社会支持组有 4 幅(4.88%),高社会支持组有 8 幅(9.88%);"树全为干枝,没有线条表示树冠,也没有叶子、花、果实"的情况,低社会支持组有 0 幅,高社会支持组有 1 幅(1.23%);"刺状或尖状树枝,或树枝上有刺,树干呈现尖锐状"的情况,低社会支持组和高社会支持组均有 0 幅。以上绘画特征中,高社会支持组和低社会支持组不存在显著差异($P>0.05$)。

(4)树的整体形态

经对"树的整体形态"各指标统计,其"树画得像小草、小树、小花"的情况,低社会支持组有 4 幅(4.88%),高社会支持组有 3 幅(3.70%);"树很小,占纸张面积 1/9"的情况,低社会支持组有 5 幅(6.10%),高社会支持组有 3 幅(3.70%);"树下有花草"的情况,低社会支持组有 15 幅(18.29%),高社会支持组有 21 幅(25.93%);"树单调、贫乏、抽象"的情况,低社会支持组有 11 幅(13.41%),高社会支持组有 16 幅(19.75%);"尖顶树"的情况,低社会支持组有 3 幅(3.66%),高社会支持组有 5 幅(6.17%);"树偏左,在整个纸张中靠近左边缘"的情况,低社会支持组有 4 幅(4.88%),高社会支持组有 8 幅(9.88%)。高社会支持组和低社会支持组在"树偏右,在整个纸张中靠近右边缘"绘画特征上具有统计学差异($P<0.05$),见表8-17。

表 8-17　高社会支持组与低社会支持组的组间比较

组别	树偏右,在整个纸张中靠近右边缘		x^2	P
	是	否		
高社会支持组 $n(\%)$	11(13.58)	70(86.42)	6.892	0.009
低社会支持组 $n(\%)$	2(2.44)	80(97.56)		

3．人物绘画情况

（1）五官和毛发

经对"五官和毛发"各指标统计，其"大头、比肩还宽的头"的情况，低社会支持组有 27 幅（32.93%），高社会支持组有 20 幅（24.69%）；"没有画出头发"的情况，低社会支持组有 22 幅（26.83%），高社会支持组有 27 幅（33.33%）；"乱线条画出头发"的情况，低社会支持组有 23 幅（28.05%），高社会支持组有 22 幅（27.16%）；"刺状头发"的情况，低社会支持组有 3 幅（3.66%），高社会支持组有 2 幅（2.47%）；"头发一根根画出"的情况，低社会支持组有 8 幅（9.76%），高社会支持组组有 8 幅（9.88%）；"头部适度刻画（一定发型、发饰、帽子等，涂黑和空白不算）"的情况，低社会支持组有 61 幅（74.39%），高社会支持组有 55 幅（67.90%）；"眼睛为空白圆圈，椭圆状，无眼珠或瞳孔"的情况，低社会支持组有 6 幅（7.32%），高社会支持组有 9 幅（11.11%）；"没有画眉毛"的情况，低社会支持组有 43 幅（52.44%），高社会支持组有 43 幅（53.09%）；"画出一根根睫毛"的情况，低社会支持组有 6 幅（7.32%），高社会支持组有 4 幅（4.94%）；"没有画嘴巴"的情况，低社会支持组有 12 幅（14.63%），高社会支持组有 16 幅（19.75%）；"嘴巴为张开圆圈状"的情况，低社会支持组有 6 幅（7.32%），高社会支持组有 5 幅（6.17%）；"嘴巴为一条线"的情况，低社会支持组有 47 幅（57.32%），高社会支持组有 44 幅（54.32%）；"没有画耳朵"的情况，低社会支持组有 57 幅（69.51%），高社会支持组有 59 幅（72.84%）；"表情是快乐"的情况，低社会支持组有 43 幅（52.44%），高社会支持组有 46 幅（56.79%）；"表情愤怒"的情况，低社会支持组有 1 幅（1.22%），高社会支持组有 0 幅；"无表情、木讷"的情况，低社会支持组有 19 幅（23.17%），高社会支持组有 22 幅（27.16%）。高社会支持组和低社会支持组在"表情是不快乐"的绘画特征上具有统计学差异（$P<0.05$），见表 8-18。

表 8-18　高社会支持组与低社会支持组的组间比较

组别	表情是不快乐		x^2	P
	是	否		
高社会支持组 n(%)	2(2.47)	79(97.53)	6.652	0.010
低社会支持组 n(%)	11(13.41)	71(86.59)		

（2）躯干和服饰

经对"躯干和服饰"各指标统计，其"身体部分空白"的情况，低社会支持组有 27 幅（32.93%），高社会支持组有 34 幅（41.98%）；"没有脖子"的情况，低社会支持组有 9 幅（10.98%），高社会支持组有 9 幅（11.11%）；"穿着适度描绘"的情况，低社会支持组有 41 幅（50%），高社会支持组有 36 幅（44.44%）。以上绘画特征中，高社会支持组和低社会支持组不存在显著差异（$P>0.05$）。

（3）四肢

经对"四肢"各指标统计，其"手放在身后"的情况，低社会支持组有 3 幅

(3.66%),高社会支持组有 4 幅(4.94%);"双手紧贴身体两侧"的情况,低社会支持组有 10 幅(12.20%),高社会支持组有 9 幅(11.11%);"手里有抓握东西"的情况,低社会支持组有 18 幅(21.95%),高社会支持组有 27 幅(33.33%);"手臂张开伸向左右,呈水平状"的情况,低社会支持组有 10 幅(12.20%),高社会支持组有 14 幅(17.28%);"没有画脚"的情况,低社会支持组有 44 幅(53.66%),高社会支持组有 50 幅(61.73%);"画出腿但很细的(双维)"的情况,低社会支持组有 1 幅(1.22%),高社会支持组有 4 幅(4.94%)。高社会支持组和低社会支持组在"画出一根根手指是尖的、单线条画的四肢等"绘画特征上接近统计学差异($P=0.063$,$P=0.056$),结果见表 8-19。

表 8-19 高社会支持组与低社会支持组的组间比较

| 组别 | 画出一根根手指是尖的 | | x^2 | P |
	是	否		
高社会支持组 $n(\%)$	9(11.11)	72(88.89)	3.465	0.063
低社会支持组 $n(\%)$	18(21.95)	64(78.05)		

| 组别 | 单线条画的四肢 | | x^2 | P |
	是	否		
高社会支持组 $n(\%)$	20(24.69)	61(75.31)	3.652	0.056
低社会支持组 $n(\%)$	31(37.80)	51(62.20)		

(4)人物整体形态

经对"人物整体形态"各指标统计,其没有"刻画出人的五官或躯体,模糊错乱"的情况,低社会支持组有 42 幅(51.22%),高社会支持组有 45 幅(55.56%);"画出一颗颗纽扣"的情况,低社会支持组有 4 幅(4.88%),高社会支持组有 2 幅(2.47%);"画人的侧面或背面"的情况,低社会支持组有 13 幅(15.85%),高社会支持组有 12 幅(14.81%);"人是坐着或躺着"的情况,低社会支持组有 10 幅(12.20%),高社会支持组有 9 幅(11.11%)。高社会支持组和低社会支持组在"人很小(面积小于纸面的 1/5)""画人的线条轻淡、短促、断续、不完备"等绘画特征上具有统计学差异($P<0.05$)或接近统计学差异($P=0.084$),见表 8-20。

表 8-20 高社会支持组与低社会支持组的组间比较

| 组别 | 人很小(面积小于纸面的 1/5) | | x^2 | P |
	是	否		
高社会支持组 $n(\%)$	30(37.04)	51(62.96)	6.684	0.010
低社会支持组 $n(\%)$	46(56.10)	36(43.90)		

| 组别 | 画人的线条轻淡、短促、断续、不完备 | | x^2 | P |
	是	否		
高社会支持组 $n(\%)$	14(17.28)	67(82.72)	2.977	0.084
低社会支持组 $n(\%)$	23(28.05)	59(71.95)		

（四）高学习倦怠组与低学习倦怠组 H-T-P 测验结果

1. 房屋绘画情况

（1）屋顶绘画情况

经对"屋顶绘画"各指标统计，其"没有画出房屋屋顶"的情况，低学习倦怠组中有 6 幅（7.50％），高学习倦怠组有 4 幅（4.94％）；"画出一片片瓦"的情况，在低学习倦怠组中有 18 幅（22.50％），高学习倦怠组中有 13 幅（16.05％）；"屋顶完全没有任何修饰、空白"的情况，低学习倦怠组中有 29 幅（36.25％），高学习倦怠组中有 31 幅（38.27％）；"屋顶用线条、点等修饰"的情况，低学习倦怠组中有 47 幅（58.75％），高学习倦怠组中有 48 幅（59.26％）；"画有烟囱"的情况，低学习倦怠组中有 24 幅（30％），高学习倦怠组中有 33 幅（40.74％）；"屋顶厚重"的情况，低学习倦怠组中有 16 幅（20％），高学习倦怠组中有 14 幅（17.28％）；"房屋两层及以上"的情况，低学习倦怠组中有 16 幅（20％），高学习倦怠组中有 23 幅（28.40％）。以上绘画特征中，高学习倦怠组和低学习倦怠组不存在显著差异（$P>0.05$）。

（2）门窗

经对"门窗"各指标统计，其"房屋无任何窗户"的情况，低学习倦怠组中有 13 幅（16.25％），高学习倦怠组中有 16 幅（19.75％）；"房屋有窗户且开着"的情况，低学习倦怠组中有 8 幅（10％），高学习倦怠组中有 10 幅（12.35％）；"房屋没有画门"的情况，低学习倦怠组中有 11 幅（13.75％），高学习倦怠组中有 8 幅（9.88％）；"房屋画门且开着"的情况，低学习倦怠组中有 5 幅（6.25％），高学习倦怠组中有 7 幅（8.64％）；"门前有路通向外界"的情况，低学习倦怠组有 32 幅（40％），高学习倦怠组有 32 幅（39.51％）；"门前有路、并对路有进一步描绘"的情况，低学习倦怠组中有 25 幅（31.25％），高学习倦怠组中有 23 幅（28.40％）。以上绘画特征中，高学习倦怠组和低学习倦怠组不存在显著差异（$P>0.05$）。

（3）墙壁和线条

经对"墙壁和线条"各指标统计，其"墙壁空白无任何修饰"的情况，低学习倦怠组有 60 幅（75％），高学习倦怠组有 57 幅（70.37％）；"墙涂黑或用杂乱线条修饰"的情况，低学习倦怠组有 7 幅（8.75％），高学习倦怠组有 6 幅（7.41％）；"墙线条十分清淡或断续不连贯，歪曲"的情况，低学习倦怠组有 34 幅（42.59％），高学习倦怠组有 43 幅（53.09％）。以上绘画特征中，高学习倦怠组和低学习倦怠组不存在显著差异（$P>0.05$）。

（4）房屋整体情况

经对"房屋整体情况"各指标统计，其"房屋面积很小，小于 1/5"的情况，低学习倦怠组有 12 幅（15％），高学习倦怠组有 12 幅（14.81％）；"房屋偏右，房屋整体在纸张中靠近右边缘"的情况，低学习倦怠组有 7 幅（8.75％），高学习倦怠组有 4 幅（4.94％）。高学习倦怠组和低学习倦怠组在"房屋变形或歪曲""房屋偏左、房屋整体在纸中靠近左边缘""构成房屋的线条之间 5 处以上断裂、缺失、错位"等绘画特征上具有统计学差异($P<0.05$),具体结果见表 8-21。

表 8-21 高学习倦怠组与低学习倦怠组的组间比较

组别	房屋变形或歪曲		x^2	P
	是	否		
高学习倦怠组 n(%)	50(61.73)	31(38.27)	3.883	0.049
低学习倦怠组 n(%)	37(46.25)	43(53.75)		

组别	房屋偏左,房屋整体在纸中靠近左边缘		x^2	P
	是	否		
高学习倦怠组 n(%)	3(3.70)	78(96.30)	5.116	0.024
低学习倦怠组 n(%)	11(13.75)	69(86.25)		

组别	构成房屋的线条之间 5 处以上断裂、缺失、错位		x^2	P
	是	否		
高学习倦怠组 n(%)	44(54.32)	37(45.68)	5.303	0.021
低学习倦怠组 n(%)	29(36.25)	51(63.75)		

2.树木绘画情况

（1）树根

经对"树根"各指标统计,其"没有树根"的情况,低学习倦怠组有 43 幅(53.75%),高学习倦怠组有 43 幅(53.09%);"须状根,用长的一堆线条描述"的情况,低学习倦怠组有 10 幅(12.50%),高学习倦怠组有 8 幅(9.88%);"没有地平线"的情况,低学习倦怠组有 26 幅(32.50%),高学习倦怠组有 32 幅(39.51%);"树根部没有做任何修饰"的情况,低学习倦怠组有 41 幅(51.25%),高学习倦怠组有 41 幅(50.62%);"大地是透明的,能看到地下的树根"的情况,低学习倦怠组有 7 幅(8.75%),高学习倦怠组有 11 幅(13.58%)。以上绘画特征中,高学习倦怠组和低学习倦怠组不存在显著差异($P>0.05$)。

（2）树干

经对"树干"各指标统计,"树干空白"的情况,低学习倦怠组有 38 幅(47.50%),高学习倦怠组有 39 幅(48.15%);"树干轻度描绘,用点或少量线条加以描绘"的情况,低学习倦怠组有 37 幅(46.25%),高学习倦怠组有 30 幅(37.04%);"弯曲的树干"的情况,低学习倦怠组有 17 幅(21.25%),高学习倦怠组有 25 幅(30.86%);"树干有疤"的情况,低学习倦怠组有 26 幅(32.50%),高学习倦怠组有 26 幅(32.10%);"树干是单一的线条"的情况,低学习倦怠组有 3 幅(3.75%),高学习倦怠组有 4 幅(4.94%);"描绘树干的两条主线条轻淡、不连续、不确定"的情况,低学习倦怠组有 18 幅(22.50%),高学习倦怠组有 14 幅(17.28%);"树干顶端闭合"的情况,低学习倦怠组有 28 幅(35.00%),高学习倦怠组有 30 幅(37.04%);"用波浪线组成"的树干的情况,低学习倦怠组有 2 幅(2.50%),高学习倦怠组有 2 幅(2.47%);"用杂乱的线条组成的树干"的情况,低学习倦怠组有 4 幅(5.00%),高学习倦怠组有 4 幅(4.94%);"树枝向下发展的,柳树不算"的情况,低学习倦怠组有 2 幅(2.47%),高学习倦怠组有 2 幅(2.50%);"三角形树冠"的情况,低学习倦怠组有 6 幅(7.50%),高学习倦怠组有 3 幅(3.70%)。高学习倦怠组和低学习倦怠组在"树干很细(宽度小于树冠的 1/8、单线条不算)"绘画特征上具有统计学差异($P<0.05$),在"树干主线条反复描绘"绘画特征上接近统计学差异($P=0.053$),具体结果见表 8-22。

表 8-22　高学习倦怠组与低学习倦怠组的组间比较

组别	树干很细(宽度小于树冠的 1/8、单线条不算)		x^2	P
	是	否		
高学习倦怠组 n(%)	6(7.41)	75(92.59)	6.155	0.013
低学习倦怠组 n(%)	0(0)	80(100)		

组别	树干主线条反复描绘		x^2	P
	是	否		
高学习倦怠组 n(%)	9(11.11)	72(88.89)	3.740	0.053
低学习倦怠组 n(%)	18(22.50)	62(77.50)		

(3)树冠枝叶

经对"树冠枝叶"各指标统计,其"树上有果实或花朵"的情况,低学习倦怠组有 27 幅(33.75%),高学习倦怠组有 26 幅(32.10%);"树冠区空白"的情况,低学习倦怠组有 14 幅(17.50%),高学习倦怠组有 11 幅(13.58%);"树冠区域做适度描绘"的情况,低学习倦怠组有 48 幅(60.00%),高学习倦怠组有 54 幅(66.67%);"树冠区域过度描绘或涂黑,杂乱线条描绘"的情况,低学习倦怠组有 18 幅(22.50%),高学习倦怠组有 16 幅(19.75%);"树全为干枝,没有线条表示树冠,也没有叶子、花、果实"的情况,低学习倦怠组和高学习倦怠组均为 0 幅;"刺状或尖状树枝,或树枝上有刺,树干呈现尖锐状"的情况,低学习倦怠组有 0 幅,高学习倦怠组有 1 幅(1.23%)。高学习倦怠组和低学习倦怠组在"巨型树冠"的情况绘画特征上具有统计学差异($P<0.05$),具体结果见表 8-23。

表 8-23　高学习倦怠组与低学习倦怠组的组间比较

组别	巨型树冠		x^2	P
	是	否		
高学习倦怠组 n(%)	2(2.47)	79(97.53)	3.918	0.048
低学习倦怠组 n(%)	8(10)	72(90)		

(4)树的整体形态

经对"树的整体形态"各指标统计,其"树画得像小草、小树、小花"的情况,低学习倦怠组有 3 幅(3.75%),高学习倦怠组有 5 幅(6.17%);"树下有花草"的情况,低学习倦怠组有 19 幅(23.75%),高学习倦怠组有 17 幅(20.99%);"树单调、贫乏、抽象"的情况,低学习倦怠组有 17 幅(21.25%),高学习倦怠组有 13 幅(16.05%);"尖顶树"的情况,低学习倦怠组有 5 幅(6.25%),高学习倦怠组有 3 幅

（3.70％）；"树偏右，在整个纸张中靠近右边缘"的情况，低学习倦怠组有 6 幅（7.50％），高学习倦怠组有 2 幅（2.47％）。高学习倦怠组和低学习倦怠组在"树很小，占纸张面积 1/9"绘画特征上接近统计学差异（$P = 0.099$），在"树偏左，在整个纸张中靠近左边缘"绘画特征上具有统计学差异（$P < 0.05$），具体结果见表 8-24。

表 8-24　高学习倦怠组与低学习倦怠组的组间比较

| 组别 | 树很小，占纸张面积 1/9 | | x^2 | P |
	是	否		
高学习倦怠组 n（％）	5（6.17）	76（93.83）	2.719	0.099
低学习倦怠组 n（％）	1（1.25）	79（98.75）		

| 组别 | 树偏左，在整个纸张中靠近左边缘 | | x^2 | P |
	是	否		
高学习倦怠组 n（％）	2（2.47）	79（97.53）	4.875	0.027
低学习倦怠组 n（％）	9（11.25）	71（88.75）		

3. 人物绘画情况

（1）五官和毛发

经对"五官和毛发"各指标统计，其"大头、比肩还宽的头"的情况，低学习倦怠组有 25 幅（31.25％），高学习倦怠组有 25 幅（30.86％）；"没有画出头发"的情况，低学习倦怠组有 24 幅（30.00％），高学习倦怠组有 20 幅（24.69％）；"乱线条画出头发"的情况，低学习倦怠组有 22 幅（27.50％），高学习倦怠组有 22 幅（27.16％）；"头发一根根画出"的情况，低学习倦怠组有 6 幅（7.50％），高学习倦怠组有 8 幅（9.88％）；"头部适度刻画（一定发型、发饰、帽子等，涂黑和空白不算）"的情况，低学习倦怠组有 56 幅（70.00％），高学习倦怠组有 61 幅（75.31％）；"眼睛为空白圆圈、椭圆状、无眼珠或瞳孔"的情况，低学习倦怠组有 9 幅（11.25％），高学习倦怠组有 5 幅（6.17％）；"没有画眉毛"的情况，低学习倦怠组有 45 幅（56.25％），高学习倦怠组有 41 幅（50.62％）；"画出一根根睫毛"的情况，低学习倦怠组有 2 幅（2.50％），高学习倦怠组有 4 幅（4.94％）；"嘴巴为张开圆圈状"的情况，低学习倦怠组有 10 幅（12.50％），高学习倦怠组有 4 幅（4.94％）；"嘴巴为一条线"的情况，低学习倦怠组有 39 幅（48.75％），高学习倦怠组有 44 幅（54.32％）；"没有画耳朵"的情况，低学习倦怠组有 58 幅（72.50％），高学习倦怠组有 53 幅（65.43％）；"表情是快乐"的情况，低学习倦怠组有 43 幅（53.75％），高学习倦怠组有 41 幅（50.62％）；"表情愤怒"的情况，低学习倦怠组有 1 幅（1.25％），高学习倦怠组有 1 幅（1.23％）；"无表情、木讷"的情况，低学习倦怠组有 19 幅（23.75％），高学习倦怠组有 23 幅（28.40％）。高学习倦怠组和低学习倦怠组在"刺状头发""没有画嘴巴""表情是不快乐的"等绘画特征上具有统计学差异（$P < 0.05$），见表 8-25。

表 8-25　高学习倦怠组与低学习倦怠组的组间比较

组别	刺状头发		x^2	P
	是	否		
高学习倦怠组 $n(\%)$	7(8.64)	74(81.36)	4.657	0.031
低学习倦怠组 $n(\%)$	1(1.25)	79(98.75)		

组别	没有画嘴巴		x^2	P
	是	否		
高学习倦怠组 $n(\%)$	20(24.69)	61(75.31)	4.251	0.039
低学习倦怠组 $n(\%)$	10(12.50)	70(87.50)		

组别	表情是不快乐的		x^2	P
	是	否		
高学习倦怠组 $n(\%)$	11(13.58)	70(86.42)	4.899	0.027
低学习倦怠组 $n(\%)$	3(3.75)	77(96.25)		

（2）躯干和服饰

经对"躯干和服饰"各指标统计，其"身体部分空白"的情况，低学习倦怠组有 33 幅（41.25%），高学习倦怠组有 24 幅（29.63%）；"没有脖子"的情况，低学习倦怠组有 12 幅（15.00%），高学习倦怠组有 13 幅（16.05%）；"穿着适度描绘"的情况，低学习倦怠组有 38 幅（47.50%），高学习倦怠组有 44 幅（54.32%）。以上绘画特征中，高学习倦怠组和低学习倦怠组不存在显著差异（$P>0.05$）。

（3）四肢

经对"四肢"各指标统计，其"画出一根根手指是尖的"的情况，低学习倦怠组有 10 幅（12.50%），高学习倦怠组有 18 幅（22.22%）；"单线条画的四肢"的情况，低学习倦怠组有 28 幅（35.00%），高学习倦怠组有 20 幅（24.69%）；"手放在身后"的情况，低学习倦怠组有 4 幅（5.00%），高学习倦怠组有 3 幅（3.70%）；"手臂张开伸向左右，呈水平状"的情况，低学习倦怠组有 14 幅（17.50%），高学习倦怠组有 10 幅（12.35%）；"没有画脚"的情况，低学习倦怠组有 45 幅（56.25%），高学习倦怠组有 41 幅（50.62%）；"画出腿但很细（双维）"的情况，低学习倦怠组有 2 幅（2.50%），高学习倦怠组也有 2 幅（2.47%）。高学习倦怠组和低学习倦怠组在"双手紧贴身体两侧""手里有抓握东西"等绘画特征上具有统计学差异（$P<0.05$），具体结果见表 8-26。

表 8-26　高学习倦怠组与低学习倦怠组的组间比较

组别	双手紧贴身体两侧		x^2	P
	是	否		
高学习倦怠组 $n(\%)$	12(14.81)	69(85.19)	4.332	0.037
低学习倦怠组 $n(\%)$	4(5.00)	76(95.00)		

组别	手里有抓握东西		x^2	P
	是	否		
高学习倦怠组 $n(\%)$	18(22.22)	63(77.78)	5.193	0.023
低学习倦怠组 $n(\%)$	31(38.75)	49(61.25)		

（4）人物整体形态

经对"人物整体形态"各指标统计，其"人很小，面积小于纸面的 1/5"的情况，低学习倦怠组有 39 幅（48.75％），高学习倦怠组有 34 幅（41.98％）；"没有刻画出人的五官或躯体，模糊错乱"的情况，低学习倦怠组有 44 幅（55％），高学习倦怠组有 42 幅（51.85％）；"画人的线条轻淡、短促、断续、不完备"的情况，低学习倦怠组有 19 幅（23.75％），高学习倦怠组有 15 幅（18.52％）；"画出一颗颗纽扣"的情况，低学习倦怠组有 1 幅（1.25％），高学习倦怠组有 4 幅（4.94％）；"人是坐着或躺着"的情况，低学习倦怠组有 6 幅（8.11％），高学习倦怠组有 5 幅（6.76％）。高学习倦怠组和低学习倦怠组在"画人的侧面或背面"绘画特征上具有统计学差异（$P < 0.05$），具体结果见表 8-27。

表 8-27　高学习倦怠组与低学习倦怠组的组间比较

组别	画人的侧面或背面		x^2	P
	是	否		
高学习倦怠组 n（％）	4（4.94）	77（95.06）	10.522	0.001
低学习倦怠组 n（％）	18（22.50）	62（77.50）		

四、讨论分析

（一）房屋绘画特征的心理分析

房屋在中国文化中，既是一种住所，也是一种亲情与安全的象征，会引发关于家庭生活和家庭关系的联想，反映被试与家人、家庭之间的互动经验[1]；通过对房屋的描绘，可以反映出被试对家庭、亲情的情绪情感体验以及态度和看法[2]。

本研究显示，高社会支持组与低社会支持组在"房屋画门且开着""门前有路、并对路有进一步描绘""房屋偏左，房屋整体靠近左边缘"等绘画特征上存在差异，高学习倦怠组和低学习倦怠组在"房屋变形或歪曲""房屋偏左，房屋整体靠近左边缘""构成房屋的线条之间 5 处以上断裂、缺失、错位"等绘画特征上存在差异。

有关研究认为，门窗绘画中，门作为房屋的出入口，象征着个体对外界的开放度[3]，门如果开着，代表个体愿意与外界交流，渴望得到他人的温暖情感[4]。高社会支持组房屋画门且开着的比例为 13.58％，而低社会支持组的比例仅有 3.66％，这说明高社会支持组与外界的交流意愿和互动情况优于低社会支持组。路与房子的关系主要反映的是个体与环境的关系，门前的路自然、比例恰当，往往反映的是个

① 陈侃.绘画心理测验与心理分析［M］.广州：广东高等教育出版社,2008.
② 严文华.心理画外音（修订版）［M］.上海：上海锦绣文章出版社,2011.
③ 严文华.心理画外音（修订版）［M］.上海：上海锦绣文章出版社,2011.
④ 陈侃.绘画心理测验与心理分析［M］.广州：广东高等教育出版社,2008.

体能够很好地控制与他人的交往[①]。本研究中,门前有路、并对路有进一步描绘的情况中,高社会支持组的比例是 35.80%,低社会支持组的比例是 20.73%,这说明在与外界互动交往的控制程度上,高社会支持组表现出了更好的能力与优势。

房屋整体情况绘画中,"房屋倾斜、变形"与一些不良身心症状存在一定关联[②],高学习倦怠组中,"房屋变形或弯曲"的比例有 61.73%,低学习倦怠组的比例有 46.25%,这说明学习倦怠情况越严重,个体越容易展现出消极的身心症状。根据绘画水平方位方面的研究,水平方位向左或向右有两种解读。第一,距离中心点越靠右的图形越反映个体有较好的控制行为的水平,可以接受需求的延迟满足、愿意接受延迟的奖励,与之相对,距离中心点越靠左的图形越反映个体较为容易产生行为的冲动,需要必须马上得到满足,喜欢直接的、情感上的奖励;第二,偏右构图的个体多具有内向的性格,而偏左的个体则较为外向[③]。"房屋偏左、房屋整体在纸张中靠近左边缘"的情况中,高社会支持组的比例是 16.05%,低社会支持组的比例是 4.88%;高学习倦怠组的比例是 3.70%,低学习倦怠组的比例是 13.75%。这说明,可能社会支持水平越高、学习倦怠水平越低的个体具有相对越加外向开朗的性格,与外界的交流越为频繁,也因此获得了更多的物质支持和情感支持,体验到的倦怠水平也相应越低。房子线条不连续往往代表个体脾气急躁、冲动,容易激动,内心脆弱,神经敏感,没有耐心,容易对事物失去兴趣[④]。本次调查中,"构成房屋的线条之间 5 处以上断裂、缺失、错位等"的情况,高学习倦怠组的比例是 54.32%,低学习倦怠组的比例是 36.25%,这说明高学习倦怠者体验到更高的情绪耗竭,在情绪调控方面的能力较为薄弱,体验到较高的冲动和急躁情绪。

(二)树木绘画特征的心理分析

严文华(2011)[⑤]指出,树木人格图是反映一个人成长历程最直观的图画。吉沅洪(2017)[⑥]也认为,树木画中较少有暴露自我的担心、少有自我防卫的必要,因此更容易投射出封存在深层的情感,另外对于被试而言树木画感觉是更加中立而无威胁的主题,能够自发地、不受束缚地表现自我。

本研究中,高社会支持组和低社会支持组在"大地是透明的、能看到地下的树根""树干有疤痕""树干很细(宽度小于树冠的 1/8、单线条不算)""树偏右、在整个纸张中靠近右边缘"等绘画特征上存在差别;高学习倦怠组和低学习倦怠组在"树干很细(宽度小于树冠的 1/8、单线条不算)""树干主线条反复描绘""巨型树冠,树

---

① 陈侃. 绘画心理测验与心理分析[M]. 广州:广东高等教育出版社,2008.
② 韩黎. 羌族文化认同与心理韧性:以 5.12 地震为背景[D]. 重庆:西南大学,2014.
③ 陈侃. 绘画心理测验与心理分析[M]. 广州:广东高等教育出版社,2008.
④ 李洪伟,吴迪. 心理画:绘画心理分析图典[M]. 北京:人民邮电出版社,2016.
⑤ 严文华. 心理画外音(修订版)[M]. 上海:上海锦绣文章出版社,2011.
⑥ 吉沅洪. 树木-人格投射测试(第 3 版)[M]. 重庆:重庆出版社,2017.

很小(占纸张面积 1/9)""树偏左,在整个纸张中靠近左边缘"等绘画特征上存在差别。

其中,树根是树深埋在土里的部分,又是吸收养料的重要部分,象征着过去的成长,代表着与现实生活的联系,树根暴露在外,象征着对过去的不停挖掘和回忆,或内心有许多纠葛,想要整理清楚[①],也反映出个体倾向于回避、脱离现实,缺乏与外界良好的接触和交流,更多地关注自身内部[②]。高社会支持组和低社会支持组在"大地是透明的,能看到地下的树根"这一绘画特征上存在差异,前者的比例是7.41%,后者的比例是 15.85%,说明低社会支持组对过去的关注度更高,与外界沟通交流的过程中存在一定的不足,内心存在更多亟须解决的问题和冲突。

树干反映的是个体成长和发展的能量、生命力,是自我强度的体现。树干上的疤痕是成长过程中受到创伤的标志[③],高社会支持组中"树干上有疤痕"的比例是23.46%,低社会支持组的比例是 37.80%,这表明低社会支持的个体对于过去经历的感知中,存在一定的创伤事件,需要一定的经历和能量去面对过去的创伤。其次,树干的粗细代表着生命力的旺盛程度,粗大的树干代表着旺盛的生命力,过细的、像一根线一样的树干,往往代表着成长过程中缺乏支持和支撑[④]。"树干很细(宽度小于树冠的 1/8、单线条不算)"的情况,高社会支持组有 1.23%,低社会支持组有 6.10%,高学习倦怠组有 7.41%,低学习倦怠组为 0%。这说明,社会支持水平较低和学习倦怠水平较高的个体,在成长过程中,均感受到相对较多的缺乏外界支持和支撑的情况,而社会支持水平较高和学习倦怠水平较低的个体,能够更有效地从环境中汲取能量和支持,缓冲外在事件的影响。"树干主线条反复描绘"的情况,高学习倦怠组有 22.50%,低学习倦怠组有 11.11%,这说明,学习倦怠程度更高的个体,具有更多的犹豫不决、依赖和情绪化倾向[⑤]。

树冠和枝叶的状态和比例,代表着个体发展的平衡度,透露出个体成长信息以及与环境的关系[⑥]。树冠巨大,往往代表个体有强烈的成就动机,有自豪感,充满自信,心理上拥有一种平衡、宁静、成熟的状态[⑦]。在"画出巨型树冠"中,高学习倦怠组的比例是 2.47%,低学习倦怠组的比例是 10.00%,这说明,个体的学习倦怠程度越低,越有可能会产生强烈的成就动机,越拥有更高水平的自信心和成熟感。

树的整体形态上,一般来说,与画纸大小相比画得非常小的树,表示了以下几

---

① 严文华.心理画外音(修订版)[M].上海:上海锦绣文章出版社,2011.

② 韩黎.羌族文化认同与心理韧性:以 5.12 地震为背景[D].重庆:西南大学,2014.

③ 严文华.心理画外音(修订版)[M].上海:上海锦绣文章出版社,2011.

④ 严文华.心理画外音(修订版)[M].上海:上海锦绣文章出版社,2011.

⑤ 严文华.心理画外音(修订版)[M].上海:上海锦绣文章出版社,2011.

⑥ 李洪伟,吴迪.心理画:绘画心理分析图典[M].北京:人民邮电出版社,2016.

⑦ 李洪伟,吴迪.心理画:绘画心理分析图典[M].北京:人民邮电出版社,2016.

种意义：觉得自己不重要，自我在广阔的世界被压倒的感觉，对自己的不满足感等等[①]。"树很小，占纸张面积 1/9"的情况，高学习倦怠组的比例是 6.17％，低学习倦怠组的比例是 1.25％，学习倦怠程度高的个体，体验到自我不重要、对自我不满足的可能性高于学习倦怠程度低的个体。吉沅洪（2017）[②]指出树木-人格测试中，经常将画纸进行两等分，左侧关系到母亲、女性原理、过去（意味着记忆以及过去的生活等）和经验中被动的一面，右侧关系到父亲、男性原理、未来（意味着期待）和经验中积极的一面。"树偏右，在整个纸张中靠近右边缘"的情况中，高社会支持组的比例是 13.58％，低社会支持组的比例是 2.44％，这说明，社会支持水平较高的个体，可能更关注未来和期待，更加积极和主动，能更好地展现出经验中积极的一面。而"树偏左，在整个纸张中靠近左边缘"的情况，高学习倦怠组的比例是 2.47％，低学习倦怠组的比例是 11.25％，低学习倦怠组也表现出了较高的倾向，对过去的关注水平可能也高于高学习倦怠组。

（三）人物绘画特征的心理分析

人物画反映了个体对于自我形象的感知，可以投射出个体对于自身的外貌、身体与自我概念的直观感受，还可以反映个体与他人相处的状态，反映人际关系的互动模式[③]。此外，人物绘画中，可以将作画者的心情融入在自画像里，可以感受到作画者当下的情绪状态[④]。

本次测查中，高社会支持组和低社会支持组在"表情是不快乐的""画出一根根手指是尖的""单线条画的四肢""人很小（面积小于纸面的 1/5）""画人的线条轻淡、短促、断续、不完备"等绘画特征上存在差异；高学习倦怠组和低学习倦怠组在"刺状头发""没有画嘴巴""表情是不快乐的""双手紧贴身体两侧""手里有抓握东西""画人的侧面或背面"等绘画特征上存在差异。

五官和毛发方面，高学习倦怠组和低学习倦怠组在"刺状头发""没有画嘴巴"两个方面存在显著差异，高学习倦怠组画出"刺状头发"的比例是 8.64％，低学习倦怠组中的比例是 1.25％，高学习倦怠组"没有画嘴巴"的比例是 24.69％，低学习倦怠组的比例是 12.50％。这可能反映了高学习倦怠组表现出更多的烦恼、焦虑、混乱的情绪状态，或对外界的敌意、攻击心理，希望逃避和外界的沟通与交流，对现实有一种回避的态度[⑤]。高低社会支持分组和高低学习倦怠分组在"表情不快乐"绘画特征上存在显著的差别，高社会支持组中出现"表情不快乐"的比例是 2.47％，低社会支持组的比例是 13.41％，高学习倦怠组的比例是 13.58％，低学习倦怠组

① 吉沅洪.树木-人格投射测试（第 3 版）[M].重庆：重庆出版社,2017.
② 吉沅洪.树木-人格投射测试（第 3 版）[M].重庆：重庆出版社,2017.
③ 韩黎.羌族文化认同与心理韧性：以 5.12 地震为背景[D].重庆：西南大学,2014.
④ 李洪伟,吴迪.心理画：绘画心理分析图典[M].北京：人民邮电出版社,2016.
⑤ 韩黎.羌族文化认同与心理韧性：以 5.12 地震为背景[D].重庆：西南大学,2014.

的比例是 3.75％,这反映了低社会支持组和高学习倦怠组表露出了更多的消极情绪。

四肢部分的绘画具有丰富的含义,尤其表明了个体如何与环境相处和互动①。其中,手是人类制造工具、掌握工具的重要部位,最基本的含义就是行动力和决心,此外,手还是社交的工具,可以表达丰富的肢体语言;手指是手的细节,是直接接触的部位,细致地画出手指,表示友善、愿意接触,但如果画出尖尖的手指,则可能代表幼稚、原始和攻击性倾向②。高社会支持组中画出"一根根手指是尖"的比例是 11.11％,低社会支持组中的比例是 21.95％,这反映了个体获得的社会支持水平越高,展现出的攻击性水平越低。"单线条画出四肢"方面,高社会支持组的比例为 24.69％,低社会支持组的比例为 37.80％,这反映了两个组别都存在一定比例的个体缺乏行动力,对于现实有一定的逃避倾向,但低社会支持组的情况更为严重。"双手紧贴身体两侧"代表着一种消极的防御姿态③,高学习倦怠组画出这样形态的比例是 14.81％,低学习倦怠组的比例是 5.00％,这说明了,学习倦怠水平更高的个体,更可能会采用消极、回避的姿态面对现实。"手里有抓握东西"的情况,高学习倦怠组的比例是 22.22％,低学习倦怠组的比例是 38.75％,这反映了两个群体都有对于行动力和实际目标的追求,但学习倦怠的程度越轻,这种行动力体现得越明显。

人物整体形态上,画面大小通常与作画者的自我评价有关,画面非常大代表着自我评价较高、自信、性格外向,画面非常小则代表着自我评价较低、不自信,心理能量低,性格内向,有退缩倾向④。高社会支持组和低社会支持组在"人很小,面积小于纸面的 1/5"上存在显著差别,前者的比例是 37.04％,后者的比例是 56.10％,反映了社会支持水平低的个体,自我的评价水平也偏低,对自我的认可和接纳度不够。"画人的线条轻淡、短促、断续、不完备"的情况,高社会支持组的比例是 17.28％,低社会支持组的比例是 28.05％,这说明了低社会支持组有较低的心理水平,缺乏自信,表现出一些胆怯、焦虑和紧张不安的情绪⑤。

通过对房屋、树木和人物绘画的分析可以发现,高社会支持组更愿意与外界进行交流和互动,对人际交往有着更高的控制能力,从外界获得了更多的支持和能量,表现出较高的自我评价和自信心;而高学习倦怠组可能更容易展现出一些消极的身心症状,体验到更多的压力和攻击倾向,表现出更多的急躁、冲动、烦恼等消极情绪。并且,高低社会支持分组和高低学习倦怠分组在多项绘画特征上存在着显

① 严文华.心理画外音(修订版)[M].上海:上海锦绣文章出版社,2011.
② 严文华.心理画外音(修订版)[M].上海:上海锦绣文章出版社,2011.
③ 陈侃.绘画心理测验与心理分析[M].广州:广东高等教育出版社,2008.
④ 李洪伟,吴迪.心理画:绘画心理分析图典[M].北京:人民邮电出版社,2016.
⑤ 韩黎.羌族文化认同与心理韧性:以5.12地震为背景[D].重庆:西南大学,2014.

著或接近显著的差异,也进一步证明了 H-T-P 绘画测验能够有效地反映个体的内心品质。

第三节　民族地区教育价值观、社会支持与中学生学习倦怠的路径模型构建

通过前面第五、六、七章及本章前两节的研究,发现民族地区中学生教育价值观、社会支持与学习倦怠存在相关关系,通过回归分析,也呈现出较高的解释率。进一步的内隐测验体现出,内隐教育价值观对学习倦怠有影响,高低社会支持组的房树人投射测验也表明社会支持对学习倦怠有影响。为了深入考查三者间的关系,本节利用收集到的 2 265 个样本数据,采用 AMOS21.0 统计软件,构建民族地区中学生教育价值观、社会支持与学习倦怠的结构方程模型图,以期对探寻学习倦怠影响因素,提供新的线索及参考依据。

一、民族地区中学生教育价值观、社会支持与学习倦怠的相关分析

为进一步了解贵州民族地区中学生教育价值观、社会支持和学习倦怠的关系,利用 2 265 个样本数据,采用 SPSS16.0 统计软件,对教育价值观、社会支持与学习倦怠量表得分进行了皮尔逊(Pearson)相关分析,结果见表 8-28。

表 8-28　民族地区中学生教育价值观、社会支持与学习倦怠的相关分析

	情绪耗竭	学习低效	生理耗竭	手机依赖	学习倦怠总分
经济利益	-0.317^{**}	-0.222^{**}	-0.209^{**}	-0.320^{**}	-0.335^{**}
家族荣誉	0.023	-0.006	0.056^{**}	0.060^{**}	0.039
个人发展	-0.207^{**}	-0.150^{**}	-0.107^{**}	-0.183^{**}	-0.206^{**}
民族传承	-0.084^{**}	-0.118^{**}	-0.029	-0.046^{*}	-0.086^{**}
素养提升	-0.081^{**}	-0.132^{**}	-0.073^{**}	-0.035	-0.092^{**}
教育价值观总分	-0.194^{**}	-0.182^{**}	-0.101^{**}	-0.149^{**}	-0.196^{**}
情感支持	-0.277^{**}	-0.263^{**}	-0.186^{**}	-0.210^{**}	-0.287^{**}
朋辈支持	-0.208^{**}	-0.210^{**}	-0.154^{**}	-0.157^{**}	-0.221^{**}
政策支持	-0.151^{**}	-0.193^{**}	-0.087^{**}	-0.086^{**}	-0.156^{**}
文化支持	-0.137^{**}	-0.076^{**}	-0.112^{**}	-0.096^{**}	-0.128^{**}
信息支持	-0.207^{**}	-0.222^{**}	-0.139^{**}	-0.159^{**}	-0.222^{**}
社会支持总分	-0.306^{**}	-0.305^{**}	-0.210^{**}	-0.221^{**}	-0.317^{**}

注:$^{*}P<0.05$,$^{**}P<0.01$,$^{***}P<0.001$,下同。

为了更加直观、更加量化地了解教育价值观、社会支持对学习倦怠水平的影响,进一步采用了逐步回归分析法,以学习倦怠总分为因变量,以教育价值观及社会支持的因子分为自变量,进行了逐步多元回归分析。回归分析发现,经济利益、情感支持、文化支持、信息支持、个人发展、家族荣誉、素养提升等指标,依次被纳入

了学习倦怠影响因素的回归方程之中。教育价值观、社会支持预测学习倦怠的逐步多元回归分析结果如表 8-29。

表 8-29 教育价值观、社会支持预测学习倦怠的逐步多元回归分析

自变量	回归系数	标准误	标准回归系数	t
常数	102.272	2.642		38.707***
经济利益	−1.803	0.136	−0.259	−13.303***
情感支持	−0.767	0.081	−0.199	−9.480***
文化支持	−0.684	0.122	−0.106	−5.624***
信息支持	−0.637	0.140	−0.095	−4.550***
个人发展	−0.341	0.060	−0.121	−5.697***
家庭荣誉	0.562	0.102	0.120	5.510***
素养提升	−0.215	0.098	−0.047	−2.206***

由于逐步回归是由预测作用的大小依次纳入回归模型的,表 8-30 反映了经济利益、情感支持、文化支持、信息支持、个人发展、家族荣誉、素养提升这 7 个变量的依次纳入顺序。每个回归模型的具体统计检验指标如表 8-30。

表 8-30 逐步多元回归各模型的相关统计检验

模型	多元相关系数 R	判定系数 R^2	估计标准误差
1	0.335(a)	0.112	13.324
2	0.416(b)	0.173	12.861
3	0.430(c)	0.185	12.776
4	0.441(d)	0.195	12.699
5	0.449(e)	0.202	12.646
6	0.459(f)	0.211	12.578
7	0.461(g)	0.213	12.567

a 纳入预测变量:经济利益;b 纳入预测变量:经济利益、情感支持;c 纳入预测变量:经济利益、情感支持、文化支持;d 纳入预测变量:经济利益、情感支持、文化支持、信息支持;e 纳入预测变量:经济利益、情感支持、文化支持、信息支持、个人发展;f 纳入预测变量:经济利益、情感支持、文化支持、信息支持、个人发展、家族荣誉;g 纳入预测变量:经济利益、情感支持、文化支持、信息支持、个人发展、家族荣誉、素养提升。

10 个预测变量预测中学生学习倦怠时,进入回归方程式的显著变量共有 7 个,多元相关系数为 0.461,其联合解释变异量为 0.213,亦即表中 7 个变量能联合预测学习倦怠 21.3% 的变异量。就个别变量的解释量来看,以教育价值观中的"经济利益"层面的预测力最佳,其解释量为 11.2%。其次为社会支持中的"情感支持"层面,其解释量为 6.1%。文化支持、信息支持、个人发展、家族荣誉、素养提升五个预测指标,虽然也能预测学习倦怠的水平,但相较而言预测能力较小。

二、社会支持在教育价值观与学习倦怠之间的中间效应检验

为研究社会支持在教育价值观和学习倦怠间是否起到中介作用,对其进行中介效应检验。中介作用的前提条件是自变量、中介变量和因变量之间相关,从表8-28可知,教育价值观、社会支持、学习倦怠两两显著相关,这基本满足中介作用的前提条件,可以进行中介效应检验。根据温忠麟等(2004)[①]提出的中介效应检验程序,依据其程序进行检验。首先,将教育价值观、社会支持以及学习倦怠三个变量进行中心化。其次,以中心化的教育价值观为预测变量,学习倦怠为反应变量,进行回归分析得出 c,然后以教育价值观为预测变量,社会支持为反应变量,进行回归分析得出 a,最后将教育价值观和社会支持为预测变量,学习倦怠为反应变量,进行回归分析得出 b 和 c′,具体见中介效应理论的模型图 8-1,中介效应结果见表 8-31。

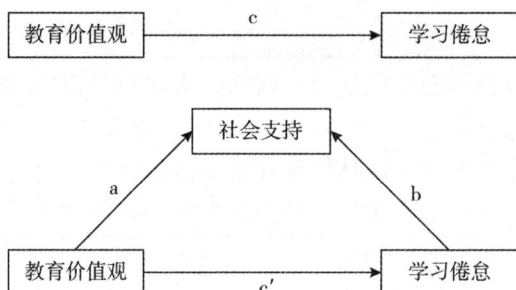

图 8-1 教育价值观的中介效应的理论模型

表 8-31 中介效应检验

步骤	反应变量	预测变量	标准化回归方程		回归系数检验
第一步	学习倦怠(y)	教育价值观(x)	$Y = -0.196x$	$SE = 0.027$	$t = -9.509^{***}$
第二步	社会支持(m)	教育价值观(x)	$M = 0.309x$	$SE = 0.017$	$t = 15.438^{***}$
第三步	学习倦怠(y)	教育价值观(x)	$Y = -0.108x$	$SE = 0.027$	$t = -5.205^{***}$
		社会支持(m)	$-0.284m$	$SE = 0.420$	$t = -13.609^{***}$

注:*** $P < 0.001$。

中介效应检验的结果显示(表8-31),回归系数 a,b,c 和 c′ 均显著,且 c′ 比 c 有较明显的下降,说明社会支持在教育价值观和学习倦怠之间起到部分中介作用,中介效应占总效应的比例为 $0.309 \times 0.284/(0.108 + 0.309 \times 0.284) \times 100\% = 44.83\%$。

为了进一步验证社会支持在教育价值观与学习倦怠之间的部分中介效应显著,采用 AMOS21.0 建立结构方程模型,对教育价值观、社会支持、学习倦怠之间的关系路径模型进行验证,构建出如图 8-2 的假设模型图,模型拟合结果见表 8-32。

[①] 温忠麟,张雷,侯杰泰等.中介效应检验程序及其应用[J].心理学报,2004,36(5):614-620.

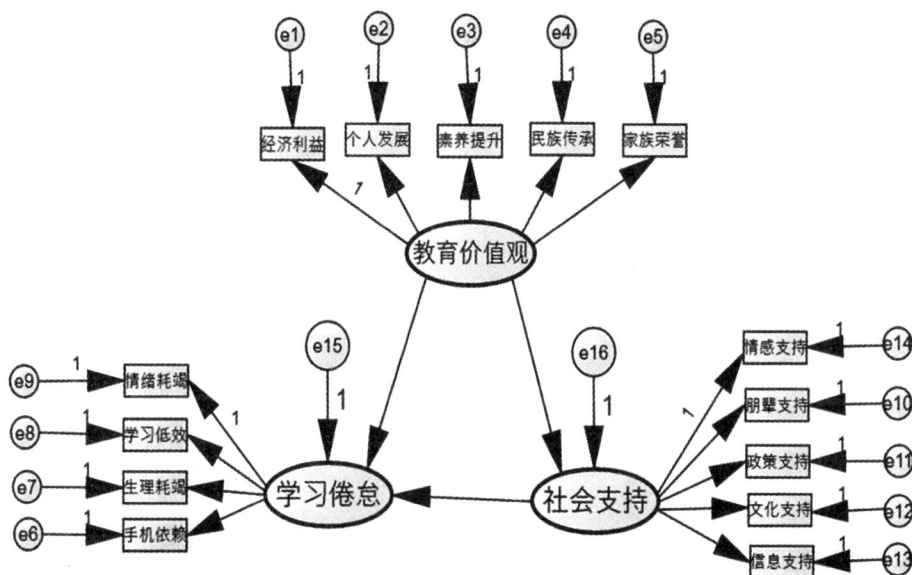

图 8-2 教育价值观、社会支持、学习倦怠的关系模型

表 8-32 教育价值观、社会支持对学习倦怠影响的结构模型拟合指数表

	χ^2/df	RMSEA	GFI	AGFI	NFI	IFI	TLI	CFI
假设模型	15.476	0.080	0.928	0.898	0.873	0.881	0.853	0.880

由表 8-32 可以看出,假设模型图的拟合度指标不是很理想。根据温忠麟(2004)[①]的结构方程模型检验观点,比较模型所需要考察的指数原则(卡方原则),该假设模型的卡方与自由度比值为 15.476,高于可接受的范围,模型的适配度指数(GFI＝0.928)、渐进残差均方和平方根(RMSEA＝0.080)在可接受范围内,但比较适配指数(CFI＝0.880)、调整后适配度指数(AGFI＝0.898)、规准适配指数(NFI＝0.873),都略低于可接受范围(＞0.9)。这表明,该模型需要考虑其他的影响因素和路径。通常情况下,模型的初步检验会存在拟合不理想的情况,需要对假设模型进行修正。而模型不合适,通常的原因是结构的假定有误,或有关分布的假定不满足。其模型修正的标准有三点:一是结构方程模型所得的结果是适当的;二是所设想的模型假设是合理的;三是多个不同的整体拟合指数符合所要求的判定标准。因此,如何进行概念模型的微调,是进行结构方程模型检验的重要步骤。从系统对模型给出的修正指数看,部分测量指标的测量误差间存在较高的共变关系,主要体现为经济利益测量误差 e1 与个人发展测量误差 e2、素养提升测量误差 e3 与家族荣誉测量误差 e5、学习倦怠测量误差 e15 与经济利益测量误差 e1、政策支持测量误差 e11 与信息支持测量误差 e13 存在相互关系,因此对模型进行微调,结

---

① 温忠麟,侯杰泰,马什赫伯特.结构方程模型检验:拟合指数与卡方准则[J].心理学报,2004,36(2):186-194.

果如下图 8-3,修正后的模型拟合结果见表 8-33。

表 8-33 修正后教育价值观、社会支持对学习倦怠影响的结构模型拟合指数表

	χ^2/df	RMSEA	GFI	AGFI	NFI	IFI	TLI	CFI
修正模型	6.511	0.049	0.972	0.958	0.950	0.957	0.944	0.957

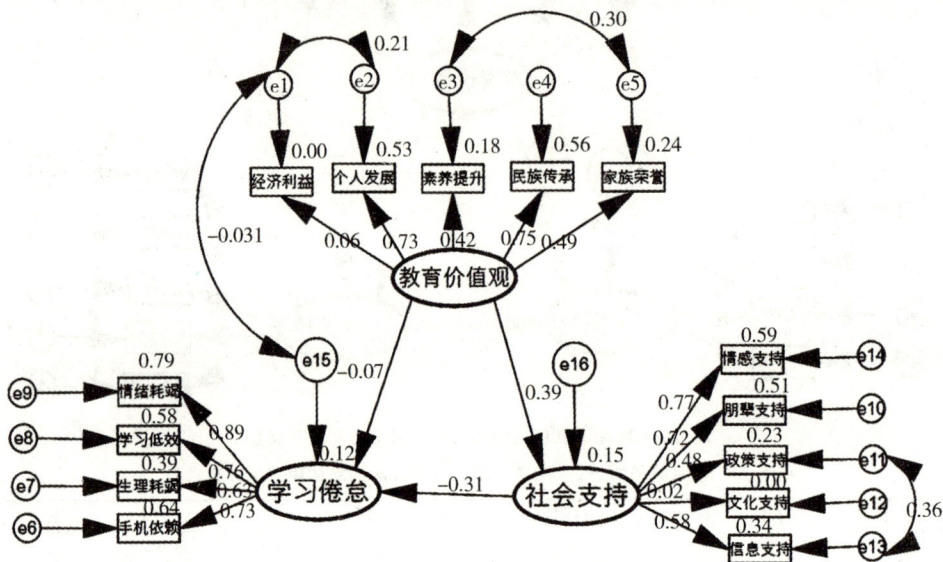

图 8-3 修正后的结构方程模型图

通过表 8-33 可知,修正后模型的卡方与自由度比值从原来的 15.476 下降到了 6.511,说明修正模型适配度好于假设模型。此外,RMSEA 的值为 0.049 小于 0.05,模型拟合非常好,并且其余各项拟合指标均大于 0.9,达到了统计要求。

总体来说,构想的民族地区中学生教育价值观、社会支持与学习倦怠间的路径模型是成立的。通过图 8-3 可以看出,教育价值观可以直接对学习倦怠产生作用,也可以通过社会支持对学习倦怠产生作用。这一结果与中介检验程序得到的结论一致,进一步证明了社会支持中介作用的存在。

三、路径模型分析

通过对民族地区中学生学习倦怠与教育价值观及其社会支持的路径分析,进一步明确了社会支持在教育价值观与学习倦怠之间具有不可忽略的重要调节作用,这有助于进一步了解贵州民族地区中学生教育价值观与学习倦怠之间存在的明确关系。当民族地区中学生有积极健康的教育价值观,并认为得到更多的社会支持时,他们会感受到更多更正向的教育价值,从而会引起民族地区中学生对学习效能感的积极自我评定,这有助于降低甚至阻止其学习倦怠感的发生。

研究还发现,教育价值观与社会支持之间具有一定的互动性。即教育价值的

评价认知与社会支持这一重要因素具有非常密切的关系。民族地区家庭、学校及其相关管理部门,不仅要采取多种多样的渠道,对民族地区中学生进行宣传教育,培育和践行社会主义核心价值观,引领民族地区中学生形成积极健康的教育价值观。更重要的是,要从社会支持着手,让民族地区中学生获得并感知到来自各界的社会支持尤其是教育方面的支持。因此,不但要培养民族地区中学生的感恩情怀,而且要培养其切实感知各界对其支持与关心的理解与接受能力,从而树立民族自豪感及其自信心,对教育中存在的相关问题保持积极乐观的态度,这才能有效培育民族地区中学生应对学习、生活中困境的核心素养,对防止中学生学习倦怠的产生有着重要意义。

第九章　贵州民族地区中学生学习倦怠的教育对策

在调查研究及其数据分析的基础上,本章结合研究中发现的客观事实,从教育价值观、社会支持及其两者的互动视角下,提出调节贵州民族地区中学生学习倦怠的对策建议,以期为民族地区中学生全面发展、提升民族教育质量、加强控辍保学、促进教育公平等方面,发挥积极作用,为最终实现"一个都不能少"的目标打下坚实基础。

第一节　教育价值观视角下的对策思考

贫困不仅表现为低收入、低生活水平、低物质消费以及简陋的居住条件等,从更深层次考察,贫困还表现为知识、思想、价值观等多方面的匮乏,可见贫困是一种文化现象。而价值观的贫困,又是影响贵州民族地区中学生学习倦怠的一个重要因素,如读书无用论的观念等。研究还发现,当前存在很多隐性辍学现象,其实质本身就是一种厌学态度。因此,要解决学习倦怠问题,提高教育质量,就需要从价值观念、思想意识上改变民族地区民众对读书学习的偏见或错误认知,积极培养提高民族地区中学生学习的兴趣和积极性,从而减少厌学情绪和学习倦怠现象的发生。

一、重塑新时代教育之价值

研究发现,当前贵州民族地区中学生教育价值观总体呈积极趋势,具体表现为,最重视的教育价值取向是经济利益,其次是个人发展、民族传承、家族荣誉,排在最末位的是素养提升。重视经济利益的教育价值取向不能说有错,但如果过于追求经济价值,而忽略个人核心素养的提升,便是舍本逐末,不利于学生的学业发展和健康成长。因此,研究认为重塑民族地区中学生教育价值观较为紧迫。

在中央办公厅印发的《关于培育和践行社会主义核心价值观的意见》中,将24字核心价值观分成3个层面,国家层面:富强、民主、文明、和谐;社会层面:自由、平等、公正、法治;公民层面:爱国、敬业、诚信、友善。因此在教育和生活中,应以核心价值观为教育的思想引领,引导各社会群体拥有积极健康的教育价值观。

（一）积极健康的经济效用观

建立积极健康的经济效用观，得到教育学者的普遍认同。如杨旻（2015）[1]对公众教育价值观的调查研究结果表明，虽然调查对象都很认同"孩子的健康、快乐是第一位的"，但调查发现在城镇就业且孩子未与一起居住的父母，有较为明显的功利态度教育价值观。将其与本研究的调查结果对照可知，孩子对教育"经济效用"的重视与父母功利态度教育价值观相一致。说明父母重视教育的经济效用会在思想层面上对学生产生影响，使其同样形成功利性较强的教育观念。在这一点上，家庭教育应有所反思。因此，重塑新时代教育价值观，就应该重视教育为了人的全面发展，为了发展的全面而教育，提倡家庭教育以培养核心素养为第一的价值观，从而使父母和孩子形成积极健康的经济效用价值观。

（二）和谐相处的家族荣誉观

在调查中发现，民族地区家庭教育中，部分父母仍然持有"望子成龙""望女成凤""光宗耀祖"的思想，主要体现在对孩子的劝学过程中。杨旻（2015）[2]的研究有一致的结论，他在研究中发现，"将来有一技之长，生活幸福即可"的"平常幸福"型期待与"望子成龙、盼望出人头地"的"功成名就"型期待，公众持有基本一致的认同倾向，但父母学历越低者，其"望子成龙"的思想倾向性越强。

以儒家教育思想为主体的传统教育观念更倡导和谐，但调查中更多感觉到是一种比拼和竞争，这可能会导致中学生片面甚或是带着偏见地理解教育之效能，一旦学习中成绩不好，在竞争中遇到挫折，倦怠感就会油然而生。因此，应倡导和谐的观念和宽广的胸怀，让孩子高瞻远瞩，有远大的理想信念，而跳脱出家族荣誉的社会压力。此外，还应该有人与自然和谐、人与人和谐，有"你中有我，我中有你"的人类命运共同体情怀，这样方可从"小家"荣誉中跳出，进入一种"大家"荣誉的境界。这对调节学习倦怠，保持努力学习、持之以恒的学习态度有积极的促进作用。

（三）全面发展的立德树人观

党的十八大报告指出：把立德树人作为教育的根本任务。为贯彻落实这一精神，教育部出台了立德树人的纲领性文件《关于全面深化课程改革落实立德树人根本任务的意见》，要求要充分认识立德树人任务之重要性，从深化课程改革为切入口，以统筹各学段、各学科、各环节、各力量和各阵地为抓手，以社会主义核心价值观为引领，充分发展学生核心素养，形成正确的价值观，更好地促进学生的全面发展。随后，立德树人备受相关领域的专家、学者的关注，相关研究如雨后春笋，从不

---

① 杨旻.公众教育价值观调查［M］//杨东平.中国教育发展报告.北京：社会科学文献出版社,2015：230-241.

② 杨旻.公众教育价值观调查［M］//杨东平.中国教育发展报告.北京：社会科学文献出版社,2015：230-241.

同层面展开。如林崇德(2016)[①]、林崇德(2017)[②]、赵景欣(2016)[③]等专题研究"核心素养"问题,张力(2013)[④]、施久铭(2014)[⑤]等研究"教育的根本任务"问题,骆郁廷(2013)[⑥]、靳玉军(2014)[⑦]、章建跃(2016)[⑧]、李忠军(2018)[⑨]等研究了"实现路径及其对策"问题,刘娜(2014)[⑩]等人则对"立德树人理念的历史渊源及其内涵"进行了深入而全面的剖析。

可以说,在教育中落实立德树人这一根本任务已深入人心,并已经深入贯彻落实,与培育和践行社会主义核心价值观、发展核心素养等构成了一个相互促进的过程。在此过程中,通过文化育人、课程育人、理想信念和价值观等方面,全面铸魂育人,铸牢青年学生尤其是民族地区中学生的信念信仰,不断促进民族地区中学生的学习进步,使其成为一个实干的学生、一个有理想的学生、一个有求真学问的学生、一个知行合一的学生,而这样一个有信念、有追求的学生,教育过程中是不需要担忧其学习倦怠产生的问题的。

二、揭开读书无用之面纱

(一)读书无用论根源

通过实地调查,发现"读书无用论"的观念,严重影响着民族地区学生的入学率。当地一些民众甚至不相信读书能够有效地改变命运。他们判断读书作用的唯一出发点是经济效益,只看短期利益,眼光并没有那么长远,忽视小孩的长期发展。在一些父母看来,孩子初中毕业还是要去打工的,不如直接出来打工,可以多挣点儿钱,减轻家庭负担,小孩不读书照样可以打工赚钱,甚至还可以提前结婚生子,使得他们忽视对孩子的教育。而父母的观念很大程度上会影响到子女的价值观,使其对读书学习产生错误的认识,从而失去读书学习的兴趣。

还有一些民众认为读书难以改变命运,初中毕业再到高中和大学,即使是全部读完,能够改变命运的只是极少的一部分,大学毕业还是要打工的,长期的教育成本与回馈不成正比,使得家长们认为不如让小孩早早出去打工挣钱,补贴家用。尤

① 林崇德.学生发展核心素养:面向未来应该培养怎样的人?[J].中国教育学刊,2016(6):1-2.
② 林崇德.中国学生核心素养研究[J].心理与行为研究,2017,15(2):145-154.
③ 赵景欣,彭耀光,张文新.中华优秀传统文化传承与学生发展核心素养研究[J].中国教育学刊,2016(6):23-28.
④ 张力.纵论立德树人——教育的根本任务[J].人民教育,2013(1):10-13.
⑤ 施久铭.核心素养:为了培养"全面发展的人"[J].人民教育,2014(10):13-15.
⑥ 骆郁廷,郭莉."立德树人"的实现路径及有效机制[J].思想教育研究,2013(7):45-49.
⑦ 靳玉军.论社会主义核心价值观教育的实践要求[J].教育研究,2014(11):4-7+15.
⑧ 章建跃.树立课程意识 落实核心素养[J].数学通报,2016,55(5):1-4+14.
⑨ 李忠军,钟启东.落实立德树人根本任务 必须抓住理想信念铸魂这个关键[N].人民日报,2018-05-31(10).
⑩ 刘娜,杨士泰.立德树人理念的历史渊源与内涵[J].教育评论,2014(5):141-143.

其是大学扩招后,大学生就业压力明显呈逐年上升之势,就业形势越来越严峻,一些大学生毕业之后找不到合适的工作,工资待遇也达不到预期,甚至不如没读大学的普通民工,更使得"读书无用论"的观念不断蔓延,影响越来越多的家长,使他们认为读书并不能有效改变命运,至少在短期内不会对家庭生活条件的改善有明显作用。有研究者提出,这些人在投资-收益的权衡下认为,投资教育不如将孩子送入城市打工收益多,因此在教室坐着不如去工厂坐着,求学读书不能解决就业和经济问题,就是划不来、不值得,就是无用。[①]

同时,还有一些家长认为,小孩读到高中若考不上大学,还是要出去打工,到时反而使得小孩"秀才不是秀才,兵又不是兵",重体力活儿不想做、做不来,"体面的工作"又没有资格能力做,尴尬得很,还不如不读高中,甚至不完成九年义务教育就直接出来打工,早点适应社会,积累社会经验,踏踏实实赚苦力钱。即使很幸运,自己的小孩读高中考上大学了,但考上的不是名校,而是普通高校,他们也认为对改变命运的作用不是很大。原因是,这样的事例在他们的身边确实存在,一些亲戚朋友的小孩从普通院校毕业后,找工作遇到种种困难,虽然找到了一份工作,但找到的工作不是公务员、教师等体制内工作。在这些家长看来,这不是正式的工作,和打工做苦力没什么区别,与其这样,还不如不读书,早点出来工作。

传统观念认为读书为的是"黄金屋""颜如玉",然而现在许多活生生的事实证明,那可能都是"水中月""镜中花",女孩子是"读书好不如嫁得好",男孩子是"读书好不如挣钱多",有钱就会拥有一切,成为民族地区民众普遍认可的真理。社会舆论氛围及大学生村干部现实,代表大学生形象与出路的真实"教训",似乎都在表明:即使成为大学生,不是名校毕业生,将来获得理想的结果、找到好工作的可能性不大。民族地区读书消极效能预期的形成,可以说在很大程度上强化了"读书无用"观点的形成和影响。

以上现象,根本还是教育价值观念的问题,需要回答好"读书为了什么"与"为什么而读书"的本质问题,这其实就是"读书无用论"的本质根源。而狭隘的教育经济效用观念,将之掩盖,使教育的多重价值被严重忽视,这与教育是提高人民综合素质、促进人的全面发展的思想相距甚远,甚至格格不入。当然在教育支持的整个结构体系中,也应当体现大众的民意诉求,要让"学有所用"真正落地生根。

(二)改变读书无用论的观念

从上文可知,由于民族地区民众受"读书无用论"的观念影响,对小孩教育不甚重视,出现偏差,甚至采取"放羊式"管理听之任之,这自然会对学生读书学习产生负面影响,使其失去读书学习的积极性和主动性,出现厌学、学习倦怠等现象。这就需要改变民族地区落后的价值观,使他们抛弃读书无用论的观点,从思想意识上

---

① 郝文武.新读书无用论的根源及其消除[J].中国教育学刊,2009(9):34-36.

认识到上学读书的重要性。钟年(1985)①研究曾提出,在改善民族地区文化教育落后的现状中,让知识对实际有用是十分重要的。因为,知识有使民族地区民众价值观念发生转变的可能性,而民众价值观念的转变,会发生一系列行动。民众一旦认识到知识的重要,不但会转变对送子女求学的态度,而且会引起当地社会其他传统文化的连锁反应,具体改变措施归为如下三点:

首先从价值观念上,转变民众对读书的结果预期。当前普遍存在将读书的结果视为"找到好工作"的现象。将"找到好工作"作为评判读书"划得来"还是"划不来"的唯一标准。在他们眼中,通过上学读书考上大学,"找到份好工作",就是上学读书的终极目的,也是他们进行教育投资的最深层动因。从这种过于窄化的教育功能观念,明显体现出普通民众片面、狭窄、短视的教育价值观。毋庸置疑,教育的功能是多方面的,获得人力资本,提高谋生能力,只是教育的诸多功能中的一项。更重要的是,通过上学读书,受教育者可建立社会资本,提升受教育者的个人综合素质。这就需要引导民众树立正确的教育价值观,使其认识到教育功能价值是多样化和长期性的,教育投资在通常情况下,并不能取得立竿见影的预期。教育投资是一生的投资,只有通过接受教育,才能在未来社会中比其他没有接受教育的人更有竞争力,也才有更多机会改变自己和整个家庭的命运。

其次,要提高民众对读书相对价值的认知,使普通民众正确认识到读书的价值所在。一方面,使其通过上学读书接受教育,个体从中可获得价值,最直接的就是考上大学找到理想工作,摆脱父辈们面朝黄土背朝天的劳作方式,并且通过上学读书,获得知识,提高自身修养和素质。另一方面,个体上学读书,需要进行很大的投入,主要体现在要花费时间、消费金钱和消耗精力等。民族地区"读书无用论"观念的形成,应该说是这些地区学生辍学、厌学、学习倦怠现象的社会价值观的具体反映。因此,要改变民族地区读书无用论的观念,还需要提升读书的相对价值,要不断提升正性价值,同时降低负性价值,要让民族地区的学生和家长看到农村孩子学习成功的希望和可能性,并使其相信读书确实能改变自身命运,增加成功的机会。

最后,要让普通民众重新审视读书学习的重要性和必要性。毋庸赘言,知识改变命运,知识就是力量,是彻底改变个人命运的第一推动力。台湾著名作家龙应台写给安德烈的一段话,也从另一方面说明了读书获取知识的重要性。他写道"孩子,我要求你读书用功,不是因为我要你跟别人比成绩,而是,我希望你将来会拥有选择的权利,选择有意义、有时间的工作,而不是被迫谋生。当你的工作在你心中有意义,你就有成就感。当你的工作给你时间,不剥夺你的生活,你就有尊严。成就感和尊严,给你快乐。"《塔木德》中也有这么一段话,知识是可靠的财富,是唯一可以随身携带、终身享用不尽的财产。即使变卖一切家当,使女儿能嫁给学者也是

---

① 钟年.广西融水苗族自治县白云乡瑶族教育情况调查[J].广西民族研究,1985(1):123-129.

值得的;为了娶学者的女儿为妻,纵然付出所有的财产也在所不惜。[1] 可以看出,犹太人成功的秘诀其实还是一丝不苟地对待学习。尤其当今是知识经济时代,科技迅速发展,拥有和掌握知识显得尤为重要,否则将被社会无情抛弃。对年轻人而言,读书不仅是文化传承、光宗耀祖的途径,更是一种希望,一种理想,一种孜孜以求的奋斗目标。今天的现实中,那些有读书无用,读书累读书苦,出门打工可挣钱,毅然决然放弃读书,放弃学习,离开学校的年轻学生,去宣扬外面世界多精彩,外面的世界远比学校自由,其实就是放弃了美好的读书生活,放弃了未来美好的人生,过早接触学校外部的世界,非常容易让他们误入人生的歧途。

在现代科技飞速发展的今天,一个人没有知识,将意味着什么呢?具体来说就是,童年无知可爱;少年无知可笑;青年无知可怜;中年无知可叹;老年无知可悲。从上述文字可知,一个人尤其是成年人不读书没有知识,是很痛苦悲哀的。即使你物质生活富裕,拥有大量财富,但没有知识你注定也是生活的畸形儿,是不正常的人生。而要获取知识,上学读书可以说是首要途径。《学记》提出"君子如欲化民成俗,其必由学乎",尤其是对于青少年来说,进学校读书可以说是他们获取知识的最重要方式。

三、把读书作为新时代之信仰

"万般皆下品,唯有读书高"是调研中很多父母都会说的一句话,并且还以自身无文化知识,好好读书才有出路,受尽苦痛的现实教育子女。父母艰辛生活,体验也较深,觉得一旦把书读好,思想品质高,本领显赫,可在社会上谋一官半职,受人尊敬。总体上发现,家长都有激励孩子下定决心把书读好的愿望。但是,孩子在学习生活中,总缺乏一种力量,这种力量来源于一种内部动力,是一种敬畏感,或是一种信仰。贺雄飞(2009)[2]对世界上群星璀璨的犹太人、诺贝尔奖中的"犹太现象"、犹太人的精英教育等方面进行深入反思,最后指出了犹太人是一个爱学习的民族,学习已成为犹太人的一种信仰。

习近平在党的十九大报告中强调,"人民有信仰,国家有力量,民族有希望"[3]。作为一个共产党人,就应该怀有马克思主义信念,有伟大民族复兴中国梦,有共产主义理想。作为新时代的民族地区中学生,就应该脚踏实地,有好好学习的信念,多读书,读好书,懂得读书学习是一个终身学习的过程。杨国良(2013)[4]在《杨绛:

---

[1] 贺雄飞.学习是一种信仰:犹太人教育和创造力的奇迹[M].北京:人民日报出版社,2009:83-84.

[2] 贺雄飞.学习是一种信仰:犹太人教育和创造力的奇迹[M].北京:人民日报出版社,2009.

[3] 习近平.决胜全面建成小康社会 夺取新时代中国特色社会主义伟大胜利——在中国共产党第十九次全国代表大会上的报告[R/OL].(2017-10-27)[2017-11-10].http://www.xinhuanet.com/politics/19cpcnc/2017-10/27/c_1121867529.htm.

[4] 杨国良,刘秀秀.杨绛:"九蒸九焙"的传奇[M].北京:新星出版社,2013:28.

"九蒸九焙"的传奇》一书中如此评价："杨绛一生最本初、最纯粹、最持久的信仰是——读书。"正是这种信仰,使她超越苦难,潜心一志,树立了一种持久坚定的人生姿态。在杨先生看来,读书学习是其一生的信仰。她表示读书学习作为一种信仰和精神支柱,不是为了拿文凭、找到体面舒适的工作或者是为了发财,而是成为一个有温度懂得情趣会思考的人,读书到了最后,是为了让人们更宽容地去理解这个世界有多复杂。正如她所说:"读书能让人更宽容地理解这个世界"。在杨先生看来,"书虽然不能帮你解决所有的问题,却能给你一个更好的视角。"朱永新(2008)[1]提出,读书应该是一种民族"信仰",将苏霍姆林斯基"无限相信书籍的力量,是我的教育信仰的真谛之一"名言刻骨铭心,还指出全世界读书最多的民族是犹太族,平均每人每年读书 64 本,酷爱读书使犹太人成为一个优秀的民族,诞生了无数杰出的思想家、艺术家和科学家,在世界富豪中名列前茅,在诺贝尔奖得主中占有较大比例。于丹教授认为,读书不只是为了知识、找到最好的工作、出人头地、更有话语权,这一切是读书的结果,但一定不是读书的终结,能相伴一生的有两样东西,一是信仰,二是学问,读书就是为了在苦难的时候知道,信仰和学问是刻在骨子里的,由读书而读心,用知识和信仰成全自己的一生。[2] 白岩松(2015)[3]认为,读书读久了总会信一些什么,这就有了敬,也有了畏,信仰最重要的就是"敬畏",读书不能解决所有问题,但读书可以改变很多,可以让一个人变得更好。

如何使民族地区的中学生懂得这些朴实的道理,这就需要在学生中树立"社会主义核心价值观"的前提下,将其深刻融入国民教育中,宣传读书学习的价值,使其懂得读书学习就是一种信仰和精神支柱,是人们理解这个世界的一个视角。因为,一个人读书越多,对这个复杂的世界就会越有更深刻的认知,无论遇到困难、挫折,都不会抱怨、沮丧、轻言放弃,更不会丧失学习的信心和希望,不会放弃对美好世界的期待,才有可能学而不厌。

第二节　社会支持视角下的对策思考

民族地区学生厌学、辍学、学习倦怠现象应该说是一个复杂的社会问题,生活贫困、思想观念、成功预期等可以说都是催生这些现象产生的因素,除此之外,情感问题也是导致民族地区青少年厌学、学习倦怠的重要原因。因此,我们不能忽视对他们情感上的支持,要给予他们上学读书、获取知识给予一定的帮助,使其对读书

---

① 朱永新.读书应该是一种民族"信仰"[J].福建论坛(社科教育版),2008(7):9.

② 白玉静.于丹:由读书而读心,用知识和信仰成全一生[N].新华书目报,2015-04-24:A03.

③ 白岩松.读书读久了,你总会信仰些什么[J].中关村,2015(7):106-107.

充满信心和兴趣,克服厌学、学习倦怠情绪的产生。

一、情感支持要无微不至

(一)早恋问题中的情感支持

由于民族传统习俗,民族地区的恋爱方式很特别,一般男女到十三四岁时,就谈恋爱、耍人情。普遍的早恋情况,在很大程度上使得少数民族中学生无心读书。他们一旦早恋,对读书自然就淡漠了。可以说,早恋现象是民族地区中学生放弃学业的一个重要原因,早恋使他们产生学习倦怠、厌学甚至辍学,毁了不少孩子的前程。实际上,早恋与学业成绩并没有直接的联系,早恋的青少年中有不少成绩优秀的,但早恋使他们对男女之情过分好奇、兴奋、痴迷,过分沉醉于恋爱的幻想中,导致他们根本无法全身心地投入学习。

恋爱本会使他们精力分散,注意力不集中,兴趣转移,情绪不稳定。加之学校和家庭对谈恋爱予以严厉禁止,这会给早恋的学生带来很大的压力。因此,早恋的同学时常处于父母、学校严禁和感情发展不能自控的矛盾冲突中,精神处于高度紧张状态,从而对他们的学业产生负面影响。尤其是女生,情感细腻敏感,恋爱过程中带来的心理压力,更能使其不能全身心投入学习活动中,还有的学生在恋爱中有强烈的幸福感,常去幻想、去规划,因此非常投入,不惜以牺牲学业。

因此,在家庭教育和学校教育中,需要对青少年学生进行情感上的开导,对他们投入更多情感方面的支持。首先要弄清他们早恋的原因,以便对症下药,很好地进行教育;其次,作为家长或老师不要过于惊慌和紧张,要以平静心态好好与他们进行沟通,注意沟通的方式和方法,防止矛盾激化;最后,想办法转移早恋青少年的情感,使他们把精力转移到学习上去,用探求知识的乐趣来取代不成熟的感情。

(二)贫困问题中的情感支持

毋庸置疑,家庭负担重,经济压力大也是民族地区学生厌学、辍学的重要原因。一些小孩因为家庭贫困的原因,产生厌学辍学的想法我们应及时给予他们一定的情感支持和精神上的鼓励,这会在一定程度上燃起他们读书的希望,坚定读书的信心。

石门社区张德全老师的自述案例,[①]具有一定的启发性。据张老师自述,他小时候将去昭通明诚中学读书时,其大伯母对其后母不停劝诫,大伯母认为"读书要有家底,吃穿不愁,而你家很穷,一样不如一样,去城里读书怎行?"言外之意就是太穷,不能送孩子去明诚中学读书。但其后母态度坚决,坚定不移一定要送孩子去读中学,并为他准备了一件破蓝布长衫,安慰他安心去读书。看得出,后母的良苦用心,在情感上、物质上都是尽了最大的努力,精心支持,实属不易。这也是他咬紧牙关克服困难,时刻手不释卷、狠心读书、学而不厌的动力所在。最后,因家庭境况确

实无法支持 400 元路费,他放弃去南京继续求学,开始了从教工作,先后在彝良县的落尾坝、大关县的凉风坳、彝良县的青树林、威信县的牛坡砍、昭通三岔路等小学任教,随后到了贵州天生桥、石门坎学校从教,二十年如一日,先后在十二所小学任教,成为石门社区优秀小学教师,并留下"自知成人不自在,自在不成人"的励志名言。

从此案例来看,今日读书学生之条件与张德全老师的那个时代,并没有可比性,但贫困本身是相对的,其基线是随着经济社会的发展而变化的,学生有这样的感受是合理的,这样的思想如果已经影响到其学业,那家庭教育就应该发挥作用,如同案例中的张母一言一行、一举一动,无不在激励其努力读书。

(三)努力劝学中的情感支持

在教育部司局函件《关于做好控辍保学工作台账管理的通知》中明确要求:控辍保学工作台账数据由省、市负责统筹,县级为主管理,县级教育行政部门应组织力量对台账中辍学学生逐一进行核查,摸清辍学生具体情况,认真开展劝返复学工作。这充分说明了开展劝学工作的必要性及其重要意义。劝学并不是新时代的产物,从古至今从未断绝过。在古代劝学中,常常反映出深厚的文化底蕴及思想。宋祥(2011)[1]研究指出,劝学文是纷繁复杂而又博大精深的,内容丰富,数量巨大,从先秦到清末,搜集到的劝学文就有数千篇之多。

先秦时期的劝学思想中,《论语》很有代表性,许多劝学名言,有着丰富的教育思想:"知之者不如好之者,好之者不如乐之者""默而识之,学而不厌""敏而好学,不耻下问"等;《学记》作为世界上最早的教育教学专著,其劝学思想内容也比较多,如"君子如欲化民成俗,其必由学乎""玉不琢,不成器;人不学,不知道";《劝学》作为先秦儒家经典的学术著作,劝学思想最显著,开篇提出"君子曰:学不可以已",然后娓娓道来,"古之学者为己,今之学者为人。君子之学也,以美其身;小人之学也,以为禽犊""学恶乎始?恶乎终?曰:其数则始乎诵《经》,终乎读《礼》;其义则始乎为士,终乎为圣人""故不登高山,不知天之高也;不临深溪,不知地之厚也;不闻先王之遗言,不知学问之大也"。对于今日的劝学工作也有很好的借鉴价值。

中学生心智尚未成熟,对是非观念的判断还处于初级阶段,不能完全辨别是非。所以他们是很容易受到外界不良因素影响的群体,容易因外界的影响而产生学习倦怠、厌学心理,导致辍学行为发生。因此对中学生进行学习劝导是很有必要的。要让其懂得他们这个年龄阶段,正是读书的大好时机,劝其须惜少年时,不要"少年不知勤学苦,老来方悔读书迟。"在这方面,三都水族自治县教育局的做法可资借鉴,他们通过编印校园读本,劝导学生要努力读书 ,不要浪费时光。其编印的《劝学歌》,歌词大意是"不读书一生学不到真本领,年幼时就得及时入学,这段年龄正是学习的时候,超过年龄读书就不容易,就像一去不复返的水,劝告大家从小就

---

① 宋祥.中国古代劝学文研究[D].长春:东北师范大学,2011.

刻苦学习。"[1]

多数学习后进或者厌学、学习倦怠的中学生,源于自信心的丧失。因为这些中学生认为自己没有希望学下去了,才可能会产生厌学、逃学、辍学等学习倦怠现状。因此,在家庭教育和学校教育中,无论是家长还是老师,都需要加大劝学的力度,鼓励、激励他们努力读书,消除其自卑心,增强其自信心,重新燃起他们的学业自信。

二、文化支持要体现人文

文化支持是一个多位一体的格局,在研究中发现,中学生在学习中的文化支持不够,对贵州民族文化理解不深,认同感不足,文化自信亟待彰显。以下将从社区文化现象、博物馆文化、民族文化等方面,提出针对性建议,以期对中学生学习倦怠有一定的帮助。

(一)挖掘优秀社区文化促进社区教育

所谓社区教育,就是指在社区这一特定区域内,开发、利用各种社区资源,有组织、有计划地开展,对社区全体成员的身心发展施加积极影响,旨在提高全体社区成员的素质和生活质量,促进社区成员的终身发展,并促进社区自身可持续发展的一种社区性的教育综合活动。社区教育是为了普及社区开发事业而采取的综合手段。以社区为单位,为开发社区生活,以其居民为对象实施的集体教育活动,常常就被称之为社区教育。[2] 向社区居民开放办学,教育的设施、场地为社区居民共事。体现出本社区的特色。基于社区状况,社区教育可形成教育与管理、服务、文化活动为一体的大教育格局,并成为对单一学校教育的突破、拓展和延伸。社区教育可推进教育的发展,构建终身教育的体系,是实现学校教育、家庭教育和社会教育一体化的重要途径,有助于营造全社会浓厚的学习看书氛围和培养民族地区青少年的学习兴趣,使其耳濡目染,将上学读书视为一种行为习惯。

近年来,社区教育得到党和国家的高度重视。在《国务院关于进一步促进贵州经济社会又好又快发展的若干意见》中指出:"大力发展公益性文化事业,构建公共文化服务体系。支持建设市(州)图书馆、文化馆、博物馆,加强县级文化馆和图书馆、乡镇综合文化站,村文化室建设,加快建设一批公共电子阅览室。全面推进基层公共文化设施向社会免费开放。深入实施广播电视村村通、农家书屋、文化资源共享、农村数字电影放映等文化惠民工程,加强城乡公共文化体育设施建设。"

社会教育具有明显的育人功能,"罗马俱乐部"总裁奥雷列在他的《未来一百年》报告中说:"无论从哪个角度去揭示未来,有一点必须首先肯定:未来是以个人素质全面发展为基础的社会。"教育的本质是培养人的活动,未来社会要靠教育实

---

① 三都水族自治县教育局,三都水族自治县水族研究所.水族文化进校园读本[M].内部资料,2011:43.
② 侯怀银.社区教育[M].北京:北京师范大学出版社,2015:7-8.

现人的全面素质的发展。① 社区教育内容丰富、贴近现实,可以有效地扩大社区成员的学习空间,为社区成员创造新的学习选择和机会,在育人方面承担着特殊的任务。社区教育的育人功能,主要体现两个方面:一是提高社区成员的公民素养;二是提高社区成员的知识水平。总之,良好的社区教育,能营造全社会重视教育,爱好读书的浓厚氛围。全社会崇尚读书,把读书当作一种美德和习惯,这自然会对青少年产生积极影响,使其爱好学习,喜欢读书。

(二)丰富博物馆内涵促进学生文化自信

当前,贵州博物馆建设工作已取得很大成就,省内各地州市都有比较多的博物馆,并且博物馆基本都是对外开放的,也非常倾向于民族文化这一主题。如已建成的比较有特色的六枝梭戛生态博物馆、堂安侗族生态博物馆、锦屏隆里生态博物馆、花溪镇山村生态博物馆等,都展现了不同民族不同地区民俗、节日、服饰、语言等特色文化和非遗文化传承,如刺绣、苗族飞歌、侗族大歌等方面的独特文化,这些文化的开发、挖掘与传承对于民族地区学生无疑是一笔文化财富,对于增添民族认同感、文化自信都是有积极作用的。

但是,研究发现在贵州如丁宝桢故居、青岩古镇状元故居,以及榜样人物纪念馆等,数量较少。因此在发展博物馆的同时,是否可以多考虑一些榜样性人物的挖掘,如贵州水族博物馆对中共一大最年轻的代表邓恩铭同志的介绍,三都县都柳江岸修建的邓恩铭广场,都富有教育价值。这是非常值得推广的做法,通过名人的榜样效应,对激励当地年轻人努力读书、为祖国的发展做贡献会产生推动作用。贵州并不缺乏榜样性、代表性的人物,只是缺乏展示的平台。冯楠(2000)②所著的《贵州通志·人物志》,以总部记叙了贵州汉至清历代著名文化、军政人物;以分部记叙了明、清两代忠义、政事、德行、文学、隐逸、方外、方技、流寓等方面人物近4800人的事迹,书页共计1495页,人物史料非常翔实,贵州各地州市均有名人在榜。只有用心去挖掘地区历史文化底蕴,才能孕育新时代的文化自信。因此,博物馆、历史人物故居、纪念馆的发展应得到更大的支持和关注。

(三)推广民族文化促进学生文化自觉

早在2002年,贵州省教育厅、民宗委就非常重视对民族地区学生民族文化的教育,在《关于在我省各级各类学校开展民族民间文化教育的实施意见》中就指出,将人民喜爱的文学、绘画、民族民间音乐、传统手工艺制作等放入教学实践活动中。在全省上下的共同努力下,各级各类学校积极响应,充分挖掘、整理民族民间文化资源,掀起了民族民间文化教育实践热潮,取得了很大的成绩。比如剪纸艺术进校园、侗族大歌进校园、苗族飞歌进校园等等。这些探索和尝试,拓展了学校课程的

---

① 侯怀银.社区教育[M].北京:北京师范大学出版社,2015:73-74.
② 冯楠.贵州通志·人物志[M].贵阳:贵州人民出版社,2000.

空间,丰富了素质教育的内容和形式,得到了民族地区学生的积极回应。

同时,积极开展校园文化建设活动,充分发挥校园文化对学校教育的推动作用。异彩纷呈的校园文化,一方面可丰富学校教育的内容和形式,同时也能丰富学生生活,使之成为学生劳逸结合的调节器。例如,兴义八中的篝火晚会,有着"全国校园第一篝火"的美誉,是兴义八中校园文化最具特色的代表。兴义八中开展的异彩纷呈的校园文化,提高了学生学习的兴趣,极大地推动了学校教育的发展。学校每年高考成绩喜人,录取名校人数在贵州省名列前茅。

以上实践说明,推广民族文化,让其进校园,对学生具有很强的积极作用。因此,深入挖掘和扩大民族地区文化的内涵及外延,对激发中学生读书学习的兴趣有较强的针对性和现实性。

范同寿(2008)[①]在其《贵州历史笔记》一书中这样描述贵州,贵州是中国西南的一块宝地,是一片充满人间传奇的沃土。历史给贵州留下太多让人百思不解的谜团,永远那么神秘,却又那么令人向往。贵州的文化是比较丰富的,除了大家熟知的民族民居文化、非遗文化、遵义会址历史文化等方面,还有很多值得推广。我们要讲好贵州故事,促进文化自觉,有章可循,有文可作。以下将以"沙滩文化"为例,略作分析。

在黄万机(2006)[②]所著的《沙滩文化志》一书中,对"沙滩文化"有较为详尽的论述。沙滩是遵义市播州区的一个乡村,明清时期住有黎姓一家,自清代乾隆时起,诞生了黎安理、黎询、黎恺、黎兆勋、黎庶昌、黎汝谦祖孙几代文化名人;黎家外甥郑珍和他的儿子知同、女儿淑昭;和沙滩人结为至好的莫友芝、庭芝、祥芝兄弟;还有和黎郑两家有姻娅之亲的赵廷璜、宦懋庸和杨兆麟等人家,互相激扬,共同切磋,优游涵泳于学问文章中,一群学识丰富、功底深厚的知识分子,创造和发扬了沙滩文化。沙滩文人的主体是黎氏家族,家学渊源悠远绵长,包罗宏富,举凡经学、金石学、史学、农学、医学以及诗、词、古文等,无不兼容并包,且有颇高造诣。沙滩文化现象的出现,为贵州 19 世纪的历史增添了许多光辉。正如一些文章所说,"一个僻处西南的山村,能培育出众多经世治国之才,五代连绵,学术文章冠冕一代,使中原人士刮目相看";还有研究认为"沙滩文化曾经是黔北乃至贵州文化的代表","在西南独树一帜,影响及于全国,深受国内外学人景仰"。有人做出"沙滩文化"内容丰富、门类众多、影响深远,不但是贵州文化的奇葩,也是中国文化的宝库,他们垂范后世,泽及千秋的高度评价;而《遵义新志》中明确给沙滩以"播东名胜""全国知名文化区"的定位。[③] 沙滩文化中蕴含的教育观方面的内容是有必要深入解读并进行

①　范同寿.贵州历史笔记[M].贵阳:贵州人民出版社,2008.
②　黄万机.遵义市地方志编纂委员会.沙滩文化志[M].北京:中国文史出版社,2006.
③　范同寿.贵州历史笔记[M].贵阳:贵州人民出版社,2008.

推广的。如黎氏家训:"在家不可一日不以礼法率子弟,在国不可一日不以忠贞告同僚,在乡不可不以正直表愚俗,在官不可一日不守清、慎、勤三字。凡百所为,敬恕而已。"在黎氏家训的启发下,经数代人的生活实践与文化学术实践,逐渐形成良好的情操与风尚,如吃苦耐劳,刻苦攻读,昂奋进取,以及谦和而不谄谀,矜持而不傲慢等,黎恂者避官设馆授徒,启迪后学;如郑珍者治经析理;如黎庶昌者勤政体民,廉洁励学。[①]

因此,推动新时代文化建设,不应落下这些历史积淀深厚的文化。优秀的历史文化遗产应该推广,尤其要向当地的中学生推广,培养他们的历史使命感,形成文化自觉与自信,唤醒其对学习甚至是对学术的挚爱。

(四)双语教育应与时俱进

关于双语教育,在文章中已有论述,当前从政府到学校,都比较重视。在第二章第五节部分,单独对双语教育的观点进行了深入剖析,认为"双语教育"应该与时俱进。开展"双语"教育的目的,是为民族的生存、发展提供可以再生、可以更新、可以重组的有用资源,是兴文化,而非政策的倾斜照顾。因此,在双语教育过程中,更应该植入新时代的教育理念、教育使命,让学生有一种民族情怀,民族使命,把双语学习贯穿于振兴民族、实现"中国梦"的远大理想中,提升文化自信,进而有文化自觉。

三、政策支持应狠抓落实

(一)以推进教育均衡为抓手,改善乡村教育环境

随着我国经济和社会事业的长足发展,全国教育发展水平日趋提高。但城乡二元结构也使农村和城镇教育差别日益悬殊,差距不断拉大。就目前来看,我国教育投资还是以政府投资为主,在教育投资体制上,多是以城市为主、重点学校为主。也就是说,城市的重点学校获得政府拨付的教育经费最高,其次是市县的一般学校,农村学校获得的经费支持相对较少。

尤其是近年来学生和教师大量向城镇流动,更加剧了农村学校生源和师资的严重流失。农村教师在基层环境艰苦、缺乏成就感,自然会离开乡村学校。师资流动呈现出单向性,农村中学成为师资输出的最底端,却缺少新鲜血液的流入。加上随着新一轮的城镇化的推进,农村中学规模急剧衰减。乡村中学教学质量的不断下降,又加速形成了家长和学生消极的效能预期(访谈中发现,部分初中学生认为,如果考不上某高中学校时,他们就会选择外出打工),在认为读书"无望"时,他们自然不会做出"读书"这一行为选择。这就需要不断改善农村教育环境,想尽办法吸引和留住优秀教师,促进农村教师的职业提升,减少城乡之间教育机会不均等的影响。改善农村教育环境,一方面要尽可能缩小城乡教育机会的不均等,加大向农村

---

① 黄万机,遵义市地方志编纂委员会.沙滩文化志[M].北京:中国文史出版社,2006:10-15.

地区、贫困地区的教育投入,使人均教育资源基本公平。另一方面要鼓励和吸引优秀人才服务农村教育事业,同时还要采取积极措施使乡村中学留得住人才。例如,可通过推荐免试攻读教育硕士、"特岗计划"等一些倾斜政策,鼓励和吸引优秀大学毕业生服务农村教育事业。

要加快培养适应民族教育事业发展的双师型教师。首先,大力培养双语民族教师,以适应民族地区特殊的语言需要;即一方面要提高民族教师的普通话水平,同时又要培养其懂得民族地区的方言和民族语言。其次,要采取措施鼓励民族地区的优秀青年报考师范专业,毕业后回到家乡从教,扎根于民族地区乡村,从而推动民族地区教育事业的发展。再次,加大民族教育教师的学习培训,不断提高其教育教学能力,以适应新时期民族地区教育事业的发展需要。最后,在民族地区每年定向招收民族教师,保障每年不断有新教师充实到民族地区的教师队伍中来,保障民族教师有足够的师资。当前应抓住"国培计划"这一契机,落实好各项工作,进一步深入民族地区教师教育培训、教学能力提升工作,继续在"控辍保学"、预防学习倦怠工作中取得更大更优的成效。

要加强控辍保学工作,持续高校招生倾斜政策。1979年高等学校招生规定,在德智体全面考核择优录取的前提下,对全省少数民族考试降低两个分数段20分录取,1977—1979年,少数民族考生的录取比例,一直占全省考生总数的8%左右。[①] 到20世纪90年代各年招收的少数民族学生占高校招生总数的比例一直不断增加。[②] 直到如今,在贵州招生政策中,国家层面仍然重视对民族考生的倾斜政策,一是对少数民族考生的加分政策继续贯彻执行;二是少数民族预科班的继续扩招;三是对民汉双语考生进一步降分录取;四是出台了针对农村贫困地区的专项计划,如国家专项计划、地方专项计划、高校招生计划。

此外,在就业方面政府应加大政策倾斜力度,如扩大在民族地区定向招生,鼓励大学生毕业之后,回到家乡,建设家乡。一方面可使民族地区的民众就业有保障,增强民族地区学生的自信心;另一方面,通过政策倾斜,引导少数民族学生回乡工作,也可在一定程度上,消除"读书无用论"的思想观念,并引起民族地区民众尤其是中学生及其家长对教育的重视。

(二)以创新民族教育为推手,推进乡村教育现代化

加快大数据建设的教育先导作用,促进教育现代化。据贵州省教育厅有关数据统计显示,"宽带网络校校通"取得重大进展,全省中小学校宽带接入率达95%,"优质资源班班通"不断普及深化,全省配备多媒体设施的班级达到11.72万个,覆盖率为83.57%,"网络空间人人通"进展顺利,全省近160万名师生通过"网络学习

① 贵州省民族事务委员会.贵州民族工作五十年[M].贵阳:贵州民族出版社,1999:369-370.
② 孔令中.贵州教育史[M].贵阳:贵州教育出版社,2004:775.

空间"探索网络条件下的新型教学、学习与教研模式。教育资源公共服务平台初具规模,实现与国家、各省、各市(州)三级对接,引进开放教育教学资源 212 万条。[①]因此,要抓住贵州大数据建设的新机遇,加大建设"互联网＋教育"的设施力度,确保在城乡共建设同发展中共享新时代优质资源,并将信息化教育各项工作与大数据衔接,发挥大数据在发展教育中的重要作用,积极推进乡村教育现代化及信息化,缩小城乡差距,让每一个孩子享受公平教育。

加强职业技能教育,促进乡村教育现代化。不可否认目前普遍存在的应试教育让许多人看不到学习本身对个体的价值。目前中学教育很大程度上是应试教育的模式,一切的课程设置都是为了升学考试而设置,导致了公民教育、素质教育的相对缺乏。这就需要在开展学历教育的同时,因地制宜地针对不同需求学生实施不同类型的教育,让学生真正能从教育中切实得到收获,从根本上改变民族地区"读书无用"观念。这就需政府提高学校教育的知识多元化,重视和加强素质教育,并扩大职业技能教育,大力开展多种形式的职业培训,使学生学有所用,通过在学校获取的知识技能,学生能学以致用,在社会中站稳脚跟。

(三)以落实教育扶贫为契机,促进民族教育全面发展

民族教育是教育的一个重要组成部分,民族教育又具有一般教育所不具备的特殊性。这种特殊性要求要有具备相应特点的教育内容和形式来充实民族教育的内涵,来彰显民族教育的价值和意义,激励贵州少数民族学生的学习热情。积极探寻民族教育独特的内容和形式,有助于民族地区教育事业的发展,减少民族山区青少年辍学、厌学现象的发生,使其对上学读书充满兴趣。

降低民众的教育投资成本,切实发挥政府及社会组织的教育支持。贵州贫困的实际使降低教育投资成本变得非常必要,这就需要政府给予政策上的倾斜和照顾,加大在民族地区的教育投入。一是进一步完善民族贫困地区的教育补助,扩大贫困家庭的教育补助金额。不仅要在大学阶段建立完善的针对贫困生的助学贷款及奖补免勤机制,还要进一步将这些优惠的政策支持机制,向中小学全面延伸,尤其是向广大的民族地区农村高中阶段推广。二是发动社会力量向民族贫困地区教育事业捐资助学,营造全社会热心教育的浓厚氛围。在各级各类学校,积极发动社会力量参与民族地区的教育事业,设立社会力量捐助教育基金,专门用于帮助贫困学生完成学业,对于一些家庭贫困、成绩优秀的学生进行奖励。尤其是在新时期教育扶贫背景下,各级政府应进一步加强和推进贫困学生资助工作,打赢教育脱贫攻坚战。例如,建立企事业各单位及其个人对寒门学子长期固定一对一捐资助学,确保实现"人人有帮扶、人人有学上、个个有技能、家家有希望"的工作目标。

---

① 贵州省教育厅办公室.贵州年鉴(教育部分):2017[M/OL].贵阳:贵州年鉴编辑部出版发行,2018[2018-10-20]. http://jyt.guizhou.gov.cn/zwgk/xxgkml/tjxx/201901/t20190129_3392636.html.

鼓励农民工回流,切实发挥家庭的教育支持。常言道,家长是孩子的第一任老师,也是孩子终生的老师,也就是说家庭教育对孩子的成长至关重要,特别是孩子的少年时代。父母教育的缺失对孩子的影响是多方面且非常深远的。研究发现,由于父母常年在外打工不在家,尤其是母亲常年不在身边,对孩子的学习消极影响明显。不难看出,由于父母常年在外,民族地区农村家庭教育在很大程度上缺失,这就需要政府采取积极措施,倡议在外打工的农民工回流,鼓励父母双方中至少有一人为了孩子的教育而留守家中,切实地承担起家庭的教育职责。因此,政府也应为农民工回流,创造就业条件,使其在家乡能够稳定就业,确实有事可做,又能养家糊口。

该部分从情感支持、文化支持、政策支持等三方面提出了相应的建议,但是这些建议并不足以完全解决民族地区中学生的学习倦怠问题,如在师资方面、国家政策倾斜方面、办学理念及教育教材方面的支持,理应受到重点考虑。

第三节　互动视角下的对策思考

研究中发现,教育价值观可以直接影响学习倦怠,同时也可以通过社会支持的路径影响学生学习倦怠,两者之间的影响还存在内隐与外显的作用。因此,特提出教育价值观及其与社会支持互动层面的教育对策。所谓互动,就是一种你中有我、我中有你的和谐状态,人与自然和谐是一种互动,天人合一亦是一种互动,阴阳相生相克亦有互动,事物发展是矛盾的运动体,其发展的优劣将由矛盾体之间来调控。可见,互动价值不容小视。研究中,教育价值观影响民族地区中学生学习倦怠,社会支持亦影响民族地区中学生学习倦怠,意味着改变教育价值观甚或增加更多的教育支持,都能对解决民族地区中学生厌学、辍学等学习倦怠现状产生积极效果。但现实并不是这样,如社会支持方面,国家出台"两免一补"等一系列支持政策给予乡村教育极大支持,但并没有完全解决辍学问题,对隐性辍学的作用更是微乎其微。因此,注重互动,也许是一条可行之策。在教育价值观念的教化中提供更多的社会支持,在社会支持中更加注重教育价值观念的融合,这就是一种互动模式。

一、注重教育场域中的互动

研究发现,当前民族地区仍有一些思想禁锢着民众及中学生的思想,如过重强调民族教育、强调"双"语教育、强调民族文化、强调基础教育课程与民族生活的实际联系不大问题,等等。这些问题的出现,要么是有过多的保护思想,担心同化问题,要么是没有做好交流共享的准备,出现焦虑与惶恐。出于保护也好,担忧也罢,随着文化互动教育的出现,这些问题会在教育改革及其时间推移中得到解决。

袁同凯(2014)[①]对不同村落蓝靛瑶人的研究表明,不同族群之间价值观的互动对孩子的学业成就有影响,对学校教育的积极态度会明显地激励儿童刻苦学习,努力取得良好的学业成就。常永才(2013)[②]研究认为,文化互动教育正成为全球教育领导人的共识,并指出,在多元文化教育政策中,聚焦特定弱势族群的认同、平等和成功,其实就是少数民族教育,但文化互动教育政策并非只是针对特定文化群体,主要是面向所有公民。因此,从联合国教科文组织提出的文化互动教育政策的大背景来考究,其倡导应从狭义的少数民族教育中解放出来,树立新时代的共同教育、公民教育的新理念新思想,目的是要在文化互动教育中,贯彻落实并力求达到"学会做人""学会做事""学会求知"及其"学会共处"的大教育观,这对于切实提高学业成绩、解决某些学科存在的学业失败问题有特别的意义。

此外,在教育内容、主流文化与多元文化、地方课程与统一课程标准等方面,无论在学校教育层面,或是社会及其家庭教育层面,都应多加思考,在弘扬优势文化、特色文化中互惠对话,求实创新,使其差异性与统一性和谐共生、和而不同。正如前文所述,在强调非遗文化、民族特色文化、石门文化的过程中,也不能忽视土生土长的沙滩文化、阳明文化、屯堡文化之类,要打造文化平台,让不同民族的、不同地域的优秀文化互通互融,浑然一体,让其在增强民族自信、文化自觉中发挥其最大的价值。这其实是一种互动视角下的整体教育价值观,一旦形成于学生的思维中,将会改变其原有的教育理念,并在逐步形成社会主义核心价值观的统领下,学会做人做事,进而求知与人共处,感受学习的愉悦,形成积极健康向上的民族地区教育价值观,体验"学而不厌"的至高境界。

二、注重支持场域中的互动

在社会支持综合评价过程及其相关数据分析中发现,民族地区中学生对感受社会支持的倾向都不高,而在综述分析中,国家、学校、社区、社会公益组织等各个层面对教育的支持力度尤其是对民族地区的支持力度是比较大的,无论是显性的经济支持,还是隐性的政策支持、情感支持、朋辈支持和信息支持。造成这种反差的原因大概就是缺乏互动,少了一种中介连接,这种具有中介功能的媒介其实就是一种符号,或借助于语言,或是个体自我中关于价值理念等固有的一套符号系统,符号并非既定事实,而是处在一个连续的过程中,在个体活动中不断形成与发展的。

黄晓京(1984)[③]对米德互动思想研究指出,其核心是社会中行动者有组织的、

① 袁同凯.蓝靛瑶人及其学校教育:一个老挝北部山地族群的民族志研究[M].北京:中国社会科学出版社,2014:355-358.
② 常永才,韩雪军.全球化、文化多样性与教育政策的国际新近理念——联合国教科文组织文化互动教育观评述[J].民族教育研究,2015,24(5):5-12.
③ 黄晓京.符号互动理论——库利、米德、布鲁默[J].国外社会科学,1984(12):54-57.

模式化的各种互动,这一思想后经学生布鲁默传承发展,提出了符号互动论所依赖的三个先决条件,一是行动者所指向的某一事物是因为其有意义;二是其意义来自行动者与自身同类的社会互动;三是这种意义可以在解释过程加以重新修正和建立。不难看出,在符号互动论思想体系中,假设个体具有创造性,而不是被动的。作为社会环境中的基本要素,无论是制度、集体,还是个人,都要经过心理沟通,才可发挥其功能,个体不但要了解重要他人如父母、教师、朋友、社会组织、政府的意识,还需要了解个体所处的有组织的社会。

因此,在社会支持体系建构中,要使民族地区中学生及其父母感受到某一支持,如经济支持、朋辈支持、情感支持、信息支持、文化支持等社会支持都应该建立在有符号的基础之上,需要将支持意义扎根于行动者的行动过程中,让其内化于心,外化于行。而不是简单地给予经济资助、出台一个重要政策文件、提供一种信息服务,或如"希望他好好读书,砸锅卖铁都扶持"这样表层的情感支持。总而言之,在社会支持中重视互动,就是要发挥其行动者的主动性,而非让其被动接受。在教育支持中重视互动,就是要让教育支持有意义的符号在学生中入脑入心,培养其责任心,担当精神,做一个有感恩的人,做一个有良知的人,做一个对社会有重要贡献的人。这样的人,就会在接受教育与学习过程中,扑下身子,孜孜不倦,学而不厌,勇于挑战。

三、注重教育价值观与社会支持间的互动

符号互动理论及其文化互动教育揭示了两种不同的事物是可以进行互动的,关键是要能找到一种符号对其进行连接。而研究发现,民族地区中学生教育价值观与社会支持之间有相关性,并且对学习倦怠影响都比较明显,也就是说两者之间有互动的可能性。而中介效应检验结果说明,在民族地区中学生学习倦怠问题与教育价值观与社会支持的影响密不可分、相互依存。积极健康的教育价值观是教育的重要内容及其组成部分,加强民族地区中学生价值观教育是一项系统工程,学校、家庭、社会是民族地区中学生价值观形成的最重要环节,只有实现家庭教育、学校教育、社会教育三者有机结合,做到多元互动、互相衔接、相互贯通、相互渗透、相互补充才能形成合力。

雷芳(2012)[①]从上位概念"文化"出发,提出"学校文化"亦可作为一种符号意义系统,以此界定"学校文化"为:是学校成员在互动过程中,定义、认知、运用学校符号及其意义的过程,并在此过程中形成学校独特的符号意义体系。在此基础上,通过对理论基础的契合性、实践机制的一致性的严密论证,提出"学校文化领导"是以学校文化作为基点,学校领导者在与其成员的符号互动中,促进教育对象个体生命

---

① 雷芳.学校文化领导实践问题研究——基于符号互动理论的批判与实践探索[D].南京:南京师范大学,2012.

成长,形成学校符号意义系统过程。并指出,在学校符号系统中,各种符号标记其学校的精神文化,如学校追求的愿景、崇尚的价值、人际情感等。因此,教育价值观及其社会支持作为学校教育中的重要组成部分,具有互动的基础和现实。

综上,就民族地区中学生教育价值观、社会支持而言都可以用符号对其进行操作。根据对民族地区中学生教育价值观的结构探索,可以将其表达为民族传承符号系统、个人发展符号系统、经济利益符号系统、素养提升符号系统、家族荣誉符号系统。同理,可将社会支持表达为情感支持符号系统、朋辈支持符号系统、政策支持符号系统、文化支持符号系统和信息支持符号系统。在教育过程中,以上符号系统的互动是具有很强的现实基础的,这样的尝试正在实施。如近年来国家在对大学生贷款走绿色通道的过程中,要求进行诚信考试;而对于"三支一扶"的大学生青年志愿者,在公务员、事业单位考试的过程中,其有相应的加分政策,或是有针对性地对其进行专项招考。前者是一个政策支持符号系统与素养提升符号系统之间的一个互动,而后者是一个个人发展符号系统与一个政策支持符号系统之间的一个互动。这样一些有积极意义的互动探索过程,对民族地区中学生成长为一个讲诚信、有担当、有服务志愿精神的个体具有重要作用,一旦形成这样有积极意义的个体人格,在学习中必定会克服一切困难,倍加努力,刻苦学习。

此外,根据陈国钧(1942)[1]在《石门坎的苗民教育》一文中的观点,威宁石门坎教育成就的取得,很大原因是当时传教士柏格里为深入该区进行传教,出台了求学免费、治病免费、做礼拜供膳宿、学生传教有津贴有月薪、成绩优异者资助送上一级学校或出国留学等政策。而得到政策帮扶的学生,约定学成后必须在教区服务20年以上,苗民学生受恩于教会政策的帮助,纷纷回到故乡,投身教育,予以反哺。柏格里主要就是靠其金钱及其相应政策的支持,收获民心,改变其价值观,使之为传教服务而努力学习。因此,这也是一个教育支持与教育价值观互动,促进民族地区学生刻苦学习的经典案例。

因此,在教育价值观的培育及其教育的社会支持过程中,不能将两者间割裂开来,无论处于哪一层面的教育者及其管理者,都应有积极创新的使命感,寻找其中的互动符号系统,让其有自然连接。在做了大量的教育支持工作的背景下,要更加努力地改变学生感受教育支持倾向性不高的局面。在培育民族地区中学生核心素养、树立社会主义核心价值观、形成良好社会心态的过程中,要加强价值观符号系统与社会支持符号系统之间的互动,引领民族地区中学生形成良好的学习习惯,将学习读书视为一种信仰,乐于学习,勤奋学习,而不倦怠于读书学习,最终成为新时代全面发展、有核心素养、有理想信念的社会主义建设者和接班人。

---

[1] 吴泽霖,陈国钧等.贵州苗夷社会研究[M].北京:民族出版社,2004:294-297.

结　语

　　学习倦怠对于学生个体来说,是一个较易发生的心理问题,但当它普遍存在于各类群体中时,便是影响广泛的社会问题。它不仅影响学生学习积极性的提高,也会对教学、教育质量的提升产生深远的影响。随着社会对学生心理问题的关注,学习倦怠成了心理学和教育学领域的前沿、热点问题。虽然学习倦怠普遍存在于学生群体中,但不同学段、不同地区、不同家庭和社会背景的学生群体,其学习倦怠的程度、表现及成因却存在着差异。

　　贵州既是西部内陆经济、文化、交通、教育欠发达的省份,同时又是一个众多少数民族聚居的地区。作为扶贫攻坚的主战场,贵州的脱贫任务异常繁重和艰巨,造成贫困的原因除资源禀赋、地理区位、经济基础等客观条件的制约外,思想的落后是内在的根本原因。扶贫先扶智,通过良好的教育,提高贫困民众后代的思想文化素质,使其具备融入现代社会、改变自身和家庭命运的能力,是从根本上斩断穷根的有效途径。但从目前的情况来看,贵州民族地区的基础教育发展却面临着许多的阻碍和困境,其中既有教育投入不足、师资短缺等教育资源方面的问题,也有教育观念、文化冲突、社会环境等精神层面的制约。而这些精神层面的制约,往往是贵州民族地区基础教育发展最根本也最难以破除的瓶颈。

　　民族地区中学生作为学生群体中的一个特殊群体,因为各具特色的民族文化背景、普遍贫困的家庭经济基础和落后的教育观念的影响,往往面临着其他学生群体没有的文化心理困境(民族文化、观念、习俗与现代文化、观念的冲突)和更大的学业阻碍,因此其学习倦怠问题更为普遍和突出,不仅影响了自身的学业成就,也严重制约着民族地区基础教育的发展和经济社会的发展,成了需要引起重视和破解的社会问题。

　　为了深入探究贵州民族地区中学生学习倦怠的特征、分析造成学习倦怠的原因,并探索破解的有效路径。课题组采取问卷调查、田野调查、访谈调查等多种调查研究的方法,历时数年深入贵州民族地区学校、社区、村寨,从教育价值观、社会支持等维度进行了较为深入的社会调查,并采取科学的统计和评价方法对调查数据进行分析,较为客观地呈现了贵州民族地区中学生学习倦怠的状况和特征,较为深入地分析了学习倦怠的成因(着重分析了贵州民族地区教育价值观和社会支持与中学生学习倦怠的关系),并提出了可行的解决路径。最终形成了三十余万字的《贵州民族地区中学生学习倦怠问题研究》。

　　《贵州民族地区中学生学习倦怠问题研究》共分为九章,分别从研究背景与研究基础、贵州民族地区教育研究回顾及启示、贵州民族地区学生学业成败的刻板印象、民族村寨学生学习倦怠的田野考察、贵州民族地区中学生学习倦怠现状、贵州民族地区教育价值观与中学生学习倦怠、贵州民族地区社会支持与中学生学习倦怠、民族地区学习倦怠影响因素的新发现、贵州民族地区中学生学习倦怠的教育对策等九个方面对贵州民族地区中学生学习倦怠的现状、成因及对策进行了阐述。通过研究可知,学习倦怠现象在贵州民族地区中学生群体中较为普遍,成为影响该群体学业发展和阻碍该地区教育水平发展的重要原因,学段、学习成绩满意度是该群体学习倦怠的主要影响因素,教育价值观和社会支持与该群体的学习倦怠有着较强的关联性,落后的教育价值观、情感支持和文化支持的缺失是贵州民族地区中学生学习倦怠的重要成因,制定对贵州民族地区中学生学习倦怠行之有效的干预策略需要从根本上改变该地区民众落后的教育观念,给予该群体更大的情感支持,需要对民族文化传统给予更大的尊重并在教育活动中予以充分的考虑,为其营造积极向上的学习环境、和谐温馨的家庭环境、公平有序的社会环境。因此,需要学生个人、家庭、社会、学校、政府的共同努力。

　　在课题研究中,项目组得到了许多同行前辈研究成果的启发,丰富的研究成果为本课题提供了坚实的研究基础,在此对本课题参考和引用的文献著者,及为课题研究提出指导和建议的同行前辈表示衷心的感谢。由于项目组成员多为年轻教师,理论素养和研究经验有限,研究成果很多地方还显得肤浅和粗糙,希望能够得到同行前辈的批评和指正。项目组不会因为课题研究的完成而停止对该问题的研究,将持续追踪和关注民族地区学生学习倦怠问题。希望本课题的研究成果能够为学习倦怠问题研究的深入和民族地区教育政策的制定起到一定的借鉴作用,为民族地区教育事业的发展和民族地区中学生的健康成长尽到绵薄之力。

参考文献

[1]艾传国,佐斌.单类内隐联想测验(SC-IAT)在群体认同中的初步应用[J].中国临床心理学杂志,2011,19(4):476-478.

[2]安来顺.在贵州省梭嘎乡建立中国第一座生态博物馆的可行性研究报告(中文本)[J].中国博物馆,1995(2):8-14.

[3]安丽哲.从"遗产"中解读长角苗服饰文化[D].北京:中国艺术研究院,2007.

[4]白岩松.读书读久了,你总会信仰些什么[J].中关村,2015(7):106-107.

[5]白玉静.于丹:由读书而读心,用知识和信仰成全一生[N].新华书目报,2015-04-24:A03.

[6]毕重增,黄希庭.中学教师成就动机、离职意向与倦怠的关系[J].心理科学,2005,28(1):28-31.

[7]蔡华俭.Greenwald 提出的内隐联想测验介绍,心理科学进展[J].2003,11(3):339-344.

[8]蔡华俭.内隐自尊效应及内隐自尊与外显自尊的关系[J].心理学报,2003,35(6):796-801.

[9]蔡华俭,杨治良.大学生性别自我概念的结构[J].心理学报,2002,34(2):168-174.

[10]曹立智,迟立忠.群体凝聚力对运动员网络成瘾的影响:社会支持的中介作用[J].中国临床心理学杂志,2016,24(2):302-306.

[11]柴江,仲玉.初中生学习倦怠与学习成绩的相关性研究[J].北京教育学院学报(自然科学版),2009,4(3):28-31.

[12]常永才,韩雪军.全球化、文化多样性与教育政策的国际新近理念——联合国教科文组织文化互动教育观评述[J].民族教育研究,2015,24(5):5-12.

[13]陈侃.绘画心理测验与心理分析[M].广州:广东高等教育出版社,2008.

[14]陈路舟.单亲家庭大学生心理辅导策略——个案的介入及其启示[J].中国教育学刊,2015(S2):352-353.

[15]陈鹏.田野调查方法及其在民族教育研究中的意义[J].内蒙古师范大学学报(教育科学版),2009,22(5):45-47.

[16]陈小普,李倩倩.教育硕士社会支持的特征及其与一般自我效能感和主观幸福感的关系[J].中国健康心理学杂志,2017,25(8):1190-1194.

[17]陈秀敏.特殊教育学校教师职业承诺与社会支持的相关性[J].中国健康心理学杂志,2016,24(10):1451-1454.

[18]程科,李画.先前接触经验与想象接触对大学生民族刻板印象的影响[J].社区心理学研究,2018,6(2):106-119.

[19]池思晓,严晋,钟天送,等.基于微信平台的大学生网络社会支持与孤独感[J].中国健康心理学杂志,2016,24(8):1188-1191.

[20]崔佳伟.抚养者教育价值观对留守幼儿人格发展的影响[J].中小学心理健康教育,2018(30):4-7.

[21]崔丽霞,刘娟,罗小婧.社会支持对抑郁影响的中介模型探讨[J].心理科学,2014,37(4):980-984.

[22]党宝宝,高承海,万明钢.民族刻板印象:形成途径与影响因素[J].西南民族大学学报(人文社会科学版),2016(5):2012-206.

[23]丁椿寿.彝族《教育经典》评介[G]//贵州省教育科学研究所,贵州省少数民族教育研究会.贵州少数民族教育研究资料集(二).贵州:贵州省教育科学研究所(内部发行),1985.

[24]丁芳,吴伟,周鋆,等.初中流动儿童的内隐群体偏爱、社会支持及其对学校适应的影响[J].心理学探新,2014,34(3):249-254.

[25]丁萌萌.中学生社会支持与学习倦怠的关系:心理弹性的中介效应研究[D].成都:四川师范大学,2016.

[26]东旻,朱群慧.贵州石门坎:开创中国近现代民族教育之先河[M].北京:中国文史出版社,2006.

[27]东人达.近代民族教育的一项创举——滇黔川边石门坎教育体系评述[J].贵州民族研究,2004,24(4):133-140.

[28]董圣鸿,吴洁,朱鸿健,等.基于语义差异量表的心理疾病外显与内隐污名的结构及关系[J].心理与行为研究,2018,16(5):694-700.

[29]杜高琴,柴晓运.湖北大学生人格坚韧性及社会支持与学校适应的关系[J].中国学校卫生,2014,35(5):763-764+767.

[30]段阳萍.中国西南民族地区不同类型生态博物馆的比较研究[D].北京:中央民族大学,2012.

[31]樊琪,程佳莉.学习惰性研究综述[J].心理科学,2008,31(6):1458-1460.

[32]范同寿.贵州历史笔记[M].贵阳:贵州人民出版社,2008.

[33]范笑仙.当前教师素质存在的主要问题及其原因分析[J].山西高等学校社会科学学报,2000,12(10):55-58.

[34]方怡妮,牟映雪.社会支持对幼儿园教师专业自我的影响研究[J].教师教育研究,2017,29(3):56-62.

[35]冯耕耘.导游员职业倦怠及其应对策略研究[J].桂林旅游高等专科学校学报,2005,16(2):82-85.

[36]冯慧敏.中职护理学生心理压力、领悟社会支持与学习倦怠关系的研究[D].石家

庄:河北师范大学,2019.

[37]冯缦,刘燕,孔庆文.甘肃省大学生自杀意念与羞耻感、述情障碍、领悟社会支持的关系[J].中国心理卫生杂志,2016,30(1):53-57.

[38]冯楠.贵州通志·人物志[M].贵阳:贵州人民出版社,2000.

[39]冯维,贺文均.社会支持与特殊教育专业大学生专业承诺、学习责任心的关系研究[J].中国特殊教育,2014(4):21-26.

[40]冯学红.民族学田野调查的几个问题[J].宁夏社会科学,2007(5):77-80.

[41]付婷,李化树.对农村"新读书无用论"的深层反思[J].现代中小学教育,2010(1):4-6.

[42]甘怡群,王晓春,张轶文,等.工作特征对农村中学教师职业倦怠的影响[J].心理学报,2006,38(1):92-98.

[43]高兵.民族刻板印象威胁效应[J].心理科学进展,2012(8):1201-1206.

[44]高丙成.大学生学习倦怠的类型及其对学习的影响[J].中国特殊教育,2013(12):84-89.

[45]高承海,党宝宝,万明钢.汉族与少数民族的民族刻板印象之比较[J].西北师大学报(社会科学版),2013,5(4):106-110.

[46]高承海,万明钢.民族本质论对民族认同和刻板印象的影响[J].心理学报,2013,45(2):231-242.

[47]高建伟.农村初中生隐性辍学问题及应对策略[J].现代中小学教育,2017,33(2):6-8.

[48]高明.高职学生厌学现状及相关因素分析[J].中国临床心理学杂志,2013,21(06):1039-1040+991.

[49]高明.学业成绩不良高职生的大学适应、学业情绪及学习倦怠对照研究[J].中国临床心理学杂志,2014,22(4):699-701.

[50]高文兵.试论以人为本的教育价值观[J].中国人民大学学报,2007(4):142-147.

[51]高晓凤,刘梦芸,段云,等.四川民族地区易地扶贫搬迁移民社会支持现况研究[J].现代预防医学,2019,46(1):62-64+77.

[52]高志华,马红霞,杨羚,等.唐山小学高年级学生班级环境与自尊对学习倦怠的影响[J].中国学校卫生,2014,35(7):1084-1086.

[53]葛绩华,祝卓宏.青少年社会支持与手机成瘾关系的实证研究[J].中国卫生统计,2014,31(5):830-832.

[54]耿晓敏,陈琳,刘晓芹,等.留守初中生社会支持在家庭功能与问题行为间的中介作用[J].中国健康心理学杂志,2016,24(5):721-725.

[55]龚伟.侗族酒文化研究——以贵州黎平县黄岗侗寨为例[D].吉首:吉首大学,2014.

[56]顾海根.心理与教育测量[M].北京:北京大学出版社,2008(1):167-214.

[57]顾倩,程乐森,张婧雅,等.高中生社会支持、归因方式与学习倦怠的相关性[J].中国健康心理学杂志,2017,25(1):92-96.

[58]谷亚华.民族地区为何要实施民汉双语教育[N].中国民族报,2014-7-4(7).

[59]关慕桢,刘旭峰,苗丹民,等.激情犯和累惯犯暴力态度的比较[J].心理学报,2010,42(5):599-606.

[60]管佩钰,王宏,郭靖,等.重庆市中学生心理亚健康状态与社会支持的相关性研究[J].现代预防医学,2016,43(02):304-307+365.

[61]贵州省地方志编撰委员会.贵州省志·教育志[M].贵阳:贵州人民出版社,1990:468.

[62]贵州省第六次人口普查领导小组办公室编.贵州省2010年人口普查资料(上册)[M].北京:中国统计出版社,2012.

[63]贵州省第六次人口普查领导小组办公室编.贵州省2010年人口普查资料(中册)[M].北京:中国统计出版社,2012.

[64]贵州省第六次人口普查领导小组办公室编.贵州省2010年人口普查资料(下册)[M].北京:中国统计出版社,2012.

[65]贵州省教育科学研究所,贵州省少数民族教育研究会.贵州少数民族教育研究资料集(一)[G].贵州:贵州省教育科学研究所(内部发行),1985.

[66]贵州省教育科学研究所,贵州省少数民族教育研究会.贵州少数民族教育研究资料集(二)[G].贵州:贵州省教育科学研究所(内部发行),1985.

[67]贵州省教育厅办公室.贵州年鉴(教育部分):2006[M/OL].贵阳:贵州年鉴编辑部出版发行,2007[2017-10-20].http://jyt.guizhou.gov.cn/zwgk/ xxgkml/ tjxx/ 201805/t20180525_3041638.html.

[68]贵州省教育厅办公室.贵州年鉴(教育部分):2007[M/OL].贵阳:贵州年鉴编辑部出版发行,2008[2017-10-20].http://jyt.guizhou.gov.cn/zwgk/xxgkml/tjxx/ 201805/t20180525_3041646.html.

[69]贵州省教育厅办公室.贵州年鉴(教育部分):2008[M/OL].贵阳:贵州年鉴编辑部出版发行,2009[2017-10-20].http://jyt.guizhou.gov.cn/zwgk/xxgkml/tjxx/ 201805/t20180525_3041658.html.

[70]贵州省教育厅办公室.贵州年鉴(教育部分):2009[M/OL].贵阳:贵州年鉴编辑部出版发行,2010[2017-10-20].http://jyt.guizhou.gov.cn/zwgk/xxgkml/tjxx/ 201805/t20180525_3041670.html.

[71]贵州省教育厅办公室.贵州年鉴(教育部分):2011[M/OL].贵阳:贵州年鉴编辑部出版发行,2012[2017-10-20].http://jyt.guizhou.gov.cn/zwgk/xxgkml/tjxx/ 201805/t20180525_3041718.html.

[72]贵州省教育厅办公室.贵州年鉴(教育部分):2012[M/OL].贵阳:贵州年鉴编辑部出版发行,2013[2017-10-20].http://jyt.guizhou.gov.cn/zwgk/xxgkml/tjxx/

201805/t20180525_3041719. html.

[73]贵州省教育厅办公室.贵州年鉴(教育部分):2013[M/OL].贵阳:贵州年鉴编辑部出版发行,2014.[2017-10-20]. http://jyt. guizhou. gov. cn/zwgk/xxgkml/ tjxx/ 201805/ t20180525_3041750. html.

[74]贵州省教育厅办公室.贵州年鉴(教育部分):2014[M/OL].贵阳:贵州年鉴编辑部出版发行,2015[2018-10-20]. http://jyt. guizhou. gov. cn/zwgk/xxgkml/tjxx/ 201805/t20180525_3041750. html.

[75]贵州省教育厅办公室.贵州年鉴(教育部分):2016[M/OL].贵阳:贵州年鉴编辑部出版发行,2017[2018-10-20]. http://jyt. guizhou. gov. cn/zwgk/xxgkml/tjxx/ 201805/t20180525_3041724. html.

[76]贵州省教育厅办公室.贵州年鉴(教育部分):2017[M/OL].贵阳:贵州年鉴编辑部出版发行,2018[2019-5-20]. http://jyt. guizhou. gov. cn/ zwgk/xxgkml/ tjxx/ 201901/t20190129_ 3392636. html

[77]贵州省民族事务委员会.贵州民族工作五十年[M].贵阳:贵州民族出版社,1999.

[78]贵州省民族事务委员会,贵州省民族研究所.贵州"六山六水"民族调查资料选编[M].贵阳:贵州民族出版社,2008.

[79]贵州省统计局,国家统计局贵州调查总队.贵州统计年鉴 2012-2018[M/OL]. [2018-07-25]. http://stjj. guizhou. gov. cn/tjsj_35719/sjcx_35720/gztjnj_40112/ tjnj2018/.

[80]郭成,杨玉洁,李振兴,等.教师自主对教师心理健康的影响:领悟社会支持的调节作用[J].西南大学学报(自然科学版),2017,39(6):141-147.

[81]郭晶莹,冯志远,杨新国,等.内隐联想测验、简式内隐测验、单类内隐测验测评大学新生自杀意念的效果[J].中国心理卫生杂志,2018,32(12):1034-1039.

[82]郭鹏军,李立,吴晨曦.基于不同房树人测验特征分布的医学本科生实习成绩分析[J].西北医学教育,2015,23(5):859-862.

[83]郭文凤.蒙古族高中生应激生活事件、应对方式、社会支持与心理健康的结构方程模型研究[D].呼和浩特:内蒙古师范大学,2013.

[84]郭耀邦.中小学教师的职业倦怠问题刍议[J].东疆学刊(哲学社会科学版),1990, (4):23-25.

[85]国务院人口普查办公室,国家统计局人口和就业统计司.中国 2010 年人口普查资料(上册)[M].北京:中国统计出版社,2012.

[86]国务院办公厅.国务院关于进一步促进贵州经济社会又好又快发展的若干意见[Z/OL].(2012-1-16)[2016-7-10]. http://www. gov. cn/zwgk/2012-01/16/content _2045 519. htm.

[87]国务院办公厅.国务院办公厅关于进一步加强控辍保学提高义务教育巩固水平的通知[Z/OL].(2017-9-5)[2017-10-10]. http://www. gov. cn/zhengce/content/

2017-09/05/content_5222718 . htm.

[88]哈经雄,腾星.民族教育学通论[M].北京:教育科学出版社,2001.

[89]哈丽娜,王灵灵,戴秀英,等.宁夏大学生攻击行为与心理健康及社会支持的相关性[J].中国学校卫生,2016,37(2):233-235+238.

[90]韩磊,任跃强,薛雯雯,等.自尊与攻击:相对剥夺感和领悟社会支持的多重中介作用[J].中国特殊教育,2017(2):84-89.

[91]韩嘉玲.中国贫困地区的女童教育研究——贵州省雷山县案例调查[J].民族教育研究,1999(2),56-63.

[92]韩黎.羌族文化认同与心理韧性:以5.12地震为背景[D].重庆:西南大学,2014.

[93]韩黎,张妍.大学生社会支持心理韧性对自杀意念的影响[J].中国学校卫生,2014,35(01):51-53.

[94]韩笑.单亲家庭青少年社会支持研究[D].青岛:青岛大学,2018.

[95]韩杨.初中生学业拖延与人口学变量的关系研究[D].成都:四川师范大学,2013.

[96]韩志新."新读书无用论"的经济学分析及对策[J].教育探索,2010(2):13-14.

[97]郝梅,徐海生.高职生一般学业情绪与学习倦怠的关系[J].内蒙古师范大学学报(教育科学版),2014,27(5):97-99.

[98]郝文武.新读书无用论的根源及其消除[J].中国教育学刊,2009(9):34-36.

[99]何安明,惠秋平,刘华山.大学生的感恩、孤独感与社会支持[J].中国心理卫生杂志,2014,28(10):782-785.

[100]何安明,惠秋平,刘华山.大学生社会支持与孤独感的关系:感恩的中介作用[J].中国临床心理学杂志,2015,23(1):150-153.

[101]何承志.高校学报编辑职业倦怠及对策[J].江苏大学学报(社会科学版),江苏大学学报(社会科学版),2005,7(5):86-89.

[102]何宁,朱云莉.自爱与他爱:自恋、共情与内隐利他的关系[J].心理学报,2016,48(2):199-210.

[103]何嵩昱.石门坎"教育神话"对当代西部民族地区农村基础教育的启示[J].教育文化论坛,2012(3):122-127.

[104]何娴.初中生领悟社会支持、学校适应与攻击性的关系研究[D].贵阳:贵州师范大学,2018.

[105]何莹,赵永乐,郑涌.民族刻板印象的研究与反思[J].贵州民族研究,2011,32(6):21-26.

[106]和红,杨洋.北京地区大学生社会支持现况及影响因素分析[J].中国学校卫生,2014,35(2):204-207.

[107]贺雄飞.学习是一种信仰:犹太人教育和创造力的奇迹[M].北京:人民日报出版社,2009:83-84.

[108]贺寨平.国外社会支持网研究综述[J].国外社会科学,2001(1):76-82.

[109]何珍,陈昱翀,黎月清.社会支持、认知情绪调节策略对初中生攻击性行为的影响[J].中国健康心理学杂志,2017,25(4):532-536.

[110]侯杰泰,温忠麟,成子娟.结构方程模型及其应用[M].北京:教育科学出版社,2004.

[111]胡锦涛.高举中国特色社会主义伟大旗帜 为夺取全面建设小康社会新胜利而奋斗——在中国共产党第十七次全国代表大会上的报告[R/OL].(2007-10-24)[2017-11-10].http://www.gov.cn/ldhd/2007-10/24/content_785431.htm.

[112]胡锦涛.坚定不移沿着中国特色社会主义道路前进 为全面建成小康社会而奋斗——在中国共产党第十八次全国代表大会上的报告[R/OL].(2012-11-17)[2017-11-10].http://www.xinhuanet.com//18cpcnc/2012-11/17/c_113711665.htm.

[113]胡朝相.论生态博物馆社区的文化遗产保护[J].中国博物馆,2001(4):19-22.

[114]胡俏,戴春林.中学生学习倦怠结构研究[J].心理科学,2007,30(1):162-164+195.

[115]胡阳,范翠英,张凤娟,等.青少年网络受欺负与抑郁:压力感与网络社会支持的作用[J].心理发展与教育,2014,30(2):177-184.

[116]胡玉萍.民族教育价值刍议[J].青海民族学院学报,2004(3):93-96.

[117]黄胜.民族地区学校教育价值定位的反思与构建——以瑶山白裤瑶的学校教育价值取向变迁为例[M].重庆:西南财经大学出版社,2015.

[118]黄万机.沙滩文化志[M].北京:中国文史出版社,2006.

[119]黄万机.遵义市地方志编纂委员会.沙滩文化志[M].北京:中国文史出版社,2006.

[120]黄喜珊,张琳,马晓辉,等.小学生学校动态绘画与学业成绩[J].中国心理卫生杂志,2013,27(1):8-42.

[121]黄晓京.符号互动理论——库利、米德、布鲁默[J].国外社会科学,1984(12):54-57.

[122]黄园园,谌丁艳,周丽.深圳市中学生手机依赖情况及影响因素分析[J].中国学校卫生,2017,38(9):1414-1416.

[123]纪杉.中职生社会支持、学业自我效能感与学习倦怠的关系研究[D].武汉:华中师范大学,2018.

[124]吉沅洪.树木——人格投射测试[M].重庆:重庆出版社,2017.

[125]贾继超,刘金同,王旸,等.农村初中生主观幸福感及与自尊、社会支持的关系[J].中国临床心理学杂志,2014,22(3):522-524+529.

[126]江波,刘景芝.社会支持与农民工随迁子女生活满意度:自我认知的中介作用[J].南京农业大学学报(社会科学版),2016,16(4):71-80+157.

[127]蒋承,刘霄,戴君华.当前农村高中教育的发展瓶颈与应对策略[J].中国教育学

刊,2018(1):56-60.

[128]蒋红,李杨春,夏慧玲.少数民族大学生社会支持与一般自我效能感及其关系[J].中国健康心理学杂志,2015,23(1):86-89.

[129]蒋奖,张西超,许燕.银行职员的工作倦怠与身心健康、工作满意度的探讨[J].中国心理卫生杂志,2004,18(3):197-199.

[130]姜珊,张凯,赵文玉,等.大学生学习倦怠现状与人格特征的关系研究[J].中国健康心理学杂志,2012,20(9):1411-1413.

[131]姜少华,刘巧兰,方一安,等.四川省农村中学生社会支持与生命质量的直接与间接关系:网瘾与焦虑的中介作用[J].现代预防医学,2018,45(18):3364-3367＋3392.

[132]金桂春,王有智.童年期心理虐待对攻击行为的影响:领悟社会支持和人格特征的多重中介作用[J].中国临床心理学杂志,2017,25(4):691-696.

[133]金少萍.富宁县团堡蓝靛瑶经济、文化综合调查[G]//云南省编辑组.云南少数民族社会历史调查资料汇编.北京:民族出版社,2009.

[134]金瑜.心理测量[M].上海:华东师范大学出版社,2005.

[135]靳玉军.论社会主义核心价值观教育的实践要求[J].教育研究,2014(11):4-7＋15.

[136]孔令中.贵州教育史[M].贵阳:贵州教育出版社,2004.

[137]Lewis R. Aiken.心理测量与评估[M].张厚粲,黎坚译.北京:北京师范大学出版社,2006.

[138]雷芳.学校文化领导实践问题研究——基于符号互动理论的批判与实践探索[D].南京:南京师范大学硕士论文,2012.

[139]李白璐,边玉芳.初中生生活满意度的发展趋势及社会支持、自尊的影响:一项3年追踪研究[J].中国临床心理学杂志,2016,24(5):900-904＋877.

[140]李彩超,陈昕,刘慧晨,等.大学生学习倦怠特点及其与社会支持、自我价值感的关系[J].中国健康心理学杂志,2014,22(11):1730-1732.

[141]李承宗,赵娜,甘雄.高中生考试成败归因、学习倦怠及其关系研究[J].教育测量与评价(理论版),2012(2):40-44.

[142]李纯.教育价值观的历史演进与我国新教育价值观的完整体[D].贵阳:贵州师范大学,2006.

[143]李浩.大学生生活满意度、学习倦怠的状况及其关系[J].社会心理科学,2011,26(2):179-183＋213.

[144]李洪伟,吴迪.心理画:绘画心理分析图典[M].北京:人民邮电出版社,2016.

[145]李华.关于学习倦怠的研究综述[J].社会心理科学,2011,26(3):3-6.

[146]李静华,郑涌.内隐/外显不同水平攻击者的注意偏向:行为和 ERP 证据[J].心理科学,2014,37(1):40-47.

[147]李玲.西部少数民族地区学前教育的现状调查与思考——以贵州省遵义务川仡佬族苗族自治县为例[J].黑龙江民族丛刊,2011,(3):171-175.

[148]李敏,戈兆娇.蒙汉大学生人际关系、社会支持和人际信任关系探讨[J].民族教育研究,2017,28(2):38-44.

[149]李巧巧.大学生社会支持与人际信任的关系研究[J].教育评论,2014(10):69-71.

[150]李寿欣,车现楠.回族大学生民族认同与民族刻板印象:文化适应策略的中介作用[J].苏州大学学报(教育科学版),2017(3):91-98.

[151]李涛,邬志辉.别让新"读书无用论"撕裂乡土中国——对中国西部一个偏远村落的实证调查[N].中国青年报,2015-8-3(10).

[152]李卫英.对我国民族学校教育价值取向的思考[J].学术论坛,2007(10):177-180.

[153]李相南,李志勇,张丽.青少年社会支持与攻击的关系:自尊、自我控制的链式中介作用[J].心理发展与教育,2017,33(2):240-248.

[154]李晓军,周宗奎,范翠英,等.师范类大学生学习倦怠与应对方式关系研究[J].教育研究与实验,2011(3):93-96.

[155]李杏,张翔飞,张昭辉,等.高中生社会支持度与家庭功能的现况调查[J].中国健康心理学杂志,2011,19(6):707-709.

[156]李旭珊,王琦,卢富荣,等.少数民族预科生的民族认同、社会支持与生活满意度[J].中国心理卫生杂志,2014,28(1):75-79.

[157]李永鑫,吴明证.工作倦怠的结构研究[J].心理科学,2005,28(2):454-457.

[158]李玉恒.编辑职业倦怠产生的原因及应对策略[J].河南大学学报(社会科学版),2005,45(5):236-238.

[159]李忠军,钟启东.落实立德树人根本任务 必须抓住理想信念铸魂这个关键[N].人民日报,2018-05-31(10).

[160]李燕.留守儿童的孤独感、睡眠质量和学习倦怠的关系研究[D].石家庄:河北师范大学,2018.

[161]李永皇.苗族传统家庭美德传承研究[D].北京:中国石油大学,2016.

[162]李正友.高中生学习倦怠、社会支持与应对方式的关系研究[D].贵阳:贵州师范大学,2015.

[163]黎亚军,高燕.初中生学习倦怠特点及其与自尊、社会支持的关系[J].中国健康心理学杂志,2013,21(3):407-409.

[164]黎志华,尹霞云.社会支持对大学生希望的影响机制:自尊和自我效能感的中介作用[J].心理发展与教育,2015,31(5):610-617.

[165]栗战书.以党的十八大精神为指引 坚持科学发展 奋力后发赶超 为与全国同步实现全面建设小康社会宏伟目标而奋斗(在中国共产党贵州省第十一次代表大会上的报告)[R/OL].(2012-4-25)[2017-6-13].http://leaders.people.com.cn/GB/17748439.html.

[166]连灵,郭胜忠.大学生宜人性和心理幸福感的关系:领悟社会支持和感恩的链式中介作用[J].中国临床心理学杂志,2017,25(1):163-166.

[167]连榕.新手一熟手一专家型教师心理特征的比较[J].心理学报,2004,36(1):44-52.

[168]连榕,杨丽娴,吴兰花.大学生的专业承诺、学习倦怠的关系与量表编制[J].心理学报,2005,37(5):632-636.

[169]连榕,杨丽娴,吴兰花.大学生专业承诺、学习倦怠的状况及其关系[J].心理科学,2006,29(1):47-51.

[170]梁虹,黄俏庭,庞钊等.三甲综合医院住院医师职业倦怠现状调查与影响因素分析[J].现代生物医学进展,2016,16(30):5904-5907.

[171]梁洁.初中生生活事件、社会支持与学习成绩的关系[J].中国健康心理学杂志,2018,26(1):106-109.

[172]梁丽,郭成,段俊霞,等.高校青年女教师的依恋与社会支持:自尊的中介作用[J].现代预防医学,2017,44(4):679-683.

[173]梁漱溟.中国文化要义[M].上海:上海人民出版社,2018.

[174]梁太鹏.文化遗产的动态状保护与社会改造——关于贵州六枝梭戛生态博物馆的思考[J].中国博物馆,1999(1):2-6.

[175]梁文永.女性法学教师职业倦怠现象调查与分析[J].教育研究,2008,(7):88-92.

[176]廖皓磊.谈青年医护人员职业倦怠的表现及成因[J].中国医院管理,1991,11(5):56-58.

[177]廖红.大学生人格特征、社会支持和学习倦怠的关系[J].中国成人教育,2013(5):59-60.

[178]林崇德.学生发展核心素养:面向未来应该培养怎样的人?[J].中国教育学刊,2016(6):1-2.

[179]林崇德.中国学生核心素养研究[J].心理与行为研究,2017,15(2):145-154.

[180]林崇德,伍新春,张宇迪,等.汶川地震30个月后中小学生的身心状况研究[J].心理发展与教育,2013(6):631-640.

[181]林良夫,钟振斌.对"读书无用论"思潮的理性思考[J].教育理论与实践,1989,9(4):45-49.

[182]林赞歌,连榕,邓远平,等.制造业员工社会支持、职业倦怠与生活满意度的关系[J].心理与行为研究,2017,15(1):108-112.

[183]刘博智.控辍保学一个都不能少——教育系统巩固提高义务教育入学率述评[N/OL].中国教育报,2018-03-08(6).http://paper.jyb.cn/zgjyb/html/2018-03/08/content_495349.htm? div=-1.

[184]刘复兴.教育的本体价值与工具价值关系管窥[J].山东师大学报(社会科学版).1991(5):51-55+78.

[185]刘海涛.人类学田野调查中的矛盾与困境[J].贵州民族研究,2008,28(4):23-27.

[186]刘莉,毕晓慧,王美芳.社会支持与大学生主观幸福感的关系:公正世界信念的中介作用[J].中国临床心理学杂志,2015,23(4):715-717+721.

[187]刘莉新,徐疆勇,米热古丽.维吾尔族大学生社会支持心理韧性对自杀意念的影响[J].中国学校卫生,2016,37(1):136-138.

[188]刘娜,杨士泰.立德树人理念的历史渊源与内涵[J].教育评论,2014(5):141-143.

[189]刘勤为,徐庆春,刘华山,等.大学生网络社会支持与网络利他行为的关系:一个有调节的中介模型[J].心理发展与教育,2016,32(4):426-434.

[190]刘淑晓,刘经兰.五年制高职生社会支持、应对方式与学习倦怠的关系[J].中国健康心理学杂志,2016,24(12):1856-1860.

[191]刘爽.留守初中生生活事件、领悟社会支持与内化问题的关系研究[D].哈尔滨:哈尔滨师范大学,2019.

[192]刘婉,万宇辉,陶芳标,等.社会支持在童年期虐待与青少年非自杀性自伤行为关联中的中介作用[J].中国心理卫生杂志,2017,31(3):230-234.

[193]刘晓红.我国农村学前教育发展中的问题、困难及其发展路向[J].学前教育研究,2012,(3):30-33.

[194]刘晓明.职业压力、教学效能感与中小学教师职业倦怠的关系[J].心理发展与教育,2004,(2):56-61.

[195]刘小群,陈贵,杨新华,等.社会支持在初中生受欺负与自杀意念间的调节作用[J].中国学校卫生,2015,36(9):1410-1412.

[196]刘秀艳.班干部任职对中学生社会化的影响[D].曲阜:曲阜师范大学,2007.

[197]刘亚楠,张舒,刘璐怡,等.感恩与生命意义:领悟到的社会支持与归属感的多重中介模型[J].中国特殊教育,2016(4):79-83+96.

[198]刘勇.历史嬗变与现代蝶变——贵州民族教育六十年发展研究[M].电子科技大学出版社,2011.

[199]刘媛娟.中学生自我控制、领悟社会支持与手机依赖的关系研究[D].漳州:闽南师范大学,2017.

[200]刘在花.学习倦怠对在职研究生学校幸福感和学业羞愧情绪的影响[J].中国特殊教育,2013(12):79-83.

[201]刘在花,毛向军.学习压力对在职研究生学习倦怠的影响:社会支持的调节作用[J].中国特殊教育,2013(1):79-84.

[202]刘志芬.社会支持的研究综述[J].文教资料,2011(30):127-128.

[203]刘子英,张琛.社会支持对留守儿童自我意识的影响调查研究[J].中国儿童保健杂志,2015,23(3):300-302.

[204]龙安邦.教育价值选择的困境与对策——解读新"读书无用论"[J].河北师范大学学报(教育科学版),2009,11(8):24-28.

[205]鲁华.贵州苗族社区教育价值观研究[J].湖南工业职业技术学院学报,2015,15(6):44-47.

[206]鲁华.贵州苗区教育价值观与苗族大学生学风关系探析[J].湖南工业职业技术学院学报,2016,16(1):102-104.

[207]卢晓灵,伍友琴,刘红,等.贫困大学生学习倦怠的成因及对策[J].六盘水师范学院学报,2012,24(1):50-53.

[208]罗炳之.外国教育史(上册)[M].南京:江苏教育出版社,1984.

[209]罗连祥.家庭教育在苗族传统文化传承和发展中的作用[J].文山学院学报,2015,28(1):16-19.

[210]罗青,孙晓军,田媛,等.大学生羞怯与孤独感的关系:网络社会支持的调节作用[J].教育研究与实验,2016(3):87-92.

[211]骆郁廷,郭莉."立德树人"的实现路径及有效机制[J].思想教育研究,2013(7):45-49.

[212]吕斯欣,李丽霞,柯斌斌,等.广州某高校大学生学习倦怠及其影响因素 Logistic 回归分析[J].中国学校卫生,2014,35(1):120-123.

[213]马存芳.青海藏区寄宿制学生心理健康状况及社会支持关系研究[J].民族教育研究,2017,28(1):41-48.

[214]马慧.社会支持对法官职业倦怠的影响:应对方式的中介效应[J].中国临床心理学杂志,2015,23(3):552-554+551.

[215]马金玲.西部贫困少数民族地区女童教育的发展[J].民族教育研究,2000(4):64-68.

[216]马维良,李佳.西双版纳傣族自治州"帕西傣"调查[G]//云南省编辑组.云南回族社会历史调查(三).北京:民族出版社,2009.

[217]马向真,刘瑞京,王漫漫,等.留守儿童、流动儿童自我发展与社会支持的比较研究[J].教育研究与实验,2015(3):49-53.

[218]马忆萌,孟勇.成人教育大学生时间管理倾向与学习倦怠的关系[J].中国成人教育,2013(22):111-114.

[219]马忆萌,孟勇,徐金英.大学生时间管理倾向与学习倦怠的关系:自我效能感的中介作用[J].现代预防医学,2014(17):3161-3164.

[220]马壮.农村初中隐性辍学状况与对策研究[J].教学与管理,2014(19):7-10.

[221]毛天欣,陈维,黄程琰,等.大学生学习倦怠量表的概化分析[J].中国临床心理学杂志,2015,23(1):29-31+119.

[222]茅育青.学习的倦怠之原因与对策研究[J].心理科学,2007,30(3):752-754.

[223]牟萍.高校图书馆员职业心理枯竭的成因及对策分析[J].图书馆学研究,2005,(5):75-77.

[224]宁盛卫,张茜.卫校生的社会支持与主观幸福感:核心自我评价的中介作用[J].中

国健康心理学杂志,2017,25(6):861-864.

[225]牛春娟,郑涌.西南少数民族教育价值观的调查研究[J].心理科学,2010,33(1):198-200.

[226]潘朝霖,韦宗林.中国水族文化研究[M].贵阳:贵州人民出版社,2004.

[227]潘年鼎,结合黔西南民族自治州具体情况谈双语教学问题[G]//贵州省教育科学研究所,贵州省少数民族教育研究会.贵州少数民族教育研究资料集(二).贵州:贵州省教育科学研究所(内部发行),1985.

[228]潘磊.白族家庭教育价值观考察[J].四川民族学院学报,2012,21(1):85-91.

[229]潘玉进.教育与心理统计——SPSS应用[M].杭州:浙江大学出版社,2006.

[230]潘运,刘宇,罗杰,等.苗族青少年韧性素质现状及其与社会支持的关系研究[J].中国特殊教育,2016(2):86-91.

[231]庞明礼."新读书无用论"与大学生就业压力相关性研究[J].高校教育管理,2013,7(2):110-115.

[232]庞娇艳,柏涌海,唐晓晨,等.正念减压疗法在护士职业倦怠干预中的应用[J].心理科学进展,2010,18(10):1529-1536.

[233]庞智辉,游志麒,周宗奎,等.大学生社会支持与学习倦怠的关系:应对方式的中介作用[J].中国临床心理学杂志,2010,18(5):654-656+663.

[234]彭凯,韦仕娟.论水族传统家庭教育——以水族村寨苗草村为例[J].黔南民族师范学院学报,2014,34(2):8-12.

[235]彭述纲.建国以来黔西南教育概况[G]//贵州省教育科学研究所,贵州省少数民族教育研究会.贵州少数民族教育研究资料集(二).贵州:贵州省教育科学研究所(内部资料),1985.

[236]齐亚静,伍新春,胡博.教师工作要求的分类——基于对职业倦怠和工作投入的影响研究[J].教育研究,2016,(2):119-126.

[237]钱淼,周立霞,鲁甜甜,等.幼儿友好型内隐联想测验的建构及有效性[J].心理学报,2015,47(7):903-913.

[238]乔月平,石学云.聋生个体歧视知觉与自尊的关系:社会支持的中介作用[J].中国特殊教育,2016(3):30-35.

[239]邱纪凤.滇黔边境苗胞教育之研究[J].边政公论,1945,4(9-12):72-90.

[240]仇悦,金戈,张国礼.企业员工社会支持和主观幸福感的关系——情绪调节的中介作用[J].中国健康心理学杂志,2016,24(11):1645-1650.

[241]全国人民代表大会.中华人民共和国宪法[Z/OL].(2018-3-22)[2018-5-2].http://www.npc.gov.cn/npc/c505/201803/e87e5cd7c1ce46ef866f4ec8e2d709ea.shtml.

[242]全国人民代表大会常务委员会.中华人民共和国教育法[Z/OL].(2015-12-28)[2018-5-2].http://m.moe.gov.cn/s78/A02/zfs__left/s5911/moe_619/201512/

t20151228_226193.html.

[243]三都水族自治县教育局,三都水族自治县水族研究所编.水族文化进校园读本[M].内部资料,2011.

[244]桑利杰,陈光旭,朱建军.大学生社会支持与学习适应的关系:心理韧性的中介作用[J].中国健康心理学杂志,2016,24(2):248-252.

[245]尚国峰.社区参与视角下的生态博物馆——以梭嘎生态博物馆为例[D].重庆:西南大学,2017.

[246]申艳娥,叶一舵,王深,等.新生代企业员工网络社会支持与积极工作压力的关系研究[J].福建师范大学学报(哲学社会科学版),2017(4):153-161+172.

[247]时金献,谭亚梅.大学生学习倦怠与外显自尊、内隐自尊的相关性研究[J].心理科学,2008,31(3):736-737+710.

[248]施久铭.核心素养:为了培养"全面发展的人"[J].人民教育,2014(10):13-15.

[249]石雷山,高峰强,沈永江,等.班级集体效能对初中生学业自我效能与学习倦怠的调节作用[J].心理发展与教育,2011,27(3):289-296.

[250]石雷山,高峰强,王鹏,等.成就目标定向对学习倦怠的影响:学业自我效能的中介作用[J].心理科学,2012,35(6):1393-1397.

[251]沈红.结构与主体:激荡的文化社区石门坎[M].北京:社会科学文献出版社,2007.

[252]斯大林.马克思主义和语言学问题[M].北京:人民出版社,1971.

[253]斯大林.民族问题与列宁主义[M].曹葆华,毛岸青译.北京:人民出版社,1951.

[254]司徒巧敏.大学生学业压力对学业倦怠的影响:核心自我评价的调节作用[J].中国健康心理学杂志,2014(5):758-759,760.

[255]宋恩常.富源县黄泥区水族的过去和现在[G]//云南省编辑组.云南少数民族社会历史调查资料汇编.北京:民族出版社,2009.

[256]宋瑞华,周晓东,李丁,等.单亲家庭儿童童年期创伤经历及行为问题调查[J].中国健康心理学杂志,2014,22(11):1740-1742.

[257]宋霞.中学生社会支持、校园欺凌、应对方式的关系研究[D].北京:中国青年政治学院,2018.

[258]宋祥.中国古代劝学文研究[D].长春:东北师范大学,2011.

[259]宋晓丽.高职生知识价值观、自我调节学习与学习倦怠的关系[D].济南:山东师范大学,2012.

[260]苏昊.维、汉大学生的民族刻板印象:外显和内隐[J].中国青年研究,2014(12):21-24+20.

[261]唐合亮.江口县羌族社会经济状况和妇女生活调查[G]//贵州省民族事务委员会,贵州省民族研究所.贵州"六山六水"民族调查资料选编(回族 白族 瑶族 壮族 畲族 毛南族 仫佬族 满族 羌族卷).贵阳:贵州民族出版社,2008.

[262]唐立.单亲家庭子女社会支持研究[D].北京:中国青年政治学院,2014.

[263]唐姝,陈新.某市小学三—六年级孤儿亚孤儿孤独感与社会支持的相关性[J].中国学校卫生,2016,37(6):933-935.

[264]陶红.教育价值观的研究——关于教育的哲学思考[D].长春:吉林大学,2005.

[265]滕健,张秀华,金玉复,等.对治理"片追"和"读书无用"论的思考[J].现代中小学教育,1990(2):74-75.

[266]滕星.民族教育学的学科性质与学科体系[J].民族教育研究,1997(4):6-14.

[267]滕星,苏红.多元文化社会与多元一体化教育[J].民族教育研究,1997(1):18-31.

[268]田宝伟,胡心怡.压力知觉、歧视知觉及社会支持对同性恋男大学生心理健康的影响[J].中国特殊教育,2016(12):91-96.

[269]田林."文化大革命"期间的贵州教育事业(1966-1976)[J].贵州教育,1999(5):11-13.

[270]田倩倩,李亚平."新读书无用论"的政策分析[J].上海教育科研,2008(9):16-17.

[271]田青,闫清伟,靳晨鸣,等.内地某高校藏族大学生学习倦怠现状[J].中国学校卫生,2015,36(7):1091-1094.

[272]田媛,洪蕴哲,牛更枫,等.网络社会支持对中职生生活满意度的影响:公正世界信念和感恩的中介作用[J].心理与行为研究,2017,15(2):175-180.

[273]涂小莲,苏玉洁,张国华.人格与网络友谊的关系:社会支持和互联网社交的中介作用[J].中国健康心理学杂志,2017,25(3):375-379.

[274]王伯承.生态博物馆建设与民族社区发展研究——以中挪两国在贵州共建的生态博物馆群为例[D].贵阳:贵州民族大学,2012.

[275]王德清.论苗族家庭教育的内容——贵州省松桃苗族自治县干塘寨个案研究[J].西南民族大学学报(人文社科版),2005,26(5):23-25.

[276]王东艳,宛福成.图书情报工作者职业倦怠的成因及对策[J].图书馆学研究,1997,(4):40-42.

[277]王桂萍,王延培,贾德梅.开放教育形势下残疾大学生的心理健康与社会支持[J].中国健康心理学杂志,2017,25(3):441-446.

[278]王虎.高校辅导员社会支持现状分析[J].学校党建与思想教育,2017(6):65-67.

[279]王建明.现在西南苗族最高文化区——石门坎介绍[G]//贵州省教育科学研究所贵州少数民族教育研究会.贵州少数民族教育研究资料集(二).贵州:贵州省教育科学研究所(内部发行),1985.

[280]王坤庆.论价值、教育价值与价值教育[J].华中师范大学学报(人文社会科学版),2003(4):128-133.

[281]王立娜.知识价值观、自我调节学习、就业心理预期对学习倦怠的影响[D].北京:中国地质大学,2012.

[282]王灵灵,戴秀英,李秋丽,等.宁夏高校学生自杀意念与社会支持、攻击行为相关

性分析[J].中国卫生统计,2014,31(4):651-653.

[283]汪明春,张丽霞.大学生学习倦怠的表现及干预对策[J].教育探索,2011(6):143-144.

[284]王鹏军,张仕超.初中生生活事件、心理韧性与学习倦怠的关系[J].社会心理科学,2011,26(8):95-98.

[285]王守恒.体育教师职业倦怠的成因及其消解策略探析[J].北京体育大学学报,2005,28(10):1393-1394,1405.

[286]王铁志.论民族教育的概念[J].民族教育研究,1996(2):3-4.

[287]王铁志.新中国民族教育政策的形成与发展(上)[J].民族教育研究,1998(2):3-9.

[288]王伟,王兴超,雷雳,等.移动社交媒介使用行为对青少年友谊质量的影响:网络自我表露和网络社会支持的中介作用[J].心理科学,2017,40(4):870-877.

[289]王伟国,王树荫.维吾尔族流动中小学生社会支持核心自我评价与抑郁的关系[J].中国学校卫生,2016,37(6):918-920.

[290]王卫东.现代化进程中的教育价值观:西方之鉴与本土之路[M].北京:中国科学出版社,2002.

[291]王晓刚,黄希庭,陈瑞君,等.心理疾病内隐污名:来自单类内隐联想测验的证据[J].心理科学,2014,37(2):272-276.

[292]王显志,胡修齐.英语专业学生学习倦怠、自我效能感与主观幸福感的相关研究[J].中国教育学刊,2014(11):29-30.

[293]王小新,苗晶磊.大学生学业自我效能感、自尊与学习倦怠关系研究[J].东北师大学报(哲学社会科学版),2012(1):192-196.

[294]王亚丽,刘珍,谢祥龙,等.希望在压力对大学生学习倦怠中的调节作用[J].中国学校卫生,2014,35(7):1068-1070.

[295]王野.民族教育的新价值观[J].民族教育研究,1991(3):46-49.

[296]王玉.听障高中生感戴与主观幸福感:社会支持的中介作用[J].中国特殊教育,2015(1):35-38+86.

[297]王渊博.少数民族初中生隐性辍学现象的课堂事实探究——以K镇傣族中学为个案[D].北京:中央民族大学,2012.

[298]王渊博.义务教育均衡发展背景下农村地区"隐性辍学"现象研究[J].江苏教育研究,2014(25):8-11.

[299]王忠军,龙立荣,刘丽丹,等.仕途"天花板":公务员职业生涯高原结构、测量与效果[J].心理学报,2015,47(11):1379-1394.

[300]王子君.城乡初中生教育价值观比较研究[D].临汾:山西师范大学,2009.

[301]魏国红.加强民族交往 和谐民族关系[J].贵州民族研究,2008,18(1):13-17.

[302]魏莉莉."贫困文化"视野下的城市青少年辍学问题——以上海市个案分析为例

[D].上海:华东师范大学,2005.

[303]魏然.西南地区大学生教育价值观调查[J].中国学校卫生,2007(2):165-166.

[304]魏志霞,晏丽娟,杨绍清,等.学优生与学困生学习倦怠的对比研究[J].中国健康心理学杂志,2009,17(10):1230-1231.

[305]温忠麟,侯杰泰,马什赫伯特.结构方程模型检验:拟合指数与卡方准则[J].心理学报,2004,36(2):186-194.

[306]翁泽红.试论苗族传统消费习俗对贵州苗族聚居区义务教育普及的影响——从苗族表现在酒上的消费习俗来看[J].贵州文史丛刊,2004(3):83-86.

[307]武红华.班级气氛与初中新生学校适应性的相关研究[D].天津:天津师范大学,2018.

[308]吴静.我国东部、中部、西部学前教育成本分担现状分析与政策建议[J].学前教育研究,2015,(1):26-35.

[309]吴明隆.结构方程模型:AMOS的操作与应用[M].重庆:重庆大学出版社,2009.

[310]吴明隆.问卷统计分析实务——SPSS操作与应用[M].重庆:重庆大学出版社,2010.

[311]吴瑞,李建桥,曹型远,等.重庆市某库区县留守中学生心理健康与社会支持的关系[J].中国学校卫生,2014,35(5):685-687+690.

[312]吴涛.图书馆员职业倦怠的归因及其对策[J].图书馆学研究,2004,(8):28-31.

[313]吴泽霖,陈国钧等.贵州苗夷社会研究[M].北京:民族出版社,2004.

[314]邬志辉.农村义务教育质量至关重要[J].教育研究,2008(3):31-33.

[315]吴艳,戴晓阳,温忠麟,等.学校气氛对初中生学习倦怠的影响[J].中国临床心理学杂志,2012,20(3):404-406.

[316]伍新春,周宵,陈杰灵,等.社会支持、主动反刍与创伤后成长的关系:基于汶川地震后青少年的追踪研究[J].心理科学,2016,39(3):735-740.

[317]习近平.决胜全面建成小康社会 夺取新时代中国特色社会主义伟大胜利——在中国共产党第十九次全国代表大会上的报告[R/OL].(2017-10-27)[2017-11-10].http://www.xinhuanet.com/politics/19cpcnc/2017-10/27/c_1121867529.htm.

[318]肖静,汪菲,葛华,等.医学生学习倦怠与情绪智力关系[J].中国学校卫生,2013,34(12):1442-1444+1447.

[319]小原国芳.全人教育论[M/OL].玉川大学出版社,1921:https://baike.so.com/doc/6645241-6859056.html#6645241-6859056-1.

[320]谢其利.留守流动经历大学生核心自我评价在领悟社会支持和心理健康状况间的中介作用[J].中国学校卫生,2017,38(3):381-384.

[321]谢其利,宛蓉,张睿.农村留守经历大学新生自尊社会支持和应对方式与孤独感的关系[J].中国学校卫生,2015,36(2):236-238+241.

[322]谢姗姗,林荣茂,凌育兵,等.高职生学习倦怠与社会支持的关系[J].中国健康心理学杂志,2016,24(9):1311-1313.

[323]谢威士.当代大学生对谦虚心的态度:基于外显与内隐两个层面[J].心理研究,2017,10(3):76-81.

[324]邢怡伦,王建平,尉玮,等.社会支持对青少年焦虑的影响:情绪调节策略的中介作用[J].中国临床心理学杂志,2016,24(6):1079-1082.

[325]熊敏,金雪,何小波,等.留守初中生成就目标定向与社会支持的关系[J].中国健康心理学杂志,2017,25(4):603-606.

[326]徐富明,朱从书,邵来成.中小学教师的工作倦怠与其相关因素的关系研究[J].心理科学,2005,28(5):1240-1242.

[327]徐琳.西双版纳勐罕镇傣族初中学生隐性辍学的村落文化分析[D].昆明:云南民族大学,2013.

[328]徐岩.家庭社会经济地位、社会支持与大学生幸福感[J].青年研究,2017(1):47-56+95.

[329]徐云.基于计划行为理论及学习倦怠感的考试作弊行为[J].中国健康心理学杂志,2012,20(11):1741-1743.

[330]徐立峰,卢卫斌.中学生心理健康状况调查与分析[J].贵州教育学院学报(社会科学),2009,25(11):76-79.

[331]颜恩泉.马关县金厂区苗族社会调查[G]//云南省编辑组.云南少数民族社会历史调查资料汇编.北京:民族出版社,2009.

[332]颜勇.历史上石门坎苗族教育反思[J].贵州民族研究,1994(3):124-130.

[333]严文华.心理画外音(修订版图画心理学解密)[M].上海:上海锦绣文章出版社,2011.

[334]严文华.心理画外音:跨越10年的心理咨询个案[M].上海:华东师范大学出版社,2012.

[335]晏阳初.平民教育与乡村建设运动[M].北京:商务印书馆,2014.

[336]杨国良,刘秀秀.杨绛:"九蒸九焙"的传奇[M].北京:新星出版社,2013.

[337]杨慧芳,熊俊霞,董潮恩.大学生情绪调节方式在社会支持与抑郁间的中介作用[J].中国学校卫生,2017,38(8):1195-1197+1201.

[338]杨丽娴,连榕.学习倦怠的研究现状及展望[J].集美大学学报(教育科学版),2005,6(2):54-58.

[339]杨丽娴,连榕,张锦坤.中学生学习倦怠与人格关系[J].心理科学,2007(6):1409-1412+1417.

[340]杨红君,高明,李国强,等.大学生学习倦怠与成人依恋的关系:自我模型的作用[J].中国临床心理学杂志,2013,21(5):829-831.

[341]杨洪猛.大学生教育价值观的调查研究[J].中国校外教育,2015(28):19+36.

[342]杨旻.公众教育价值观调查[M]//杨东平.中国教育发展报告.北京:社会科学文献出版社,2015.

[343]杨巧冬.高中生生活事件、社会支持与感恩的关系研究[D].哈尔滨:哈尔滨师范大学,2017.

[344]杨树仁,马兰花.西部民族地区义务教育的困境与突围——基于甘肃省某民族自治县义务教育普及现状的调查与分析[J].中小学理,2017(2):34-36.

[345]杨通华,魏杰,刘平,等.留守儿童心理健康:人格特质与社会支持的影响[J].中国健康心理学杂志,2016,24(2):285-292.

[346]杨卫安."读书无用论"何以会产生?——晚清以来出现的四次"读书无用论"评述[J].河北师范大学学报(教育科学版),2018,20(4):45-49.

[347]杨小青,许燕.童年期有留守经历高职生学校满意度与学习倦怠关系分析[J].中国学校卫生,2011,32(6):722-723.

[348]杨小雨.城管污名研究[D].上海:华东师范大学,2018.

[349]杨新国,黄霞妮,孙盈,等.大学生生活事件、社会支持与自杀意念关系研究[J].现代预防医学,2015,42(6):1052-1054+1088.

[350]杨欣欣,刘勤学,周宗奎.大学生网络社会支持对网络利他行为的影响:感恩和社会认同的作用[J].心理发展与教育,2017,33(2):183-190.

[351]杨雨露.初中生教育价值观现状调查及对策分析——以重庆市为例[J].心理学进展,2019,9(5),858-863.

[352]杨照辉.综述普米族的生活习俗[G]//云南省编辑组.云南少数民族社会历史调查资料汇编.北京:民族出版社,2009.

[353]姚舜安,钟宏有,陈金源等.隆林各族自治县仡佬族社会历史调查[G]//广西壮族自治区编辑组.广西彝族仡佬族水族社会历史调查[M].北京:民族出版社,2009.

[354]叶宝娟,胡笑羽,杨强,等.领悟社会支持、应对效能和压力性生活事件对青少年学业成就的影响机制[J].心理科学,2014,37(2):342-348.

[355]叶一舵,沈成平,丘文福.留守儿童社会支持状况元分析[J].教育评论,2017(08):18-22+32.

[356]叶钰侨,陆爱桃,张心怡,等.大学生社会支持对学习倦怠的影响:经济状况和生活满意度的有调节中介模型[J].心理研究,2017,10(4):79-85.

[357]易丹辉.结构方程模型方法与应用[M].北京:中国人民大学出版社,2008.

[358]阴冬胜.独立学院大学生学习倦怠与价值观现状及关系研究[D].保定:河北大学,2011.

[359]于格,卢晓灵,谢一心,等.少数民族中学生攻击性结构与合作竞争人格倾向的关系[J].中国学校卫生,2018,39(6):867-870.

[360]于晶.论素质教育与教师价值取向[J].内蒙古师大学报(哲学社会科学版),1999,28(4):124-126.

[361]于涌,张积宾.科技期刊编辑人员职业倦怠及其影响因素[J].编辑学报,2004,16(6):399-400.

[362]余丽,梁洁.领悟社会支持与青少年内化问题的关系:自尊的调节作用[J].中国健康心理学杂志,2017,25(2):227-230.

[363]余压芳.生态博物馆理论在景观保护领域的应用研究——以西南传统乡土聚落为例[D].南京:东南大学,2006.

[364]宇翔,胡洋,廖珠根.中国农村地区留守儿童社会支持状况的Meta分析[J].现代预防医学,2017,44(1):89-93.

[365]袁春艳,陈恩伦.田野调查运用于民族教育研究中的反思[J].贵州民族研究,2012,33(1):162-165.

[366]袁同凯.传统文化习俗与学校教育——教育人类学的视角[J].西北民族研究,2009(1):183-191.

[367]袁同凯.蓝靛瑶人及其学校教育:一个老挝北部山地族群的民族志研究[M].北京:中国社会科学出版社,2014.

[368]袁同凯.走进竹篱教室——土瑶学校教育的民族志研究袁同凯[M].天津:天津人民出版社,2004.

[369]苑青松.语文:言语生命的赋形——贵州石门坎"波拉德"课程人类学文化探究[M].北京:中国书籍出版社,2013.

[370]曾昱.初中生人际自立特质与社会适应的关系:社会支持的中介作用[J].西南师范大学学报(自然科学版),2017,42(2):97-102.

[371]詹丽玉,练勤,王芳.留守经历大学新生自我效能感社会支持及心理健康的相关性[J].中国学校卫生,2016,37(4):614-617.

[372]张宝丹,彭焱,张郇,等.中学生成就动机与房树人绘画特征的关系研究[J].现代交际,2015(5):117-118.

[373]张彩婵.医学院新生人际关系困扰与人际归因、社会支持的关系[J].中国健康心理学杂志,2015,23(10):1520-1523.

[374]张春梅,黄玲玉.流动初中生社会支持与社会适应的关系研究[J].现代中小学教育,2016,32(12):64-69.

[375]张凤娟,刘珍,范翠英.网络社会支持与网络安全感对大学生主观幸福感的影响[J].教育评论,2014(2):52-54.

[376]张高华,张展辉,赖嘉豪,等.某高校大学生志愿者领悟社会支持与生命意义状况及相关性研究[J].预防医学论坛,2017,23(1):20-23.

[377]张慧真.教育与族群认同——贵州石门坎苗族的个案研究(1900—1949)[M].北京:民族出版社,2007.

[378]张积家.加强民族心理学研究,促进中国心理科学繁荣——民族心理学专栏前言[J].心理科学进展,2012,20(8):1139-1144.

[379]张积家.消除民族刻板印象威胁效应[J].中国民族教育,2017(11):11.

[380]章建跃.树立课程意识 落实核心素养[J].数学通报,2016,55(5):1-4+14.

[381]张靖宇,董艳娇,刘惠兰.在校生社会支持与网络成瘾的Meta分析[J].中国健康心理学杂志,2016,24(09):1324-1329.

[382]张九玲.档案管理人员的职业倦怠及心理调适[J].内蒙古师范大学学报(哲学社会科学版),2004,33(6):272-273.

[383]张力.纵论立德树人——教育的根本任务[J].人民教育,2013(1):10-13.

[384]张梦柔.服刑人员的社会支持与主观幸福感关系[J].中国健康心理学杂志,2016,24(3):375-379.

[385]张娜.有留守经历高职学生的社会支持、心理资本与主观幸福感的关系研究[J].教育评论,2016(4):93-97.

[386]张萍,王琛,余毅震.攻击性青少年外显和内隐社会认知不同测试结果比较[J].中国学校卫生,2011,32(8):906-908+911.

[387]张如敏,张斌,章雷钢.亲子社会支持对老年人宽恕与孤独感中介作用[J].中国公共卫生,2017,33(1):129-131.

[388]张珊珊,张野.儿童期受忽视和社会支持与中职生自伤行为的研究[J].中国儿童保健杂志,2017,25(03):223-226.

[389]张少波,孔艳玲.师范大学生领悟社会支持与自我效能和学习倦怠的关系[J].中国健康心理学杂志,2016,24(11):1666-1670.

[390]张诗亚.多元文化与民族教育价值取向问题[J].西北师大学报(社会科学版),2005(6):97.

[391]张书朋,张庆垚,李彩娜.领悟社会支持性别差异的元分析[J].心理发展与教育,2015,31(4):393-401.

[392]张霜.民族学校教育中的文化适应研究——贵州石门坎苗族百年学校教育人类学个案考察[M].北京:民族教育出版社,2007.

[393]张霜.民族学校教育中的文化适应研究——贵州石门坎苗族百年学校教育人类学个案考察[D].北京:中央民族大学,2008.

[394]张水森,李新利,崔铁,蔡文鹏,邓光辉.领悟社会支持和海军官兵急性应激反应的关系:心理弹性的中介效应[J].第二军医大学学报,2017,38(2):234-238.

[395]张坦."窄门"前的石门坎[M].贵阳:贵州大学出版社,2009.

[396]张晓松.生态保护理念下的长角苗文化——贵州梭戞生态博物馆的田野调查及其研究[J].贵州民族研究,2000(1):112-122.

[397]张馨.高校图书馆员工职业倦怠问题解析[J].图书情报知识,2006,(3):53-55.

[398]张信勇.社会支持对大学生学习投入的影响研究——基于专业承诺的中介作用[J].教育发展研究,2015,35(9):59-64.

[399]张岩.农村留守初中生学习倦怠与学业自我概念和社会支持的关系研究[D].武

汉:华中师范大学,2015.

[400]张翌鸣,纪夏楠.职校学生学习倦怠与大五人格的相关性探究[J].中国成人教育, 2013(23):121-125.

[401]张勇.梭戛生态博物馆肩负保护与发展双重责任[J].中国博物馆,2000(2):66- 68.

[402]张宇,吉园依,卢文学,等.汶川地震灾区青少年心理健康与同伴关系、社会支持 相关性[J].卫生研究,2017,46(1):21-26+31.

[403]张羽,邢占军.社会支持与主观幸福感关系研究综述[J].心理科学,2007(6): 1436-1438.

[404]张振声,徐永红.中国警察职业倦怠问题解析[J].中国人民公安大学学报,2004, (3):130-134.

[405]张智,陈镇雄,乔粉,等.大学生应对效能、学习倦怠与学习投入的关系[J].中国健 康心理学杂志,2009,17(3):282-284.

[406]赵建萍,黄文斌,郝以辉,等.郑州高校单亲或离异家庭大学生心理韧性与父母同 伴依恋的相关性分析[J].中国健康教育,2018,34(9):784-787+796.

[407]赵景欣,彭耀光,张文新.中华优秀传统文化传承与学生发展核心素养研究[J].中 国教育学刊,2016(6):23-28.

[408]赵隽.大学生自我效能感与学习倦怠的关系——专业承诺的中介作用[J].内蒙古 师范大学学报(教育科学版),2013,26(7):85-87.

[409]赵科,杨丽宏,赖怡,等.中学生社会适应基本心理需要在领悟社会支持与幸福感 间的中介作用[J].中国学校卫生,2016,37(7):1043-1045+1050.

[410]赵丽婷,王雁.特教教师核心自我评价与心理健康:领悟社会支持的中介作用[J]. 中国特殊教育,2016(6):78-83.

[411]赵力燕,李董平,徐小燕,等.教育价值观和逆境信念在家庭经济压力与初中生学 业成就之间的作用[J].心理发展与教育,2016,32(4):409-417.

[412]赵琳琳.朝鲜族大学生的民族教育价值观研究[D].延吉:延边大学,2012.

[413]赵岚.新生代农民工的教育价值观及其对子女教育的影响[J].东北师大学报(哲 学社会科学版),2007(6):157-162.

[414]赵银,赵月,郑珊珊,等.大学生对"愤青"群体认识倾向的研究[J].中国健康心理 学杂志,2018,26(12):1861-1867.

[415]赵玉芳,毕重增.中学教师职业倦怠状况及影响因素的研究[J].心理发展与教育, 2003(1):80-84.

[416]赵玉芳,张庆林.医生职业倦怠研究[J].心理科学,2004,27(5):1137-1138.

[417]郑晓云.基诺族婚姻调查[G]//云南省编辑组.云南少数民族社会历史调查资料 汇编.北京:民族出版社,2009.

[418]郑晓云.基诺族饮食调查[G]//云南省编辑组.云南少数民族社会历史调查资料

汇编.北京:民族出版社,2009.

[419]郑欣.田野调查与现场进入——当代中国研究实证方法探讨[J].南京大学学报（哲学,人文科学,社会科学),2003,40(3):52-61.

[420]郑友军.警察职业倦怠产生的原因及对策研究[J].西南民族大学学报(人文社科版),2005(8):97-101.

[421]中共中央统战部.民族问题文献汇编[G].北京:中共中央党校出版社,1991.

[422]钟丽芳.少数民族中学生教育价值观与学习倦怠关系研究[D].贵阳:贵州师范大学,2015.

[423]钟年.广西融水白云乡瑶族女不读书问题的研究[J].民族研究,1985(5):7-12.

[424]钟年.广西融水苗族自治县白云乡瑶族教育情况调查[J].广西民族研究,1985(1):123-129.

[425]仲亚琴,高月霞,陆青云.大学新生社会支持、学习适应与学习成绩的关系[J].中国健康心理学杂志,2016,24(8):1196-1200.

[426]仲玉霞,王彦.医学院校大学生社会支持特点及其与人格特质的关系研究[J].内蒙古师范大学学报(教育科学版),2015,28(3):101-103＋118.

[427]中央教育科学研究所.2002/2003中国基础教育发展研究报告[M].教育科学出版社,2003.

[428]中国政府网.国家中长期教育改革和发展规划纲要（2010－2020 年)[Z/OL].（2010-7-29）[2016-3-10]. http://www. gov. cn/jrzg/2010-07/29/content_1667143. htm.

[429]中华人民共和国国家民族事务委员会.中华人民共和国民族区域自治法[Z/OL].(2011-6-29)[2018-5-2]. http://www. seac. gov. cn/seac/zcfg/201106/ 1011498. shtml.

[430]中华人民共和国国家民族事务委员会.关于加强民族教育工作若干问题的意见[Z/OL].(2004-6-30)[2018-5-2].http://www. seac. gov. cn/seac/xxgk/200406 / 1075604. shtml.

[431]中科院心理研究所.中科院公布 2007 年我国国民心理健康状况研究报告[Z/OL].（2018-4-5）[2017-7-10]. http://www. gov. cn/gzdt/2008-04/15/content_945123. htm.

[432]周崇启,韦族安,石国义.水族教育史[M].贵阳:贵州教育出版社,2009.

[433]周盼.中学生情绪智力、社会支持和学习倦怠的关系研究[D].哈尔滨:哈尔滨师范大学,2018.

[434]周鹏生,吕欢.学习困难大学生学习适应、学习信念与学习倦怠的关系[J].心理研究,2014,7(6):85-90.

[435]周宵,伍新春,安媛媛,等.青少年核心信念挑战对创伤后成长的影响:反刍与社会支持的作用[J].心理学报,2014,46(10):1509-1520.

[436]周宵,伍新春,王文超,等.社会支持对青少年创伤后成长的影响:状态希望和积极重评的中介作用[J].心理发展与教育,2017,33(5):587-594.

[437]周莹.中韩大学生生活压力与抑郁情绪的关系:社会支持中介作用比较研究[J].山东社会科学,2017(6):115-122.

[438]周真刚,胡朝相.论生态博物馆社区的文化遗产保护[J].贵州民族研究,2002(2):95-101.

[439]朱建雷,刘金同,王旸,等.枣庄农村留守儿童主观生活质量与领悟社会支持的关系[J].中国学校卫生,2017,38(3):463-465.

[440]朱建平,殷瑞飞.SPSS在统计分析中的应用[M].北京:清华大学出版社,2008.

[441]朱俊杰,杨昌江.民族教育与民族文化发展研究新探[M].长沙:湖南教育出版社,2006.

[442]朱利娜,沈潘艳,七十三.蒙古族初中生外显和内隐民族认同及其影响因素[J].内蒙古师范大学学报(自然科学汉文版),2018,47(2):180-184.

[443]朱美侠,蔡丹,武云露,等.大学生社会支持对乐观倾向的影响:心理弹性与心理一致感的中介作用[J].心理科学,2016,39(2):371-376.

[444]朱晓斌,王静丽.中学生学习自我效能感、学习压力和学习倦怠关系的结构模型[J].中国临床心理学杂志,2009,17(5):626-628,543.

[445]朱新卓,刘焕然.农村初中生隐性辍学的文化分析[J].教育科学,2015,35(8):58-63.

[446]朱永新.读书应该是一种民族"信仰"[J].福建论坛(社科教育版),2008(7):9.

[447]庄鸿娟,刘儒德,刘颖,等.中学生社会支持对数学学习坚持性的影响:数学自我效能感的中介作用[J].心理发展与教育,2016,32(3):317-323.

[448]庄乾,李莹,刘一军,等.情绪智力、应对方式对大学生外显与内隐攻击性的影响[J].西南大学学报(自然科学版),2015,37(12):122-127.

[449]邹联克,陶蕾,李玲.贫困地区学前教育的问题和对策研究——以西部某省A县为例[J].贵州社会科学,2012,(3):115-120.

[450]佐斌.社会心理学[M].北京:高等教育出版社,2011.

[451]Ana-Maria Cazan. Learning Motivation, Engagement and Burnout among University Students[J]. Procedia Social and Behavioral Sciences,2015(187):413-417.

[452]Ana-Maria Cazan, Laura Elena Năstasă. Emotional Intelligence, Satisfaction with Life and Burnout among University Students[J]. Procedia-Social and Behavioral Sciences,2015(180):1574-1578.

[453]Ann Rudman, J. Petter Gustavsson. Burnout during nursing education predicts lower occupational preparedness and future clinical performance: A longitudinal study[J]. International Journal of Nursing Studies,2012,49(8):988-1001.

[454]Asma Sivandani, Shahin Ebrahimi Koohbanani, Taghi Vahidi. The Relation Be-

tween Social Support and Self-efficacy with Academic Achievement and School Satisfaction among Female Junior High School Students in Birjand[J]. Procedia-Social and Behavioral Sciences,2013(84):668-673.

[455]Aynur Pala. The Burnout Level Among Faculty of Education Students at Celal Bayar University[J]. Procedia-Social and Behavioral Sciences, 2012, 69 (2): 1766-1774.

[456]Aypay Ayse. Elementary School Student Burnout Scale for Grades 6-8: A Study of Validity and Reliability[J]. Educational Sciences: Theory and Practice, 2011, 11 (2):520-527.

[457]Azimeh Salimi,Forough Bozorgpour. Percieved Social Support and Social-Emotional Loneliness[J]. Procedia-Social and Behavioral Sciences,2012(69):2009-2013.

[458]Brian Lovell, Mark Moss, Mark A. Wetherell. With a Little Help From My Friends:Psychological,Endocrine and Health Corollaries of Social Support in Parental Caregivers of Children with Autism or ADHD[J]. Research in Developmental Disabilities,2012,33(2):682-687.

[459]Burhan Capri,Osman Murat Ozkendir, Berdan Ozkurt, Fazilet Karakus. General Self-Efficacy Beliefs,Life Satisfaction and Burnout of University Students[J]. Procedia-Social and Behavioral Sciences,2012,47:968-973.

[460]Carmen Adler-Constantinescu, Elena-Cristina Beşu, Valeria Negovan. Perceived Social Support and Perceived Self-Efficacy During Adolescence[J]. Procedia-Social and Behavioral Sciences,2013(78):275-279.

[461]Caroline L. Bokhorst,Sindy R. Sumter,P. Michiel Westenberg. Social Support from Parents,Friends,Classmates,and Teachers in Children and Adolescents Aged 9 to 18 Years:Who Is Perceived as Most Supportive? [J]. Social Development,2010, 19(2):417-426.

[462]Chris Segrin, Stacey A. Passalacqua. Functions of Loneliness, Social Support, Health Behaviors,and Stress in Association With Poor Health[J]. Health Communication,2010,25(4):312-322.

[463]Corinna Reichl, F. -Sophie Wach, Frank M. Spinath, Roland Brünken, Julia Karbach. Burnout Risk Among First-Year Teacher Students:The Roles of Personality and Motivation[J]. Journal of Vocational Behavior,2014,85(1):85-92.

[464]David A. Cole,Elizabeth A. Nick,Rachel L. Zelkowitz,Kathryn M. Roeder,Tawny Spinelli. Online Social Support for Young People:Does It Recapitulate In-Person Social Support;Can It Help? [J]. Computers in Human Behavior,2017(68):456-464.

[465]David Ansong,Moses Okumu,Gary L. Bowen,Anne M. Walker,Sarah R. Eisen-

smith. The Role of Parent, Classmate, and Teacher Support in Student Engagement: Evidence from Ghana[J]. International Journal of Educational Development, 2017(54): 51-58.

[467]Dyrbye Liselotte N, Massie FS, Eacker A, et al. Relationship Between Burnout and Professional Conduct and Attitudes Among US Medical Students. JAMA. 2010; 304(11): 1173-1180.

[468]Dyrbye Liselotte N, Thomas Matthew R, Power David V, et al. Burnout and Serious Thoughts of Dropping Out of Medical School: a Multi-institutional Study. [J]. Academic Medicine, 2010, 85(1): 94-102.

[469]Eather Narelle, Morgan Philip J, Lubans David R. Social Support From Teachers Mediates Physical Activity Behavior Change in Children Participating in the Fit-4-Fun Intervention. [J]. The international journal of behavioral nutrition and physical activity, 2013(10): 4-18.

[470]Edgar Bresó, Wilmar B. Schaufeli, Marisa Salanova. Can a Self-Efficacy-Based Intervention Decrease Burnout, Increase Engagement, and Enhance Performance? A Quasi-Experimental Study[J]. Higher Education, 2011, 61(4): 339-355.

[471]Elvira Cicognani. Coping Strategies With Minor Stressors in Adolescence: Relationships With Social Support, Self-Efficacy, and Psychological Well-Being[J]. Journal of Applied Social Psychology, 2011, 41(3): 559-578.

[472]Eunbi Chang, Ahram Lee, Eunji Byeon, Sang Min Lee. Role of Motivation in the Relation Between Perfectionism and Academic Burnout in Korean Students[J]. Personality and Individual Differences, 2015(82): 221-226.

[473]Éva Bíró, Ilona Veres-Balajti, Karolina Kósa. Social Support Contributes to Resilience Among Physiotherapy Students: A Cross Sectional Survey and Focus Group Study[J]. Physiotherapy, 2016, 102(2): 189-195.

[474]Feng Kong, Jingjing Zhao, Xuqun You. Emotional Intelligence and Life Satisfaction in Chinese University Students: The Mediating Role of Self-Esteem and Social Support[J]. Personality and Individual Differences, 2012, 53(8): 1039-1043.

[475]Fernando Galán, Arturo Sanmartín, Juan Polo, Lucas Giner. Burnout Risk in Medical Students in Spain Using the Maslach Burnout Inventory-Student Survey[J]. International Archives of Occupational and Environmental Health, 2011, 84(4): 453-459.

[476]Fife John, Adegoke Adekunle, Mccoy Jamal, Brewer Tashia. Religious Commitment, Social Support and Life Satisfaction among College Students. College Student Journal. 2011; 45(2): 393-400.

[477]Freudenberger HJ. Staff Burnout[J]. Journal of Social Issues, 1974(30): 159-164.

［478］Gan Yiqun,Shang Jiayin,Zhang Yiling. Coping Flexibility and Locus of Control as Predictors of Burnout Among Chinese College Students［J］. Social Behavior and Personality,2007,35(8):1087-1098.

［479］Gene M. Alarcon,Jean M. Edwards,Lauren E. Menke. Student Burnout and Engagement:A Test of the Conservation of Resources Theory［J］. The Journal of Psychology,2011,145(3):211-227.

［480］Giovanni B. Moneta. Need for Achievement,Burnout,and Intention to Leave:Testing an Occupational Model in Educational Settings［J］. Personality and Individual Differences,2010,50(2):274-278.

［481］Greenwald AG,McGhee DE,Schwartz JLK. Measuring Individual Differences in Implicit Cognition:The Implicit Association Test［J］. Journal of Personality and Social Psychology,1998,74(6):1464-1480.

［482］Gryskiewicz N,Buttner EH. Testing the Robustness of the Progressive Phase Burnout Model for a Sample of Entrepreneurs［J］. Educational and psychological measurement,1992,52(3):747-751.

［483］Hirsch Jameson K,Barton Alison L. Positive Social Support,Negative Social Exchanges,and Suicidal Behavior in College Students. ［J］. Journal of American College Health,2011,59(5):393-398.

［484］Jaap Schuitema,Thea Peetsma,Ineke Van Der Veen. Longitudinal Relations Between Perceived Autonomy and Social Support from Teachers and Students' Self-Regulated Learning and Achievement［J］. Learning and Individual Differences,2016(49):32-45.

［485］Jaclyn E. Tennant,Michelle K. Demaray,Samantha Coyle,Christine K. Malecki. The Dangers of the Web:Cybervictimization,Depression,and Social Support in College Students［J］. Computers in Human Behavior,2015(50):348-357.

［486］Jie Li,Xue Han,Wangshuai Wang,Gong Sun,Zhiming Cheng. How Social Support Influences University Students' Academic Achievement and Emotional Exhaustion:The Mediating Role of Self-Esteem［J］. Learning and Individual Differences,2018(61):120-126.

［487］Ji-Kang Chen,Hsi-Sheng Wei. School Violence,Social Support and Psychological Health Among Taiwanese Junior High School Students［J］. Child Abuse & Neglect,2013,37(4):252-262.

［488］Joshua Lewandowski,Benjamin D. Rosenberg,M. Jordan Parks,Jason T. Siegel. The Effect of Informal Social Support:Face-to-Face Versus Computer-Mediated Communication［J］. Computers in Human Behavior,2011,27(5):1806-1814.

［489］Jyothi Thalluri. Who Benefits Most from Peer Support Group? -First Year

Student Success for Pathology Students[J]. Procedia-Social and Behavioral Sciences,2016(228):39-44.

[490]Karpinski A. Measuring Self-Esteem Using the Implicit Association Test:The Role of the Other[J]. Personality and Social Psychology Bulletin,2004,30(1):22-34.

[491]Karpinski A,Lytle J. Measuring Implicit Gender Attitudes,Gender Identity,and Self-Esteem Using the Single Category Implicit Association Test. Unpublished Manuscript,2005.

[492]Katariina Salmela-Aro,Lotta Tynkkynen. Gendered Pathways in School Burnout Among Adolescents[J]. Journal of Adolescence,2012,35(4):929-939.

[493]Lee RT,Ashforth BE. A Longitudinal Study of Burnout Among Supervis or Sand Managers:Comparisons Between the Leiterand Maslach(1988) and Golembiews Kietal(1986) models[J]. Organizational Behaviour and Human Decision Processes,1993,54(3):369-398.

[494]Leiter MP,Clark D,Durup J. Distinct Models of Burnout and Commitment Among Men and Women in the Military[J]. Journal of Applied Behavioral Science,1994,30(1):63-82.

[495]Li Ling,Shen Qin,Li-fang Shen. An Investigation About Learning Burnout in Medical College Students and Its Influencing Factors[J]. International Journal of Nursing Sciences,2014,1(1):117-120.

[496]Ling-Xiang Xia,Jie Liu,Cody Ding,Steven D. Hollon,Bo-Tao Shao,Qi Zhang. The Relation of Self-Supporting Personality,Enacted Social Support,and Perceived Social Support[J]. Personality and Individual Differences,2011,52(2):156-160.

[497]Liselotte N. Dyrbye,Matthew R. Thomas,Mashele M. Huschka,et al. A Multicenter Study of Burnout,Depression,and Quality of Life in Minority and Nonminority US Medical Students[J]. Mayo Clinic Proceedings,2006,81(11):1435-1442.

[498]Malinauskas,Romualdas. The Associations Among Social Support,Stress,and Life Satisfaction as Perceived by Injured College Atheletes[J]. Social Behavior and Personality,2010,38(6):741-752.

[499]Maslach C,Jackson SE. The Measurement of Experienced Burnout[J]. Journal of Occupational Behavior,1981(2):99-113.

[500]Maslach C,Leiter MP. The Truth About Burnout——How Organizations Cause Personal Stress and What to Do About It[M]. San Francisco:Josseyass,1997.

[501]Ming-Te Wang,Jacquelynne S. Eccles. Social Support Matters:Longitudinal Effects of Social Support on Three Dimensions of School Engagement From Middle

to High School[J]. Child Development,2012,83(3):877-895.

[502]Mustafa Eşkisu. The Relationship Between Bullying,Family Functions,Perceived Social Support among High School Students[J]. Procedia-Social and Behavioral Sciences,2014(159):492-296.

[503]N. Tahmasbipour,A. Taheri. A Survey on the Relation Between Social Support and Mental Health in Students Shahid Rajaee University[J]. Procedia-Social and Behavioral Sciences,2012(47):5-9.

[504]Peng Li,Zhang Jiajia,Li Min,Li Peipei,Zhang Yu,Zuo Xin,Miao Yi,Xu Ying. Negative Life Events and Mental Health of Chinese Medical Students:the Effect of Resilience,Personality and Social Support. [J]. Psychiatry Research,2012,196 (1):138-141.

[505]Phoenix K. H. Mo,Virginia W. Y. Chan,Samuel W. Chan,Joseph T. F. Lau. The Role of Social Support on Emotion Dysregulation and Internet Addiction Among Chinese Adolescents:A Structural Equation Model[J]. Addictive Behaviors,2018 (82):86-93.

[506]Ramazan Erturgut,Serhat Soyúekerci. An Empirical Analysis on Burnout Levels Among Second Year Vocational Schools Students[J]. Procedia-Social and Behavioral Sciences,2010,2(2):1399-1404.

[507]Renwen Zhang. The Stress-Buffering Effect of Self-Disclosure on Facebook:An Examination of Stressful Life Events,Social Support,and Mental Health Among College Students[J]. Computers in Human Behavior,2017(75):527-537.

[508]Rhonda J. Swickert,James B. Hittner,Aasha Foster. Big Five Traits Interact to Predict Perceived Social Support[J]. Personality and Individual Differences,2010, 48(6):736-741.

[509]Rhonda Swickert,Taylor Owens. The Interaction Between Neuroticism and Gender Influences the Perceived Availability of Social Support[J]. Personality and Individual Differences,2009,48(4):385-390.

[510]Sandra Yu Rueger,Christine Kerres Malecki,Michelle Kilpatrick Demaray. Relationship Between Multiple Sources of Perceived Social Support and Psychological and Academic Adjustment in Early Adolescence:Comparisons Across Gender[J]. Journal of Youth and Adolescence,2010,39(1):47-61.

[511]Saule Raiziene,Rasa Pilkauskaite-Valickiene,Rita Zukauskiene. School Burnout and Subjective Well-Being:Evidence From Cross-Lagged Relations in a 1-Year Longitudinal Sample[J]. Procedia-Social and Behavioral Sciences,2014,116(3): 3254-3258.

[512]Sergii V. Tukaev,Tetiana V. Vasheka,Olena M. Dolgova. The Relationships Be-

tween Emotional Burnout and Motivational, Semantic and Communicative Features of Psychology Students[J]. Procedia-Social and Behavioral Sciences, 2013(82): 553-556.

[513]Shelley E Taylor. Social Support: A Review. The Handbook of Health Psychology [J],2011(189):192-217.

[514]Stephen A. Rains, David M. Keating. The Social Dimension of Blogging about Health: Health Blogging, Social Support, and Well-being[J]. Communication Monographs,2011,78(4):108-122.

[515]Sónia Cunha Leal, José Carlos Santos. Suicidal Behaviors, Social Support and Reasons for Living Among Nursing Students[J]. Nurse Education Today,2016(36): 434-438.

[516]Takayoshi Kase, Shintaro Endo, Kazuo Oishi. Process Linking Social Support to Mental Health Through a Sense of Coherence in Japanese University Students[J]. Mental Health & Prevention,2016,4(3-4)124-129.

[517]Tan Qinyi, Yao Jiali. An Analysis of the Reasons on Learning Burnout of Junior High School Students from the Perspective of Cultural Capital Theory: A Case Study of Mengzhe Town in Xishuangbanna, China[J]. Procedia-Social and Behavioral Sciences,2012(46):3727-3731.

[518]Tanya M. F. Scarapicchia, Catherine M. Sabiston, Eva Pila, Kelly P. Arbour-Nicitopoulos, Guy Faulkner. A Longitudinal Investigation of a Multidimensional Model of Social Support and Physical Activity Over the First Year of University[J]. Psychology of Sport & Exercise,2017(31):11-20.

[519]Yusef Karimi, Mehrab Bashirpur, Mahmoud Khabbaz, Ali Asghar Hedayati. Comparison Between Perfectionism and Social Support Dimensions and Academic Burnout in Students[J]. Procedia-Social and Behavioral Sciences,2014(159):57-63.

[520]Z. Sepehrmanesh, A. Ahmadvand, G. Akasheh, R. Saei. Prevalence of Burnout in Senior Medical Students[J]. European Psychiatry,2010,25(1):723.

[521]Zhang Jing, Gao Wei, Wang Ping, Wu Zhong-hui. Relationships Among Hope, Coping Style and Social Support for Breast Cancer Patients. [J]. Chinese Medical Journal,2010,123(17):2331-2335.

[522]Zeinab Rahmati. The Study of Academic Burnout in Students with High and Low Level of Self-efficacy[J]. Procedia-Social and Behavioral Sciences,2015(171):49-55.

[523]Zuzana Skodova, Petra Lajciakova. The Effect of Personality Traits and Psychosocial Training on Burnout Syndrome Among Healthcare Students[J]. Nurse Education Today,2013,33(11):1311-1315.

附　　录

一、访谈部分

附录 1　访谈表（学生用）

尊敬的同学,你好!

　　我们是六盘水师范学院教育科学与音乐学院老师,很高兴认识你,本次访谈主要目的是,了解你目前的学习现状,对学习或读书的看法,遇到的困惑等,你提供的信息对我的研究有很大的帮助,谢谢你的参与。

基本情况:

您的年级:□初一　　□初二　　□初三　　□高一　　□高二　□高三

您的族别:□苗　　　□侗　　　□水　　　□彝　　　□汉

　　　　　□土家　　□布依　　□仡佬　　其他

您的性别:□ 男　　　　　□女

访谈内容:

1.谈谈你在班上的学习情况,你与同学相处如何? 与老师呢?
2.你对父母管教的看法,父母对你的升学态度? 与父母的关系如何?
3.父母对你的期望有哪些,是否会影响你的学习?
4.你读书的目标是什么,要达到哪一个教育程度或从事哪一方面的工作?
5.家庭都有哪些主要成员,相处如何? 平时开展哪些文体活动?

6. 父母的文化水平及从事何种职业？

7. 你觉得父母的经济负担重吗？在学校是否得到援助，有哪些？

8. 父母为你订购哪些书刊报纸？其他方面的学习用品有哪些？

9. 家庭教育涉及的内容有哪些涉及思想品德、劳动技能、文化知识、身心发展四个方面？

10. 在班上的学习情况怎么样？原因？

11. 学习上出了问题，父母如何对待你，生活中呢？

家长对孩子的教育态度及方式可以分为5种类型：

迁就溺爱型：过分迁就孩子，孩子成为家长的指挥；

民主型：家长与孩子同志式相处，互相尊重、理解、帮助；

权威型：孩子凡事都要服从家长的管教；

放任型：家长对孩子不闻不问，任其自由发展；

矛盾型：父母或长辈之间教育态度矛盾。

附录2　访谈表（家长用）

尊敬的家长，您好！

　　我们是六盘水师范学院教育科学与音乐学院老师，很高兴认识您，本次访谈主要目的是，了解您孩子目前的学习现状，您对教育或读书的看法，遇到的困惑等，您提供的信息对我的研究有很大的帮助，谢谢你的参与。

基本情况：

您孩子的年级：□初一　　□初二　　□初三　　□高一　　□高二　　□高三

您的族别：□苗　　　□侗　　　□水　　　□彝　　　□汉

　　　　　　□土家　　□布依　　□仡佬　　其他

您孩子的性别：□男　　　　　　□女

访谈内容：

1.请问您对教育孩子的观念或许想法是什么？
2.文凭对孩子的未来重要,还是尽早学得一技之长比较重要,为什么？
3.请问您对孩子的教育期望是顺应其自身发展,还是已为其安排既定的教育计划,依序施行？请分享原因。
4.请问会影响您教育孩子的观念或想法的主要背景因素为何？（提示如本身的学历、职业、收入、孩子的性别等）为什么？
5.有人认为,教育投资能提供孩子多元学习的机会,提升孩子未来适应社会的能力与竞争力,请分享一下您对此的看法？
6.请分享一下,您对孩子的学业和职业期望。
7.你觉得父母的经济负担重吗？在学校是否得到援助,有哪些？
8.为孩子订购过哪些书刊报纸？其他方面的学习用品有哪些？
9.家庭教育涉及的内容有哪些？对于思想品德、劳动技能、文化知识、身心发展等方面,您觉得哪一点更重要,为什么？
10.请您分享一下,孩子现在的学习状况如何,与孩子的沟通情况怎样。
11.在孩子的学习及生活上,您对相关的投入情况,如何评价？
12.当孩子在学习或生活上,您认为有错时,如何对待,采用哪种方式与其沟通？
家长对孩子的教育态度及方式可以分为5种类型： 迁就溺爱型：过分迁就孩子,孩子成为家长的指挥； 民主型：家长与孩子同志式相处,互相尊重、理解、帮助； 权威型：孩子凡事都要服从家长的管教； 放任型：家长对孩子不闻不问,任其自由发展； 矛盾型：父母或长辈之间的教育态度矛盾。

感谢家长,谢谢您的分享。

附录3 访谈同意函(学生用)

尊敬的同学,你好!

我是六盘水师范学院教育科学系教师卢晓灵,很高兴认识你,首先要说明我的目的,我目前担任国家社科基金项目:贵州民族地区教育价值观、社会支持与中学生学习倦怠的关系研究。访谈的目的就是希望了解你目前的学习现状,以及你对学习的看法,你提供的信息对我的研究有很大的帮助,谢谢你的参与。

注:1.访谈因花费你的时间,我们感激不尽,将以30元/小时的费用作为酬谢;

2.因整理材料之需,访谈将会录音,录音只供研究之用,不会外流,也不会让第三者知晓,一定为你保密,你也有权利不让录音;

3.在我们的研究写作过程中,你会以假名出现,别人无法认出你的身份。

你是否同意参与这个访谈,如同意,请在同意栏签名,非常感谢你的支持!

同意栏:_____

时间: 年 月 日

附录4 访谈同意函(家长用)

尊敬的家长,您好!

我是六盘水师范学院教育科学系教师卢晓灵,很高兴认识您,首先要说明我的目的,我目前担任国家社科基金项目:贵州民族地区教育价值观、社会支持与中学生学习倦怠的关系研究。访谈的目的就是希望了解您自己的经验与感受及对教育子女的一些看法,您提供的信息对我的研究有很大的帮助,谢谢您的参与。

注:1.访谈因花费您的时间,我们感激不尽,将以30元/小时的费用作为酬谢;

2.因整理材料之需,访谈将会录音,录音只供研究之用,不会外流,也不会让第三者知晓,一定为您保密,您也有权利不让录音;

3.在我们的研究写作过程中,你会以假名出现,别人无法认出你的身份。

您是否同意参与这个访谈,如同意,请在同意栏签名,非常感谢您的支持!

同意栏:_____

时间: 年 月 日

二、初测问卷部分

附录5 民族地区学习倦怠初测问卷

指导语:本问卷共有 32 道题,每道题都叙述了学习中的一些情况,并列出五种不同程度的答案。请先仔细阅读题目所述的内容,再与您的实际情况相比较,选出一个与您情况最为符合的答案,并在题后对应的数字画上"√"。

您的族别:□苗　☑侗　□水　□彝　□汉　□土家
　　　　　□布依　□仡佬　　其他请填写

年级:□七年级　□八年级　☑九年级　□高一　□高二　□高三

说明:全为单选题

题目	从未如此	很少如此	有时如此	经常如此	总是如此
1.我觉得学习不能促进民族文化的传承	1	2	3	4	5
2.我总是不愿听老师所讲的内容	1	2	3	4	5
3.我认为学习能激发我的潜能	1	2	3	4	5
4.我能有效地处理学习上的大部分问题	1	2	3	4	5
5.我认为学习能获得他人的尊敬	1	2	3	4	5
6.学习让我感到头疼	1	2	3	4	5
7.我学了很多知识,感到很满足	1	2	3	4	5
8.我在学习上获得快乐和成就感	1	2	3	4	5
9.我对老师说的话没有信任感	1	2	3	4	5
10.每次考试或测验,我总会有应付的想法	1	2	3	4	5
11.作业不能完成,我对此感到无所谓	1	2	3	4	5
12.老师对我有成见,总是不喜欢我	1	2	3	4	5
13.在学习上我很懒散	1	2	3	4	5
14.对于作业,即使我努力思考还是不会做	1	2	3	4	5
15.我觉得老师只看中成绩,其他都无用	1	2	3	4	5
16.我已经习惯了考试成绩差	1	2	3	4	5
17.我上课时总想睡觉	1	2	3	4	5
18.我近期感觉到哪都不舒服	1	2	3	4	5
19.我的身体素质因学习下降了	1	2	3	4	5
20.我看到老师总是躲得远远的	1	2	3	4	5
21.我觉得因学习导致睡眠质量变差	1	2	3	4	5
22.面对学习,我感觉精力充沛	1	2	3	4	5
23.我学习不好的原因是玩手机	1	2	3	4	5

续表

题目	从未如此	很少如此	有时如此	经常如此	总是如此
24.上课时没有手机感觉很无聊	1	2	3	4	5
25.学习时总会情不自禁的玩手机	1	2	3	4	5
26.我讨厌课堂上玩手机	1	2	3	4	5
27.课堂上没有手机时我感到不安	1	2	3	4	5
28.玩手机让我的学习生活更加充实	1	2	3	4	5
29.课堂上玩手机能让我减轻烦躁	1	2	3	4	5
30.课堂上玩手机是最让我开心的事情	1	2	3	4	5
31.玩手机能让我忘记学习烦恼	1	2	3	4	5
32.学习上有很多问题,但我已经感到无所谓	1	2	3	4	5

附录6　民族地区教育价值观初测问卷

亲爱的同学:

　　您好!欢迎参加问卷调查,本次研究的目的是了解您对教育的一些看法,您的回答对我们研究非常重要。希望您能抽出宝贵的时间给我们提供信息,调查不记名,答案也无对错之分,只用于统计分析,请您放心填写。请您在对应的□(方框内)打"√"表示。对于您的支持,我们非常感谢!

　　问卷说明:全部为单选项。

序号	项目	完全同意	比价同意	一般同意	比较不同意	完全不同意
01	读书更容易适应科学的社会生活方式	□	□	□	□	□
02	读大学一定能找到好工作	□	□	□	□	□
03	上学可以增进民族的团结	□	□	□	□	□
04	读书能改变命运	□	□	□	□	□
05	读书是为了提升参与国家政治生活的能力	□	□	□	□	□
06	教育可以推动民族地区经济发展	□	□	□	□	□
07	读书获得的知识可以转化为民族生产力	□	□	□	□	□
08	读书未必能够致富	□	□	□	□	□
09	学历越高越容易找到好工作	□	□	□	□	□
10	只有读书,才可以走出大山,摆脱贫困	□	□	□	□	□
11	读书才能有工作,才有铁饭碗	□	□	□	□	□
12	读书可以为家人争光	□	□	□	□	□
13	上学是为了光宗耀祖	□	□	□	□	□
14	考上大学会获得村里人的尊重	□	□	□	□	□
15	读大学是为了给身边人树立榜样	□	□	□	□	□

序号	项　　目	完全同意	比价同意	一般同意	比较不同意	完全不同意
16	考上大学身边人也不以为然	☐	☐	☐	☐	☐
17	家里人并不是很支持孩子读书	☐	☐	☐	☐	☐
18	只要读书就不会变坏，误入歧途	☐	☐	☐	☐	☐
19	读书才会有礼貌	☐	☐	☐	☐	☐
20	多读书才会成为有用的人	☐	☐	☐	☐	☐
21	读大学不如趁早出去打工、做生意赚钱	☐	☐	☐	☐	☐
22	身边很多人觉得赚钱比读书重要	☐	☐	☐	☐	☐
23	能识字、会算数就行了，用不着读大学	☐	☐	☐	☐	☐
24	读书就想混个文凭	☐	☐	☐	☐	☐
25	上学是为了提升民族自治能力	☐	☐	☐	☐	☐
26	读大学不如学一门技术	☐	☐	☐	☐	☐
27	上学是为了以后生活得好一些	☐	☐	☐	☐	☐
28	知识可以丰富个人精神世界	☐	☐	☐	☐	☐
29	上学是为创业打基础	☐	☐	☐	☐	☐
30	上学是为了有一个好的社会地位	☐	☐	☐	☐	☐
31	不读书照样可以生活得很好	☐	☐	☐	☐	☐
32	求学是为了提升个人文化素质	☐	☐	☐	☐	☐
33	读书是为了促进自己建构正确的世界观	☐	☐	☐	☐	☐
34	接受教育可以增强个体的独立性	☐	☐	☐	☐	☐
35	教育可以提高个体的智慧	☐	☐	☐	☐	☐
36	教育可以引导个人形成高尚的人格	☐	☐	☐	☐	☐
37	教育有助于个人理想的实现	☐	☐	☐	☐	☐
38	读书可促进民族服饰、建筑和节日等方面的发展	☐	☐	☐	☐	☐
39	作为民族的一员应学会民族的歌舞、技艺等习俗	☐	☐	☐	☐	☐
40	学习民族语言是为了发扬光大民族文化	☐	☐	☐	☐	☐
41	读书有利于保持民俗文化的健康发展	☐	☐	☐	☐	☐
42	读书有利于少数民族传统体育的发展	☐	☐	☐	☐	☐
43	读书会丢掉本民族的传统文化	☐	☐	☐	☐	☐
44	接受教育有助于推广本民族文化传统	☐	☐	☐	☐	☐
45	读书会造成少数民族个体的"汉化"	☐	☐	☐	☐	☐
46	中华民族就是少数民族	☐	☐	☐	☐	☐
47	接受教育可以促进民族医药的发展	☐	☐	☐	☐	☐
48	读书可以拓展眼界，树立民族平等	☐	☐	☐	☐	☐
49	读书能提升本民族的劳动技能	☐	☐	☐	☐	☐
50	读书改变不了民族的封建思想	☐	☐	☐	☐	☐
51	读书不仅是增广知识，还在于精神的感化与陶冶	☐	☐	☐	☐	☐
52	读书有利于乡村民约的执行	☐	☐	☐	☐	☐
53	读书能使人们道德高尚、情趣丰富	☐	☐	☐	☐	☐
54	上学能培养良好的生活消费习惯	☐	☐	☐	☐	☐

附录7 民族地区社会支持初测问卷

指导语：本问卷描述了生活和人际交往中的一些状态，请根据您个人情况，在"1 完全不符合""2 不符合""3 不确定""4 符合"和"5 完全符合"中选择一个答案，在对应的数字画上"√"。

题目	完全不符合	不符合	不确定	符合	完全符合
1. 我有关系密切，可获得帮助的朋友	1	2	3	4	5
2. 我经常远离家人，且独自居住	1	2	3	4	5
3. 我与同学相处好融洽，如影随行	1	2	3	4	5
4. 我与家人关系融洽，经常住在一起	1	2	3	4	5
5. 我与同学之间从不关心，只是点头之交	1	2	3	4	5
6. 当遇到烦恼时，总会有人关心我	1	2	3	4	5
7. 在学习上遇到烦恼时，我会主动找人倾诉	1	2	3	4	5
8. 在学校经常参加各类活动	1	2	3	4	5
9. 家庭会给我精神上的支持	1	2	3	4	5
10. 我会与父母、老师、同学、朋友等共享快乐，分担忧伤	1	2	3	4	5
11. 有困难时，父母、老师、同学、朋友等是安慰我的真正源泉	1	2	3	4	5
12. 生活中，父母、老师、同学、朋友会关心着我的感情	1	2	3	4	5
13. 我能与父母谈论自己的困惑	1	2	3	4	5
14. 家庭能在我做各种决定时提出建议	1	2	3	4	5
15. 我能与朋友们讨论自己的难题	1	2	3	4	5
16. 在物质方面，总是获得家庭及亲朋好友的支持	1	2	3	4	5
17. 曾经获得政府或其他社会组织的经济支持	1	2	3	4	5
18. 读书的费用，父母有足够的资金支持	1	2	3	4	5
19. 有困难时，经常向家人、亲友、学校求助	1	2	3	4	5
20. 我的家庭能够切实具体地给我帮助	1	2	3	4	5
21. 我不想读书的原因是家里比较困难	1	2	3	4	5
22. 我的朋友们能真正地帮助我	1	2	3	4	5
23. 当遇到困难时，总有人伸出援助之手	1	2	3	4	5
24. 曾经得到政府或其他组织的帮助	1	2	3	4	5
25. 我了解并享受学校现有的民族优惠政策	1	2	3	4	5
26. 当前学校的帮扶制度，我已完全感受到	1	2	3	4	5
27. 我觉得民族加分政策应该继续执行	1	2	3	4	5
28. 我完全了解现有的助学政策	1	2	3	4	5
29. 现有的助学扶持力度仍不够	1	2	3	4	5
30. 扶持学生政策的信息，学校会大力宣传，做到人人知晓	1	2	3	4	5
31. 现有的就业帮扶制度让我对读书充满希望	1	2	3	4	5
32. 学校缺乏民间文化传播的氛围	1	2	3	4	5
33. 在学校最困惑的是相关民族文化读本少	1	2	3	4	5
34. 学校中有关民族文化传承的师资比较缺乏	1	2	3	4	5
35. 因习惯用当地方言，往往阻碍我对新知识的理解	1	2	3	4	5
36. 因师资和管理，有时候真想转学	1	2	3	4	5
37. 我不想学习的主要原因是难以适应学校生活	1	2	3	4	5
38. 学习中总感觉有语言障碍，无法理解所学内容	1	2	3	4	5
39. 如果学校采用双语教学，我的学习应该会有所提高	1	2	3	4	5

三、正式问卷部分

基本信息填写

亲爱的同学：

您好！欢迎参加问卷调查，感谢您抽出宝贵的时间给我们提供信息，调查不记名，答案无对错之分，只用于统计分析，请您根据实际情况放心填写。谢谢您的支持！

请在符合的"□"（方框）内画上"√"

您的性别：□男　　　　□女

您的生源：□城市　　　□农村　　　□郊区

您的族别：□苗族　　　□侗族　　　□彝族　　　□水族　　　□回族　　　□白族
　　　　　　□瑶族　　　□壮族　　　□畲族　　　□满族　　　□羌族　　　□毛南族
　　　　　　□土家族　　□仡佬族　　□布依族　　□蒙古族　　□仫佬族

其他族别请填写

您的年级：□七年级　　　□八年级　　　□九年级
　　　　　　□高一年级　　□高二年级　　□高三年级

近两年与您常住的家庭成员有（可多选）：

□爸爸　　□妈妈　　□爷爷　　□奶奶　　□外公　　□外婆　　□哥哥
□姐姐　　□弟弟　　□妹妹　　□叔叔　　□阿姨　　其他请填写

父亲职业：□务农　　□教师　　□公务员　　□工人　　□其他

母亲职业：□务农　　□教师　　□公务员　　□工人　　□其他

父亲学历：□未上学　　□小学　　□中学　　□大专及以上

母亲学历：□未上学　　□小学　　□中学　　□大专及以上

您对现在的成绩

□非常满意　　□满意　　□不满意　　□非常不满意

正式问卷填写

本部分共有三份问卷，共 67 个题项需要作答，请您根据指导语快速作答，答案也无对错之分，只用于统计分析，谢谢！

附录8 民族地区教育价值观正式问卷

【指导语】本问卷共 25 个项目,每道题都是对教育看法的一些简单描述,请根据你自己的理解,在"1 完全同意""2 比较同意""3 一般同意""4 比较不同意"和"5 完全不同意"中选择一个答案,在对应的数字画上"√"。

问卷说明:全部为单选项。

题　　目	完全同意	比较同意	一般同意	比较不同意	完全不同意
1.读大学不如趁早出去打工、做生意赚钱	1	2	3	4	5
2.读大学一定能找到好工作	1	2	3	4	5
3.读书有利于保持民俗文化的健康发展	1	2	3	4	5
4.读书可以拓展眼界,树立民族平等	1	2	3	4	5
5.能识字、会算数就行了,用不着读大学	1	2	3	4	5
6.作为民族的一员应学会民族的歌舞、技艺等习俗	1	2	3	4	5
7.读书可以为家人争光	1	2	3	4	5
8.只要读书就不会变坏,误入歧途	1	2	3	4	5
9.求学是为了提升个人文化素质	1	2	3	4	5
10.上学是为了光宗耀祖	1	2	3	4	5
11.读书是为了促进自己建构正确的世界观	1	2	3	4	5
12.读书才会有礼貌	1	2	3	4	5
13.读大学是为了给身边人树立榜样	1	2	3	4	5
14.接受教育可以增强个体的独立性	1	2	3	4	5
15.考上大学会获得村里人的尊重	1	2	3	4	5
16.学习民族语言是为了发扬光大民族文化	1	2	3	4	5
17.教育可以引导个人形成高尚的人格	1	2	3	4	5
18.中华民族就是少数民族	1	2	3	4	5
19.多读书才会成为有用的人	1	2	3	4	5
20.知识可以丰富个人精神世界	1	2	3	4	5
21.教育可以提高个体的智慧					
22.读书可促进民族服饰、建筑和节日等方面的发展					
23.读大学不如学一门技术					
24.接受教育可以促进民族医药的发展					
25.读书不仅是增广知识,还在于精神的感化与陶冶					

附录9　民族地区社会支持正式问卷

【指导语】本问卷共20个题目,每道题都描述了生活和人际交往中的一些状态,请根据您个人情况,在"1完全不符合""2不符合""3不确定""4符合"和"5完全符合"中选择一个答案,在对应的数字画上"√"。

问卷说明:全部为单选项。

题　　目	完全 不符合	不符合	不确定	符合	完全 符合
1.我有关系密切,可获得帮助的朋友	1	2	3	4	5
2.我会与父母、老师、同学、朋友等共享快乐,分担优伤	1	2	3	4	5
3.我与同学相处好融洽,如影随行	1	2	3	4	5
4.我了解并享受学校现有的民族优惠政策	1	2	3	4	5
5.生活中,父母、老师、同学、朋友会关心着我的感情	1	2	3	4	5
6.当遇到烦恼时,总会有人关心我	1	2	3	4	5
7.现有的就业帮扶制度让我对读书充满希望	1	2	3	4	5
8.当遇到困难时,总有人伸出援助之手	1	2	3	4	5
9.学校缺乏民间文化传播的氛围	1	2	3	4	5
10.扶持学生政策的信息,学校会大力宣传,做到人人知晓	1	2	3	4	5
11.有困难时,父母、老师、同学、朋友等是安慰我的真正源泉	1	2	3	4	5
12.学校中有关民族文化传承的师资比较缺乏	1	2	3	4	5
13.我能与父母谈论自己的困惑	1	2	3	4	5
14.在学校最困惑的是相关民族文化读本少	1	2	3	4	5
15.曾经获得政府或其他社会组织的经济支持	1	2	3	4	5
16.有困难时,经常向家人、亲友、学校求助	1	2	3	4	5
17.我的朋友们能真正地帮助我	1	2	3	4	5
18.曾经得到政府或其他组织的帮助	1	2	3	4	5
19.我完全了解现有的助学政策	1	2	3	4	5
20.当前学校的帮扶制度,我已完全感受到	1	2	3	4	5

附录10　民族地区学习倦怠正式问卷

【指导语】本问卷共有 22 道题,每道题都叙述了学习中的一些情况,并列出五种不同程度的答案。请先仔细阅读题目所述的内容,再与您的实际情况相比较,选出一个与您情况最为符合的答案,并在题后对应的数字画上"√"。

问卷说明:全部为单选项。

题　　目	从未 如此	很少 如此	有时 如此	经常 如此	总是 如此
1.每次考试或测验,我总会有应付的想法	1	2	3	4	5
2.我总是不愿听老师所讲的内容	1	2	3	4	5
3.我的身体素质因学习下降了	1	2	3	4	5
4.课堂上没有手机时我感到不安	1	2	3	4	5
5.老师对我有成见,总是不喜欢我	1	2	3	4	5
6.学习让我感到头疼	1	2	3	4	5
7.课堂上玩手机能让我减轻烦躁	1	2	3	4	5
8.我近期感觉到哪都不舒服	1	2	3	4	5
9.我对老师说的话没有信任感	1	2	3	4	5
10.对于作业,即使我努力思考还是不会做	1	2	3	4	5
11.作业不能完成,我对此感到无所谓	1	2	3	4	5
12.课堂上玩手机是最让我开心的事情	1	2	3	4	5
13.在学习上我很懒散	1	2	3	4	5
14.学习上有很多问题,但我已经感到无所谓	1	2	3	4	5
15.我觉得老师只看中成绩,其他都无用	1	2	3	4	5
16.玩手机能让我忘记学习烦恼	1	2	3	4	5
17.我上课时总想睡觉	1	2	3	4	5
18.我已经习惯了考试成绩差	1	2	3	4	5
19.玩手机让我的学习生活更加充实	1	2	3	4	5
20.我看到老师总是躲得远远的	1	2	3	4	5
21.我觉得因学习导致睡眠质量变差	1	2	3	4	5
22.上课时没有手机感觉很无聊	1	2	3	4	5

四、投射测验

附录 11　H-T-P 绘画特征操作界定

房子部分绘画特征

HTP-01 房子没有屋顶

HTP-02 屋顶画有瓦片

HTP-03 屋顶空白无任何修饰

HTP-04 屋顶有修饰:点、线条、网线等

HTP-05 房屋有烟囱

HTP-06 屋顶厚重

HTP-07 房屋两层及以上

HTP-08 房屋没有任何窗户,包括天窗

HTP-09 房屋有窗户,且窗户开着

HTP-10 没有画门

HTP-11 画门且门开着

HTP-12 门前有路通向外界

HTP-13 门前有路,并对路有进一步描绘

HTP-14 墙壁空白无任何修饰

HTP-15 墙涂黑或用杂乱线条修饰

HTP-16 墙线条分清淡或断续不连贯,歪曲

HTP-17 房屋面积很小且小于 1/5

HTP-18 房屋变形或歪曲

HTP-19 房屋偏右,房屋整体在纸张中靠近右边缘

HTP-20 房屋偏左,房屋整体在纸张中靠近左边缘

HTP-21 构成房屋的线条之间 5 处以上断裂、缺失、错位等

树子部分绘画特征

HTP-22 没有树根

HTP-23 须状根,用长的一堆线条描述

HTP-24 没有地平线的

HTP-25 树根部没有做任何修饰的

HTP-26 大地是透明的,能看到地下的树根

HTP-27 树干空白

HTP-28 树干轻度描绘,用点或少量线条加以描绘

HTP-29 弯曲的树干

HTP-30 树干有疤痕

HTP-31 树干是单一的线条

HTP-32 描绘树干的两条主线条轻淡,不连续,不确定

HTP-33 树干很细,宽度小于树冠的1/8,单线条不算

HTP-34 树干顶端闭合

HTP-35 用波浪线组成的树干

HTP-36 树干主线条反复描绘

HTP-37 用杂乱的线条组成的树干

HTP-38 树枝向下发展的,柳树不算

HTP-39 三角形树冠

HTP-40 树上有果实或花朵

HTP-41 树冠区域空白

HTP-42 树冠区域做适度描绘

HTP-43 树冠区域过度描绘或涂黑,杂乱线条描绘

HTP-44 巨型树冠

HTP-45 树全为干枝,没有线条表示树冠,也没有叶子、花、果实

HTP-46 刺状或尖状树枝,或树枝上有刺,树干呈现尖锐状也算

HTP-47 树画得像小草,小树,小花

HTP-48 树很小,占纸张面积1/9

HTP-49 树下有花草

HTP-50 树单调、贫乏、抽象

HTP-51 尖顶树

HTP-52 树偏右,在整个纸张中靠近右边缘

HTP-53 树偏左,在整个纸张中靠近左边缘

人物部分的绘画特征

HTP-54 大头,比肩还宽的头

HTP-55 没有画出头发的

HTP-56 杂乱线条画出头发的

HTP-57 刺状头发的

HTP-58 头发一根根画出的

HTP-59 头部适度的刻画的(一定发型、发饰、帽子等,涂黑和空白不算)

HTP-60 眼睛为空白圆圈,椭圆状,无眼珠或瞳孔

HTP-61 没有画眉毛的

HTP-62 画出一根根睫毛

HTP-63 没有画嘴巴

HTP-64 嘴巴为张开圆圈状

HTP-65 嘴巴为一条线

HTP-66 没有画耳朵

HTP-67 表情是快乐的

HTP-68 表情是不快乐的

HTP-69 表情愤怒

HTP-70 无表情,木讷

HTP-71 身体部分空白的(清晰刻画出的)

HTP-72 没有脖子的

HTP-73 穿着适度描绘的

HTP-74 画出一根根手指是尖的

HTP-75 单线条画的四肢的

HTP-76 手放在身后的

HTP-77 双手紧贴身体两侧

HTP-78 手里有抓握东西的

HTP-79 手臂张开伸向左右,呈水平状的

HTP-80 没有画脚的

HTP-81 画出腿但很细的(双维)

HTP-82 人很小,面积小于纸面的1/5

HTP-83 没有刻画出人的五官或躯体,模糊错乱

HTP-84 画人的线条轻淡,短促,断续,不完备

HTP-85 画出一颗颗钮扣

HTP-86 画人的侧面或背面

HTP-87 人是坐着或躺着的

HTP-88 人物变形

HTP-89 线条过粗过黑

附录 12　部分典型投射图片

图片 1　典型的画背部,房子靠左边缘、树子靠右边缘型

图片 2　房屋有多层、歪曲、树上有花果、树下有花草、画尖五指,人物模糊型

图片 3　无窗无门、树上有花果、树干无主线条、人物小、手握东西型

图片 4　典型房子歪曲、线条不连续、树干疤痕、有眉毛、嘴巴为圆圈型

图片 5 屋顶有修饰、无烟囱、树干有疤痕、单线条画四肢、五官不全型

图片 6 房子小、无窗、门前有路有修饰、树下有花草、刻画背部型

图片 7　房屋无烟囱、门前有路、墙壁有修饰、树干有修饰、树下有花草、刻画背部型

后　记

　　拙著能如期定稿，即将付梓，心感欣慰。欣慰之余，寻思还是应该写点什么，权当后记。

　　笔者出生于贵州民族地区，长大于贵州民族地区，作为生于斯长于斯的贵州人，从读初中时的懵懂少年，就发现身边有一些同学厌学倦学现象严重，到如今走上社会，从事教学工作，成为一位高校教师，这个问题一直萦绕脑海挥之不去，为何民族地区的中学生厌学倦学情况明显，此现象究竟是哪些因素造成的呢？带着这种疑问和对民族地区深远的教育情怀，笔者于几年之前，对贵州民族地区中学生学习倦怠问题做了一些实地调查，展开了相关研究，并申报了国家社科基金项目，幸运的是，课题申报喜获立项。课题主要是从教育价值观、社会支持互动的视角对贵州民族地区中学生学习倦怠问题展开实地的调查研究，经过几年持续性的实地调查，实验数据收集及数据分析研究，终于完成了课题研究报告，并顺利结题，拙著即是此课题的最终研究成果。当然，因学识和悟性所限，拙著肯定还存在一些不尽人意之处，研究远远不够深入和全面。例如，实地调查选择的点可能偏重于某些区域，而忽视了其他一些区域。此外，文中关于中学生厌学、辍学之因素及其文化困境描述与评述，难免会有疏漏甚至错误之处，还望学界同人批评指正，希冀在以后的研究中，不断提高，加以完善。

　　行文至此，也该表示一下感谢了。首先，研究项目得到国家社会科学基金的资助，感谢全国哲学社会科学规划办对本项目的肯定与支持。其次，要感谢的是课题组的所有成员，尤其是对实验数据进行分析的于格老师，对篇章结构做出调整的戴永恒老师，对拙著多次提出宝贵修改意见的许南海老师。同时，对协助课题组发放问卷调查的大学同学及涉及到的所有中学老师，如吴贤云、谢一心、张妍、卢忠凤、吴贵泉等人，在此表示衷心的感谢。当然，也要感谢参与了本次调查的所有中学生。最后，还要感谢六盘水师范学院及科研处和吉林大学出版社的编辑老师们，使拙著能如期顺利的出版。

卢晓灵

2020 年 2 月